山东省社会科学规划研究项目文丛·重点项目

西方国家政府规制变迁与中国政府规制改革

张红凤　杨　慧　等著

经济科学出版社

图书在版编目（CIP）数据

西方国家政府规制变迁与中国政府规制改革／张红凤，杨慧等著. —北京：经济科学出版社，2007.9
ISBN 978－7－5058－6550－1

Ⅰ. 西…　Ⅱ. ①张…②杨…　Ⅲ. ①经济体制－研究－西方国家②经济体制改革－研究－中国　Ⅳ. F113.1　F121

中国版本图书馆 CIP 数据核字（2007）第 134232 号

山东省社会科学规划研究项目文丛

编　委　会

目　录

导　言

政府与市场的合理边界在哪里，政府在市场经济中发挥什么作用，一直是经济学界无法回避的一道难题。随着市场经济由古典类型向现代类型变迁，越来越多的经济学家认识到，光靠市场“看不见的手”会出现失灵，经济资源无法达到最优配置；在一个现代经济体的公共部门和私人部门之间，要寻找恰当的平衡。萨缪尔森（Samuelson）、斯蒂格利茨（Stiglitz）等人提出一种新的市场观：现代经济是混合经济，既要承认市场的作用，又要承认政府的作用，二者是互补关系而非替代关系。因此，需要政府这只“看得见的手”，从微观和宏观两个层面上干预市场经济，以矫正“市场失灵”。其中微观层面上的政府干预叫做政府规制，简称规制（Regulation）[①]。

政府规制的实践在市场经济国家由来已久。随着市场经济由古典类型向现代类型的转变，规制日趋重要。迄今，经济性规制经历规制、放松规制、再规制与放松规制并存的动态变迁过程，而社会性规制自20世纪60年代以来一直呈现持续加强的态势。如美国现代意义的经济规制可以追溯到1887年美国国会创建州际商业委员会（ICC）时起，至今已有一百多年。其间，经历几次大的变化：1909～1916年进步党时期出现第一个规制立法高峰期；“一战”

① 在中国现阶段，规制又称管制、调节、管理、监管等。学术界用得较多的是规制、管制，政策层面上用得较多的是监管。需要交代的是，笔者在引用的大量文献、遇到对应规制的“管制”、“监管”、“调节”等词时，为了避免用词混乱，一般用规制代替它们，恕不一一说明。

后，规制停滞不前；1929～1933 年大危机之后是大规模的规制高潮期；自 20 世纪 70 年代后期至 90 年代，是大规模的放松规制浪潮期；20 世纪 90 年代后期至今，出现再规制的动向，形成当代的再规制与放松规制并存期。社会性规制方面，20 世纪初期发达国家首先在食品、药品等方面进行规制，到 60 年代呈现持续加强的态势。如美国于 70 年代后设立环境保护局消费者安全委员会、职业安全与健康管理局和原子能规制委员会等。由此，社会规制如环境规制、生产和工作场所的安全规制、医药产业的价格和进入规制、金融信息的披露规制、劳动合同（特别是种族和性别报酬歧视）的执行等得到发展和壮大。在动态变迁过程中，政府规制不是回复原位，而是螺旋形的，力求沿着市场经济最优功能的方向迈进，对经济增长和发展发挥着重大作用。以美国规制变迁过程中经济的戏剧性变化为例来说明。根据 Kotz（2003）① 的研究，1900～2001 年分为四种制度结构，即进步党时代的规制主义制度结构，“二战”后的规制主义制度结构，“一战”后的自由主义制度结构，当代自由主义的制度结构。在这四种制度结构之下，GDP 增长率是不同的，如表 1 所示。

表 1　美国四种制度结构下的国内生产总值的年增长率

时期划分	增长率/时期	进步党时代的规制主义制度结构	“一战”后的自由主义制度结构	“二战”后的规制主义制度结构	当代自由主义的制度结构
1. 制度划分	增长率	3.70	0.31	3.98	3.05
	时期	1900～1916	1920～1932	1947～1973	1980～2001
2. 波峰至波峰	增长率	3.64	1.84	3.96	3.03
	时期	1899～1916	1919～1937	1948～1973	1979～2000
3. 波谷至波谷	增长率	3.32	0.32	3.65	3.05
	时期	1900～1917	1921～1933	1947～1975	1980～2001
4. 最佳 10 年（波峰至波峰）	增长率	3.46	3.48	4.41	3.20
	时期	1903～1913	1919～1929	1959～1969	1990～2000

资料来源：Maddison（1995：150－151）；U. S. Bureau Analysis（2002）；National Bureau of Economic Research（2002）.

① David M. Kotz，2003，Neoliberalism and the Social Structure of Accumulation Theory of Long-Run Capital Accumulation，*Review of Radical Political Economics* 35（3），p. 267.

从表1可以看出，规制主义制度结构的两个时期与美国规制出现和规制形成高潮两个时期基本吻合，GDP取得较高速度的增长，优于两个自由主义制度结构时期。“二战”后的规制主义制度结构的GDP增长速度竟然比“一战”后的自由主义制度结构高3.67个百分点。这主要因为政府在规制主义制度结构时期里更多地介入经济。比如在进步党时代（Progress Era）一系列新的政府经济职能出现，如规制某些产业（包括食品制造、药品生产和电力）、反垄断政策的实施以及对金融部门的规制。“二战”后，大量新的政府干预经济的形式出现，如高度规制主要垄断产业。但是，20世纪70年代后期，出现规制无效率，加上思潮转向和技术变迁等因素的影响，规制高潮终止，放松规制（主要是经济规制）势头出现。从放松规制的效果来看，它释放了自由竞争的空间，提高效率，同时带来恶果。美国加州——第一个大规模放松电力零售市场的州，在2000年10月到2001年4月期间，美国的纽约和加拿大的多伦多在2003年，发生了历史上最严重的大停电事故，造成巨额经济损失和社会危害。如当时许多医院、市政水处理和控污等部门面临断电的预期，被迫做出一些影响人们生命安全的选择；加州最大的公用事业单位——太平洋天然气和电力公司在2001年宣布破产（Rossi，2002；Navarro，2004）；在航空、银行、有线电视等行业中，由于放松规制，有保证的公平价格、高质的服务和市场中的诚信受到威胁和挑战；从全球范围来看，亚洲金融危机以及与之类似的金融恶性事件频频发生。这些事例都与政府放松规制，不能充分行使适当的规制职能有关，从而从反面论证了政府规制的重要意义。目前，种种迹象表明西方国家放松规制的钟摆已经摆到终点。因此，现代市场经济只有在它是混合经济的时候才能取得成功。没有市场，没有民间工商企业，政府就不能兑现它对公民所作的创造和维护繁荣的承诺。同样，如果没有政府适当的规制，市场和工商企业就不能良性运转（张红凤，2005）。

在西方国家规制动态变迁的背景下，中国政府规制也发生着深刻的变革。在计划经济时代，政府经济性规制表现为，政府通过市场准入限制、价格规制、数量限制等规制方式直接对微观经济活动进行全面、深入的干预，指导和调控企业的经济活动。相应地，凭借行政权力形成的垄断（“行政垄断”）广泛存在于公用事业或网络产业中。这些行业或者是由国家所有制、政府某一部门独家经营而形成的，或者是从政府的一个部门转化而来，因而能够依靠行政资源保持高度集中和垄断，享有高额垄断利润。而社会性规制则表现为缺乏法律基础，且规制职权分散于多个行政管理部门，约束力较弱。所以，市场化改革以来，中国政府规制面临着从计划经济条件下的强经济规制及其相应的行政性垄断向有关产业旧体制内行政垂直管理的规制放松与新兴市场发育所需要的规制重构转换，从缺乏法律基础的弱社会性规制向建立在完善法律基础上的强社会性规制转换。因此，中国政府规制改革与西方国家政府规制的动态变迁有着某种相似性。这为考察西方国家政府规制动态变迁，挖掘其启示，并结合中国政府规制的现状及存在的问题，来探求政府规制改革思路和体制重构提供可能性。

本书将首先介绍政府规制的基础理论，然后按照经济性规制和社会性规制的顺序，分别阐述不同产业和社会不同领域的西方国家政府规制变迁与中国规制改革，最后得出西方国家政府规制变迁的启示与中国政府规制体制重构的基本思路。本书基本框架如下：

第 1 章“政府规制的理论基础”。本章主要介绍政府规制的相关理论，提供了全书主体部分——规制实践的理论基础。本章着重指出：政府规制通常是指在市场经济条件下，政府（或规制机构）利用国家强制权依法对微观经济主体进行直接的或间接的经济、社会控制或干预。政府为何规制是规制领域最早关注的重心问题。从规范角度看，规制动因是矫正市场失灵（如自然垄断、外部性、公共品、信息不对称等）的公共利益；从实证角度看，规制动因是为财富再分配而俘获政治程序或主动创租、抽租的特殊利益，从而将政治行为纳入到经济学的供求分析框架下，解释了现实生活中利益集团为谋求自身利益最大化是如何控制或影响规制的。政府“怎样规制”是一个非常强的实践问题，20 世纪 70 年代末 80 年代初以来，成为规制经济学关注的重心。怎样规制涉及政府规制的机构、程序与方式等内容，这些内容在本章中得到专门论述。规制机构的设立和规制程序要遵循合法性、独立性、可问责性、可信性、高效性等原则。规制方式包括价格规制、进入规制、数量规制、质量规制等组成的经济性规制和确保健康、卫生、环境保护和教育、文化、福利等方面的社会性规制，以及规制替代方式——各种规制框架下的竞争方式。规制目标与好的效应，以及避免政府失灵是实施规制的最终归宿。所以本章最后对相关问题做出解析。

第 2 章“电信产业规制变迁与中国电信产业规制改革”。电信产业由于具有规模经济效应、范围经济效应、高进入壁垒与高退出壁垒、强烈的网络效应、全域生产性、普遍服务的公益效应等特性，具备了政府规制的基础条件；美国电信产业规制经历了多年循序渐进的改革，从垄断经营逐步走向市场竞争，为全球电信引入竞争提供先例，并取得资费降低、消费者福利增加等绩效，形成了由美国联邦通信委员会、各州公益事业委员会和司法机构共同构成的三位一体的规制体系。中国电信产业的改革由放松价格规制和进入规制入手，通过两次战略性重组，初步实现了政企分开和竞争性市场结构。本章最后指出，应借鉴美国经验，制定合理的《电信法》和《反垄断法》，充分发挥电信监管部门的作用，打破不同产业间的界限，推动产业的融合，让技术进步的优势真正显现出来。

第 3 章“铁路产业规制变迁与中国铁路产业规制改革”。铁路产业具有规模经济性、密度经济特性以及不可分割等特性，基于以上特性，铁路产业被认为具有因成本递减而导致的自然垄断特性，因而需要受到政府的规制。但是，随着产业经济理论的发展以及实践的进展，严格规制铁路产业的观点和举措受到了质疑和挑战。实践中，由于多种航空、公路等多种替代运输方式的发展，许多国家为了提高铁路业的竞争力，先后对其进行了放松规制的规制改革。

美国政府对铁路产业的监管正是经历了从严格规制到放松规制的过程，这主要通过一系列法规的颁布实施得以体现。放松规制后，美国铁路公司的经济效益明显得以改善。中国政府对铁路的规制改革大体分为三个阶段：实行经济承包制阶段、建立现代企业制度进行试点阶段、实行资产经营责任制阶段。经过这一系列的改革，调动了铁路企业的生产积极性，也促使铁道部政府职能的转变，但是长期实行的“政企合一”的规制体制并未得到根本性改变，铁道部仍然集规制职能、国有资产管理职能和产业规划功能于一身。因此，中国的铁路规制改革需要建立独立的规制机构，并按照规制法律来对其进行管理，在自然垄断环节建立起科学的规制框架，而在非自然垄断环节则由“看不见的手”进行市场调节。

第 4 章“航空产业规制变迁与中国航空产业规制改革”。美国的航空业最早经历了从严格规制到放松规制的转变。1978 年以前，美国政府为了防止航空业的毁灭性竞争而导致的重复浪费和低劣的服务，对其进行了严格规制；之后，美国对航空运输管理体制进行以自由竞争为核心的市场化改造，规制政策开始从限制竞争走向鼓励竞争，改革取得了明显的效益。中国的民航业大体经历了军事化管理、走向企业化、放开竞争三个阶段。经过渐进式的行业准入和价格方面的规制改革，民航业的竞争格局有了重大变化，但政企合一的管理模式没有得到根本改变，今后的主要规制改革目标是实现政企分开，建立现代企业制度，规范有关法律法规。

第 5 章“电力产业规制变迁与中国电力产业规制改革”。电力产业是典型的自然垄断产业，规制传统由来已久。美国电力产业规制变迁是以一系列法律法规的实施为指导，采取联邦政府与州政府相结合的规制方式，美国电力产业在发电、输电、配电等环节不断尝试引入竞争、开放市场，有效地提高了美国电力产业的运营效率，服务质量也得到明显改善，但是期间由于改革措施失当，也曾经产生过严重的电力危机。中国电力改革的历程大体经历了三个阶段：初期的规制探索阶段；政企分开、部分省市市场化改革试点阶段；实行行业拆分，推行“厂网分开，竞价上网”阶段。电力改革之后，中国电力行业的主管部门是国家电力监管委员会和国家发展和改革委员会。规制改革为电力工业发展带来了活力，取得了显著的效果。但是要打破垄断、提高效率，建立运转高效的电力市场，改革还需进一步在发电、售电环节引入竞争，在输电、配电环节保持不同程度的相对垄断性；加强对电力产业的环境规制；建立相对独立的、高效透明的专业规制机构。

第6章“邮政产业规制变迁与中国邮政产业规制改革”。邮政产业由于其普遍服务性、劳动密集性、弱规模经济性、低进入壁垒和高退出壁垒等特性，一直以来被实行严格的政府规制。美国邮政产业的改革历程可以分为国有企业阶段和政企分开两个阶段。改革后，美国邮政继续保持类似公共企业的性质，不推进邮政公司化；营运状况亏损的局面有了很大的改观，在很多年度还有巨额的盈利。中国邮政产业的规制改革起步较晚，普遍服务的公益性特点加上与生俱来的行政垄断带来了持续的亏损循环，来自一些替代品产业的竞争更加剧了该产业的低效率。针对以上问题，中国政府于2005年出台《国务院邮政改革方案》，实行政企分开，重组国家邮政局，组建中国邮政集团公司；改革邮政主业和邮政储蓄，由中国邮政集团公司控股；完善普遍服务机制、特殊服务机制、安全保障机制和价格形成机制。目前中国邮政产业虽然初步实现了政企分开，但仍需借鉴国外规制改革经验，重建邮政规制体制，进一步引入竞争、提高效率。

第7章“金融产业规制变迁与中国金融产业规制改革”。与一般的市场失灵和规制俘获等规制起因不同，金融产业规制特殊性还源于其特有的脆弱性与金融危机，而强有力的规制制度环境可以降低这类金融市场的不稳定性。美国20世纪70年代和80年代所发生的金融危机推动了金融规制改革：一方面放松金融市场方面的规制，另一方面确立并强化了针对金融企业的规制。期间经历了由初级阶段的混业经营混业监督管理——发展阶段的分业经营分业规制——发达阶段的混业经营混业规制的发展过程。以日本和德国为代表，对银行主导型金融产业的规制也因金融自由化浪潮和银行危机发生了相应的变化。各国的实践经验表明，金融安全问题与金融创新始终与金融规制制度的变迁相伴相生。中国的金融产业规制已经由混业经营混业监管过渡到了分业经营分业管理阶段。现行的分业规制体制模式自运行以来，中国的金融产业规制工作不断加强、规制水平也大有提高。但是，面对国内外经济金融形势的飞速变化，这一规制体制也暴露出许多弊端，需要在规制机构设置、金融制度基础建设、法律法规的运用等方面加以完善。

第8章“城市公用事业规制变迁与中国城市公用事业产业规制改革”。城市公用事业部门所涉及的领域都是关系国计民生的基础产业部门，本章首先介绍了城市公用事业的技术经济特征，以水务行业为例，对其实施经济性规制和社会性规制的经济学依据进行了详细分析。通过对比分析英、美两国水务行业的政府规制变迁历程，得出有益启示。即产权结构的多样化，模拟竞争以提高效率，合理的价格形成机制，法制建设为政府规制提供依据，政府规制机构的设置遵循独立性和反垄断的基本原则，且职能明确。随后分析中国城市公用事业规制现状，指出中国公用事业领域的供需失衡除因资源限制外，企业效率低下是主要原因。由此提出改革思路：加速政企分离，使水企业成为自主经营、自负盈亏的独立企业；减少政府的直接干预，依法对公用事业企业进行规制；降低进入、退出壁垒，尤其是人为的行政性壁垒；采用“横向分割”——引入区域间竞争，与“纵向分割”——实现厂网分离，促进有效竞争格局的形成。

第9章“环境规制变迁与中国环境规制改革”。本章指出，世界各国环境规制变迁先后经历了三个阶段，主要依靠命令与控制政策进行规制、基于市场的环境规制政策、以信息披露为特点的政策创新。三类环境规制政策在静态效率、动态效率、适用范围等方面具有不同特点。目前虽然命令与控制政策仍是世界各国主要的环境规制政策，但是基于市场的环境规制政策和以信息披露为特点的创新性政策正得到越来越多的运用，各国的环境规制政策通常是由针对不同环境问题设计的规制政策组成的政策体系，政策制定中成本收益分析得到了普遍应用。中国在环境规制方面已经制定实施了一系列法律法规，并建立了从中央到地方的各级环境保护机构。然而随着经济快速发展，中国环境污染仍然日趋严重，因此应通过借鉴世界各国环境规制变迁经验，完善中国环境规制政策体系，改革环境规制制度，以此实现中国经济发展与环境规制的双赢。

第 10 章“劳动规制变迁与中国劳动规制改革”。随着劳资雇佣关系在社会生活各个领域的扩展，对劳动进行规制的问题提上了日程。本章第一部分讲述了劳动规制的依据，提出劳动规制主要包括劳动力工资规制、劳动力就业规制和社会保障规制三个方面。第二部分分别从这三个方面讲述了西方劳动规制变迁及其给我们的启示：劳动力工资规制方面，建立最低工资制度是各国通行的保障低收入群体权益的一项重要措施；劳动力就业规制方面，各国制定和实施积极的劳动力就业规制政策，寻找适当途径控制失业率，积极促进就业；社会保障规制方面，社会保障规制的起点、范围和采取的形式与各国的国情和国力紧密相关，规制政策的设计应循序渐进。最后一部分论述中国劳动规制现状及改革思路。针对中国在劳动者权益保护上存在诸多问题，劳动立法不健全，就业困难群体持续扩大等问题，就加强劳动者权益保护、促进就业、加快社会保障规制改革等方面提出了较为详尽的政策建议。

第 11 章“职业安全与健康规制变迁与中国职业安全与健康规制改革”。本章首先介绍了职业安全与健康规制的理论依据，即市场信息不充分造成的个人决策的不确定问题及外部性等。其次，重点就美国职业安全与健康规制变迁及特点加以阐述，其中包括美国劳工部职业安全卫生监察局（OSHA）及其规制体系的设立与不断完善，规制手段中强制性措施、引导支持性措施、合作措施的实施状况，指出美国职业安全与健康规制具有相对完善的法律体系，具有加以制衡的权力，多样化的安全计划，政府规制和法律诉讼的联合使用等特征。以上规制实践的最大绩效是人们的职业安全与健康管理理念发生变化，认识到职业安全与健康管理对企业管理的重要性，由此带来了事故率的明显下降。本章随后对中国职业安全健康规制的现状、改革思路以及美国职业安全与健康规制对中国的启示等问题做了论述，认为目前中国职业安全与健康管理体系（OSHMS）也在逐步设立和完善之中，有必要借鉴美国经验，激发地方政府参与的积极性，政府规制和法律诉讼结合使用、开展形式多样的职业安全与健康规制方法。

第 12 章“医疗服务市场规制变迁与中国医疗服务市场规制改革”。本章首先分析医疗服务市场政府规制的依据——与医疗服务市场的特殊性紧密相关的市场失灵，主要包括信息不对称与供给者诱导需求、医疗服务的公益性和公平性、第三方支付制度、医疗服务市场的垄断性等，指出医疗服务市场政府规制的必要性。然后重点介绍了美国医疗服务市场中的医疗服务供给者资本支出规制（必要的资格认证、1122 计划）、医疗服务价格规制以及医疗服务质量规制政策的演变情况，并结合国外学者的相关研究，分析了美国医疗服务市场政府规制的绩效，提出美国医疗服务市场政府规制政策及其变迁对中国医疗服务市场政府规制体系的构建具有重要启示。表现为：注重立法在医疗服务市场政府规制的作用；规制权力的分散不利于规制效率的提高；在医疗服务市场政府规制过程中充分发挥行业自律性规制的作用；根据市场环境的变化决定是否放松规制或者加强规制。本章的最后一部分在借鉴美国医疗服务市场政府规制政策演变的经验基础上，结合中国医疗服务市场政府规制的现状，提出了中国在该领域的改革思路。

第 13 章“土地利用规制变迁与中国土地利用规制改革”。本章首先阐述了土地利用资源稀缺性与外部性，以及由此引发的社会性和政治性问题，共同构成了实施土地利用规制的重要依据。随后，着重介绍了美国土地利用规制变迁历程、机构设置与功能、规制体系的分权状况以及实施绩效，得出的有益启示。即规制内容方面，体现了私有产权的强化保护；规制目标方面，与城市总体发展规划密切协调；规制工具方面，表现为警察权与地方法庭判例的互补使用；最后，规划决策过程中的充分自治。而中国土地利用规制的制度背景与美国迥然不同，土地利用规制是从国家所有制和集体所有制、逐渐接受和走向市场经济体制的发展过程，整体处于依靠政府行为引导和培育土地市场，市场机制尚未真正规范和发育起来的阶段。通过分析中国土地利用的结构与强度不尽合理、生态环境恶化、城市用地供需紧张等现实问题，并总结和借鉴美国土地规制经验，本章就中国土地利用规制改革的未来发展方向提出了确立“规划为本”的监管理念、增强决策科学性、推进市场化运作进程、完善税制建设等政策建议。

第14章“结论：西方国家政府规制变迁的启示与中国政府规制体制重构的基本思路”。本章是对全书的总结。本章首先对西方国家规制动态变迁历程进行简要回顾，并由此得出三方面启示：规制改革实践由“政府一市场”框架向“政府一市场一社会”框架动态推移，呈现出一定的情景特征；规制改革轨迹取决于政治要求、经济理性、行政理念与技术条件的共同变迁；规制改革的趋势在于寻求政府规制之外的可行路径。鉴于本书的最终目标是为中国规制改革提出政策建议，所以本章随后在总结中国规制改革总体实践的基础上，就当前规制改革中规制供给的总量与结构、规制过程、规制环境等方面存在的突出问题进行了深入剖析。以此为基础，从经济学、行政学和法学的角度分别就规制边界、规制方式以及规制的政府职能等改革思路进行辨析。核心观点是：从经济学角度审视规制改革，着眼于扩大市场基础，培育良好的市场竞争环境；从政治学角度审视政府规制，在于制度设计，构建政府中立、裁决各方博弈的框架，平衡利益，限制政府权力；从行政法角度审视规制改革，着眼于政府依法行政，保护被规制者的合法权益。三种视角的重点虽然不同，但内在统一于必须通过政治体制改革来完善政府职能这一结论。

政府规制的理论基础

1.1 政府规制的内涵

规制（Regulation）由来已久，起源于与人们交换相关的正式或非正式规则（Ekelund，1998）。[①] 其最早的概念可以追溯到古罗马时代，是指政府官员制定法令允许受规制的工商业提供基本的产品和服务。但为了实现社会公平，政府为产品和服务制定“公平价格”，从而否认古老的斯多葛派的“自然价格”（由卖者和买者协商）。这里，规制的概念虽然古老，却隐含这样的逻辑：政府拥有强制权，并依此对微观经济主体进行干预（Hirsh，1999）[②]。这一古老的逻辑在现代得到了继承和延伸。

现代意义的规制在不同的文献和经济学家那里有不同的解释。

根据《新帕尔格雷夫经济学大辞典》的解释，规制是政府为控制企业的价格、销售和生产决策而采取的各种行动，政府公开宣布这些行动是要努力制止不充分重视“社会利益”的私人决策。规制的法律基础由允许政府授予或规定公司服务权力的各种法

① R. B. Ekelund，Jr.，1998，*The foundations of regulatory economics*，Vol. Ⅰ，Edward Elgar Publishing Limited，Cheltenham，UK-Northampton，MA，USA. pxi.

② Richard F. Hirsh，1999，*Power Loss*：*The Origins of Deregulation and Resyucturing in the American Utility System*，Cambridge：MIT Press，p. 295.

规组成[①]。《社会科学纵览——经济学系列》对规制给予一个更为详尽的解释：规制是公共政策的一种形式，即通过设立政府职能部门来管理经济活动；通过对抗性立法程序而不是无束缚的市场力量来协调产生于现代产业经济中的经济冲突。它是社会管理的方式，存在于极端的政府所有制（Government Ownership）和自由放任的市场之间，通常发生在资本主义市场经济和市场取向的经济中。规制包括对商业行为的经济规制和社会规制[②]。伯吉斯在市场不完善的基础上提出经济规制，在外部性的基础上提出社会规制[③]。日本经济学家植草益也对规制进行经济规制和社会规制的划分。经济规制是指在自然垄断和信息不对称的领域，主要为了防止发生资源配置低效和确保利用者的公平利用，政府机关用法律权限，通过许可和认可手段，对企业的进入和退出、价格、服务的数量和质量、投资、财务会计等有关行为加以规制。社会规制是指处理外部不经济和非价值物问题，以确保国民安全、防止公害和保护环境为目的的规制[④]。从上述对规制解释的相应文献来看，规制是政府机关（规制机构）依据法律授权而做出的一种政府行为，是为了克服市场失灵，"维护良好的经济绩效"[⑤]。这些定义建立在"公共利益"的规范分析的基础上，有时与实证分析得出的结论——规制并非为了公共利益发生偏差。

以施蒂格勒为代表的芝加哥学派提出另一范式的定义：规制作

---

① 《新帕尔格雷夫经济学辞典》第四卷，中译本，经济科学出版社1996年版，第137页。

② Frank N. Magill, 1991, *Survey of Social Science-Economics*, Vol. 4, Salem Press, Inc., pp. 1973-1974.

③ Gile H. Burgess, 1995, *The Economics of Regulation and Antitrust*, Porland State University, p. 4,

④ 植草益：《微观规制经济学》，中译本，中国发展出版社1992年版，第19~20页。

⑤ Alfred Edward Kahn, *The econmics of regulation: principles and instiutions*, Vol. 1, New York: wiley, p. 2. 转引自丹尼尔·F·史普博：《管制与市场》，中译本，上海三联书店、上海人民出版社1999年版，第28页。

为一项规则，是对国家强制权的运用，是应利益集团的要求为实现其利益而设计和实施的①。尽管施蒂格勒此处的定义仅限于对产业的控制，过于狭窄，但他不再将规制看做是单纯的政府行为，而是看做政府与产业之间的一种互动，这在一定程度上拓展和丰富了规制的内涵。

史普博则另辟蹊径，在综合经济学、法学、政治学定义的规制的基础上，重新界定了规制的内涵。他认为尽管市场是规制政策存在的理由和前提，但所有定义都倾向于把市场忽略掉。他试图将行政决策的模型和市场机制的模型统一起来，将规制视为消费者、企业和规制机构互相结盟并讨价还价（博弈）的过程。②

目前，中国学者也尝试对规制内涵进行界定。王俊豪认为，政府规制“是具有法律地位的、相对独立的政府规制者（机构），依照一定的法规对被规制者（主要是企业）所采取的一系列行政管理与监督行为”。③ 张红凤认为要给规制下一个适当的定义要考虑多重因素，比如规制目的（涉及规范目的和实证目的）、规制主体与客体、规制程序、规制发生的时机等问题，否则会以偏概全。因此，现代通常意义上的规制是指在市场经济条件下，政府（或规制机构）利用国家强制权依法对微观经济主体进行直接的或间接的经济、社会控制或干预。其规范目标是克服市场失灵（包括微观经济无效率——自然垄断、外部性、公共品、信息不对称等与社会不公平），实现社会福利的最大化，即实现公共利益；而实证目标则是实现利益集团的利益。④ 曲振涛则对规制主体进行扩展，认为在新的规制实践不断发展的背景下，规制主体应包括具有相应规制强

① George J. Stigler, 1971, The Theory of Economic Regulation, *Journal of Ecnomics and Management Science* 2（1）, pp. 3 –4.

② 丹尼尔·F·史普博：《管制与市场》，中译本，上海三联书店、上海人民出版社1999年版，第2、45、47页。

③ 王俊豪：《政府管制经济学导论》，商务印书馆2001年版，第1页。

④ 张红凤：《西方规制经济学的变迁》，经济科学出版社2005年版，第8页。

度的各国政府规制执行部门、国际组织、区域性组织和行业自律性组织，核心是政府规制执行部门。[①]

1.2　政府规制的原因

政府为何规制是规制领域最早关注的重心问题，从不同的研究视角来看就会得出不同的结论。

1.2.1　规范视角

关于规制的原因，传统规制经济学的观点是规范性的，认为政府是道德人，是公共利益最大化的代表，在市场发生失灵时，应公众矫正市场活动无效率和不公平的要求而提供规制，并且这些规制是有效率的，能提高整个社会的福利水平。这里，矫正市场失灵的公共利益成为规制的动因。该理论被称为公共利益规制理论（张红凤，2005）。

在通常情况下，竞争性市场会导致资源的有效配置，至少从理论上讲，在这种市场竞争的主体，只会以消费者愿意购买的数量，以生产成本最小的方法，生产哪些消费者认为最值得的产品和服务。但这种竞争只有在没有任何一个供给者或者消费者可以影响市场价格时才会存在，这就要求具备以下条件：市场参与者的理性行为（即效用最大化）；完全信息（不存在信息不对称）；市场的完全流动性（即没有交易费用的自由竞争）；固定偏好和技术；物品的服务价格反映全部成本（没有未受平价的外部性）。[②] 然而，现实的世界很难做到这些，事实上经济系统总是会产生许多市场失灵的情形。在这种完全竞争的市场机制中，即便不存在控制经济体系的主体（如政府公共机构），所有经济主体都采取使自我利益（企

① 曲振涛、杨恺钧：《规制经济学》，复旦大学出版社 2006 年版，第 3 页。

② 陈富良、万卫红：《企业行为与政府规制》，经济管理出版社 2001 年版，第 15 页。

业是利润，消费者是效用）最大化的行动，在价格信号这只“看不见的手”的指导下，也能实现帕累托最佳境界的资源配置。但很显然，在现实经济活动中完全竞争的市场机制根本就不可能存在。上述各种假定的条件是如此严格，与其说它们勾勒了一幅帕累托最优的美好图画，还不如说它们澄清了市场为什么通常不能保证有效率的和公平的社会状态（阿克塞拉，2001）。因此经济学家把市场经济的这种局限性称之为“市场失灵”，这也正是政府作为一个调控主体（当然还有其他的主体，如非政府组织）参与和干预市场的根本理由。但市场失灵不是政府规制的充分条件，而是必要条件。[①]狭义上的政府规制仅指政府对微观主体的经济控制和干预。例如，伯吉斯（Burgess）认为，政府规制是指政府通过修正或控制生产者或消费者的行为来达到某个特定目的的干预。这是衡量政府和市场之间相互作用的一个尺度。政府规制可以决定商品的价格，或者对生产什么及生产多少产生影响。在一些特殊的情况下，政府规制甚至能够决定由谁和谁怎样来生产商品或服务。[②]

引发政府规制的市场失灵主要表现为如下方面：

1. 自然垄断

所谓自然垄断（Natural Monopoly），是指由于存在着资源稀缺性和规模经济性、范围经济性及成本的劣加性（Subadditivity，亦译作次可加性），使提供单一物品和服务的企业形成一家公司（垄断）或极少数公司（寡头垄断）的概率很高（植草益，1992）。自然垄断在科斯（1960）[③] 和后科斯时代外部性发展为市场失灵的证

① 何维达、宋胜洲等：《开放市场条件的市场安全与政府规制》，江西人民出版社2003年版，第17页。

② Gile H. Burgess，1995，*The Economics of Regulation and Antitrust*，Portland State University，p. 4.

③ R. H. Coase，1960，The Nature of Social Cost，*Journal of Law and Economcs* 3（Oct.），pp. 1 –44.

据之前，一直是支持规制的第一个而且惟一正式的证据。

经济学界对自然垄断产业较为系统的理论分析，是从规模经济入手的。其中较具代表性的观点认为，自然垄断产业是指由于产业存在显著的规模经济，产品平均费用曲线随产品市场容量的扩大而递减，单一一家企业独占市场将比任何数家企业分享市场而能够取得较低平均成本，从而使得社会总成本最小的产业（Kahn，1971）。但现代的观点则认为，自然垄断产业未必只能建立在规模经济性的基础之上，只要存在着所谓的成本的劣加性，该产业就是自然垄断产业（Baumol，Panzar and Willig，1982）。所谓成本的劣加性，是指一家企业生产该产品市场全部需求量的成本，要低于由两家或两家以上的企业共同生产所花费的成本。而规模经济性是自然垄断性存在的充分条件，但不是必要条件。当一个产业的规模经济性不成立时，仍然可能存在着成本的劣加性（Waterson，1988）。成本的劣加性还可以推广到传统的规模经济性观点所不能解释的存在联合生产的经济性，即范围经济的多产品生产中。在多产品生产条件下，即使规模经济性不存在，每样产品的平均成本曲线上升，只要一家企业生产所有产品的总成本小于多家企业分别生产这些产品的成本之和，由一家企业独占市场的社会总成本仍然最小，该产业仍然是自然垄断产业。

政府对具有自然垄断属性的产业进行规制的根本目的，是因为在这类产业中实行独家企业垄断或少数几家企业寡头垄断在技术经济上可达到更高效率，因此很多国家的政府都赋予特定的企业垄断供给权，并通过限制其他企业进入（即所谓进入规制）来维持垄断性结构。同时另一方面，由于处于自然垄断状态的企业的产品、服务价格和有效供给量往往不是市场竞争的结果，因此政府就有必要通过价格干预（价格规制）和其他规制手段来维护消费者利益，以防止形成垄断价格，抑制垄断弊端的发生。

不过需要指出的是，一个产业是否具有自然垄断性，除了规模经济性、成本的劣加性或范围经济之外，市场容量的大小也是一个极为重要的因素。众所周知，近代以来长期的贸易壁垒的存在，致使许多产业的市场其实是以国境线为边界的。各国人口数量、土地面积以及收入水平的鲜明差异，造成了同一个产业在不同国家往往具有不同的竞争性质。同样，即使在一个国家之内，由于运输成本、交易费用、人口分布、市场需求和供给成本的差异，也会使得部分产业在若干区域市场上具有较显著的自然垄断性，而在另一些区域性市场上则并不显著，甚至还属于竞争性产业。因此，对于当代社会来说，随着世界经济一体化进程的深入，国际贸易壁垒的逐步消除，必然会导致部分国家中某些产业的所谓自然垄断性发生根本的变化。

2. 外部性

外部性的概念是由马歇尔率先提出的。20 世纪 20 年代他的学生庇古在其名著《福利经济学》中进一步研究和完善了外部性理论。他提出了"内部不经济"和"外部不经济"的概念，并从社会资源最优配置的角度出发，应用边际分析方法，提出了边际社会净产值和边际私人净产值，最终形成了外部性理论。庇古认为，在经济活动中，如果某厂商给其他厂商或整个社会造成不需付出代价的损失，那就是外部不经济，这时，厂商的边际私人成本小于边际社会成本，边际私人收益大于边际社会收益。当出现这种情况时，市场无法自动解决，即出现市场失灵，需要引入政府进行适当干预。政府应采取的经济政策是：对边际私人成本小于边际社会成本的部门或企业征税，对边际私人收益小于边际社会收益的部门或企业实行奖励和津贴。这种政策建议后来被称为"庇古税"。科斯（1960）则在《社会成本问题》中证明，在交易费用为零的条件下，庇古的理论是错误的，因为如果交易成本为零，无论初始的权利如何分配，最终资源都会得到最有价值的使用，理性的主体总会将外溢成本和收益考虑在内，社会成本问题从而不复存在，并以此提出对于外部性问题的私人解决方案——解决市场失灵，仅需重新界定产权，以在利益方之间形成一个市场。[①] 具体办法：一是使用企业合并的方法，将外部性内在化；二是利益各方在产权划分清晰，并且交易成本为零或很低的基础上，进行协商、谈判。总之，外部性理论发展经历了马歇尔的“外部经济”、庇古的“庇古税”和科斯的“科斯定理”三个阶段。这三个阶段被称之为外部性理论发展进程中的三块里程碑。

在现代，外部性通常是指当经济主体（企业或个人）将成本强加于或将利益带给没有和他们有交易的一方。前者指负外部性，后者指正外部性。当然，对外部性的理解往往随研究目的不同而不同。鲍莫尔和奥茨通过两个条件来定义外部性：“条件1，当某个经济主体（设为A）的效用或生产函数包括了一些实际（即非货币的）变量，其取值由忽略对A的福利影响的其他主体（个体、企业、政府）决定时，外部效应就出现了；条件2，其活动影响他人效用水平或进入他人生产函数的经济主体，如果没有以补偿的形式为其活动获得（支付）等于对他人造成的效益（或费用）的价值量，就会产生外部效应。”[②] 史普博则把外部性定义为“在两个当事人缺乏任何相关的经济交易的情况下，由一个当事人向另一个当事人所提供的物品束”。[③] 外部性这种市场失灵已被显著用于证明环境规制、电信业的“统一服务”（Universal Service）规制等的合理性上。

3. 公共品与道德风险

在完全竞争性市场的假定中，商品的使用具有竞争性的或排他

---

① 科斯等：《财产权利与制度变迁》，中译本，上海三联书店、上海人民出版社1994年版。这里涉及科斯第一定理。科斯第一定理自产生以来，争议很大，褒贬不一。由于篇幅关系，这里不做评价。

② 威廉·J·鲍莫尔、华莱士·E·奥茨：《环境经济理论与政策设计（第二版）》，经济科学出版社2003年版，第12页。

③ 丹尼尔·F·史普博：《管制与市场》，上海三联书店、上海人民出版社1999年版，第56页。

性的特点，即某人对某种商品的使用会限制他人对它的使用。但在现实市场中，还存在着非排他性的商品，即某人对某种商品消费的增加并不会使他人对它的消费下降，这些物品被称之为“公共品”，如国防、古迹、路灯、灯塔等。

由于排他性消费难以或不可能排除的原因，使得搭便车的问题和市场的不可行性变得更为严重，从而也使生产公共品缺乏激励。如果可以排除他人对公共品的消费，那么其提供者获得的收益就应该等于从该物品本身获得的直接收益，加上他人对获得许可使用该物品的收费。换言之，私人经济主体决定是否生产公共品，取决于是否存在非负的预期收益，而非排他性使这种预期收益降低，从而使私人经济主体不愿生产公共品。因此，公共品靠市场自身是难以生产出来的，存在市场失灵。

在竞争性市场机制下，资源的配置是有效率的。但在现实的市场中，由于某些普遍接受的社会伦理道德规范的作用，往往出现用某些外部实体的选择取代个人选择的情况。如就毒品和核武器等而言，在竞争性市场机制下也可以实现资源配置的效率，但这却并非为社会所希望。相反，社会希望在一定程度上或者是全面限制和禁止此类物品的生产和销售。经济学家称此类物品为“非价值物品”或“功德物品”。可以列入此类物品范围的还有安全预防物品（如汽车安全带、抗震建筑技术）、强制性义务教育和强制性保险计划等，与毒品不同的是，这些功德物品是社会广泛提倡的和支持的。但它们都能够严重限制个人的偏好。支持功德需要的理由，除了考虑到人们可能不具有决策所需的有关重要信息，或其决策过程没有遵守正常的理性标准外，还有外部性或公共品的某些考虑，如降低无意伤害和节约公共开支等。对于非价值物品的生产和消费，按照市场本可以实现资源有效配置，但由于社会伦理道德规范的作用，必须对其进行干预，或限制或提倡，因此，引入政府规制不可避免。

4. 信息不对称

正统微观经济学的一个基本假设是经济当事人具有完全信息，在此基础上信息获取无须支付成本。这意味着消费者不仅知道自己的偏好，而且对商品的价格、特性等具有完全的了解；生产者不仅知道生产的技术，而且知道所有商品的价格、要素的生产能力等。这一假设只存在于一个“理想”世界，而现实世界与此相差悬殊。于是经济学家们不得不考虑将信息不完全引入模型，以缩小现实世界与“理想”世界的差距。以施蒂格勒、西蒙（Simon）、阿罗（Arrow）等为代表的一批经济学在20世纪50、60年代率先对“完全信息”假设提出质疑，认为不完全信息、不确定性是经济行为的基本特征之一。比如，施蒂格勒1961年在《政治经济学杂志》上发表了《信息经济学》一文，创造性地把信息作为一种稀缺的资源，指出人们获取信息是需要支付成本的，从而开创了用传统经济理论的基本范畴和方法对信息的供给和需求进行成本—收益分析的先河。① 他试图在追求效用最大化的“经济人”的假设条件下分析获取信息的过程。他认为人们为获取信息要进行搜寻，发生搜寻成本，但同时会享受搜寻信息的收益，比如购买商品时获得售价的差别。人们通常在搜寻信息的边际成本与边际收益相等之处停止搜寻，此时获得的信息量必然少于完全信息量，但对于当事人而言，却属于最佳信息量，并且也决定了信息的价格。显然信息价格处在零和无限大之间，当事人的决策环境处在信息完全和不确定性之间。20世纪70年代以后，施蒂格勒、维克里（Vickrey）、米尔利斯（Mirrlees）等人对这一问题做进一步探讨。他们的结论是，从现实的制度安排和经济实践来看，不仅行为者的信息不充分，而且信息分布呈不均匀、不对称状态，同一经济行为的当事人所拥有的

① George J. Stigler, 1961, The Economics of Information, *Journal of Political Economy* 69 (June), pp. 213-225.

信息是不对称的。这种状况影响到市场机制的作用，甚至导致市场失灵，表现为资源配置无效率。另有三位著名经济学家阿克洛夫（Akerlof，1970）、斯彭斯（Spence，1973）、斯蒂格利茨（Stiglitz，1982），对信息不对称理论的发展做出卓越的贡献，并因此摘取了2001年诺贝尔经济学奖的桂冠。即阿克洛夫对旧车市场、斯蒂格利茨对金融市场、斯彭斯对劳动力市场的信息不对称问题做出深入的分析。[①] 近20年博弈论的不断发展完善也为信息不对称问题提供强大的分析工具，促使信息不对称理论研究的深度和广度不断扩展，取得了引人注目的研究成果。

信息不对称（Asymmetric Information）通常是指市场交易一方比另一方拥有更多信息的状态。对于那些虽然具有竞争性的市场结构，但消费者在自由选择问题上还不能保证得到充分信息的产业，由于信息不对称极易导致消费者利益的损失，因此有必要由政府对这些产业中的企业行为实施规制。如在银行、保险、证券和运输业，在这些产业中存在很多企业，提供各种各样的服务，并收取各种不同的费用，而消费者却未必拥有充分的信息以决定在多种多样的服务和价格中选择哪种为好，结果难以实现帕累托意义上的资源配置效率。同时，这些产业虽已保全、运用和运输消费者的财产状况，一旦竞争的结果使企业发生倒闭时，消费者还会因此蒙受损失。为预防这类现象和事态的发生，需要政府从一开始便对有关产业的进入和具体市场行为进行干预，以解决信息不对称问题。因此，信息不对称成为政府对金融和交通运输等竞争性产业实施规制的重要依据。

当然，也并不是所有的信息不对称问题都需要通过政府规制的途

① G. Akerlof，1970，The market for Lemons：Quality uncertainty and the market mechanism，*Quarterly Journal Economics* 84（3），pp. 488－500；A. M. Spence，1973，Job market signaling. *Quarterly Journal of Economics* 87（3），pp. 355－374；Joseph E. Stiglitz，1982，Information and Capital Markets，in *Financial Economics*：*Essays in Honor of Paul Cootner*，ed. WF Sharpe and CM Cootner，pp. 118－158. New Jersey：Prentice-Hall.

径解决。例如斯蒂格利茨（J. Stiglitz）与罗斯查尔德（M. Rothschild）合作撰写的关于保险市场逆向选择理论的经典论文中（Rothschild & Stiglitz，1976），就讨论了当保险公司不知道客户的风险状况这一典型信息不对称问题的解决方式。作为对阿克劳夫理论的补充，它考察了处于信息劣势的一方如何应对信息问题的情况，并证明了保险公司可以通过提供给客户一组合同，让客户自己选择这样一种所谓的筛选过程为客户提供有效的激励，使客户显示出他的风险信息，以区分风险不同的客户。对于这样一种市场能够解决的信息不对称问题，自然就不需要来自政府的规制。

1.2.2 实证视角

实践中规制出现了与理论预见的严重不一致性，表现为规制不总是出现在市场失灵领域，规制不完全有效，规制出现非合意效应（Stigler and Friedland，1962；Averch and Johnson，1962）。这种状况促使一部分经济学家开始通过实证研究和经验检验来重新考虑规制的原因，利益集团规制理论应运兴盛起来。该理论认为政府的基础性资源是强制权，能使社会福利在不同的人之间转移；规制的需求者与供给者都是理性经济人（自利动机），通过选择行为谋求最大效用。这意味着利益集团（规制的需求者）通过向政治家或规制者（规制的供给者）提供金融或其他支持来影响规制程序的结果，或自利的规制者主动创租或抽租而利益集团对此做出反应，是规制发生的动因，从而强调利益集团在公共政策形成过程中的作用。简言之，利益集团规制理论认为任何有效的联合都会通过政治程序来获得规制，规制不一定必然与市场失灵正相关。

利益集团规制理论在解释规制原因时经历了下面几种理论的演化：

（1）规制俘获理论（the Capture Theory of Regulation，CT）。该理论是利益集团规制理论的最早雏形，认为规制的供给是应产业对规制的需求（立法者被产业俘获），或者随着时间的推移规制机构逐渐被产业控制（规制者被产业俘获）。规制俘获理论在某种程度上比公共利益理论更符合规制的经验观察，因而更具说服力。

（2）规制经济理论（the Economic Theory of Regulation，ET）。该理论将政治行为纳入到经济学的供求分析框架下，解释了利益集团如何控制或影响规制。该理论由施蒂格勒（Stigler，1971）开创。施蒂格勒在政府的基础性资源是强制权、经济行为人为理性人的两个基本假设下，用经济学的供求分析方法来分析规制，从而将规制变成经济系统的内生变量；同时通过使用奥尔森的集体行动理论，推论出一个产业的成员比分散的人均资本收益小的消费者更容易受到激励和组织去影响政治，规制可能被小产业集团俘获。而现实中一些有力的消费者集团的出现以及规制经验，引领佩尔兹曼（Peltzman，1976）进一步扩展施蒂格勒的观点，并将其模型化，提出最优规制政策模型——规制决策者的政治利益是通过使政治支持最大化来实现的，其最优条件是政治支持替代率（绝对值）等于生产者利润和消费者剩余相互转移的边际替代率。他认为政府官员在竞争的利益中进行公断，而不是总取悦于某些产业集团。进一步，贝克尔（Becker，1983；1985）提出政治均衡模型，分析在规制过程中利益集团之间的竞争（由集团的相对影响力决定）及其有益后果——纠正市场失灵、降低社会福利损失。在一般静态模型中，既说明了规制的财富再分配功能，又说明规制的提高经济效率功能，从而提出了比较全面的规制依据。

（3）新规制经济理论（the New Economic Theory of Regulation）。该理论由麦克切斯尼（McChesney，1987；1997）在对规制经济理论进行批判的基础上构建的。他指出 ET 理论仅仅描述了规制者的创租动机，不能很好地解释许多规制法令如 20 世纪 60 年代末以来的健康、安全、环境和消费者取向的规制法令的颁布，因而提出政治家不仅是面对竞争性的私人需求进行财富再分配的中间人，而且是自身需求的独立行为人，除创租外，还考虑依其他方式从私人那里获利，由此构建抽租模型。新规制经济理论强调政治家在规制中的主动作用，一改规制经济理论过分关注需求的缺陷；抽租模型比创租模型更具普遍性，对现实更具解释力；因发展中国家抽租实践更为公开化，抽租模型对研究发展中国家的规制更有意义。

(4) 内生规制变迁理论（the End Ogenous Theory of Regulation Change）。这一理论由 Ellig（1991）提出，试图将规制变迁（由规制到放松规制），变成经济系统的内生变量，弥补规制经济理论只将规制作为经济系统内生变量的缺陷。它将贝克尔模型静态的政治均衡模型推演为动态，使规制经济理论向现实更接近一步，即假设当事人的信息不对称，对于规制的成本—收益的理解发生偏离（即理性预期失灵），推论出规制将沿着偏离无谓损失最小化的路径行进的结论。

简言之，利益集团规制理论认为任何有效的联合都会通过政治程序来获得规制，规制不一定必然与市场失灵正相关。规制动因相应从矫正市场失灵的公共利益，转到了为了财富再分配而俘获政治程序或主动创租或抽租的特殊利益。利益集团规制理论不仅认为规制内生于经济模型，而且将规制变迁内生于经济模型。

1.3　政府规制的机构、程序与方式

1.3.1　政府规制机构

政府规制通常是指政府行政机构依据法律授权，通过制定规章、设定许可、监督检查、行政处罚和行政裁决等行政处理行为对社会经济个体的行为实施的直接控制。它起源于19世纪末美国对铁路的价格规制，在20世纪80年代后，美国式的规制开始在OECD国家广泛蔓延。西方有人将这类规制执行机构叫做“第四政府”。[①] 这是因为广义的政府包括三个部门：立法、司法和行政，而政府规制机构则同

① 王名扬：《美国行政法》，中国法制出版社1995年版，第174页。

时兼有这三种职能，所谓三权合一：在法律授权下，规制机构可以制定抽象的规则去管理具体的行政相对人；同时能够执法，监督、检查、处罚行政相对人；还有行政裁决权，等于把司法系统的程序拷贝到了行政机关，如价格听证、医疗事故鉴定，等等。①

之所以从原有的行政体系中硬生出这一个环节，除了纠正市场失灵的合理性外，在行政管理技术方面还有如下几个原因：第一，专业化的规制机构拥有对行业管理的知识和信息优势，可以弥补法院单纯靠法庭证词可能不足的缺陷；第二，现代社会经济活动日趋复杂且变化较快，立法机构的决策程序缓慢，难以适应行政管理的需要；第三，大量由政府直接投资和经营的国有垄断产业在引入竞争机制和私有化后，对其垄断保留环节显然缺乏相应的管理体系；第四，规制机构的行为主动性使得它在保护公民健康安全方面能够发挥预防作用，弥补法院不告不理的缺陷。②

在市场经济条件下，政府实行规制的机构通常由立法机构和行政机构两地体系组成。立法机构主要是各国的国会，其基本职责主要是通过制定法律的形式，明确政府规制的法律依据和合法性。从各市场经济国家的经验来看，这类法律通常采取具体产业法的形式，通常包括四个方面的内容：（1）规定对有关产业实施政府规制的目标、原则和基本政策内容。（2）规定相关产业规制行政机构的设置及其法律地位。（3）规定相关产业规制行政机构的基本职责和权力。（4）规定相关产业规制政策的实施程序和争议处置程序。行政机构主要是指根据有关法律设立的行业性规制机构，其基本职责通常包括三个方面：（1）依据有关法律和授权，执行对有关行业的政府规制。（2）按照有关法律的原则和授权，制定必要的具体规制措施和工作程序。（3）根据有关法律规定，对具体的事件做出判断，并在授权范围内按照一定程序采取相应的行动。

① 余晖：《监管热的冷思考》，天则公用事业研究中心：http：//www. ccppp. org。

② 余晖：《论行政体制改革中的政府监管》，载《江海学刊》2004 年第 1 期。

综合大多数市场经济国家的经验，政府规制行政机构的设置在立法这一层次上基本相似，但在执法即具体政府规制行政机构的设置和责权规定等方面，各国之间则存在着一定的差别。其中，最大的差别主要表现为对于单个产业来说，是设置单一的规制行政机构还是设置多个规制行政机构。机构的设置须具备下列条件：第一，依法，是指所有的规制机构的产生及其规制权的执行，都必须立于严格分法律界定之上。这既是树立规制机构独立性和权威性的需要，更是保障被规制者的合法权益的需要。第二，独立，是指规制机构在组织上与政府政策部门分开或相对分开，以保证其能够独立地执行规制政策而不受利益相关者的干扰。这要求通过或修改专门的立法，以明确它的职能及其与其他行政机构或大部内其他分支机构的关系。第三，公正。合理设定原则和独立性原则并不能完全保证规制行为的公正性。规制机构在缺乏有效制衡和监督的条件下，很容易做出不作为、滥用权力、歧视性执法和违背程序等行政违法行为。规制机构和被规制者往往存在千丝万缕的关系，而被规制者面对的众多分散的消费者却又难以对被规制机构形成有效制约，这造成规制机构与被规制者合谋，广大消费者受损却又无力摆脱的困境。为防止这些行为的产生，因此要建立完善的行政程序制度和外部监督机制，要最大限度地强制规制机构公布其内部信息，同时必须加大行政违法行为的法律责任。第四，效率。效率原则要求规制机构针对不同的规制要求，采取灵活的组织模式，如纵向集中，采取横向配置，拟或兼而有之的分权模式，同时建立起良好的绩效管理体系和完善的财物责任制度。除此以外，效率原则还要求规制机构具备高度专业化的行政官员，以及在专业化的基础上建立合理配置的知识结构（技术、经济、法律、审计、管理）。

1.3.2　政府规制程序

行政行为具有一定的方式、步骤、顺序以及时间的延续性，即行政程序。规制政策的制定，涉及广泛的公共谈判，需要多方面的参与，由相关利益集团进行博弈，取得折中，达成妥协；在执行过程中，更应遵守程序，以保证行政相对人的人身和财产权利；对于执行结果，当事人必须拥有救济渠道，由行政诉讼来解决纠纷，程序更是必不可少。因此，规制过程作为由被规制市场中的消费者和企业，消费者偏好和企业技术，可利用的战略以及规制规则来定义的一种动态博弈，适当程序应贯穿始终。规制的内容主要表现为实体法规即法律法规，它对规制者与被规制者的权利和义务做出实质性规定。要使这些规制得到执行，必须遵照一定的法律程序，以提高行政机关的效率，制约行政机关，防止其失职、越权和滥用职权，保护被规制者的合法权益。

政府规制程序的执行关键在于依法行政。依法行政是指行政机关必须根据法律法规的规定取得、行使行政权力，并对行政行为的后果承担相应的责任。在现代社会，依法行政之“法”不仅应包括法律规范，还应包括法律的一般原则、法律精神和法律目的。依法行政的六项原则是：合法行政、合理行政、程序正当、高效便民、诚实守信、权责统一。第一，合法、合理行政原则。行政机关实施行政管理，应当依照法律、法规、规章的规定进行；没有法律、法规、规章的规定，行政机关不得做出影响公民、法人和其他组织合法权益或者增加公民、法人和其他组织义务的决定。合理行政原则，即行政机关实施行政管理，应当遵循公平、公正的原则。平等对待行政管理相对人，不偏私、不歧视。行使自由裁量权应当符合法律目的，排除不相关因素的干扰；所采取的措施和手段应当必要、适当；行政机关实施行政管理可以采用多种方式实现行政目的的，应当避免采用损害当事人权益的方式。第二，程序正当原则。行政机关实施行政管理，除涉及国家秘密和依法受到保护的商业秘密、个人隐私以外，应当公开，注意听取公民、法人和其他组织的意见；要严格遵循法定程序，依法保障行政管理相对人、利害关系人的知情权、参与权和救济权。第三，高效便民原则。行政机关实施行政管理，应当遵守法定时限，积极履行法定职责，提高办事效率，提供优质服务，方便公民、法人和其他组织。第四，诚实守信原则。行政机关公布的信息应当全面、准确、真实，非因法定事由并经法定程序，行政机关不得撤销、变更已经生效的行政决定；因国家利益、公共利益或者其他法定事由需要撤回或者变更行政决定的，应当依照法定权限和程序进行，并对行政管理相对人因此受到的财产损失依法予以补偿。第五，可问责原则。行政机关依法履行经济、社会和文化事务管理职责，要由法律、法规赋予其相应的执法手段。行政机关违法或者不当行使职权，应当依法承担法律责任，实现权力和责任的统一，依法做到执法有保障、有权必有责、用权受监督、侵权须赔偿。

1.3.3　政府规制方式

1. 经济性规制

总结大多数市场经济国家的经验，政府的经济性规制政策大致是由如下五个部分组成的：

（1）进入规制。它是指在自然垄断产业中，允许特定一家企业或极少数几家公司加入，或者从防止过度竞争的观点出发，由规制机关视整个产业的供求平衡情况来限制新企业的加入。进入规制是直接规制政策中最主要的内容之一，其根本目的是限制过度进入，保障社会总成本的最小化和资源配置的高效率。进入规制的主要手段有：①特别许可。即指对企业有关在法律上（主要是反垄断法）一般被禁止的行动，政府将视具体情况对其予以有限的解除。其具体形式则包括颁发许可证、政府特别的许可文件等。②注册制度。主要是指政府主管部门对申请进入有关产业的企业的资格进行审查，然后通过履行有关工商注册程序，允许企业进入。如果企业不具备有关资格条件，政府则可以拒绝注册，不允许其进入。其具体形式主要是颁发营业执照等。③申报制。即对于准备进入有关产业的企业来说，必须按照一定的程序向政府提出申报，如果政府接受其申报，即可进入。否则，亦不得进入。其具体形式主要有政府颁发的具有特定格式的申报文件等。

（2）数量规制。在自然垄断产业中，为了防止因投资过多（过少）或产出过多（过少）而造成价格波动、资源浪费或消费者需求难以获得正常满足而采取的直接规制。数量规制的主要内容有：①投资规制。即政府主管部门对有关产业中企业的投资规模进行的直接规制。其主要手段包括：第一，建立产业重大投资计划审批制度，借此规定产业投资决策和审批程序；第二，规定有关产业投资的数量限额，如单个企业最低和最高固定资产投资规模、新进入企业的最低投资规模等，以防止投资过少或过大；第三，实行投资计划配额制度，即在一定时期内，根据产业具体情况，在规定产业固定资产最高投资规模限额的同时，可以制定产业内所有企业或是申报投资企业在一定时期内的企业重大固定资产和技术改造投资配额。②产量规制。即政府对有关产业的产品产量和所提供服务量进行直接规制。其主要手段有：第一，建立有关产业的产量政府指导计划，以有效控制产业的产出量；第二，当产业产出不足时，规定单个企业的最低产量限额，并以必要的政策扶持措施刺激产量的增长；第三，当产业产出过多时，可规定某一特定时期内（往往是以年度为单位）整个产业的产量最高限额，并对各企业实行产量的配额制度。

（3）提供服务规制。主要是防止那些自然垄断产业中由于不存在激烈竞争而使其提供的产品和服务质量出现下降，以及在信息不对称条件下督促企业建立其有关产品和服务的性能及质量标准体系，以保障消费者的权益。其主要内容包括：①制定有关产品和服务的质量标准和质量规范制度，规定有关产品和服务所必须达到的最低限度的质量标准体系，以维护消费者的利益；②在直接规制产业界中建立产品和服务的申报制度，对于达到一定质量标准的产品和服务，通过发放许可证或政府认可的形式在一定时期内准许生产，否则即不准其生产；③建立并强化有关产业的产品和服务质量定期检查制度与消费者投诉制度，实施对产品和服务质量的定期检查与监督，并经过一定的程序，定期颁布准许生产的有关产品税服务的目录，以防止有关产品和服务的质量出现下降，或者不合格的产品和服务进入市场。

（4）设备规制。主要是出于维护受规制产业的产品或服务一定的质量、性能、规格，以及安全、外部性等方面因素的考虑，对有关生产设备和服务设备进行的以一定的标准体系和审核制度为主要途径的直接规制。其主要内容包括：①制定有关生产设备和服务设施的标准体系，规定其质量、性能、规格、安全等方面的标准，以确保政府对有关产品和服务质量的有效控制；②建立关键设备的公开登记和审核制度，对于未能符合政府有关设备标准的企业暂停其生产，并限制做出必要的设备调整和改造；③在有关产业中（如电力、供水、通信等产业）统一有关重要设备的规格标准，特别是统一与产品输送密切相关的设施的规格和主要技术标准；④对有关设备的折旧、更新或技术改造予以必要的强制规定，特别是设定有关设备使用的年限，以保证设备使用的效用。

（5）价格规制。主要指在受规制产业中，政府规制部门从资源有效配置和产品或服务的公平供给出发，对产业价格体系和价格水平进行的规制。价格规制与实现资源配置效率的经济再生有着直接联系，而且也与维持原有企业生存和健全经营有着直接联系，它是政府规制的最重要的内容。

2. 社会性规制

社会性规制的直接目的比较复杂，它既涉及环境保护、公众健康、安全等领域，又包括政府对文化、教育和居民生活水平的考虑。因此，社会性规制有着如下的特点：（1）社会性规制的对象较为广泛，但其很少针对特定的产业，而大多针对具体的行为。也就是说，大多数社会性规制属于一种具有普遍性质的政府直接规制措施，同样的规制措施往往运用于多个产业（如排污规制）。（2）社会性规制的手段也较为广泛，它既包括对某些行为的直接禁止或限制，又包括对市场准入、产品或服务质量、特定生产经营行为、生产设备和产量等方面的一系列以所谓标准、资格等形式出现的限制性规定。另外，许多社会性规制还设有特定的审查或检验制度。（3）在同样进行立法的前提下，社会性规制的政府行政机构设置通常采取的是职能部门的形式，即针对某类特定的行为，政府通常设有专门的社会性规制机构。这些机构并不直接针对具体的产业，而只是针对所有经济和社会活动中相关的行为。当然，也有少数社会性规制机构主要是针对某一产业内的某些行为和装置，如美国政府对民航安全的规制，即由专门设立的联邦航空局（FAA）负责。（4）社会性规制的依据大多涉及经济方面的因素，但也有一小部分涉及政府对一些非经济问题的考虑，如国家安全、意识形态以及文化教育等。

植草益在《微观规制经济学》中，按社会性规制的法律及其目的，对日本的社会性规制体系作了较为全面的描述，从中可以反映当前市场经济国家社会性规制内容的基本现状①：

（1）确保健康、卫生。

• 确保健康、卫生（药品法；医疗法；传染病预防法；检疫法；水道法；有关废弃物的处理与清扫方面的法律等）。

• 麻药取缔（麻药取缔法；大麻取缔法；鸦片法；兴奋剂取缔法等）。

（2）确保安全。

• 防止劳动灾害、疾病（劳动基本法；劳动基准法；劳动安全卫生法等）。

• 保护消费者（消费者保护基本法；消费生活用制品安全法；家庭用品质量表示法；食品卫生法；分期付款销售法等）。

• 交通安全（道路交通法；道路运输车辆法；海洋交通安全法；船舶安全法；港口管理法；海上冲突预防法；水上遇难救护

---

① ［日］植草益：《微观规制经济学》，中国发展出版社1992年版，第282～284页。

法；航空法等）。

● 消防（消防法）。

● 枪炮取缔（枪炮刀剑类持有等取缔法）。

（3）防止公害、保护环境。

● 防止公害（大气污染防止法；水质污染防止法；噪音防止法；振动规制法；矿山安全法；金属矿业等公害对策法等）。

● 环境保护（自然环境保护法；自然公园法；水产资源保护法等）。

● 产业灾害防止（核燃料、原子反应堆规则法；高压气取缔法；液化石油气安全法等）。

● 防止自然灾害（国土利用法；港湾法；沿岸法；河川法；森林法、矿山法等）。

（4）确保教育、文化、福利。

● 提高教育质量（学校教育法；私立学校法；社会教育法等）。

● 提高福利服务（社会福利事业法；老人福利法；残疾人就业促进法等）。

● 文物保护（文物保护法；关于保护古都的历史性风土的特别措施法等）。

3. 规制框架下的竞争方式

（1）特许经营权竞标（Franchise Bidding）。特许经营权竞标最早的实践是在中世纪，作为一种政府的经济性寻租手段，君主通常将管辖区域内的税收权力卖给最高的竞标者来使用。现代意义的特许经营权竞标通常是指在自然垄断等特定产业或业务领域内，通过竞标方式政府让多家企业竞争特许经营权，最终特许经营权授予承诺以单位最低价格提供服务并保证质量满足特定标准的企业。在竞标阶段，只要竞争充分，价格就会降到平均成本曲线，中标者将获得正常利润。在这种方式中，依据事前即竞标阶段的竞争，来保证事后即生产和销售阶段的中标者不采取垄断行为，将价格和利润保持在竞争性水平上。

从理论上来看，特许经营权竞标依靠的是竞标阶段的竞争机制，以达到规制所导致的平均成本定价；并且特许经营权获得者拥有全部的剩余索取权，有动力有效利用资源，这一切将导致有效率的市场结构、最小化的成本、社会最优的定价。然而这一规制替代方式是否产生社会合意的效果，取决于竞标阶段是否有充分的竞争、重新竞标阶段竞争是否有效，以及特许经营权中标者日后如何去经营。以上三个因素的反向影响，往往成为特许经营权竞标缺陷的根源。实践中，当引入不确定性因素，如技术的复杂性、市场需求的多重性时，特许经营权竞标的有效性较难出现，政府规制仍然具有一定的实践意义。

（2）可竞争市场（Contestable Markets）。可竞争市场理论由 Baumol，Panzer 和 Willig（1982）在著作《可竞争市场和产业结构理论》中提出。该理论认为一个产业即使是自然垄断的，只要没有“沉淀”成本，潜在进入者的威胁就会提供充分的市场规则，约束在位者实行竞争性定价和以零利润下的最低成本来进行有效率生产，最终确保市场效率。这种潜在进入者的竞争压力对在位者的行为施加了很强约束的市场，就是“可竞争市场”。[①]

该理论所蕴含的政策指导意义在于：如果市场是可竞争的，在位企业的行为会受到潜在进入者的威胁的约束，潜在进入者的威胁是优化资源配置的一种有效机制，最终该产业的在位企业只能赚取零经济利润和选择有效率的经济行为。因此，即使存在自然垄断，只要市场是可竞争的，市场可以依靠潜在的竞争达到社会资源的最优配置和经济效率的最大化，政府无须对在位企业进行规制；规制机构所要做的不是限制进入，而是降低产业的进入和退出障碍，创造可竞争的市场环境。这种政策建议修正了对自然垄断规制治理的

① William J. Baumol，John C. Panzar and Robert D. Willig，1982，*Contestable Markets and The Theory of Industry Structure*，NewYork：Harcourt Brace Jovanovich Ltd.

传统看法。

可竞争市场理论对发端于20世纪70年代末80年代初的放松规制运动产生了深刻的影响，它不仅促使美国司法部、联邦通信委员会、联邦贸易委员会、民用航空委员会在制定政策和实施规制时承认潜在竞争的重要作用，而且对英国、瑞典等国的铁路改革起到了直接的作用。例如，在美国航空业放松规制的运动中，“可竞争市场理论”成为一股重要的推动力量。

（3）标尺竞争（Benchmark Competition）。标尺竞争是指在存在多家区域性垄断企业的自然垄断产业中，或者政府将被规制的全国性垄断企业分为几个区域性企业，政府通过比较不同区域性企业的经营绩效，以“影子企业”的经营成本为衡量标准，并考虑各地区的经营环境差异，在此基础上制定规制价格，促使同类企业为降低成本、增加利润而展开间接竞争。①

在这种规制激励方案下，企业的收益将取决于影子企业的情况，每个企业被迫同它的影子企业进行竞争。如果企业是同质的，或者异质可以得到正确和完全地度量，均衡结果是有效的。进一步，如果被规制的企业采取非合谋行为，则标尺竞争的优点以及相对的经济绩效将非常显著。正因为如此，自Shleifer（1985）将标尺竞争方案应用到规制领域以来，该理论在自来水、电力、天然气、电信业、医疗业等许多自然垄断产业或近似自然垄断产业中得到应用。② 比如在美国的医疗业，一家医院的某笔医疗费用的收取取决于相似医院该笔治疗的平均成本。类似地，将一家电力公司的价格按照其他电力公司的燃料成本进行指数化，意味着过滤燃料价格中的共同冲击，并鼓励这家电力公司以低成本购买燃料。

---

① 影子企业对应的英文是shadow firm。即指以其他企业成本的均值和降低成本的支出的均值 $\bar{R}_i = \frac{1}{N-1}\sum_{j\neq i} R(c_j)$ 形成的虚拟企业。

② Andrei Shleifer，1985，A Theory of Yardstick Competition，*Rand Journal of Economics* 16（3），pp. 319－327.

然而，标尺竞争在实践中的使用并不非常普遍，主要在于被规制厂商可能会进行合谋以及由于地理条件、气候、当地工资水平、税收等经营环境的差异使得被规制厂商之间的可比性不强，当规制者难以对厂商间的成本差别进行观测时，可能不会出现满足被规制厂商参与约束和激励相容约束的最优结果。

（4）直接竞争。从特许经营权竞标理论到可竞争市场理论，再到标尺竞争理论，都主张在自然垄断产业内引入间接竞争。有些学者还提出，在自然垄断领域内不仅可以引入间接竞争，而且可以引入直接竞争。这主要是因为理论上规模经济（或成本劣加性）所带来的效率提高在实践中往往因垄断本身无法实现。部分经验研究也证明，竞争降低了成本水平，竞争迫使垄断企业消除各种低效率现象，从而弥补因竞争而丧失的部分规模经济。

这种关于直接竞争优于规制的规范和实证观点，对发端于20世纪70年代末80年代初的放松规制运动起过推波助澜的作用。英美等许多国家在放松规制运动中，允许一部分新企业进入自然垄断产业，积极培育市场竞争力量，以发挥市场竞争机制的积极作用。但是，规制者引入直接竞争方案所面临的难题是，如何确定规模经济或成本劣加性的范围，以及在自然垄断与竞争的比较效率中做出技术或经济上的判断。这导致了直接竞争在实践中带来经济绩效的同时，也带来一些问题，甚至是严重的危机。比如，美国电力产业的放松规制和引入直接竞争带来一系列的危机，其中，2000~2001年加州发生严重的电力大危机，2003年纽约等城市也发生历史上最严重的大停电事故。这说明治理自然垄断问题决不是以简单的引入直接竞争就可以解决的。直接竞争带来的一系列问题实际上验证了这样一条原理：没有理想的规制，同样没有理想的竞争。理想状态是如何将二者相兼容，这是各国政府制定规制政策，促进市场竞争的目标方向。

1.4 政府规制的目标与效应

1.4.1 政府规制的目标

根据规制经济学以及大多数市场经济国家的经验，政府规制的推行主要有以下几个目标：

第一，保持稀缺资源的有效配置，避免因企业进入过多而引起的资源损失。鲍莫尔（W. J. Baumol）、贝利（E. E. Bailey）、威利格（R. D. Willig）和潘扎（J. C. Panzar）等学者对自然垄断的可维持（Susrainability）与否的一系列研究表明，在成本劣加性不变的范围内，如果平均成本上升，并且垄断者的利润大于零，那么新企业的价格只要低于现有垄断企业，就可能夺走大部分市场。在这种情况下，为保证垄断企业的可维持性，就必须由政府对市场进入进行规制。否则，就势必难以充分发挥有关产业的规模经济或范围经济，甚至还会导致整个产业的供给能力过度扩张，使得社会稀缺资源发生不必要的损失。即使市场竞争能够迫使部分过剩生产能力退出市场，但如果再考虑到多数自然垄断产业的沉淀成本很大（如电力、供水、供气和铁路等），那么不加规制之下的自由进入实际上很难避免资源极度浪费的情况。

第二，防止企业凭借交易中的有利地位损害消费者利益和社会福利。在政府对市场进入实施规制以后，垄断企业的生存便获得了合法保护，其很容易凭借垄断地位谋取垄断利益，对消费者和社会福利造成损害。同样，即使不需要政府对进入加以规制，自然垄断企业也会如此。这种损害基本包括：（1）制定垄断价格，谋取超额利润，导致社会福利净损失。（2）供给不足。许多受规制产业属于基础设施部门，如果因垄断企业追求垄断利润而出现供给不足，不仅将严重制约经济增长，而且还会直接影响国民的生活质量。（3）产品及服务的质量得不到基本保障。对于自然垄断厂商来说，由于缺乏竞争，很难保证其拥有足够的保证产品或服务质量的动力。(4) 缺乏技术进步的动力。在自然垄断产业中，除非某项创新能够导致更高的利润，否则垄断厂商不可能拥有足够的技术进步的动力，至少不可能出现在竞争市场上通过技术进步保持竞争优势那样的情况。

第三，对不充分信息进行补偿，并降低得到信息的成本。特别是以下四种情况：(1) 供给者通过使消费者上当受骗而获得利润，即使消费者事后可以得到民事法庭判给的补偿，从社会的立场来说，其代价也往往比实施规制更高，如证券业中上市公司的信息欺诈；(2) 消费者不可能轻易地对收集到的信息做出评价，而犯错误的代价很高，如在潜在的药物效力方面，或在某一特定航线上的安全方面；(3) 根据某些理由，市场的供给方面不能在以成本为基础的价格上提供所需要的信息，如证券业中上市公司的信息披露问题；(4) 处于信息劣势的供给者很可能因此而承担过度的风险，甚至存在引发供给者根本利益受损的可能性，如银行业中借贷双方信息不对称可能导致的不良贷款甚至坏账的问题，向来就是造成银行危机的最常见的原因。

第四，环境污染等外部成本的内部化。对于某些经济活动的社会效用与个人效用之间、社会成本与个人成本之间存在差别而造成的负的外部性，如一些企业的生产活动带来空气污染、水污染等问题；消费者个人使用小汽车引起或加重空气污染等等，由政府通过某种制度安排，如征收污染税、排污费或提供产权界定，将外部不经济转化为企业内部成本。政府通过社会性规制为经济和社会发展提供支持。

1.4.2 政府规制的效应

成本—收益分析是一种经济决策方法，它是通过比较各种备选项目的全部预期收益和全部预期成本的现值来评价这些项目，以作为决策参考或依据的一种方法。进行成本—收益分析的程序一般要包括以下四个步骤：（1）确定一系列可供选择的方案；（2）确定每一种方案的最终结果，也就是每种方案所需要的投入量和将会实现的产出量；（3）对每种投入和产出进行评估；（4）加总每个项目的所有成本和收益，以估计项目总的获利能力。

公共部门的成本一收益分析的特点主要体现在以下两个方面：第一，公共部门进行经济决策要以社会福利极大化为目标，而不能像私人经济部门一样仅以利润为目标。第二，许多政府项目的投入和产出不能直接用市场价格来估计，这主要是由两个因素决定的。一是与许多政府项目分析相联系的市场价格根本不存在，因为大部分公共品不是在市场上进行交易的；二是考虑到市场失灵现象的存在，在许多场合价格不能反映相关产品的真实社会边际成本或社会边际收益。因此，对公共部门的成本和收益的衡量主要通过以下三条途径进行：第一，社会收益价值的评估。原则上，某一产品的社会收益应用消费者剩余来衡量，消费者剩余反映的是该产品最终消费者的净收益。在大部分场合，消费者剩余难以直接观察到。第二，影子价格（Shadow Price）。在计算公共项目的成本和收益时，经常会遇到这样的问题，即许多成本和效益没有市场价格，是无形的或非市场化的，或这些价格不能完全反映出它们的边际社会成本或收益。所谓的“影子价格”，简言之，即针对无价可循或有价不当的商品或劳务所规定的较合理的替代价格。理想的“影子价格”应为不存在市场失灵时的帕累托效率均衡价格，它是一种真正的社会价格。第三，时间因素的考虑：贴现。在实际生活中，许多投资项目的建设周期或使用周期都不会限于一个年份，不同时间发生的收益和成本不能直接相加，将不同时间（年度）所发生的成本与收益，按照一定的贴现率，换算成同一时间上的成本与收益，然后进行比较。在实际操作中各国一般采用国债利率作为贴现率。

成本一收益理论在规制经济学中有重要的作用。规制的制定、执行以及纠错都是有成本的，通过对规制执行的结果进行评估，可以大致计算出收益，通过两者比较，如果收益大于成本，那么规制就有其必要性；如果收益小于成本，那么规制就没有必要制定和执行。成本—收益的比较是确定规制必要性的前提条件。规制的成本种类很多，如显性成本和隐性成本，立法成本和守法成本，制动成本和联动成本等。

政府规制的机会成本包括两方面：一是可以直接反映在政府预算中的会计成本，是显性成本，即预算支出；二是隐性成本，即那些由政府实施规制所引致的但没有或难以反映在政府预算之中的成本，可进一步划分为直接成本与间接成本两部分，如表1-1所示。

表1-1　　　　政府规制的机会成本

会计成本	隐性成本	
	直接成本	间接成本
反映为政府预算中的规制支出。政府为执行规制政策所投入的预算经费。	企业或消费者为遵守规制政策所支付的各种直接费用。如为遵守环境规制要求所购买的环保设施成本。	企业或消费者为满足规制要求将有限资源从其他用途中转移出来，导致资源配置的低效率，进而降低企业生产率所导致的成本。

无论是对于规制者或是被规制者来说，遵从法律必须成为其行为前提。对法律的遵从会导致人们行为方式的改变或不自由，而这又与法律具有的强制性紧密相关，规制成本因此也就具有“制动性”特征。制动成本属于由于法律的制定或实施而“直接”引发的成本。但在许多情况下，法律直接引发的制动成本又会继续延伸或扩展，进而从纵向和横向的角度拉动或引发另一些社会成本。如某国当初在修订自来水质量标准时，实验室结果证明某化学物质含量控制在0.05（毫克/升）就对人体无害，结果送至实验室主任，为了提高保险系数，他将控制含量改为0.04（毫克/升），而结果送至国家主管部门最终审定时，控制含量又被改为0.03（毫克/升），立法部门据此颁布法律要求全国的自来水厂必须遵照执行。后来发现，为了达到新的法定标准，全国的自来水制造成本上升了近百亿美元/年。然而事情

并未结束，这一直接的制动成本又通过价格转换机制拉动了社会公众自来水消费成本的上升，而且进一步扩展和延伸到与自来水相关的工业和服务行业并造成大量产品或服务价格、企业利润额的变动，简单的单向“制动成本”由此演化成为复杂的多向“联动成本”。

在规制的成本核算中，容易出现的问题是：第一，注意到显性成本而忽视隐性成本，造成成本核算不全，难以做出全面比较，进而规制制定的必要性缺乏客观的经济分析，导致决策失误。第二，“捡了芝麻，丢了西瓜”。规制的成本分布于立法、执法、司法和守法各个环节，涉及不同人群的数量以及他们各自行为方式的改变程度。从这一意义上展开，守法层面的多数人的行为成本与立法、执法和司法层面少数人的行为之间出现了“成本数量”的差异。因此，减少法律成本支出的第二个问题就是要解决，从数量的角度，哪一项成本与其他成本相比更为重要？第三，规制的实施究竟能否有效降低社会总成本。规制成本之所以必要或不可避免，并不在于它会造成资源在规制过程中的支出，而在于通过规制成本的发生可以有效降低社会总成本，从这一意义上讲，良好的规制及其成本将与社会和社会总成本之间形成“互动”关系。这种“互动”关系表现在成本与成本之间在数量上并非完全是“顺向”的，无论如何，规制成本的投入应当有助于降低社会总成本的支出。

政府规制的收益是指通过法律规制，实现权力资源的最优配置，从而实现权力资源使用价值在质上的极优化程度和量上的极大化程度。[①] 包括经济收益，环境收益，健康收益，安全收益，等等，这些收益虽然难以比较具体的测度，有的只能在几年后才能显示出效益来，但这并不妨碍设计精确的测量指标以计算规制收益。成本与收益比较只是提供一个规制是否有必要制定的方法，至于具体成本和收益的计算，不是本章讨论的问题。在这里着重说明的是，对于规制的制定必须具有明确的成本 — 收益意识，并且将该原则通

---

① 陈富良：《放松规制与强化规制》，上海三联书店2001年版，第41页。

过法律程序化，贯彻到整个规制执行环节。这是确定规制是否有必要实行的前提条件。

1.4.3 政府规制失灵

矫正市场失灵与确保社会公平是政府与公众共同推崇的目标，但通过规制来实现这些目标却可能出现各种失灵，即政府规制失灵。在实践中，经济规制的政府失灵涉及对产业成本和需求结构的理解，然而通常规制者并不能获得这些信息，同样，健康、环保以及其他社会规制也往往只能基于这些非常有限的信息。此外，如同利益集团规制理论所指出的，政治问题通常也会导致低效率的经济结果。由于规制对资源和租金进行了再分配，因此从政者常常会利用这一点以谋取政治收益而不是去纠正市场失灵。他们利用配额、许可证及补贴等多种规制手段使巨额财富流向有影响的社会集团。以美国为例，对花生的价格扶持致使每年平均有2125亿美元（按1987年美元价格）从消费者流向生产者，同时还有0.34亿美元的净损失。财富转移同样是社会规制中值得考虑的，环境和能源要求通常也意味着沉重的价格负担。①

种种事实表明，规制是一个复杂的过程。首先，要对被规制领域进行区分，看是否有市场失灵存在，这种“失灵”究竟是真正由市场因素引起的还是由非市场因素造成的，只有真正的市场失灵才是政府予以规制的前提条件；其次，在政府予以规制的前提下，必须明确规制所要达到的目标及达成目标的手段，必须进行严格谨慎的制度设计，在此过程中，政府作为中立的第三方，必须保证企业集团和消费者公众的有效参与，力求规制的制定是各方利益集团通过谈判，讨价还价最终达成妥协，使各方利益平衡；第三，在规制执行过程中，由于规制者与被规制者之间信息不对称，被规制者总

① ［美］J·罗伊思·古阿什、罗伯特·W·汉恩：《规制的成本与收益：对发展中国家的寓意》，载《经济社会体制比较》2004年第1期。

是千方百计隐瞒真实的信息，力求规制的执行对自己有利，这就需要规制机构加大人力和物力的投入，实施专业化规制；第四，有效地对规制者进行监督，降低规制者受到其他某些利益集团的收买而损害公共利益的可能性。在此，必须将公共利益理论和集团利益理论两者综合起来，以动态和实践的观点来观察规制的理论依据，对政府失灵予以高度重视，避免规制不当将给被规制的企业、公民或者其他组织带来难以估量的损害，进一步扭曲了市场，反倒证明更需要规制，这种自我强化的机制会形成“越规制问题越多，问题越多越需要规制”的恶性循环。

电信产业规制变迁与中国电信产业规制改革

工业革命以来，电信产业的兴起不断刷新着人们的生活方式和生产方式，并改变了人类社会发展的进程。在现代工业化社会和后工业化社会里，电信业作为国民经济的基础性产业之一，为国民经济各行业的发展提供信息支撑。信息传递的时空距离随着电信业的迅猛发展而日益缩短。电信业是一个现实需求和潜在需求巨大、技术进步最快、政府规制内容极其丰富的自然垄断产业。它一直是经济学家研究政府规制理论的一个典型产业，在政府规制实践方面也面临许多新问题。

2.1 电信产业经济特性与规制依据

一个产业的政府规制需求往往取决于该产业的经济特征，本节在讨论电信产业经济特征的基础上，进一步分析电信产业的规制依据。

2.1.1 经济特性

1. 规模经济效应

在电信产业中，仅由一个厂商提供整个产业的产量成本要比两个厂商共同提供相同产量的成本低。通信经济学理论认为：电话网的建设需要大量的初始投资；电话网的共用成本很高，固定成本远远大于可变成本，且这些投资的沉淀性很强，难以挪作他用；电话用户越多，每个电话用户所分摊的共用成本越少，即每个用户的平均成本随用户规模的扩大而递减。也就是说，电话公司的初始成本很高，只有当用户数量达到相当大的规模，网上的通话量也达到相当大的量时，电话公司在每个用户、每个通话上的收入才可能大于每个用户、每个通话的平均成本，电话公司的运营才会有效益。即只有达到一定规模才会产生效益，这就是规模经济效应。由于规模经济效应的存在，电信业发展初期业内很难维持多家企业同时生存。多个运营商同时经营势必导致用户分散，致使各企业都无法快速达到规模经济的盈亏点，从而造成整个行业的效益损失，新进入者就更难与一个已经达到规模经济的运营商进行市场竞争。

2. 范围经济效应

在电信产业中，追加新产品（服务）时的联合生产的成本，要低于单独生产该产品的成本。这一点可以从电话网上实现传真业务的例子来解释。现在传真业务已经相当普及，在任何一条电话线上都可以接上传真机来发传真，也就是说，传真业务是和电话业务共用一个电话网来实现的。传真传递的是图文信息，因此在电信公司的业务分类中，传真和电报分在一类，而电话属于语音业务，电话和传真属于两种不同的业务。假设有两家公司都要提供传真业务，第一家是个电话公司，第二家是个新公司。第一家只要在已有的电话网上增加必要的设施就可以了，而第二家公司从理论上讲需要新建一个网络才能提供传真业务。很显然，第二家公司的传真业务成本要远大于第一家，也就是说，在现有业务上追加新业务的联合成本要低于单独提供新业务的成本，将使新电信公司难以在市场中继续生存，这就是电信业的范围经济效应。

3. 高进入壁垒与高退出壁垒

由生产能力、规模经济效应等所产生的进入壁垒对所有自然垄断产业的竞争都会有影响，我们不谈一般的进入壁垒，而着重讨论电信产业特有的进入壁垒——顾客惯性（Customer Inertia，它使进入产业的新企业难以吸引顾客）。构成顾客惯性的主要因素有两个：一是顾客从原有的电话公司转到另一个电话公司时，不能保持原来的电话号码而必须改号。因此，许多顾客为了避免因改号而带来的麻烦和承担有关成本，宁愿承受现有电话公司所提供的价格较高、服务质量较低的服务。顾客的这种图“省事”的惯性就使进入电信产业的新企业难以吸引竞争企业的顾客，从而对新企业形成一种壁垒。二是新企业进入电信产业后，往往不能和原有企业享受使用长途、国际通信网络的同等权利，这会对新企业的顾客带来某些不便，也使顾客不愿转向新企业，从而增加新企业吸引顾客的难度，这也构成了新企业进入电信产业的壁垒。电信行业存在大量的沉淀成本，那么当企业退出该行业向其他产业转移时，由于部分设备的专用性很强，不得不废弃这些设备，这些设备的价值就不能够收回，这部分不能收回的成本是企业退出产业时的损失，构成了企业的退出壁垒。

4. 强烈的网络效应

电信业的规模经济还来自于需求方，电信业具有典型的直接网络效应。消费者购买一部电话，加入一个电话网络的效用取决于加入这个电话网络的用户数量的多少，即加入这个电话网络的用户越多，则可以联系的人越多，其所获得的效用就越大，其他人的加入可以为其增加“正”的外部收益。因此，如果排除供给成本的考虑，从需求角度来看，网络越大给消费者带来的网络外部收益越高。因而，在成本支出相同的情况下，消费者总是会选择大的网络。从而在存在网络效应和网络之间不能相互连通的前提下，在位厂商的网络规模一般都会大于新进入厂商的网络，给消费者带来的外部收益也要大于一个新的网络。而且对于新进入厂商来说，由于其用户基数相对比较小，用户所获得的网络外部收益（与可以联系的人越多，用户所获得的效用就越大）就相对来说比较小，因此也很难吸引其他用户加入现有的网络，而“负”反馈的作用也可能使新厂商的用户长期处于有限的用户状态。最终会因为用户规模太小而退出电信行业，在市场上只会留下一个拥有网络优势的企业垄断电信市场。

5. 全域生产性

全域生产性即为通信生产的全程全网性，网络通信的生产方式客观要求网络全域覆盖的“完整性”和整个生产过程的“统一性”。网络完整性是用户实现全域通信的物理保证。这要求网络能够做到有效服务区域的全覆盖。其次，整个网络应该是完整的。网络的统一性是用户实现全域通信的逻辑保证。电信具有生产和使用相统一服务与消费同步完成的特点。信息在从一端传送到另一端过程中，涉及中间许许多多个环节，可能跨越有线与无线网络、长途各区域网络、不同运营商管辖的网络。

这样一个简单的电话通信涉及 9 个网络和 3 个电信运营商，它们都必须共同参与、协作联动、统一在全过程的通信活动中，从而保证用户因跨越网络所属地区的不同、技术的不同、产权的不同可能引起的障碍，实现全域通信。由此可见，用户使用价值最大化客观要求通信生产必须全程全网，电信业服务的生产和提供具有不可分割性。

6. 普遍服务的公益效应

“电信的普遍服务”一词最初源于美国 AT&T 在 1908 年的一条事业广告：“一个政策、一个系统、普遍服务”。从其后 AT&T 长达 70 年的垄断史不难看出，普遍服务为 AT&T 的垄断提供了重要的理论基础，也成为世界性电信垄断的理论基础之一，并作为电信领域的一个理念，对各国电信事业的发展产生了深远的影响。一般来说，普遍服务的含义有3点：无论在任何地方都可得到电信服务（Availability）；任何人都可得到负担得起的电信服务（Affordability）；信息资源的普遍接入（Accessibility）。

实现普遍服务是政府的政治性目标，是重要的政府政策，使国民得到无地域、质量和价格差别的、负担得起的电话服务。为了实现普遍服务，各国政府纷纷采取法律性、政策性手段要求电信业务的经营者提供电信的普遍服务，在电信全球化的今天，电信的普遍服务仍然是政府对所有电信运营商的政治要求。由于普遍服务首先要求迅速实现电信网的全国覆盖，所以需要巨大的投入，而一般的民间企业很难独立完成。其次，普遍服务要求提供政策性低资费，以便更多的人得到电信服务。在尚未形成规模经济之前，该政策必将导致企业的赤字经营，使企业无法进一步发展。第三，普遍服务要求实行全国统一资费，这必将造成高成本地区的亏损，使经营者难以维持在该地区的电信服务。由此可见，政府只有对电信行业采取特殊政策，才能实现其普遍服务的政治目标。这种特殊政策的重要体现就是对电信行业实行国有垄断经营（或民间企业垄断经营），目的在于可在一定程度上依靠政府的财力扩大电信网规模，同时通过维持垄断经营来集中资金，防止无效益的重复建设。尤其在电信发展的初级阶段和发展阶段，由于生产规模较小，单位业务量平均成本比较高；另外，由于各地在经济发展、地理条件和人口状况上的差异，使各地电信网的建设成本和运营成本具有很大的差距。这种情况使电信运营商无法依靠自身的能力实现普遍服务。因此，在80年代初的相当长的历史阶段里，电信的普遍服务一直成为电信业采取垄断体制的重要原因。

2.1.2 规制依据

综上所述，电信业是典型规模经济、范围经济和高固定成本、低边际成本的自然垄断性产业，特别是在产业的“上游”（网络建设）具有很强的成本劣加性，决定了一定程度上只能由一个或少数几个运营者提供服务。电信业的这种特性决定了政府必须对其进行规制。再者从产业属性来讲，电信产业也需要政府规制。电信产业属于基础产业，是社会发展和国民经济的基础设施。尤其目前处于信息时代，电信企业的效益对整个社会的效益的影响增大，即电信产业的外部性大大增强。电信业对政府规制的需求主要表现在以下几个方面：

（1）电信服务经营的启动资金数额一般较大，且电信网络基础设施一旦投入即无法转为他用，固定成本具有较大的沉淀性，这意味着竞争或潜在进入对有效定价和产品质量的维持不一定有利，重复建设对整个社会来讲是缺乏效率的，因此需要价格规制以保证在有效定价的同时使投资者得到合理的收益，还需要限制进入以避免沉淀成本的过度投资。

（2）由于电信企业存在网络外部性，即随着通讯服务网络使用人数的增多，原有网络使用者可以支付较低的价格，得到更广泛的通讯便利，政府通常采用一定措施鼓励新用户使用现有的通讯网络系统。

（3）交易的内部性决定电信企业拥有其所提供的电信服务的私人信息，且电信服务具有无形性、生产和消费同时性等特点，消费者在购买以前无法确定服务的质量，为防止“逆向选择”的产生，需要政府作为中介进行干预以使信息公开化和标准化，从而降低消费者的市场搜寻成本。

2.2　美国电信产业规制变迁

美国作为世界先进科技最集中最发达的国家，是现代电信业的发源地，是世界上电信业最发达的国家之一，处于世界电信市场改革的最前沿，在电信改革方面也已经探索了十几年。美国电信业的竞争与规制一直是各国制定电信相关法律和规制政策时参照的样本。作为两次电信改革的始作俑者，美国的电信规制变迁阶段对发展中国家有重要参考价值。因此，研究美国电信产业的发展阶段，探索其发展规律，为我所用，不失为研究中国电信业规制改革的一条有效途径。

2.2.1 变迁阶段及其特征

1. 20 世纪 70 年代以前电信市场变迁

1876 年贝尔发明电话技术并于 1877 年投入商用，至 20 世纪 80 年代初期，美国电信发展大致经历了三个阶段。

（1）专利垄断阶段：1877～1894 年。1877 年，贝尔公司获得贝尔电话的专利权，从 1877 年到 1894 年维持了 17 年的专利制度下的垄断。

（2）早期自由竞争阶段：1893～1933 年。1893 年和 1894 年，美国贝尔电话公司持有的两项最基本的专利分别到期，使建立在专利技术下的贝尔电话公司的垄断经营面临竞争的挑战。从 1893 年开始，美国各地新诞生了大量的电话公司，到 1897 年，独立的电话公司已经发展到 6000 多家，市场占有率高达 50%。经过市场竞争，到 1913 年 AT&T 采取拒绝为竞争者提供互联互通和大举收购独立电话公司的政策，全国独立电话公司仅剩 1500 家，结果引来了美国司法部（DOJ）的反垄断诉讼。AT&T 以庭外和解的方式结束了这场诉讼。所做出的妥协是：放弃对原来最大竞争对手——以从事电报经营起家的西部联盟公司的兼并；在未获规制机构同意下不对独立的电话公司进行兼并；为这些独立电话公司提供网络互联互通业务。1922 年，美国政府冻结了 AT&T 和独立电话公司（约 1300 余家）的经营区域，使独立电话公司与 AT&T 在各自垄断经营自己辖区内的电信业务，美国电信业又重新走向了垄断。在这个过程中，为避免市场的恶性竞争，对电信业进行规制逐步成为共识。

（3）规制垄断阶段：1934～1973 年。1934 年《通信法》确认了美国通信产业规制的法律框架，并依法设立了专门的联邦通信管理机构——联邦通信委员会（FCC），从此美国电信业进入规制的时代。20 世纪 30 年代经济不景气和随后的第二次世界大战，电信发展停滞甚至倒退。50 年代开始，许多战争中开发的新技术被用于民用通信事业，出现了大量的电信新业务，电信业得到了很大的发展。这一时期，美国的电信规制发挥了重要作用，电视传输、移动通信、交叉互补、投资收益、长途传输等方面都受到规制。与此同时，美国的司法部和法院在美国电信规制和美国电信产业的发展中起到了极为重要的作用。1969 年，新生电信公司 MCI 获准进入专用线电信市场；1971 年，增值通信业务和专用线业务开放；1975 年，MCI 开始利用租用的本地电信网络提供长途电信业务；1978 年法院裁定其所提供的电信业务具有合法性，从而在美国的基础电信领域引入了竞争。1949 年美国司法部对 AT&T 提出反垄断诉讼，并导致了 1956 年协议的产生，该协议规定 AT&T 将不再进入电信以外的行业（包括计算机行业），并公开其贝尔研究所的专利，但实际巩固了 AT&T 的垄断地位。从 1934 年美国《通信法》到 1984 年 AT&T 解体，美国电信市场结构基本维持了相对稳定的状态，即由 AT&T 和独立电信公司两大阵营分别进行地区性垄断的市场结构。

2. 20 世纪 80 年代电信市场变迁

1974 年，美国司法部以反垄断为由又一次起诉 AT&T。此时，AT&T 已经成为集研发（贝尔实验室）、制造（WE 公司）和长途电话、国际电话、本地电话业务运营为一体的巨型企业，其对美国电信市场的垄断已使任何新进入者难以生存。这场诉讼历时 8 年，1982 年司法部与 AT&T 以“修正的最后判决”（MFJ）的方式达成庭外和解，裁定分解 AT&T，拉开了世界电信体制改革的序幕。

美国电信体制改革的率先推行，有以下几个方面的原因：第一是电信技术的巨大进步，使AT&T事实上的自然垄断地位受到巨大冲击。第二是里根总统上台后，全面推行供给学派的做法，取代了20世纪自30年代罗斯福新政以来的凯恩斯主义，强调放松规制、消除垄断成为时尚，而且在电信领域，技术进步恰好又对原来的垄断模式提出了挑战。第三是美国社会有强烈的反垄断传统，20世纪60年代以来AT&T长期压制竞争对手的做法，引起了强烈的民愤，形成了20世纪美国最大的反垄断案。在英美法系的制度下，强烈的民意影响了政府，令美国联邦政府甘冒巨大风险起诉AT&T，作出了令AT&T解体的裁决。

根据“修正的最后裁决”（MFJ），AT&T的本地电话公司（RBOCs）被分离；AT&T保留长途电信部分、贝尔实验室以及WE公司；1956年对AT&T的业务范围的限制被解除，AT&T子公司可以进入数据处理、信息业务和有线电视（CATV）等领域。1984年AT&T实施了对本地电话业务的分割，美国长途电信市场进入了开发和竞争的阶段。在MCI之后，WorldCom、Sprint等许多企业纷纷进入长途电话领域。微波通信、卫星通信等固定电话的替代和补充服务获得迅速的发展，到1992年，长途电话创纪录地下降了38%～40%，AT&T的市场份额也在不断地下降，到1999年下降到40%以下，原有的优势不复存在。这期间竞争主要集中在国内电信企业之间，其特点是扩大企业规模，拓展经营服务的范围。

长途电话领域引入竞争后，带来的价格下降，质量提高，消费者福利的增加，相比之下，本地电信业的发展相对滞后。由于22个本地贝尔电话服务公司按地域分割成为7个地方贝尔公司，各个地区的本地电话服务仍然保持着自然垄断状态。虽然对本地电信企业有着严格的价格规制，但由于本地电话公司没有面对长途电话公司所面临的竞争，也由于美国一直对电信企业实施的是收益率规制，使得本地电信企业没有激励去提高企业的生产率，这就导致本地电话的价格与长途电话相比一直没有下降。

3. 20世纪90年代以后电信市场变迁

1996年2月，在通信环境即技术、市场和规制环境发生巨大变化的背景下，美国颁布新《电信法》，其核心内容是开放本地电话市场，允许贝尔公司和一些长途电话公司相互进入对方的市场：打破电信、信息和有线电视业的界限，推进通信信息业的融合。这标志着美国电信与信息业进入全面竞争与对外开放时代。新《电信法》实施后，美国政府进一步放松规制，美国电信市场如雨后春笋般地涌现了许多新电信公司，但也正因为如此而埋下了危机的祸根。

1996年以后，美国电信市场兼并和收购热潮日渐高涨，出现电信公司重组和产业融合的趋势。经营本地业务的本地电话公司，面对在资金力量、技术水平、运营效率和服务水平、竞争经验等实力方面强于自身的长途公司，为了抓住进入长途通信业的发展机遇，选择了地区、公司之间的合并战略。从1996年开始，美国的本地电信公司展开了大规模的企业并购。到年底美国本地电信市场的主要经营者——7个贝尔本地电信公司和GTE，通过企业并购，变成4大家本地电信公司，再后来只剩下西南贝尔、南方贝尔和Verizon三家。美国本地电信公司在国际上的实力得到增强，但美国本地电信市场的垄断倾向更加严重，本地电信市场的竞争局面未能如期形成，大多数消费者并未享受到本地竞争带来的好处。

为了能在日益激烈的竞争中立足，美国的长途电信市场以及电信和有线电视之间的企业并购此起彼伏，兼并额度屡创纪录，使美国电信信息业诞生了一批包括AT&T，MCI，WorldCom，SBC等在内的世界级电信公司，美国电信业出现重新走向一体化的趋势。其结果是在推动和加速美国电信企业成为世界巨人步伐的同时，使得多年非理性扩张和购并所孕育的严重危机爆发出来。2002年开始，美国电信业陷入了前所未有的低谷，从Global Crossing（环球电讯公司），WorldCom（世界通信公司）的破产和Qwest国际通信公司等暴露出的假账丑闻，电信业的问题层出不穷。

在美国电信市场出现低潮之后，美国政府对此进行了深刻的反思，并积极进行了调整。美国 FCC 提出了六大措施，如保护好用户的利益、保持业务的连续性等；2003 年 2 月 20 日，FCC 通过一项有关美国本地电信市场竞争的新规则，要求本地市场的主导运营企业（ILEC）仍然必须向竞争对手，以非绑定网元的方式开放其本地电话环路，但是不必以绑定网元的方式开放其拥有的宽带接入网络，等等，这些都以看做是对前几年政策失误的调整。另外，美国正在考虑进一步完善企业管理制度，尤其是加强对企业管理层的制约，对股票期权进行改革，以防范经营风险。同时，人们已经意识到过度放松规制带来的危害，呼吁政府干预，主张政府出面对电信市场进行有效整顿和规范。

2.2.2　规制机构设置与功能

美国对电信业实行的是一种全方位、立体的规制模式，电信规制体系是一个由美国联邦通信委员会、各州公益事业委员会和司法机构共同构成的三位一体的规制体系。它主要包括四个层次：

（1）政府用通信的管理，由美国商务部的电信信息管理局（NTIA）来主要负责。其任务是：收集电信业信息，为政府提出新的通信政策建议；对 FCC 制定新的政策时起咨询委员会的作用；管理联邦政府用通信频率的使用与分配。

（2）民用通信的管理，主要由美国联邦通信委员会（FCC）管理。

（3）州内通信的管理，主要由各州公益事业委员会（PUC）管理。通常，州公益事业委员会的设置形式与联邦通信委员会的设置相同。联邦和州规制局相互间的调整，由美国公益事业委员会负责。美国这种联邦与州之间的电信规制的划分常常会引发 FCC 与 PUC 之间关于“电信管辖权”的纠纷，依美国的惯例，如果 FCC 的规制政策与州的规制政策相悖时，首先以州的政策为准。

（4）美国法院的判决和议会制定的法律具有同等的法律效力，这是美国电信管理的一个独特之处。随着通信技术的发展，州内与州际通信的界限越来越模糊，FCC也有意扩大自己的职权范围，进入原来的由各州管辖的领域。

四个层次中最有影响的是FCC和PUC。1934年通信法所确定的规制体制是一种平行体制。FCC负责管理联邦通信事务，PUC负责管理州内的通信事务。

FCC是一个由5名委员组成的独立机构。其委员由总统提名，国会批准，任期5年，每年更换一名，来自同一政党的委员不能超过3人。联邦通信委员会兼有立法、司法和行政执行职能，即制定规章、仲裁争议、执行各项法规。功能具体包括：价格规制权，所有的依本法定义的公共电信公司必须事先提交资费明细表，联邦通信委员会有权让电信公司停止执行其提交的资费明细；设施与服务审批权，电信公司新增通信设施和服务必须事先得到联邦通信委员会的批准；互联规制权，在经过适当的听证并确定有必要并符合公共利益的前提下，联邦通信委员会有权要求各公司网络进行互联；商用无线电频率的分配，制定维护公平竞争和保护消费者利益的规章，各种电信服务的授权和执行。其管理涉及的范围包括：无线广播和电视、电话、电报、有线电视的经营、双向无线电传输、无线电台和卫星通信。联邦通信委员会下设几个专业局：公共电信管理局、无线电管理局、大众传播管理局、国际局和有线电视管理局，具体负责日常业务管理。

FCC对电信市场的规制是通过一系列的规章制度实现的。1934年的《电信法》和1996年的《电信法》被视为美国电信发展史上的两个里程碑。从根本上说，美国1996年的《电信法》是对1934年《电信法》的修改和补充。1934年的《电信法》，将联邦无线电管理委员会管理无线电频率的职能与州际商业委员会管理州际和国际电话价格的职能合并，设立了监督管理电信的FCC。美国联邦通信委员会在国内拥有规定、监督和管理美国州际和国际通信的权力。而按照法律，州内的通信业务主要由州的规制部门公益事业委员会作决定。其实 1934 年的电信法更像一部政府的政策性文件，没有具体的执行内容。美国联邦通信委员会在电信法的指导原则下制定出具体的通信监管政策。与 1934 年电信法相比，1996 年新电信法《联邦通信法》的出台拉开了全面竞争的序幕。1996 年电信法彻底改变了美国电信规制的理论基础。该法否定了电信市场的自然垄断性，将竞争引入到所有电信市场，并为确保公平竞争制定了许多条款。1996 年电信法改变了美国电信市场的结构。此前，美国电信市场是严格分割的，法律对市场进入进行了严格限制，如长途电信公司、本地电信公司、无线通信公司、有线电视公司，每个市场相对独立，一个市场的参与者往往不得参与另一个市场的活动。新电信法取消了行业间的限制，使本地公司可以进入长途电话市场，长途电话公司也可以申请转售市话服务。美国 1996 年新电信法的宗旨是：鼓励竞争，鼓励各部门融合发展；进一步开放电信市场，放宽外资进入美国电信市场的限制，更鼓励美国公司进入外国市场。美国电信市场 60 多年来保持迅速发展和相对稳定，在很大程度上得益于其健全的电信市场法律及严格、有效的执法保障。

2.2.3 规制改革绩效

美国电信经过多年改革，取得了一定的绩效，具体如下：

1. 电信产业打破自然垄断，为全球电信引入竞争提供先例

在美国电信业引入竞争之前，基本上各国电信产业都是由一个主导电信企业垄断经营，即使存在竞争，其竞争的规模和竞争的范围也是微不足道，根本不足以对主导电信企业构成威胁。1984 年自 AT&T 被拆分之后，美国电信市场的各个业务领域竞争程度日益激烈，主体结构也日益多样化。以美国长途电信市场为例，1984 年 AT&T 解体之初长途电信市场仅有三个主要的运营商，且 AT&T 的收入占有率达到了 90.1%，可以说是处在绝对垄断地位。在以后的

13年中，AT&T的收入占有率逐年下降，到1997年长途电信收入只占总收入的44.5%，比1984年时下降了近50%；与此同时，随着长途电信市场竞争者数目的增多，MCI等公司的收入占有率也在逐年递增，给AT&T造成了巨大的竞争压力，到1997年为止，美国长途电信市场呈现垄断竞争的格局。表2-1反映了美国长途电信市场收入占有率1984~1997年的变化情况。

表2-1　　美国长途电信市场收入占有率的变化

年份	AT&T	MCI	Sprint	World Com	其他公司
1984	90.1	4.5	2.7		2.6
1986	81.9	7.6	4.3		6.3
1988	74.6	11.3	7.2		8.0
1990	65.0	14.2	9.7	0.3	10.8
1992	60.8	18.7	9.7	1.4	11.5
1994	55.2	17.4	10.1	3.3	14.0
1996	47.9	20.0	9.7	5.5	17.0
1997	44.5	19.4	9.7	6.7	19.8

资料来源：王红梅：《电信全球竞争》，人民邮电出版社2000年版。

同时，美国电信业的改革也为世界其他国家在电信业引入竞争提供先例，并增加了各国政府和规制者引入竞争的信心。

2. FCC实施不对称规制，有效帮助新进入者进入电信产业

美国在引入竞争后，FCC通过采取不对称规制政策、建立接续费制度、逐步放松市场进入和资费规制，主导了电信市场竞争的发展。市场开放之初的不对称规制，极大地推进了竞争的开展，使竞争者迅速进入了市场。这一不对称规制制约了具有支配地位的电信企业反竞争行为，为新进入者扫除了障碍。FCC对AT&T采用可在一定程度自由定价的价格上限规制的1989年，AT&T在长途电话市场的占有率为64%。在逐步放松资费规制的1991年、1993年和1995年，AT&T的长途电话市场占有率下降为62.1%、59.3%和55.9%。

3. 出台电信法，确保电信规制有法可依

1996年美国出台了新的电信法，重点解决本地竞争问题上的规制障碍与经济障碍。一方面要消除市场进入的障碍，另一方面要确保关联。新的电信法降低了市场准入的门槛，加速了各个市场之间的相互竞争和渗透。这是美国电信业发展过程中的一个里程碑，它第一次对1934年通信法进行了彻底修改，彻底否定了电信市场的自然垄断性，把竞争引入到所有电信市场。2003年2月美国FCC又出台了电信新规则，它沿袭了1996年的电信法，重申了1996年电信法关于本地业务的法规，维持本地业务竞争格局。新规则将继续强制本地贝尔公司与竞争对手分享本地电话网，将何时放松规制的决定权下放到各州，但最长期限为3年。根据美国法律，FCC的新规则要在政府以报告形式发布后才能生效，该报告将在几个月内发布。在此期间各公司还有权对FCC的决定提出上诉。而新规则如果获得国会批准，将成为未来两到五年内控制美国电信业竞争格局的新政策。

4. 电信资费的降低

在美国，由于FCC的电信规制以及司法体系的反垄断起诉，使得美国的电信市场在1984年开始向自由竞争的市场结构大步迈进。随着1996年新的《电信法》的颁布实施，FCC的电信规制进一步放松，除了在创造和维持公平的竞争环境方面下工夫之外，FCC很少再介入企业间的相互竞争，对企业的资费规制也不断减少，给企业的发展留下了足够的空间。竞争的结果使得各电信公司纷纷降低电信资费，提高服务质量，并率先制定出多种资费标准供消费者选择。这种资费选择方式能灵活地对应于市场需求，增强企业竞争力。表2-2为美国电信资费的变化情况。

表 2-2　　美国电信资费的变化

年份	电信服务价格指数变化率（%）	电信资费变化率（%）		
		市内电信业务	州际长途电信业务	州内长途电信业务
1984	9.2	17.2	-4.3	3.6
1985	4.7	8.9	-3.7	0.6
1986	2.7	7.1	-9.4	0.3
1987	-1.3	3.3	-12.4	-0.3
1988	1.3	4.5	-4.2	-4.2
1989	-0.3	0.6	-1.3	-2.6
1990	-0.4	1.0	-3.7	-3.2

资料来源：王红梅：《电信全球竞争》，人民邮电出版社 2000 年版。

5. 美国电信技术不断创新是其电信改革的重要成果

实施新的规制政策后，美国电信业的创新性应用层出不穷。移动通信广泛应用，各种互联网技术迅速普及，微电子技术、光纤技术、计算机多媒体技术、无线通信技术等其他各种通信手段也应运而生。

6. 提高生产率和节约成本

自从 1984 年以来，先前的电话电报公司节约了大量的成本，取得了非常高的生产率。1996 年与 1978 年相比，电信业务增加了约 1 倍，雇员数从 94.9 万人上升到 112.6 万人，实际人均周工资从 399 美元上升到 488 美元。

7. 保护消费者的利益，增加消费者的福利

对电信业实施规制的最终目的之一就是保护消费者的利益和增加他们使用电信服务而得到的福利。无论是在 1984 年之前 AT&T 的垄断经营时期，还是在 1984 年之后长途市场引入竞争时期，以及 1996 年后全面开放电信市场时期，改革的目的都是为了保护消费者的利益。FCC 对垄断经营的规制，使原来无法互联互通的网络连接起来，原来只能享受局部地区电话服务的一些消费者在网络互联互通后，得以享受到网络互联带来的正外部性。同时，而1984年之后不断加强的鼓励竞争的政策使消费者得到了越来越低廉或品种丰富的服务。

2.2.4 启示

1. 循序渐进推动电信业从垄断经营走向市场竞争

美国电信体制改革是先易后难，循序渐进。为了促进地方电话市场的竞争，在1996年电信法中提出了三项改革措施，一是新地方电话公司可以购买地方贝尔公司的服务后再转卖；二是新电话公司可将租用的贝尔公司线路和自有线路设施合并使用；三是新电话公司可以建立自己的市话网络。新地方电话公司占全国整个地方电话市场的份额从1996年的1.0%上升到2000年6月底的6.7%，而且近年增长势头不断加快。

2. 区分长途电话市场业务与本地电话业务市场

在20世纪80年代，美国电信市场结构最大的变化莫过于长途市场与本地市场的分割。1982年经过长达2年的司法诉讼，司法部与AT&T之间达成协议，AT&T被解体。上述举动的基本指导思想是要将垄断性市场与潜在竞争性市场分开。在司法部看来，固定电话服务市场可以分割为长途电话与本地电话。长途电话市场是一个潜在的竞争性市场，不应该采取垄断性的市场结构来提供服务，真正具有自然垄断性的市场只有本地的固定电话市场。AT&T在一体化的经营过程中，以本地自然垄断为借口，在非垄断性市场——长途电话上获取了大量的垄断利润。AT&T利用垄断经营利润对长途专线市场进行补贴，使长途专线市场上的竞争者明显处于不合理的市场环境中。长途电话的价格远远高于长途电话服务成本，在经济上是没有效率的。从整个经济的角度考虑，广大消费者损失了大量的利益。因此，司法部认为，应该将本地市场与长途市场分开，在长途市场上引入竞争，使长途电话服务的价格接近其成本。

3. 以技术发展促进竞争

技术在美国电信业改革中起到关键作用。技术的突破与恰当的规制方式是促进美国电信市场竞争的两个必要条件。先进的无线通信技术，包括移动电话、卫星传输等新技术使新企业能够进入电话和电视市场与传统的固定电话和有线电视企业竞争，而宽带、光缆、数字传输技术也使传统企业能够更新和扩大既有传输能力与无线通信新技术竞争。规制方式必须有利于促进新技术的发展和企业扩大投资。美国政府在制定规制政策时注意保护技术发明创新，对各种电信技术的选择不干涉，让市场决定技术的优劣。

4. 打破各业务市场之间的界限

1996年新《电信法》的另一个主要思想是，打破各业务市场之间的界线，允许电信公司提供全部业务，任何一个公司进入新业务市场的前提条件是该公司不是垄断者。以AT&T为例，自1995年后它不再是垄断者，因此它可以参与所有电信业务的经营。目前，AT&T不仅是美国最大的长途电话业务的提供者，同时，也是长途数据业务的三大运营者之一，收购TCL和Media one之后，AT&T成为最大的有线电视分配网络运营商。从业务提供看，目前惟一的限制是不允许已有的本地电信公司进入垄断地区的长途业务市场，而其他业务市场之间的界线已经全部打破。但所有大公司的合并和收购行为都受到联邦通信委员会的监管，防止由于合并而形成新的垄断者。

5. 政策制定过程的公众参与

电信政策的制定必须保证所有相关者都有机会参与。为保证电信政策制定过程的公正，美国联邦通信委员会形成了一套政策制定的程序，即通过发布政策制定公告，寻求与政策制定有关的观点和证据，得出有关政策的初步结果，征求意见，形成正式结论，修改相关的法规条例。在政策制定过程中，特别要求各参与者提供证据来证明自己的观点。整个政策制定过程完全对社会公开，任何个人与机构都可以通过联邦委员会的公告得到这些信息。所有政策处理过程和文件，都可以在联邦通信委员会的网址上了解到。参与者可以通过电子方式递交自己的观点与证据，参与政策的制定。

6. 普遍服务

普遍服务是美国电信规制的一项基本目标。如果规制不能达到普遍服务的目标，规制就完全没有必要。70 年代以前，人们广泛接受普遍服务与垄断不可分割的观点，要实现普遍服务就必须采取垄断的市场结构，这样才能用某些服务的高利润去补贴另一些服务的亏损。最明显的补贴出现在城市用户与农村用户、商业用户与居民用户之间。而在接入收费计划引入之前，普遍服务并没有明确的定义，人们对普遍服务的认识是模糊的，只要保持本地电话接入的低价即可。AT&T 解体后，普遍服务被明确提到议事日程。人们通过制度化的程序征收普遍服务基金，明确其用途，并对执行结果进行度量。在 AT&T 的解体协议中，司法部明确提出维持本地接入的低价格主要通过接入收费计划来解决。普遍服务则通过一些专项计划来实施，这些计划包括对低收入群体的补贴，对农村、海岛等高成本地区居民的补贴等。普遍服务的资金来自于所有的公共电信公司。任何公共电信公司都有义务为普遍服务做贡献。

2.3 中国电信产业规制现状及改革思路

2.3.1 市场化改革历程

1. 1949～1980 年：政府严格规制阶段

改革开放前，政府实行的是高度集中的计划经济体制，作为国民经济基础性行业的电信和邮政业（当时未实现邮电分营）更是如此，邮电部对所属企业从投入、生产到销售三方面垂直控制，实施严格的价格规制和进入规制，排斥市场机制。此时，电信产业基本不盈利甚至亏损，电信基础设施及服务短缺成为经济增长的瓶颈之一。由于缺乏经营自主权，企业机制僵化，生产效率低下，自我积累能力差，只能依赖政府投资，致使电信行业发展缓慢。1980 年中国的电话装机总量只有 418 部，不到全世界装机总量的 1%，平均每百人拥有的电话机数不到半部，世界 185 个国家和地区中排 161 位，远远不能满足国民经济和社会发展的需要。此时，电信业服务的宗旨是："为中央和地方政府服务，为国防建设、经济建设、文化建设、社会治安和人民大众的通信服务。"电信业最重要的任务是保障国家安全，经济建设被放到次要的地位。经营电信业无利可图，其他企业不愿也不能进入公用电信业。在此期间，军队、铁道部、电力部以及石油、煤炭等部相继建立了自己部门的专用通讯网，与此同时，公用电信业的供给远远满足不了对电话服务的需求，得不到电话服务的消费者，只好使用邮政和电报业务来替代。

2. 1980~1993 年：放松价格规制时期

由于严格的价格规制，中国电信行业基本上是一个不盈利的行业。从 1980 年开始，为了加快电信产业的发展，政府放松了价格规制，对邮电业实行中央和地方双重领导，采取了一些优惠政策，主要包括：（1）1980 年 6 月国务院特别批准市话企业收取电话初装费，使之成为电话资费的重要组成部分。（2）1986 年国务院批准允许各省市区政府在长话、电报和邮政等业务中收取附加费，作为通信建设资金的重要组成部分。（3）1982 年国家对邮电部门在财政上实行"三个倒一九"的优惠政策，即邮电部门利润或所得税只上缴 10%，并且邮政免缴；对邮政外汇收入只上缴政府 10%，其余邮电留用；1986 年起国家给予的"拨改贷"资金只偿付 10% 的本息。（4）为了吸引国外投资和先进的技术，鼓励外资企业竞争性提供电信终端设备。价格规制的放松和财政优惠政策的实施大大促进了电信业的发展。从 1984 年开始，中国电信业的发展速度开始超过国民经济发展速度，打破了通信对国民经济发展制约的“瓶颈”。但是，这种发展是以电信部门提高价格获得垄断利润从而大幅度增加消费成本为代价的。因此，公众对电信服务高价低质很不满意，电信行业政企合一体制下的行政性垄断的弊端日益突出。

3. 1994~1999 年：放松进入规制，双寡头竞争时期

随着经济的发展，中国电信市场的需求规模不断扩大，而由邮电部独家垄断的公用电信网络系统的供给能力大大低于社会需求水平，且服务质量难以让消费者满意。在这样的背景下，电信行业开始了打破垄断、引入竞争的尝试。经国务院批准，1994 年 7 月 19 日，由电子部、电力部和铁道部共同组建的“中国联合通信有限公司”正式成立，中国电信业进入了双寡头竞争时期。联通进入后，邮电部作为一个企业加规制者的双重角色便不再合适。为了设立一个中立的规制机构，邮电部的企业只能部分从该部门分离出来，成立了一个法人公司，即中国电信，邮电部成为一个规制机构。所以中国电信市场上的双寡头格局是极不对称的。第一，中国电信在所有电信业务上占据绝对主导地位；第二，邮电部集经营者与管理者于一身，既是运动员又是规则制定者和裁判，这样的市场格局是不可能保证公平竞争的。邮电部实际上是中国电信的所有者，也对中国电信在资金和人事上直接管理，在职能和机构上互有交叉，因而是一个政企不分的体制。在联通公司的词汇里，邮电部和“中国电信”是一回事。

为了打击竞争对手，邮电部对联通公司实施了各种各样的反竞争手段，包括利用行政审批权限制联通的市场进入，在网络互联互通上设置障碍，在网间付费方面实行垄断定价，在号码、无线电频率等公共资源的分配上对联通实行歧视等等。结果，中国电信行业的双寡头结构并未带来真正意义的市场竞争。同时，由于中国电信对本地电信设施的垄断，而本地电信设施的建设成本又极高，导致联通的本地固定电信业务只集中在少数城市，而将重点放在发展移动电信业务上。

4. 1999～2001 年：电信产业第一次战略性重组时期

1998 年 3 月，国务院决定在原邮电部、电子部的基础上组建信息产业部，中国电信行业逐步实现政企分开，电信规制机构开始建立并行使其职能，为随后的一系列电信产业改革奠定了最基本的体制基础。为了扼制行业垄断企业的市场势力，扶持竞争者，国务院于 1999 年 2 月，批准了中国电信重组方案，拉开了中国电信行业大重组的序幕。政府将中国电信一分为四：一是中国电信公司，它只经营有限通信及其增值业务；二是中国移动公司，它只经营移动业务；三是中国寻呼公司；四是中国卫星公司，它经营卫星通信业务。同时，信息产业部加强了对中国联通的扶持，如将原中国电信被剥离的寻呼业务并入联通公司，将 CDMA 建设运营权独家授予联通，批准联通进入互联网领域等等，中国联通成为重组后惟一一家经营所有电信业务的综合性通信公司。信息产业部还进一步采取放松进入规制政策，允许一批新企业进入电信产业参与竞争，从而带来中国电信产业竞争格局的重要变化。

5. 2001 年开始，电信产业进入第二次战略重组时期

为了在本地电话网络领域引入竞争，2001 年 12 月，信息产业部将中国电信南北分拆，其已有资源分为南北两个部分，分别拥有全国干线传输网 70% 和 30% 的产权，以及所属辖区内的全部本地电话网。华北地区、东北地区和山东及河南共 10 个省（自治区、直辖市）的电信公司归属中国电信北方部分，并和中国网络通信有限公司、吉通通信有限责任公司重组为中国网络通信集团公司。南方部分保留“中国电信集团公司”名称，继续拥有“中国电信”的商誉和无形资产。重组后的中国电信和中国网通两大集团允许各自在对方辖区内建设本地电话网和经营本地电话业务。并且在任何一项业务领域都形成了至少两家企业相互竞争的局面，中国至此进入了寡头竞争的年代，两家大型国有电信企业获准成立，分别是2001年1月成立的中国铁通公司和年底挂牌的中国卫星通信集团公司。至此，中国电信行业形成了六大基础电信运营商——中国电信、中国移动、中国联通、中国网通、中国铁通和中国卫通相互竞争，电信市场有效竞争的格局初步形成。

2.3.2 规制机构设置与功能

1. 规制机构设置

在相当长的一段时间，中国电信产业一直由原邮电部垄断经营。原邮电部既是电信政策的制定者，又是电信业务的直接经营者，实行典型的政企合一的规制体制。在1994年，原邮电部实行机构改革，把原来主管部内外电信工作的电信总局从原邮电部机关行政序列中分离出来，并命名为“中国电信”。与此同时，成立了电信政务司，作为电信产业的规制机构，从而在形式上实现政企分开。但由于原邮电部在政企分开方面没有进行实质性的改革，电信政务司作为一个部属机构，它首先必须服从原邮电部的意志，因此，电信政务司很难独立化，摆脱原邮电部的束缚。1998年3月全国人大第一次会议通过决议，决定在邮电部、电子工业部的基础上组建信息产业部，取代邮电部成为国家宏观管理信息产业的职能部门，将国家电信主干网建设与管理电信企业的职能交给信息产业部，并将广播电视部、中国航天总公司、中国航空总公司的通信管理部门并入信息产业部。原邮电部的邮政行业管理职能、邮政网络建设与经营管理的企业职能交给国家邮政局来负责。按照改革目标，信息产业部不从事电信业务经营活动，实现规制职能与电信业务的完全分离。这是对中国电信规制体制的重大创新。2000年9月，国务院批转信息产业部关于地方电信管理机构的组建方案，到2001年6月，全国31个省级通信管理局全部组建完毕。目前中国的电信产业规制体制是部省两级的垂直管理体制。部一级，主要负责制度规则及具体政策的起草制定、补充解释和修改完善，同时对全国性基础电信运营商的重大经营行为进行市场监督管理；省一级，主要负责制度和政策的执行，协调产业发展与地方经济的关系，以及对区域性电信企业进行监督管理。2000 年，政府主管部门相继出台了《电信条例》和《电信服务标准》，使电信运营商的经营有法规依据。

2. 监管机构职能

信息产业部成立后，积极从事一系列规制活动，并取得相当的成效。如制定了 20 多项重要的电信管理法规；实行不对称规制，支持中国联通的发展，支持中国网通、中国铁通等新企业进入电信市场，以培育最新竞争企业，在电信产业引入并不断强化市场竞争体制；按照国务院的统一部署，对原中国电信先后实行两次重组，以形成竞争性市场结构；与国家计委共同举行电信价格听证会，接受公众参与和监督。其主要职能是：

（1）研究拟订国家信息产业发展战略、方针政策和总体规划，振兴电子信息产品制造业、通信业和软件业，推进国民经济与社会服务信息化。

（2）拟订电子信息产品制造业、通信业和软件业的法律、法规，发布行政规章；负责行政执法和执法监督。

（3）统筹规划国家公用通信网（包括本地与长途电信网）、军工部门和其他部门专用通信网并进行行业管理。

（4）组织制定电子信息产品制造业、通信业和软件业的技术政策、技术体制和技术标准；制定广播电视传输网络的技术体制与标准；负责通信网络设备入网认证和电信终端设备进网管理；指导电子信息产品质量的监督与管理。

（5）负责全国无线电频率、卫星轨道位置、通信网码号和域名、地址等公共通信资源的分配与管理；负责无线电台（站）设置审批、无线电监测和监督检查，依法组织实施无线电规制，协调无线电干扰事宜，维护空中电波秩序。

(6) 依法对电信与信息服务市场进行监管，实行必要的经营许可制度，进行服务质量监督，保障公平竞争，保证普遍服务，维护国家和用户利益；制定通信网之间的互联互通办法和结算标准并监督执行。

(7) 制定通信与信息服务资费政策，确定基本邮政、电信业务收费标准并监督执行。

(8) 负责组织党政专用通信网的规划、建设与管理；管理国家通信网络监控调度中心和国际通信出入口局；组织协调党政专用通信、救灾应急通信和其他重要通信；保障国家通信与信息安全。

(9) 根据产业政策与技术发展政策，引导与扶植信息产业的发展，指导产业结构、产品结构和企业结构调整，指导国有企业重组、组建企业集团；合理配置资源，防止重复建设。

2.3.3 改革思路

中国目前正在进行电信规制方面的改革，电信市场结构正在发生巨大的变化。特别是，中国电信的重组已经对市场结构产生了根本性影响，市场结构正在从垄断性结构逐步转向竞争性结构。在这个过程中，电信规制的改革涉及很多政策性很强的问题，也受到许多因素的制约。笔者认为，中国电信产业规制改革应借鉴国际经验，结合自身问题，从以下几方面入手：

1. 制定合理的《电信法》和《反垄断法》，充分发挥电信监管部门的作用

中国目前还没有一部正式的电信法。电信业的改革，从计划经济的完全规制，到逐渐放松价格规制，到中国联通的成立，最后到今天的中国电信一分为四，联通实力不断壮大的局面，经历了漫长而艰难的历程，对于这个历程，政府往往以政策文件的形式对改革过程进行规范，而不是通过立法来对电信业改革进行规范，这严重

影响了规制的透明性和可监督性，制约了电信市场公平、公正、合理地开展竞争，导致改革过程无法可依，在一定程度上影响了改革顺利进行。在2000年之前，电信监管部门主要以名目繁多并且透明度差的红头文件形式颁布部门规章制度，通过行政手段来对市场和企业进行管理，这影响了监管的透明性和可监督性，制约了电信市场公平、公正、合理的竞争。中国在2000年颁布了《电信条例》，这在电信法的建设上是进了一步，但这远远不够。为此，应尽快制定中国的《电信法》，从法律上规范和保护中国的电信市场。而且应充分发挥电信监管部门的作用，通过监管形成有效竞争局面，同时要根据变化的电信市场适时地对监管政策做出调整，引导企业的健康发展。《反垄断法》是市场经济中的基本法律，作为防止、限制甚至是禁止垄断的法律，其涉及面极广，在现代市场经济国家的法律体系中占有极其重要的地位。目前尽管中国已经采取了一些措施来对付垄断，在《反不正当竞争法》中也论及禁止垄断的问题，但总地说来，都不系统、不完善，不可能有效地制止垄断。反垄断立法工作的滞后，必然会影响中国电信体制改革的速度和进程，因而尽快出台一部符合中国国情的比较完备的《反垄断法》，依靠法律武器来抑制、打破电信垄断，促进竞争性电信市场的发育是保证中国电信产业改革顺利进行的客观需要。

2. 电信业的竞争必须是有效竞争，要防止过度竞争

中国的电信改革从1993年开始，经过了一系列的分拆和整合，初步形成了以中国电信、中国移动、中国网通、中国联通、铁通公司、吉通公司和中国卫星为主要经营主体的新竞争格局。中国的电信业拆分是根据经营业务划分的，最后的结果只是市场上电信运营企业的数量增多了而并没有形成有效的竞争，无论是按照地域还是按照经营业务来分拆，结果都还是在自已的地域或经营范围内存在垄断。其实一种有效的打破垄断的方式就是异质替代的竞争方式，例如，移动电话可以和固定电话形成竞争，移动电话中

GSM 可以和 CDMA 进行竞争，宽带接入中通过有线电视的 CableModem 接入可以有效的抗衡 XDSL 接入方式。没有竞争不利于电信业的发展和电信服务的提高，但是过度竞争必然损害电信企业的利益，从而损害整个电信行业的发展，最终损害整个国家和用户的根本利益。况且，中国的一些经济学家指出，在电信业大发展时期实行相对集中经营，垄断的规模效益能够补偿因竞争的缺乏而引发的效率损失，而且尚有盈余；由于市场是分层的，所以可以在一些发展较快、消费水平高的地区率先开展适当竞争。所以中国电信业的改革应该逐步进行，在鼓励竞争的同时也应该避免过度竞争，造成重复建设、恶性价格战。

3. 打破不同产业间的界限，推动产业的融合，让技术进步的优势真正显现出来

打破不同产业的界限，推动产业融合，是技术进步的要求。从 20 世纪 80 年代开始，光纤通信和数字技术的普遍应用，大大提高了网络的传输容量和业务兼容性。利用同样的线路提供不同的业务，不仅技术上可行，而且具有经济效率。与这一技术发展趋势不同，传统的规制政策是将不同的业务分割，作为完全不同的市场进行规制。如广播电视市场与电话市场是完全不同的市场，在这两个市场上，经营者不同，规制者也不同。对广播电视市场，不仅网络受到规制，而且内容也受到规制；对电话市场，网络是受到规制的，内容（即传输的信息）是不受规制的；数据市场则从网络到内容都完全不受规制。但这三个市场是彼此隔离的。这样的规制体制与政策，与技术发展的趋势完全不相适应。

目前，不仅利用电话线可以提供数据业务，而且可以提供某些图像业务。利用有线电视网进行互联网业务的实验也在进行，模拟 HFC 网的互联网接入已经开始商用。有线网络的数字化改造也在进行之中，一旦完成，将可以传输全部语音、数据和图像，真正实现“三网合一”，即一个平台，多种业务。为适应这一技术发展的需要，必须对现行的政策与体制进行调整，要将分隔的产业与市场融合起来，通过相互准入的政策，促进这一领域里的投资和技术创新。

4. 政企分开，维持规制机构的中立地位

规制机构必须是中立的，这是世界贸易组织基本电信协议的原则，也是各国电信规制改革的经验。中国政府已经注意到在市场经济条件下政企分开的重要性，为此进行了大量的工作。在电信规制上，中国电信集团公司的成立，信息产业部电信管理局的组建，都是实现政企分开的具体举措。但是，省地一级的政企分开工作还没有实质性的进展，这对于本地接入市场公平竞争局面的形成是极为不利的。不久，各省市即将开始政府机构改革，省市的电信规制机构如何设置，与中央的电信规制机构是什么关系，如何保证各省市的电信规制机构的中立性，是地方政府机构改革中要特别引起重视的问题。我们建议，地方电信规制机构由地方政府负责，但涉及地方的电信规制政策由中央政府联合地方政府共同制定，地方电信规制机构负责执行，同时，中央的电信规制机构保留复议权。

5. 维护普遍服务这一基本目标

普遍服务是世界各国电信规制政策的基本目标之一。普遍服务，不仅能够大大提高网络规模效益，从而提高网络的整体价值，而且能够促进国民广泛接入和使用信息基础设施，提高全民族的素质。在中国，由于经济发展水平有限，地域广大，实现全面的普遍服务的负担还很重，但是，绝对不能因此就放弃普遍服务的目标。从总体水平看，中国的电话普及率还不高。前一时期，通过电话初装费，我们积累了发展电信事业急需的资金。根据中国人民银行的最新统计数据，截至2007年3月底，全国金融机构居民储蓄存款已达17.5万亿元。从宏观上讲，资金已不是发展信息基础设施的主要问题，而尽快提高电话的家庭普及率，提高互联网的普及率应该成为中国电信规制的政策目标。此前，我们的电信规制政策对普遍服务关注太少，有关政策的出台也没有与普遍服务相联系。首先，在长途引入竞争的同时，我们没有考虑本地接入成本较高，完全将长途与本地接入业务分开经营会使本地接入价格上升，从而会影响到信息基础设施的接入率。另外，对于某些地区的学校接入互联网应该提供资助，确保有条件的中学能够接入互联网。在从垄断向竞争过渡的过程中，我们应该考虑这一政策，特别是长途对本地接入网的补贴政策。一旦竞争局面形成，价格接近成本，再调整价格征收普遍服务基金，将比现在开始考虑征收普遍服务基金阻力更大。

第3章 铁路产业规制变迁与中国铁路产业规制改革

铁路产业是一种典型的网络型基础产业，对该产业的研究将有助于网络竞争理论的形成和产业规制理论的完善。根据国外铁路业的发展与改革经验，公路、民航等运输方式的兴起以及政府对铁路业的严格规制是该产业逐渐衰落的主要原因。落后的铁路规制体系导致铁路企业无法充分利用市场竞争机制，对于变化了的市场环境无法做出快速调整，从而在市场竞争中处于一种被动的局面。为此，铁路产业的规制改革势在必行，其根本目的在于提高铁路业的效率与竞争力。

3.1 铁路产业经济特性与规制依据

3.1.1 固定成本在总成本中占有很大比重，沉没成本高，具有规模经济性

铁路产业是使用机车牵引车辆，在特殊的轨道上运行，从而实现旅客和货物空间位移的一种运输方式。列车运行的最重要基础设施是线路，它是由轨道、路基、桥梁以及隧道等部分构成。这些基础设施的修建需要花费大量资金，从而使得铁路业的固定成本占总成本的比例很大。一般而言，铁路线路的短期固定成本在总成本中

所占的比重要在50%至80%之间。并且，铁路线路一旦建成之后，使用寿命比较长，既无法移动也难以转用于其他用途，具有高度的资产专用性，这就意味着铁路业的沉没成本是比较高的。

线路的管理和布局对铁路运输的效率有着至关重要的作用，纵横交错的线路是铁路运输系统有线网络的重要组成部分。具体而言，铁路路网包括节点（车站、枢纽）和联线这两个组成部分。铁路路网上的任意一个节点都能够通过连线与其他的节点相互联结。铁路路网的布局越合理，规模越大，整体性运用越充分，那么，铁路业的运输成本就越低，而消费者所能获得的效用也越大。因而，铁路路网的规模和整体性运用是铁路业规模经济的基本条件。

许多学者对铁路业的规模经济进行了实证研究，但结果是不一致的。Klein（1951）的研究结果表明，对于较小规模的铁路而言，规模报酬递增现象确实是存在的。然而，根据表3－1列出的实证检验结果，铁路业的规模经济性质是不明显的。

表3－1　铁路的规模报酬和密度报酬研究结果比较表

研究人员和时间	密度报酬	规模报酬	
		在运距固定的条件下	在运距增加的条件下
Friedlander & Spady（1981）	0.16	0.88～1.08	1.07～1.37
Caves等（1980）	—	1.01	1.13
Harmatuck（1979）	1.92	1.01	1.02
Harris（1977）	1.72	0.93	1.02
Keeler（1974）	1.79	1.01	—
Caves等（1985）	1.76	0.98	1.00

资料来源：武剑红：《竞争与规制理论在中国铁路改革中的应用》，载张昕竹主编：《中国规制与竞争：理论和政策》，社会科学文献出版社2000年版，第166页。

Vigouroux Steck（1989）运用弹性成本函数对欧洲13个国家的铁路公司进行了实证研究，结果表明（见表3－2），法国、英国、意大利等国的铁路规模比较大，存在规模报酬递减现象；而荷兰、丹麦、爱尔兰等国的铁路规模比较小，存在规模报酬递增现象。奥地利和芬兰的铁路规模最优，其网络规模都在6000公里以下。

总之，一般而言，铁路企业在较小的规模上具有规模经济效应，但还没有明确的证据表明铁路企业在较大的规模上也具有规模经济效应。

表3－2　　13个欧洲国家铁路公司的规模报酬

运营者（国有）	线路长度（公里）（1987年）	铁路成本对下述变量的弹性		规模报酬
		全部列车公里	每单位线路长度的列车公里	
英国铁路	16630	1.17	－0.45	0.86
瑞士铁路	2990	0.74	0.12	1.35
爱尔兰铁路	1944	0.66	－0.30	1.51
联邦德国铁路	27427	1.29	－0.72	0.78
丹麦铁路	2476	0.69	0.01	1.45
意大利铁路	15983	1.21	0.56	0.83
荷兰铁路	2809	0.69	0.20	1.46
挪威铁路	4217	0.87	－0.55	1.15
奥地利铁路	5747	1.04	0.44	0.96
瑞典铁路	11194	1.13	－0.83	0.88
比利时铁路	3568	0.81	－0.07	1.23
法国铁路	34646	1.39	－0.96	0.72
芬兰铁路	5884	0.97	－0.79	1.04

资料来源：武剑红：《竞争与规制理论在中国铁路改革中的应用》，载张昕竹主编《中国规制与竞争：理论和政策》，社会科学文献出版社2000年版，第166页。

3.1.2　铁路产业具有密度经济特性

如果企业对既有设施、设备和其他资源的使用频率或次数会随着所生产的产品或所提供服务的增加而增加，从而导致产品或服务的平均成本呈现出下降趋势，这样的现象就被称之为密度经济。铁路产业就具有典型的密度经济特性，在铁路网络保持不变的情况下，铁路运输产品或服务平均成本会随着客货流量的增加而递减。铁路产业之所以具有密度经济特性，是因为铁路运输成本的下降主要来自于对固定资产的高强度利用，在固定成本不变的前提下，铁路企业的平均成本就会随着运量的增多而呈现出下降的趋势。此外，铁路的密度经济还与铁路网络的规模相关联。根据表3-1，铁路产业的密度经济是确实存在的，实证结果表明，铁路产业具有密度报酬递增特点。

就铁路这个基础性网络产业而言，其密度经济具有其特殊性，具体包括以下几方面内容：首先，由于客货流的聚集成本在不同的区域是不同的，因此，在经济发展水平不同的区域，即使铁路线路的总长度是同样的，它们所体现出的密度经济也是不同的。第二，如果铁路线路由单线转变为复线，那么铁路运能的增加将是单线运能的2~3倍。最后，如果一列车的载货率或载客率未能达到100%，那么，增加一个单位货物或者是一名乘客的边际成本就近似为零，其原因在于铁路服务的生产和消费是无法储存的，只能是瞬时的。

3.1.3　铁路产业具有不可分割性

就铁路产业而言，机车、线路、车站等资产需要根据生产特性的要求进行整体投资，而不能以无限细分的方式投资。铁路产业的传输网络和其他铁路资产都是资本密集型的，具有整体性大量投资的特征，这样的特征就被称之为铁路产业的不可分割性。由于铁路产业具有不可分割性，这造成了铁路投资的跳跃性，使得供求难以实现均衡，市场通常处于供不应求或者是供大于求的状况下。如果没有收益保障，投资者就不会进行投资，只有引入一种稳定投资收益预期的治理结构才会吸引投资者在这种供求无法对应的情况下进行投资。

3.1.4　铁路产业具有多产品特征

铁路产业既提供客运服务，又提供货运服务。客运可以细分为短途客运、长途客运、通勤客运等种类；货运可以细分为集装箱运输、散货运输、冷藏运输、气体运输等种类，此外，铁路运输还提供邮件运输、包裹运输、快运业务。并且铁路运输产品或运输位移服务还具有质量维度，根据便捷性、安全性、舒适性以及速达性的不同，铁路客货运输产品会产生质的差异。因此，铁路产业的多产品特征是显而易见的。在旅客运输以及货物运输内部，由于需要共同使用一些设备以及其他的资源，因此，范围经济在某种程度上是存在的。

正是由于铁路产业具有以上性质，该产业通常被认为具有因成本递减而导致的自然垄断特性，鉴于此，铁路产业受到政府部门的严格规制。但是，随着产业经济理论的发展以及实践的进展，严格规制铁路产业的观点和举措受到了质疑和挑战。根据可竞争性理论，潜在竞争会促使自然垄断企业采取有效的市场运作方式。自20世纪下半叶以来，航空、公路等运输方式发展迅速，成为铁路运输强有力的竞争对手，铁路运输的垄断地位逐渐削弱，而铁路业的收入也呈现出下降趋势，为了提高铁路业的竞争力，对铁路业的放松规制势在必行。许多国家对铁路业进行了规制改革。

3.2　美国铁路产业规制改革实践

3.2.1　规制背景

在铁路新兴之时，美国政府对铁路采取一种自由放任的态度，没有施加任何规制。19世纪后期，美国的铁路业得到了飞快发展，从1865年开始，步入了发展的黄金时代。随着铁路业在运输业中地位的不断增强，铁路业自身特性所导致的社会问题也逐步显现出来。铁路运输业的特点决定了铁路公司在其线路上具有运输的独占性。竞争主要发生在两条平行的线路之间，而不会是使用同一条线路进行竞争，这就使竞争所产生的功效大打折扣。由于铁路的沉没成本巨大，当铁路间存在竞争的时候，铁路公司往往无法维持正常的收入水平。这是因为，对于铁路公司而言，如果无法获得一定的运输收入，铁路就会被废弃，那么初始的巨额投资就荡然无存。只要运价高于铁路公司的可变成本，这就意味着铁路公司尽管是亏损的，但是所获收益仍然能够补偿部分固定成本，因此，铁路公司迫于巨大的竞争压力会将运价调低到平均成本之下，仅仅以略高于直接费用的运价承运货物。

由于铁路公司之间的激烈竞争，运价在很多情况下会降低到无利可图的水平。在这种情况下，铁路公司间的联合与兼并开始兴起，其目的在于通过扩大企业规模、减少内部竞争来获取垄断利润。由此，形成了一些大的铁路公司。例如宾夕法尼亚铁路系统是由600多个小公司合并而成的，纽哈芬（NewHaven）铁路公司是由203个小铁路公司合并而成的。铁路公司间的联合与兼并降低了铁路业所存在的竞争。

早在铁路业的兼并浪潮之前，美国的公众就已经对铁路业存在着不满情绪：一方面，在没有铁路竞争的地区，运价依然偏高；另一方面，铁路公司存在价格歧视。在货物运输方面，各类货物之间的运输价格是有差别的，某些大企业与铁路公司之间有勾结就可以享受运价折扣待遇，而农产品以及手工艺品的运价反而比较高；在旅客运输方面，有地位、有权势的旅客能够享受到减免车票的优惠待遇，而那些没有地位的旅客则需要全额购买车票。在有竞争的地区，铁路公司将运价降低到较低的水平，而在铁路拥有一定垄断势力的地区，铁路公司则将运价提高到较高的水平。铁路公司的价格歧视与差别待遇直接损害了广大社会公众的利益。社会公众强烈要求对铁路实施规制，最终引起政府的重视，对政府规制铁路运价起到了很大作用。

3.2.2 规制变迁阶段及其特征

1. 严格规制阶段

美国联邦政府早期实行的铁路规制政策的着眼点是抑制垄断、

保护竞争，消除铁路经营中所存在的各种弊端。对铁路业的严格规制在维护社会公众利益方面曾经起到了积极作用。

(1)《规制商务法》的出台与实施。社会公众要求对铁路业进行严格规制的呼声越来越高涨，1887 年美国国会颁布了《规制商务法》(An Act of Regulate Commerce，也常被称为《州际商务法》，即 Interstate Commerce Act)。根据《规制商务法》，美国成立了联邦政府一级的第一个可独立行使规制权的准司法、准立法、准行政的规制机构——州际商务委员会（Interstate Commerce Commission，ICC)，开始对铁路进行规制。由于当时美国铁路的主要弊端体现在商品之间、地区之间以及旅客之间的差别待遇上，因此，州际商务委员会的重要任务就在于使铁路运输价格保持合理与公平而不具有歧视性。《规制商务法》的立法目的主要是处理与州际铁路运输价格等问题有关的事务，但其影响之大远远超过了它最初的立法目的。

《规制商务法》的结构主要包括三个部分。首先是该法的立法目的、指导思想与适用范围。然后是该法的规制内容：规制铁路运输业不公平的差别待遇，即进行运价规制。运价规制的基本原则是保持运价的公平和合理。围绕这个原则，《规制商务法》列出了四禁止、一公开。即禁止铁路公司对旅客的不公平待遇，禁止不合理或者是不正当的特殊优惠或利益以及不合理或者是不正当的损害或不利，禁止对运程较短者收取比较长者更多的报酬，禁止联营缔结任何契约、协议或联合；铁路公司需公布运输价格表以方便公众查阅。最后是关于法律实施方面的内容，要求成立一个专门的规制机构来实施这项法令。

美国 1887 年的《规制商务法》为美国政府干预网络性产业部门提供了一个尝试性的基本框架。在该法颁布近三年来，各铁路公司在很大程度上都能遵守法律的要求，许多铁路公司之间的联营也被解散，并得到重组以便与《规制商务法》的要求保持一致。但是，在州际商务委员会开始工作之后，《规制商务法》暴露出了以下五方面问题：难以获取相关证据；强制执行和检查问题；制定运输价格的权力问题；差别待遇的解释问题；法院与州际商务委员会之间的关系问题。这些问题都发生于该法实施的前十年中并都牵涉到法院的判决。在当时，联邦法院对新的规制机构——州际商务委员会心存嫉妒，而各铁路公司也在观望并考验《规制商务法》的权威性。此外，《规制商务法》的某些条文并不明确，存在着模糊性。随着美国经济的逐步繁荣，违反《规制商务法》的案件开始日益增多。

在进入20世纪之前，州际商务委员会对铁路业的规制权力是有限的，美国最高法院在1897年判决“亚拉巴马—米德兰铁路公司”案件时宣布：对于铁路公司在运输费率上各种较为常见的差别对待，州际商务委员会不能视为违法。该判别结果实际上表明州际商务委员会无权纠正铁路业中不合理的运费率，无权制止铁路公司在运费率上的差别待遇。该裁决结果使得州际商务委员会的规制权力难以得到有效实施，降低了州际商务委员会的重要性。为了进一步实施1887年的《规制商务法》，防止铁路公司的弊端，强化州际商务委员会的地位，加强联邦政府对铁路业的调控，美国国会根据经济发展以及法院的判决修改了1887年《规制商务法》，纠正了该法的缺点和不适宜之处，增强了州际商务委员会的权力。

（2）1920年之前的重要修正法律。

①1903年的《爱尔金斯法》。《爱尔金斯法》（Elkins Act）的目的在于加强对人的差别待遇的法律问题。该法的主要内容包括：第一，铁路公司自己应对因不合法的差别待遇和回扣的诉讼负责。第二，凡接受特别运价、回扣、退款，均属于违法。《爱尔金斯法》对托运人接受回扣进行处罚的目的在于解除托运人向铁路施加的回扣、特别运价以及退款的压力。第三，对公布的运价的任何背离都属于违法。《爱尔金斯法》在控制铁路公司对人的差别待遇方面起到了重要作用，但是，该法案未能恢复州际商务委员会由于最高法院1897年的裁决所失去的那部分权力。

②1906年的《赫伯恩法》。1906年通过的《赫伯恩法》（Hephburn Act）在1903年《爱尔金斯法》基础上对《规制商务法》的内容作了进一步修改，恢复了州际商务委员会由于美国最高法院的裁决所失去的那部分权力。该法主要包括以下内容：第一，授权州际商务委员会制定铁路最高收费标准（最高限价）；第二，将州际商务委员会的权力扩大至管道运输业以及快运业；第三，要求铁路企业在调整运价之前，必须提前三十天公布于众；第四，加强了对私下实行折扣运价的惩罚力度；第五，授权州际商务委员会制定跨公司的联合运输价格；第六，禁止铁路企业运送自己生产的产品，防止铁路企业利用对其他生产者的运输优势而形成不平等的竞争。《赫伯恩法》的主要目的在于减少竞争以及稳定运价，是美国联邦政府对铁路进行规制的重要法律。尽管该法案向提高规制效率方面迈进了一大步，但是，它并没有补救1887年《规制商务法》所存在的全部缺陷。

③1910年的《曼—爱尔金斯法》。1910年出台的《曼—爱尔金斯法》（Mann-Elkins Act）对1887年《规制商务法》进行了进一步修改，以便对托运人提供充分的保护。该法规的主要内容包括：第一，授权州际商务委员会可以对货物进行分类，以取消其他的铁路自由定价权；第二，允许州际商务委员会终止所提议的费率变更提案；第三，允许货主指定运输线路，其目的在于增强竞争；第四，强化实施长短途运输的条款；第五，建立一个商务法院（Commerce Court）对州际商务委员会的判决进行司法审查，其目的在于加快司法程序并建立一个与铁路规制相联系的实体法。1910年《曼—爱尔金斯法》的出台使得州际商务委员会成为美国联邦政府最有权力的规制机构之一，真正成为集行政执法、准立法以及准司法权力于一身的美国政府的"第四部门"。

在1917～1920年期间，由于美国参加了第一次世界大战，为了适应战争的需要，联邦政府成立了美国铁路委员会对私人铁路实行了接管，把全国铁路分为东部、西部和南部三个区域，实行集中统一管理，铁路成为由政府直接掌控的行业。尽管铁路运量在一段时期内出现了激增的现象，但铁路的财务结果却出现了下降的局面，1920 年，铁路业亏损高达 15 亿美元。第一次世界大战结束之后，美国联邦政府将铁路的管理权归还给私人，允许私人经营铁路并从中获得合理收益。

（3）1920 年之后的重要修正法律。

①1920 年的《运输法》。1920～1976 年是美国运输的加强和综合规制时期。1920 年，美国国会通过了《运输法》（Transportation Act），进一步加强了州际商务委员会规制铁路的权力，事实上将铁路置于联邦政府严格的规制之中。1920 年《运输法》的主要内容包括：第一，州际商务委员会应按照 6% 的资产收益率来制定公平合理的铁路运费率；第二，州际商务委员会在制定联运运价时应考虑增加小公司收益的需要；第三，当铁路公司的资产收益率高于 6% 时，应将超过部分的 50% 作为重建基金，将其用于对小铁路网的支持；第四，州际商务委员会具有对跨州运量的定价权，同时，对进入和退出铁路业（包括放弃铁路支线）进行规制；第五，州际商务委员会具有设定最低运价的权力（最低限价）；第六，州际商务委员会应制定一个将效益低的铁路同效益高的铁路合并在一起的计划，其目的在于最大限度地维持铁路路网规模；第七，州际商务委员会能够对运量的集中以及运价的合并进行审查。1920 年《运输法》的一个重要特点在于使得效益不同的铁路公司之间能够进行内部的交叉补贴。

②1933 年的《紧急运输法》。《紧急运输法》（Emergency Transportation Act）出台于 1933 年，主要包括以下内容：第一，设定新的定价原则，该项规定要求考虑运价水平对于运量产生的影响，要求运输部门以最低的运输成本提供运输服务，同时对提供的服务要给予充足的补偿；第二，设立联邦运输协调员，负责协调相互竞争的铁路之间的关系，并弥补规制机构的不足之处。1933 年的《紧急运输法》体现了这样一种观点：尽管铁路是私有的，然而，

联邦政府能够强调对于铁路的管理，从而降低私人的作用。实际上，美国国会至今仍然有人坚持这一观点。

③1935 年的《承运人法》。《承运人法》（Motor Carrier Act）出台于 1935 年，该项规制法案将对铁路的规制延伸到公路运输业。该项法案出台的背景是 30 年代大萧条时期，许多铁路公司倒闭，还有一些铁路公司仅能勉强经营，该项法案通过使对公路的规制与对铁路的规制保持基本平衡来保证各种运输方式之间的公平竞争关系，从而恢复铁路对公路的竞争力。同时，该法案也是为了对公路运输业进行调控，从而减少公路运输业内部的竞争，稳定收费标准。《承运人法》将对运输业的规制划分为进入规制、价格规制以及服务业务规制三方面，体现了规制方法的进步。

2. 放松规制阶段

由于美国政府对铁路业进行严格的经济规制，铁路运输业丧失了竞争活力，服务质量差、经营僵化。同时，随着航空、铁路等交通运输工具的迅速崛起，铁路面对的替代性竞争日益激烈，在运输市场的份额也逐步下降，美国铁路运输业陷入了困境，在 20 世纪 70 年代甚至已经到了崩溃的边缘，许多铁路公司濒于破产。美国政府意识到了对铁路进行严格经济规制的弊端，开始重新审视并改变铁路规制政策，进行了一系列放松规制的改革（见表 3－3、表 3－4）。

表 3－3　各种运输方式在城际货运周转量中所占的比重

年份	铁路运输	内河运输	公路运输	管道运输	民航
1916	77.2	18.4	0.0	4.4	0.0
1930	74.3	16.5	3.9	5.3	0.0
1940	61.3	19.1	10.0	9.6	0.0
1950	56.2	15.4	16.3	12.1	0.0
1960	44.1	16.8	21.7	17.4	0.0
1970	39.8	16.4	21.3	22.3	0.2

表3-4　各种运输方式在城际客运周转量中所占的比重　单位：%

年份	铁路运输	内河运输	公路运输	民航
1916	98.0	2.0	0.0	0.0
1930	74.6	7.1	18.1	0.2
1940	67.1	3.6	26.5	2.8
1950	46.3	1.7	37.7	14.3
1960	27.2	3.4	25.9	43.5

资料来源：来有为、宋方明：《美国铁路规制改革》，载《经济理论与经济管理》2003年第3期。

（1）1970年的《国家铁路客运法案》。为了使铁路业尽快走出困境、恢复活力，美国国会于1970年通过了《国家铁路客运法案》（Rail Passenger Service Act），成立了由政府全资拥有的全美铁路客运公司（Amtrack），目的是将具有公益性的、亏损的客运业务从货运公司中分离出来，从而达到帮助铁路公司走出困境的目的。自20世纪30年代以来，美国铁路公司的客运业务就已经陷入了全面亏损，但是，因为铁路客运业务具有公益性，根据当时的法规，铁路公司即使亏损也不能放弃铁路客运服务，因而，对于铁路公司而言，客运业务是一项沉重的负担。《国家铁路客运法案》的出台以及全美铁路客运公司的成立减轻了各铁路公司的负担，全美铁路客运公司接管了所有铁路公司的客运业务，投资和运营亏损均由联邦政府补贴。尽管全美铁路客运公司的成立在解救铁路公司方面起到了积极作用，但是政府对铁路的规制依然比较严格，铁路公司依然缺乏自主经营权，没能完全摆脱经营亏损的状况。

（2）1976年的《铁路复兴及规制改组法》。1973年，美国国会制定并通过了《地区铁路改组法》（Regional Rail Reorganization Act，简称3R法），1976年，通过了《铁路复兴与规制改革法》（Railroad Revitalization and Regulatory Reform Act，简称4R法），组建了联合铁路公司（Contrail），收购了美国东北部六家破产铁路公司的资产。联邦政府免除了联合铁路公司的许多经济规制义务，并投入了大量的资金对其进行资产重组。在美国政府的努力下，铁路业内进行了资产重组，从而使得一些铁路公司得以摆脱了沉重的历史负担。

(3) 1980 年的《斯塔格斯铁路法》。1980 年，美国国会通过了《斯塔格斯铁路法》(Staggers Rail Act)，该法案进一步放松了政府对铁路的规制，使铁路公司获得更多的自主权，该法案的出台标志着美国迎来了铁路规制的新时代。《斯塔格斯铁路法》包括以下主要内容：第一，铁路公司能够根据可变成本和运输市场的要求制定价格，并使自己获得充足的收入和资本投资；第二，强调铁路运输价格应该由市场来调节，基本上解除对于铁路运输价格的规制，要在最大可能的范围内，让运输需求与市场竞争去建立合理的运输价格；第三，简化废弃铁路线路的程序，缩短审批时间，允许铁路公司根据自身的需要放弃非经济的铁路线路；第四，铁路公司与货主通过协商签订运输合同、制定合同运价；第五，鼓励社会通过多种方式参与到铁路业中；第六，鼓励各种有利于全国铁路网合理化的铁路公司之间的联合与合并。《斯塔格斯铁路法》指出："虽然许多影响铁路的政府法规在防止铁路垄断的弊端上起过重要作用，但现在看来则既无必要，又无效率"，"为了保持一个有活力、高效率而又经济的铁路运输业，更多地依靠市场是十分必要的。市场竞争应是铁路运价和运输业务的最有效的调节者"。《斯塔格斯铁路法》的实施使得美国铁路业摆脱了长期以来的颓势、开始走向复兴，美国的铁路业由此呈现出一派新气象。

(4) 1995 年的《州际商务委员会终止法案》。1995 年，美国国会通过了《州际商务委员会终止法案》(ICC Termination Act，简称 ICCTA)。该法撤销了已经存在 108 年的州际商务委员会，并于 1996 年 1 月 1 日成立了地面运输委员会（Surface Transportation Board)。地面运输委员会是美国运输部的一个独立监管机构，该委员会执行剩余的规制职能，并且负责改革美国运输业的经济规制。

3.2.3 监管机构设置与功能

1887年，美国国会颁布了《规制商务法》。根据该法案，美国政府成立了第一个联邦监管机构——州际商务委员会，开始对铁路进行规制。美国国会赋予该委员会以法律地位，用以执行《规制商务法》，因此，州际商务委员会是一个可独立行使规制权的准司法、准立法、准行政的规制机构。州际商务委员会的重要任务就在于使铁路运输价格保持合理与公平而不具有歧视性。

州际商务委员会在结构上是与美国政府的政策部门分开的（政府政策部门主要是指管理经济贸易运行的综合经济部门，如美国的商务部）。这种结构上的分离并不表明监管机构不受政府政策的约束，而是表明监管机构能够不受相关利益方的干扰（尤其是不受可能作为现有公司股东的政府政策部门的干涉）独立地执行监管政策。

州际商务委员会由多名委员组成，委员的基本任职条件由立法来确定。《规制商务法》首次任命的州际商务委员会由五名委员组成，每个委员的任期由总统指定，分别为2年、3年、4年、5年和6年；而其继任者则应被任命6年，如果所选择的人是为了填补空缺，那么他的任期是他的前任未届满的期限。因此，这些委员的任职年限与政府行政最高领导（或总统）的任职年限是错开的，这种安排的目的在于健全监管机构的知识结构，增加特殊利益集团俘获监管者的成本，并保证监管政策的连续性。

1995年，国会颁布的《州际商务委员会终止法》废除了州际商务委员会，并同时成立了地面运输委员会。目前，美国的地面运输委员会行使对各种运输方式的经济规制职能。地面运输委员会设立在运输部，但是，该委员会与运输部并没有直接隶属关系，并且与运输部中的其他机构也无直接的业务联系，是一个准独立规制部门。地面运输委员会的理事会成员由参议院建议，由总统任命，负责管理公路、铁路、管道、水运等运输行业。

在铁路运输方面，地面运输委员会主要负责审批各铁路公司之间的兼并、联合等事项。地面运输委员会的判别标准是：铁路公司之间的合并是否有利于地区乃至全国铁路市场的竞争、是否有利于货主。如果地面运输委员会认为铁路公司之间的合并在降低成本、提高服务质量等方面利大于弊，也会在不利于竞争的情况下批准合并。此外，地面运输委员会对于铁路业的规制还表现在以下几方面：第一，在切实可行、符合公共利益，并且不影响铁路公司运营的前提下，要求铁路公司向第三方开放其枢纽；第二，当铁路公司位居市场主导地位时，核定其运输价格是否合理；第三，对于需要跨网运输或转运的货物，核定运输价格等是否有利于货主；第四，在处于紧急状况时，要求铁路承担公共运输义务；第五，控制运营区域的改变，即地面运输委员会可以批准新建和废弃线路。

与以前的州际商务委员会相比，地面运输委员会对铁路运输价格进行规制的指导思想有所不同，既要维护货主利益，同时又要保持铁路公司合理的盈利水平，从而提高铁路公司的竞争力。对于铁路公司之间的合并，地面运输委员会规制的中心也有所变化。州际商务委员会着重审查铁路公司之间的合并是否会构成垄断，而地面运输委员会则一方面关注合并是否会造成垄断，另一方面则关注合并能否提高企业生产效率、提高服务质量、降低成本。

3.2.4　改革绩效

美国对铁路产业的放松规制改革取得了很好的效果。

1. 服务质量提高，铁路公司经济效益明显改善

铁路公司通过精简员工、推行内部管理的合理化改善了经济效益。并且，铁路公司积极更新设备，采用更大吨位的铁路车辆，增加了直达列车，使服务水平有了大幅度提高。1980年以后，铁路业的劳动生产率提高了250%，铁路运输量增长了50%，资产收益率平均提高到6%～7%（见表3－5）。

表 3-5　　美国铁路运输市场份额表　　单位：%

年份	货物周转量				旅客周转量			
	铁路	公路	水运	航空	铁路	公路	水运	航空
1950	56.2	16.3	15.4	0.0	6.4	91.4	0.2	2.0
1960	44.1	21.7	16.8	0.1	2.8	92.6	0.3	4.3
1970	39.8	21.3	16.5	0.2	0.9	89.0	—	10.1
1980	37.5	22.3	16.4	0.2	0.7	84.3	—	14.9
1990	37.7	25.4	16.4	0.3	0.7	81.4	—	18.0
1994	39.1	27.8	14.6	0.4	0.6	81.9	—	17.5
1995	40.4	27.0	14.6	0.4	0.6	81.8	—	17.6
1996	37.6	26.9	15.5	0.4	0.7	82.4	—	17.0
1997	39.5	29.0	14.0	0.4	0.5	79.9	—	19.0
1998	40.2	28.6	13.5	0.4	0.6	79.0	—	20.4
1999	40.3	29.4	13.1	0.4	0.6	78.5	—	20.9

资料来源：根据李红昌《铁路规制的契约分析》，经济科学出版社 2005 年版，第 180 页表 5-2（b）整理。

2. 铁路的货物运输价格呈现出下降趋势

原因在于一级铁路公司关闭和转让了相当数量的非经济支线，降低了维持这些线路的成本，并且铁路员工减少了 50%，这些都降低了铁路公司所负担的成本，从而降低了铁路的运输价格。

3. 铁路公司的经营业务日趋多样化

为了增强自身的竞争力，铁路公司开展了与其他运输方式的联合，从而使其经营业务呈现出多样化特征。

4. 合同运输快速增加

根据州际商务委员会的估计，美国谷物和煤炭的铁路运输 60% 以上都是通过合同运价实行的。在 1978 年 11 月至 1984 年 2 月期间，签署铁路运输合同约 1300 项，而到了 1987 年已经达到 65000 项。也就是说，在 1978～1987 年这十年里所签署的运输合同中，后四年比前六年所签的数量多了四倍。

5. 铁路内部的合并与重组进程不断加速

1980年3月，圣路易斯一旧金山铁路公司正式并入伯灵顿北方铁路公司，由此形成连接中西部、西北部以及墨西哥湾地区、拥有28000英里线路的全国最大路网；1980年9月，泽西铁路公司和海岸铁路公司获准并入切西滨海铁路公司，从而形成了从美国东海岸直通墨西哥和圣路易斯、从墨西哥湾至加拿大的安大略省，全长27000英里、跨越22个州的全国第二大路网；1982年9月，密苏星太平洋铁路公司与太平洋联合铁路公司获准合并，又买进西太平洋铁路公司，由此形成联合太平洋铁路公司，成为具有20000英里线路、跨越美国西半部21个州的全国第三大路网。1982年，美国有32家一级铁路公司，而到了1999年，美国的一级铁路公司减少至6家，其中，美国东部有两家、中部有两家、西部有两家。铁路公司间的合并一方面有利于降低运营成本、提高服务质量，另一方面则会降低铁路公司之间的激烈竞争，并且，规模的扩大会给企业管理造成较大问题（见表3-6）。

表3-6　　美国铁路产业结构的变化（1980~1997年）

类　别	公司数量		线路里程			
	1980年	1997年	1980年		1997年	
	数量	数量	里程（km）	比例（%）	里程（km）	比例（%）
I级铁路公司	40	9	410400	95	195000	71
地区/支线铁路公司	未知	541	21600	5	579000	29
总计	未知	550	432000	100	774000	100

资料来源：根据肖兴志《中国铁路产业规制：理论与政策》，经济科学出版社2004年版，第94页表3-6整理。

尽管在对铁路业放松规制之后，美国铁路的基本组织形态依旧是区域性的“网运合一”的公司，然而在区域公司之间仍存在着比较激烈的竞争，实际上，大约70%的美国铁路的运输量是通过竞争的方式完成的。铁路公司间的竞争形式包括：线路使用权的竞争、平行线路之间的竞争、“共同设施”的竞争以及“牵引合同”竞争等。其中，通过不同公司间的平行线路进行竞争以及在共同线路上进行开放线路使用权竞争是美国铁路的主要竞争方式。随着美国铁路业中合并浪潮的兴起，对开放线路使用权的竞争方式变得日趋重要。

3.2.5 启示

1. 政府规制要审时度势，根据实际情况进行调整

19 世纪末至 20 世纪中后期，美国联邦政府对铁路业进行了严格的经济规制，着眼点是保护竞争、抑制垄断，在消除铁路经营中所存在的弊端、维护社会公众利益方面确实在一定时期内起到了积极作用。但是，随着经济的发展、铁路业所面临的竞争环境的变化，对铁路业过于严格的经济规制使铁路业丧失了活力、陷入了困境，美国政府意识到了对铁路严格规制的弊端，开始重新审视铁路规制政策并进行了铁路业放松规制改革，铁路业又重新恢复了活力。因此，政府规制一定要审时度势，政府规制政策的出台与制定需要适时地根据实际形势和情况的改变而进行调整。

2. 以规制立法为先导进行铁路改革

美国对铁路业的改革是以法律为基础进行的。1887 年，美国国会颁布了《规制商务法》，该法为美国政府干预网络性产业部门提供了一个尝试性的基本框架。随后，国会根据经济发展以及环境的变迁又对《规制商务法》进行了适时修改，相继出台了几个重要的修正法律，如 1903 年《爱尔金斯法》、1906 年《赫伯恩法》、1910 年《曼一爱尔金斯法》、1920 年《运输法》、1933 年《紧急运输法》、1935 年《承运人法》等一系列法案加强了对铁路运输业的规制。随着形势的改变，国会又通过了新的法案开始了对铁路业的放松规制改革，如 1970 年《国家铁路客运法案》、1976 年《铁路复兴及规制改组法》、1980 年《斯塔格斯铁路法》等。美国规制法律坚持独立的规制标准、固定的程序、正式的辩论和公开诉讼原则。以规制立法为先导，使铁路规制改革具有法律依据和实施程序，这是美国铁路规制改革成功的一个重要因素。

3. 建立独立的政府规制机构

根据 1887 年《规制商务法》，美国政府成立了州际商务委员会开始对铁路进行规制。州际商务委员会是一个可独立行使规制权的准司法、准立法、准行政的规制机构，负责处理与铁路运输价格等问题有关的事务。从结构上而言，州际商务委员会是与美国政府的政策部门分开的，这种结构上的分离能够让监管机构不受相关利益方的干扰来独立地执行监管职能。根据 1995 年《州际商务委员会终止法》，州际商务委员会退出了历史舞台，美国政府成立了地面运输委员会来行使对公路、铁路、管道、水运等运输行业的经济规制职能。尽管地面运输委员会设立在运输部中，但它与运输部并无任何直接隶属关系，是一个准独立规制部门。独立的规制机构是美国在规制过程中的一个创新，在独立的政府规制机构中，由专家处理所管辖的事物，最大限度地避免了政治影响，并有利于保持政策的一贯性，从而有利于产业的协调发展。

3.3　中国铁路产业规制现状分析及改革思路

3.3.1　市场化改革历程

从 20 世纪 70 年代后期至 90 年代前期，铁路运输业一直是制约中国经济增长的一个主要瓶颈，铁路运输处于严重的供不应求的状态。但是，近年来，中国公路和民航产业得到了飞快发展，成为铁路业强有力的竞争者，铁路业的市场份额开始下降，因此，对铁路业进行改革是促进铁路业健康发展的重要途径。为了提高铁路业的效率与竞争力，对其进行改革是十分必要的。自20世纪80年代以来，中国政府开始对铁路产业进行一些初步的改革，可以将规制改革分为三个阶段。

1. 全行业实行经济承包制（1986~1991年）

20世纪80年代初，铁道部曾在财务、物资等方面放权让利以调动铁路运输企业的生产积极性，但放权让利阶段的改革未能解决培养企业自主发展活力的问题。为此，1986年，铁道部开始推行"投入产出、以路建路"的经济承包责任制，它是指由铁道部所管辖的铁路向国家实行运输生产、建设的全面承包。这种"包投入、包产出、包以路建路"的经济承包责任制，简称为"大包干"。在铁道部对国家实行"大包干"的同时，国家也对铁路在税收、贷款等方面给予支持和优惠。后来，由于物价全面上涨，宏观环境恶化，使得"大包干"政策无法继续实施下去。

2. 建立现代企业制度试点工作（1992~1998年）

进入20世纪90年代，中国铁路业市场化改革的步伐加快了。1992年，《铁路企业转换经营机制实施办法》颁布，其要点是：（1）尽可能扩大铁路运输企业的自主经营权；（2）铁路企业要建立和完善监督与约束机制，落实企业的经营责任；（3）工业、施工与物资企业要率先走向市场。中国于1993年7月1日起开始实行新的统一财税制度，铁路业的"大包干"政策实质上被取消。1993年2月8日，中国铁路第一家由铁路局改制的铁路运输公司——广州铁路集团挂牌成立，这标志着中国铁路市场化进程从初级的承包制试验阶段迈入了公司制试点阶段。1994年，铁道部开始在广州铁路集团、大连铁路分局等11家企业进行现代企业制度试点工作。1995年，铁道部正式出台了《关于选择少量铁路企业进行现代企业制度试点的方案》。1995年12月，大连铁路分局改组为大连铁道有限责任公司。1996年5月，广深铁路总公司改组为广深铁路股份有限公司，并在香港、美国成功上市，筹集资金40多亿元，拓宽了中国铁路建设的融资渠道。其余9家企业也都制订了试点实施方案。这些首批试点企业在建立法人治理结构、强化内部管理等方面进行了探索。通过现代企业制度试点，中国铁路改革从放权让利向制度创新迈出了第一步，使得铁路运输企业的权责得以明确。然而，在现代企业制度试点过程中，暴露出了铁路产业规制体制的突出矛盾——政企不分，铁道部与铁路局的财产边界模糊，铁路企业的激励约束机制并未真正建立起来。

在运输收入清算改革方面，1994年，全路运输企业实行“管内归己、直通分配”的运输收入分配办法，1996年，又对“管直方案”的收入清算办法作了修改，概括为“管直清算、系数调节”。1997年，铁道部进一步调整了“管直清算、系数调节”方案，并于1998年作了进一步完善。总体而言，运输收入清算制度的改革仅仅是利润在各个铁路局之间进行分配的调整，铁路运输企业的收入分配权与收益权实际上仍然由铁道部控制，铁路局的经营权利和政府规制权利仍然没有明确划分。

在铁路运输价格方面，对铁路的运输价格规制开始松动，从1993年至1997年，针对铁路负荷重、运价低的问题，政府相继出台了调价和改革措施，较大幅度地提高了运价水平，形成了多元化铁路运输价格体制的雏形。多元化铁路运输价格体制具体包括两方面内容。一方面是指多种形式的铁路运价。例如，根据服务质量的差异，实行优质优价；根据不同区域的情况差异，实行区域运价，等等。另一方面是指多层次的铁路运输管理体制，对定价权进行合理划分，使企业拥有部分定价权，在统一运价的基础上，企业可以根据具体情况实行浮动运价。

3. 实行资产经营责任制

由于中国铁路企业财产边界模糊、管理机构重叠，1997年，铁道部决定实行资产经营责任制，以此作为过渡形式。1997年，广州铁路集团率先实行资产经营责任制。1999 年，铁道部部长与 14 个铁路局局长签订了资产经营责任制合同，标志着中国铁路企业开始全面实行资产经营责任制。

资产经营责任制的目的是在公司制度难以到位的前提下，建立起出资人代表与受托人之间的资产关系，明确各方所拥有的权利和义务。资产经营责任制的原则是政企分开，第一次明确提出铁路局作为市场主体，明确铁路局的法人代表资格。铁道部部长作为资产经营责任制中的委托人，是国有资产出资人的代表。铁路局局长作为资产经营责任制中的代理人，是经营者。铁道部授予铁路局资产经营权，铁路局所享有的经营权包括 12 项，具体包括：自主编制年度运输计划权；管内运输经营权；财务收支计划权；大修支出自主权；设备更新改造自主权；客车更新购置权；资产处置权；投资、抵押、担保权；工资分配权；劳动用工权；机构设置权；物资采购权。

实行资产经营责任制有效调动了铁路企业的生产积极性，同时也促使铁道部政府职能的转变，使铁道部在从对铁路生产经营的具体管理向对国有资产的监督和管理的转变、从对铁路业的微观管理向宏观管理的转变中迈出了一步。由于铁路的路网格局没有改变，因此，资产经营责任制下的各铁路局运输生产仍然需要协调运作、统一指挥。为此，铁道部保留了部分经营权，统一调度指挥跨局的、全路性的、国家指令性干线的运输。总体而言，资产经营责任制在产权改革、界定政府与企业权责方面有了进步，是政府权力向企业权力的大幅度让渡。但是，资产经营责任制作为铁路实现现代企业制度的一种过渡形式，对于参与者的权利并没有进行实质性改革，铁路企业的产权问题依然是铁路改革中最为核心的问题，也是在落实资产经营责任制过程中所出现的种种问题的核心。因此，中国铁路产业规制改革并未解决中国铁路产业的深层次矛盾，中国长期实行的“政企合一”的规制体制并未得到根本性改变。

3.3.2 管理机构设置与功能

铁道部是中国铁路产业的主管部门，是中国铁路业规制的主要执行者，铁道部对铁路产业进行严格的市场准入规制。但是，由于中国铁道部目前仍然没有摆脱"政企合一"的体制，在这种内生规制模式下，铁道部行使着政府行政管理职能、国有资产管理职能、规制职能等多种职能，铁道部具有"运动员"与"裁判员"的双重身份，这就使其无法真正地行使政府对铁路业的规制职能。具体而言，铁道部目前所行使的主要职能包括：

1. 行政管理职能

铁道部负责对铁路运输进行管理，其行政管理职能包括：制定铁路运输的长期发展规划与实施措施；制定铁路产业发展战略与方针；为铁路运输企业提供情报数据、统计分析资料和其他的各种服务；控制总量平衡，调整产业布局，对铁路业进行宏观调控；实施铁路运输立法，制定各项铁路业技术标准以及规章制度。

2. 运输组织职能

铁道部直接领导国家铁路运输生产指挥系统，统一下达并审批铁路运输生产计划，指挥、调度全路的机车、车辆与设备。

3. 产业规制职能

铁道部对铁路业实行铁路经济规制与社会规制。铁路经济规制是指铁道部对不公平的市场竞争与垄断等问题进行规制，具体包括对铁路路网、运输价格、铁路市场准入、对调度指挥的公正性和短缺能力的分配进行规制。对铁路的社会规制主要包括运输服务质量标准规制、环境保护规制、安全规制等等。

4. 国有资产管理职能

铁道部作为国有资产出资人的代表，需要履行国有资产所有者职能，承担对铁路国有资产的管理责任。此外，铁道部还是铁路资产的经营使用者，要实现国有资产的保值增值。

5. 铁路的投融资建设职能

铁路企业应该担负起铁路建设资金的筹集和使用职能，但是该职能目前是由铁道部代替铁路企业来行使的，铁道部负担起铁路的投融资建设职能来出面向外借款，是主要的债务人，并且要综合考虑建设项目的投资效益。

由于铁道部同时行使不同的职能导致了其无法真正履行对铁路业的规制。因此，铁道部围绕职能问题进行了一些改革。根据1998年4月第九届全国人大一次会议上确定的国务院机构改革方案，铁道部进行了机构改革。本次机构改革重点要解决政企分开与转变职能问题，强化铁道部的产业管理职能和宏观管理职能、弱化社会管理和微观管理职能。尽管这次铁道部的机构改革是中国铁路运输产业发展历程中的一次重要改革，但是仍然未能实现“政企分开”，铁道部仍然集规制职能、国有资产管理职能和产业规划功能于一身，同时，铁道部依然具有全路的生产调度和财务核算职能。因此，铁道部还未成为真正意义上的铁路规制机构。

3.3.3 改革思路

中国铁路产业规制改革的思路应是从内生规制向外生规制转变，铁路业规制创新的基本要求是区分铁路业的自然垄断环节与非自然垄断环节，在自然垄断环节建立起科学的规制框架，而在非自然垄断环节则由“看不见的手”进行市场调节。根据中国铁路业规制现状，中国铁路业规制新模式实质上是将政府管理铁路业的方式从直接控制转向由专门机构按照规制法律来对其进行管理。中国铁路产业规制创新框架可以用图3-1来描述。

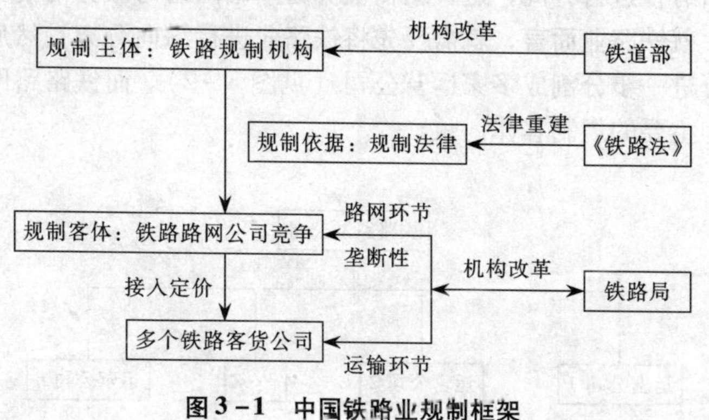

图3-1　中国铁路业规制框架

具体而言，中国铁路产业规制改革的基本思路是：

1. 重建铁路业的组织结构：区分自然垄断和非自然垄断业务，实施“网运分离”

铁路业作为传统的网络型产业，可以划分为两大部分，即网络传输环节以及非网络环节。网络传输环节具有自然垄断性，而非网络环节则具有竞争性，因此，将自然垄断业务与非自然垄断业务进行划分，在此基础上对自然垄断业务进行规制，而对非自然垄断业务则由市场进行调节，能够提高产业运作效率。就铁路业而言，所谓“网运分离”是指将具有自然垄断性的国家铁路网基础设施与具有竞争性的铁路客货运输经营区分开，组建一个统一的国家铁路路网公司及若干个客运公司和货运公司，客运公司和货运公司向铁路路网公司支付线路使用费，各运输公司之间展开竞争。“网运分离”的优点在于在基础网络环节国家进行规制，铁路路网公司只负责基础网络而不参与其他服务，运输服务由其他运营商来提供，这样就能保证所有的运营商拥有对基本铁路网络的平等使用权，这些运营商之间会展开激烈的竞争，以效率为目标，向客户提供优质的服务。典型的“网运分离”模式是将网络的所有权与基于网络提供服务的所有权进行分离，这种结构被称为基础网络与服务活动分离式结构。就铁路业而言，就需要先将铁路业进行纵向分离，然后在运营部分进一步分割成多家运营公司（见图3－2）。而铁路路网公司将成为主要的规制客体。

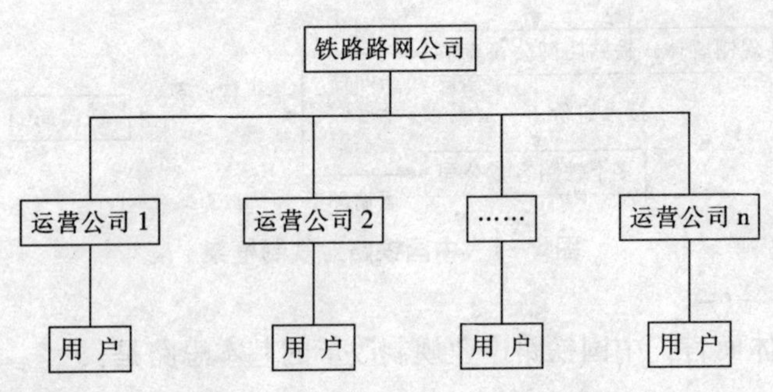

图3－2 铁路业“网运分离”模式

实行“网运分离”有利于铁路运营企业在既有的铁路网络上开展竞争，提高运输效率，是中国铁路运输管理体制改革的大方向与长远目标，但在实际操作中会遇到许多困难。例如，线路使用费（即接入价格）应如何确定；在中国铁路运输能力紧张、“轮轨关系”密切的情况下，如何在网运分离之后分配短缺的运输能力、协调好二者的关系；中国铁路路网建设还处于扩张与完善的并存时期，今后现有铁路线路的更新改造工作会更加繁重，在网运分离条件下怎样才能保持二者在规划、技术标准等方面的协调。总体而言，尽管网运分离面临着许多困难，但这是中国铁路运输管理体制改革的必然选择，只有实现了网运分离，才能够真正实现政企分开、使运输企业转换经营机制、在铁路运输中引入竞争、提高效率。

2. 组建独立的规制主体：铁路规制机构

尽管铁道部是中国铁路业规制的主要执行者，但它尚未摆脱

"政企合一"的体制，在这种内生规制模式下，铁道部无法真正行使政府对铁路业的规制职能，为此，组建独立的铁路规制机构是十分必要的。所谓独立的铁路规制机构主要有两方面含义：一方面，铁路规制机构应与被规制的铁路企业之间保持独立，这实际上就是通常所说的"政企分开"，使铁路规制机构摆脱"政企合一"的体制。尽管中国铁道部在"政企分开"方向上作过一系列改革，但现在实行的还是一种"政企合一"的体制。另一方面，铁路规制机构在对铁路业实施规制的过程中应该与政府的其他相关机构保持独立。这样才能使得规制机构在做出决策时不受到相关利益方的干预。铁路规制机构应该是由具有铁路业知识的专家组成，实行独立预算，其行为要受到公众监督。铁路规制机构可以采取委员会制，委员会可以由全职和非全职的成员组成，决策应该经由全体委员会同意。委员会制的铁路规制机构会增加特殊利益集团影响或控制铁路规制政策的成本，从而有利于保持铁路规制机构的独立性。

中国独立铁路规制机构的组建可以建立在铁道部改革的基础之上，从铁道部中选拔一批懂技术、善管理的专业人员，并且从社会上招聘一些专家参与对铁路业的规制，从而形成一个由铁路产业管理专家、经济学家、技术专家、法学家等组成的独立的铁路产业规制机构。铁道部则剥离了原有的对铁路业进行规制的职能，可以改组为运输组织协调机构。新组建的铁路规制机构负责对铁路业实施经济规制和社会规制。具体包括维护铁路运输秩序、保证路网的公平接入、保护消费者利益等。

3. 制定新的规制依据：铁路产业规制法律

中国铁路产业规制创新应该高度重视铁路产业规制立法工作。铁路规制改革需要以规制立法为先导，按照法定程序进行，发达国家铁路产业规制改革的实践经验也证明了这一点。尽管中国于1991年已经开始实施《铁路法》，但是该法仅仅在原来的制度框架下规定了如何对铁路运输企业进行规制，而没有明确规定一个独立的铁路运输规制机构的法律地位、职责以及权力，也没有明确说明中国铁路产业规制的主要内容及目标。因此，现有的《铁路法》无法对中国的铁路产业规制改革以有力的指导，实际上，中国铁路产业规制改革主要是以国务院的相关文件为依据，这些文件的法律效力比较低。为此，中国迫切需要制定一部铁路产业规制法律，以法律形式明确规定铁路产业规制机构的组成、法律地位、法定权力、实施规制的方式、目标等内容，规范铁路产业的运营。同时，为了监督铁路产业规制机构的执法公正性，需要建立一套监督约束规制机构规制行为的制度。因此，规制法律中除了要明确规制内容和程序之外，还要建立一套较为完善的申诉仲裁机制以处理规制机构与铁路企业之间的分歧矛盾。此外，尽管铁路产业规制法律是规范铁路产业规制机构以及铁路业运营的基本依据，但是铁路产业规制法律可能无法完全涵盖规制机构的某些行为，为此，需要合同法、财产权利法、赔偿责任法、行政诉讼法等相关法律给以支持和保障。

航空产业规制变迁与中国航空产业规制改革

航空产业拥有一个空间分布的航线网络，出发地与目的地城市的机场是航线网络上的节点，节点之间通过航线连接，相互交织的航线便构成了航线网络。因此，航空产业也被视为网络型基础产业。严格的政府规制曾伴随着航空产业走过了由发育期向成长期的变迁。随着该产业的成长壮大而走向成熟、市场需求增加、市场容量扩大，传统的政府规制已经无法适应航空业发展，由此引发了对航空业的规制改革，经验证明，放松规制有利于航空业整体效率的提高与产业的快速发展。

4.1 航空产业经济特性与规制依据

4.1.1 密度经济效应

当一家航空公司在两城市之间执行航班任务时，该公司的平均运输成本会随着飞机往返次数的增多、运输密度的增加而逐渐减少，平均成本曲线向下倾斜，这种情况就被称为航空业的密度经济效应。在枢纽辐射式航线结构下，航空公司轮轴数量的增加会提高航空运输的便利性，从而增加运输量，进而导致每一航线上的航班密度的增加，使航空公司具有更强的密度经济性。

4.1.2 规模经济效应

航空业属于资本密集型产业，初始投资额巨大，固定成本在总成本中占有较大的比重，具有较高的进入和退出成本，只有大规模生产经营才能发挥成本优势。也就是说，随着航空公司规模的扩大，拥有飞机数及开辟航线、航班增多，其单位产品的生产成本就能够降低，从而获得业务增长所带来的经济效益，这种经济效益是由于航空公司生产规模扩大而实现的，可以将其称为航空业的规模经济。Hoon Oum 等（1997）对美国航空运输业进行了实证研究，计算出的规模经济系数为 1.154，即航空运输业具有一定的规模经济性。

4.1.3 网络经济效应

在多个航空区域性市场之间，任意两个轴心之间都有可能连接，轴心之间的连接就可以形成更大规模的网络，从而促进了市场容量的加速度增长，使整个航空产业的总成本得到节约，这被称为航空业的网络经济效应。在疆域广大的国内或国际航空市场上，网络经济效应是十分明显的。如果有 N 个轴心城市，每个城市里有一家航空公司，并且每家航空公司在其轴心与其他轴心之间每天只有一个往返航班飞行，每个航班运输量是 1 单位。在轴心城市的数量是 N 时，总运输量为 $Q = N(N-1)$ 单位。每增加一个轴心城市，总运输量就会比原来增加 $2(N-1)$ 单位。尽管在现实中，一个轴心城市不可能与所有轴心城市间都有直接的运输联系，但由于航空运输的网络经济效应，通过中转运输，也可以使某一轴心与其他所有的轴心城市建立起间接联系。在密度经济的作用下，这种中转运输也是很便利的。网络经济效应之所以存在，主要是因为每一个网络节点能够增加其他节点的联络通道，提高物流、人流与信息流的输送效率与输送能力；此外，网络本身所具有的自强化功能可以进一步增强网络容量、拓展网络范围。

4.1.4　范围经济效应

可以将航空公司在不同航线上提供的运输服务视为不同的产品，因此，航空公司的运输产品具有复杂性和多样性，航空公司是多产品的供给者。航空公司在既有的网络上增加一条新航线的成本要低于一家新的航空公司提供同样航线服务的成本，这就是航空公司的范围经济效应。当一家航空公司在多条航线上提供运输服务时，将表现出明显的范围经济效应。航空公司的范围经济效应是枢纽辐射式航线结构与密度经济相互作用的产物。随着航空公司轮轴数量的增加，范围经济效应表现得越明显。

正是由于航空产业具有以上性质，该产业通常被认为具有因成本递减而导致的自然垄断特性。此外，由于航空业涉及国家主权和国防安全并且公众对于飞行安全非常关注，因而，航空产业受到了政府部门的严格规制。但是，随着可竞争性理论的出现以及经济的发展，严格规制航空产业的观点和举措受到了质疑和挑战，放松规制的呼声日益高涨，许多国家对航空业进行了规制改革。

4.2　美国航空产业规制变迁

4.2.1　规制变迁阶段及其特征

1. 严格规制阶段

1978年以前，美国航空产业受到了政府的严格规制，航空公司的数量、票价等都由民航委员会（CAB）决定。这种管理模式从20世纪30年代形成以来就变化很小。在20世纪30年代，政府的严格规制对于航空产业的健康发展是非常必要的，美国联邦政府借民航委员会之力对航空业实施规制政策的历史背景主要有：

（1）20世纪30年代的持续大萧条使得凯恩斯主义广为流行，公众相信只有政府干预经济才能促进经济的平稳发展，无规制的过度竞争会损害公众利益，加大政府对航空资源配置权的力度是有必要的。

（2）政府担心大的航空公司会具有垄断势力，进而侵占消费者剩余。并且，航空运输业处于成长期，其技术设施和经营水平不足以保证航空安全，政府需要对航空产业进行规制以维护公众利益。

（3）航空公司的初始投资数额巨大，但其产品对消费者而言差别不大，因而降低机票价格成为航空公司最有效的竞争手段。为了增加航线流量、扩大市场份额，当时的各航空公司都采取了低价竞争策略。联邦政府担心航空公司之间过度的价格竞争会导致竞争者的两败俱伤，甚至会危及航空业的健康发展，为此对票价进行了规制。

1938 年通过的《民用航空法》（the Civil Aeronautic Administration）确立了美国政府规制航空产业的基本模式，该法主要包括以下几方面内容：

（1）控制航空公司的数量，严格限制新航空公司的进入；

（2）禁止航空公司之间进行合并；

（3）航空公司运营飞机的数量、运营范围、座位数以及进入或退出某一市场都必须得到政府的批准；

（4）控制航空公司的运输价格与收入。

政府对航空业进行以上四方面规制主要是基于这样认识：如果过多的航空公司进入市场，各公司为了争夺有限的市场会进行毁灭性竞争，导致重复浪费和低劣的服务，同时，航空公司在没有足够收入维持正常生产活动时就会破产或倒闭，从而减少航空业的生产能力，为此政府需要对市场进入与运输价格进行规制。政府之所以禁止航空公司合并是为了防止垄断所造成的不正当竞争。

民航委员会（CAB）正是根据 1938 年《民用航空法》设立的（1938 年称为民用航空局，1940 年改为民用航空委员会，简称民航委员会）。法律赋予了民航委员会以下职能：

（1）调查不正当的竞争和贸易往来方式；

（2）控制已经存在的航线并控制已成立的承运人扩张新的航线；

（3）以国内贸易委员会调整的费率来规制机票价格；

（4）在航空公司停止航空飞行服务前，通过批准航空公司的申请来对市场退出实施控制；

（5）给承运人以直接补贴；

（6）豁免承运人放松规制法的特定条款；

（7）控制航空公司之间的合并以及州际协议。

联邦政府对航空业的严格规制培育了尚处于年幼时期的航空业，使这一新兴行业得以在一个相对稳定的市场环境中成长壮大。但是，政府干预经济具有“双刃剑”效应，政府对航空业严格规制的负面效应随着时间的推移愈加明显。由于受到民航委员会的过度保护和严格控制，航空公司没有经营自主权、缺乏外部的市场竞争压力。在1938～1978年期间有80家航空公司申请进入航空市场，但没有一个干线执照得到批准。在过度保护下，航空公司的服务质量差、票价居高不下、财务状况恶化。

进入20世纪70年代之后，中东的石油危机引发了世界性经济衰退，美国的航空公司普遍遭遇了成本上升和客运量骤减的双重打击。根据美国航空运输协会（ATA）的统计，1971年美国国内航空公司的平均客座利用率只有48.5%，直至1977年，国内航空公司的平均客座利用率也没有超过56%。为了避免航空公司的巨额亏损，民航委员会多次提高票价，在1974～1976年期间，票价上涨了45%。一方面，航空资源无法得到充分利用而浪费严重，航空公司收入下降；另一方面，高昂的票价令许多消费者望“机”却步。与受到规制的州际航线相比，在不受规制的州内航线上运营的航空公司的票价相对要低，受到旅客的欢迎，因而在经济衰退中依然保持了较好的收益水平。例如，在20世纪70年代早期，加利福尼亚没有受到规制的州内班机的机票价格要比东部具有可比性的州际市场机票价格低40%。一些个人与社会团体发起了消费者主义运动，批评航空规制损害了公众的利益。一些学者对航空业的规制成本进行了研究，指出规制扰乱了资源的分配，造成了巨大的社会成本。

此外，20 世纪 70 年代末，资本主义社会出现了“滞胀”现象，公众开始怀疑政府干预经济的凯恩斯主义，主张自由放任经济的新古典学派成为时代的主流、受到美国政府的青睐。规制带来的种种弊端日渐凸现，再加之经济自由主义思想的流行，反规制的呼声日益高涨，民航规制体系改革被美国政府提上了议事日程。

2. 放松规制阶段

1978 年 10 月 28 日，卡特总统签署了《航空公司放松规制法》(The Airline Deregulation Act)，该法的出台标志着美国开始对航空运输管理体制进行以自由竞争为核心的市场化改造，美国航空产业组织政策开始从限制竞争向鼓励竞争转变。

准确地说，美国对航空业的放松规制实际上在 1978 年以前就已经开始了，例如，1975 年开始授权新进入者能够进入原先受到垄断的航线，1976 年放松了对租赁运营的限制，1977 年不再对货运进行规制。但是，以 1978 年《航空公司放松规制法》为里程碑，美国政府对航空业的规制方式进行了深刻变革。该项法律强调减少政府对航空业的控制，取消了对新进入者的限制；取消了对营运权利、营运范围的限制；放开票价，航空公司可以自由定价；允许航空公司间的合并，给予航空运输业反托拉斯豁免权等。

《航空公司放松规制法》的目的是为了在航空市场中引入竞争机制，美国国会希望“竞争市场力量”与“现实和潜在竞争”可以促使航空公司改进管理、提高生产效率，从而使得航空公司能够获得足够的利润并吸收新的资本。民航委员会具体负责航空业的放松规制，并确定了放松规制的日程与最终期限：

(1) 1982 年 1 月 1 日前要取消市场准入规制。

(2) 1983 年 1 月 1 日前要取消航线竞争、服务水平、价格规制。

(3) 1984 年 12 月 31 日要解散民航委员会。

实际上，航空业的放松规制日程要快于原先制定的时间表。在

《航空公司放松规制法》实施不到一年的时间里，各航空公司已经能够自由地在任何航线提供运输服务。从1981年底开始，航空公司开始能够自由决定国内航线和航班时刻。从1983年初开始，航空公司已经能够在票价上进行自由竞争。

民航委员会在完成了其历史使命之后，于1985年被撤销。值得注意的是，尽管美国政府撤销了民航委员会，调整了对民航业的管理职能与方式，但政府并没有完全放弃对航空业的干预。例如，国际航空和偏远小社区的航空服务问题转移由交通部来处理；处理不公平的欺骗交易活动的权利由联邦贸易委员会来处理；批准航空公司间协议的权利移交至司法部负责；规定国内邮件运价的权利移交至邮政总局负责；参与国际航空运输业务的发展与参与飞行事故调查的职责以及其他大部分职能都移交至交通部负责。因此，交通部担负起了管理民航业发展的任务。

4.2.2 监管机构设置与功能

现在，美国航空业主要是由交通部（DOT）进行管理，而交通部下属的联邦航空局（FAA）则是美国政府管理民航业的权威机构。交通部主要有以下职能：

（1）交通部长办公室负责以前由民航委员会所负责的经济职能；

（2）交通部长办公室以外的其他部门负责除经济职能以外的职能；

（3）交通部负责对美国主干线与运输价格的规制；

（4）负责分配在繁忙机场的起降权；

（5）授予航空公司调整重要航线的经营权；

（6）处理与航空公司计算机订座系统有关的反垄断事宜；

（7）批准联邦航空局提出的重要设备采购计划；

（8）与其他国家协商航空公司的通航权，对双边空运协议进行谈判；

（9）负责各种运输方式的扶植计划与运输安全；

（10）负责制定交通政策。

联邦航空局直属交通部管理，是对民航业进行政府规制的权威机构。根据《联邦航空法》，联邦航空局不对民用航空经济领域进行监督管理；不拥有机场也不负责设计与经营机场；不负责设计与制造飞机、发动机和电子航空器材；不拥有航空公司也不经营航空公司。与以前的政府职能相比，美国政府在民航业的经济规制职能大为收缩，而社会规制职能则得到了相应的提高。具体而言，联邦航空局的主要职能包括：

（1）促进航空安全。包括制定和执行航空安全标准、监督航空器与机场的安全运行与维护、制定和执行飞行人员的医务标准、为民用航空器颁发安全设计与性能标准、参与航空事件与事故的调查等。

（2）促进航空报案。负责制定并实施航空保安标准，对任意的非法干扰采取积极防范措施。

（3）对美国的机场系统进行监督。

（4）鼓励并开发航空新技术。

（5）支持国防的需要，管理军民合用的空中交通规制系统。

（6）确保国家空域的安全与高效使用。

4.2.3 改革绩效

美国航空运输业在经历了放松规制之后取得了明显的成效：

1. 机票价格下降，航空公司利润率减少

航空业放松规制之后，各航空公司加强内部管理，降低了运营成本，据统计，美国航空业的放松规制使航空运输平均单位成本降低10%，节省40多亿美元。成本的降低与市场竞争的加剧促使各航空公司降低了机票价格，据统计，从1980年至1989年期间，美国实际的平均机票价格下降了大约20%。机票价格的长期下降降低了航空公司的利润。在20世纪90年代早期，机票价格的下降使得航空公司仅能获得较低的利润率。有些航空公司无法获得正常利润，最终退出了市场。根据 Morrison 和 Winston（1996）的研究，美国航空业放松规制引发了航空公司之间周期性的票价大战，加剧了航空公司盈利的波动性，减少了大约 80 亿美元的利润，消费者从中获益颇多。

2. 航空公司的总产出大幅度上升，生产效率提高，国际竞争力增强

票价的下降使得旅客增多，并且旅客旅行的距离也增加了，自 1978 ~ 1988 年期间，旅客人数增加了 88%。放松规制提高了航空公司的生产效率，载运率从 1976 ~ 1978 年的 50% ~ 55% 上升至 1996 ~ 1998 年的 66% ~ 68%。Caves 等（1987）将美国航空公司与其他国家的航空公司进行了比较研究，结果表明放松规制能极大地提高效率。美国航空公司生产效率的增长率在放松规制后至少与放松规制前一样高；而在没有对航空业实施放松规制的其他国家中，航空公司生产效率的增长率却下降了大约 40%。因此，美国航空业的放松规制增强了美国航空公司的国际竞争力，美国的航空公司在那些未放松规制的国家与美国之间的航线上占有一定优势。例如，1996 年，在美法航线上，美国航空公司的市场份额达到 65% ~ 75%，而在美日航线上，则达到了 70% ~ 80%。

3. 顾客可以选择的航空运输服务增加

消费者从航空业的放松规制中受益颇多，在较低的价格下，他们乘坐与规制期间安全性相同的飞机的次数会增加。据统计，放松规制的前十年，旅客获益总额相当于 1000 亿美元，旅客由过去的被剥夺消费者剩余转变为充分享有消费者剩余。并且，旅客可选择的服务种类增多了，具有更大的选择空间。根据 Bailey 和 Willianms（1988）的研究，目前的航空服务价格 — 质量选择已经具有完全的连续性。旅客既可以选择价格低、质量也低的服务，也能选择价格高、质量也高的服务。

4. 航空业的组织结构产生变化，放松规制后的产业集中度得以提高

在放松规制后的最初几年中，随着新的航空公司的进入，航空公司数目增加。但随后有几家航空公司退出市场，并发生了航空公司之间的兼并，最终使得航空公司的数目开始下降。据统计，放松规制之前总共有36家航空公司，在1978年至1986年期间，共有198家航空公司进入市场，因此截止到1987年初应该有234家公司。但是，由于其中有160家公司被兼并或破产，实际上到1987年航空市场中仅有74家公司。航空公司数量的下降使得少数公司占据了航空市场的大部分份额，产业集中度上升。从表4－1可以看到，1988年美国航空市场中排名前四位的四家航空公司占有57.88%的市场份额，而前十家公司则占有94.67%的份额，市场集中度非常高。

表4－1　　1988年美国十大航空公司的客运收入市场份额排序

名次	航空公司名称	所占比例（%）	累计比例（%）
1	American	16.44	16.44
2	United	15.74	32.14
3	Delta	14.89	47.07
4	US Air	10.81	57.88
5	Texas Air Corp.	10.60	68.48
6	Northwest	10.49	78.97
7	Trans World	7.14	86.11
8	Pan American	5.01	91.12
9	Southwest	1.81	92.93
10	American West	1.74	94.67

资料来源：张伟：《从规制和放松规制看美国航空产业组织政策的演变》，载《民航经济与技术》1999年第1期。

但是，进入20世纪90年代之后，由于以西南航空公司为代表的一批区域性航空公司迅速崛起，削弱了美国航空业市场集中度上升的趋势。根据表4－2，1992年，美国最大的3家航空公司完成了国内航空客运业务量的63%，最大的10家航空公司则完成了客运业务量的95%，而到了1998年，相应的比例下降至45%和91%。1992年，美国最大的3家航空公司的经营收入占国内航空业总收入的53%，最大的10家航空公司的经营收入则占到了国内航空业总收入的98%，而到了1998年，相应的比例下降至了49%和95%。

表4－2　　美国国内航空客运产业集中度

指标	客运业务量			经营收入		
	1992年	1995年	1998年	1992年	1995年	1998年
CR3	63	41	45	53	49	49
CR5	70	65	67	78	72	71
CR7	85	78	81	91	90	85
CR10	95	91	91	98	95	95

资料来源：杨农：《全球航空业联盟网络和竞争规制》，载《经济社会体制比较》2004年第1期。

5. 放松规制促使枢纽辐射式航线网络形成

放松规制后，大型航空公司很快将原来点到点的分散式航线网络结构调整为以几个城市为中心的枢纽辐射式航线网络（Hub-and-Spoke networks，简称HS网络，又称为轴辐式航线网络）。枢纽辐射式航线网络是指在几个有选择的大城市建立枢纽机场，在枢纽机场之间建立干线以满足大城市之间的客货需求，同时以支线形式由轴心辐射至周围的各个小城市以汇集和疏散客货。枢纽辐射式航线网络将航空公司的资源进行了有效的再分配，能在很大程度上取得航线范围经济和航班密度经济。现在，大多数美国的大型航空公司都拥有自己的枢纽辐射式航空网络，这种网络需要强大的经济实力作支撑，由此迫使中小型航空公司与大公司联合或合并，以获得枢纽辐射式航线网络的优势。

6. 放松规制促进了代码共享的发展

放松规制不仅促进了枢纽辐射式航线网络的形成，并由此带动了代码共享的迅速发展。1985 年，美国大部分骨干航空公司和主要的地方航空公司都加入了某种形式的代码共享协议，美国航空运输业代码共享协议也接近 60 个，大约 75% 的地区航线的旅客来自代码共享联盟。代码共享是对联盟双方都有利的合作方式，大公司可以利用它来拓展航线网的覆盖面，而小的地方航空公司则可以提高自身的客座利用率。尽管地方航空公司从名义上还是独立的经营者，但实质上已经成为向大的航空公司枢纽辐射式航线系统集散客货的不可分割的组成部分。

7. 在航空业放松规制后，飞行安全保障并没有降低，在飞行方面进行改进的长期趋势依然存在

根据 Weidenbaum（1987）的研究，在放松规制前，1972 ~ 1978 年期间，每 10 万飞行小时的事故数为 2.35 起；而在放松规制后，从 1979 至 1986 年期间，每 10 万飞行小时的事故数为 1.73 起。Kanafani 和 Keeler（1990）的统计分析表明，新进入的航空公司在航空安全上与已经建立的航空公司没有差别。McKenzie 和 Womer（1991）对航空业放松规制与航空安全的关系进行了分析，研究表明，放松规制后的航空安全得到了改善。

4.2.4 启示

美国航空业规制改革变迁过程实质上就是垄断和竞争这对基本矛盾互相作用的过程。根据不同时期的经济环境与航空业市场组织结构的不同，政府所采取的产业组织政策也不同。1978 年之前，美国民航业处于“摇篮期”，政府为保护和推动民航业的发展而扩大了经济职能，因此这一阶段是强化经济规制与社会规制时期，重点是限制航空市场的过度竞争；1978 年以后，民航业在经历成长期之后逐渐走向成熟，政府收缩了经济职能，因此这一阶段是放松经济规制与继续强化社会规制时期，重点是鼓励市场竞争。美国航空业的规制改革经验告诉我们：产业组织政策的内容是与经济发展水平相连的。在经济发展水平较低、企业规模较小的背景下，通常实施限制过度竞争的政策；在经济发展水平较高、企业规模较大的背景下则采用反垄断的产业组织政策。政府的规制与放松规制改革实际上就是追求在垄断与竞争之间寻找一个平衡点。在该点上，政府的产业组织政策既能够鼓励企业进行激烈竞争，充分利用规模经济所带来的利益，又能有效地防止个别企业垄断市场，从而保持市场的竞争活力。

在现代经济生活中，当“市场失灵”导致市场资源配置机制无法正常发挥作用时，政府就应该以某种形式介入市场以保证整个产业的健康发展，因此，自由放任经济也是不可取的，这就是政府对航空业实施空运安全社会规制的原因。政府的产业组织政策应尊重市场规律，在这个前提下实现政府行政权力与市场基础调节作用的相互转换，政府进行规制与放松规制改革的目的是培育市场、发展市场而不是完全取代市场。

此外，美国在航空业规制改革过程中通过法律来界定政府的职能与改革实施程序。以规制立法为先导、使航空业规制改革具有法律依据是美国航空业规制改革成功的重要因素。1938 年的《民用航空法》强化了政府职能，加强了政府对航空业的规制；1978 年的《航空公司放松规制法》则缩小了政府职能，政府开始对航空业进行放松规制改革。必要的法律制度促进了政府对航空业从严格规制向放松规制的转化，确保了规制改革的顺利进行。

4.3 中国航空产业规制现状分析及改革思路

4.3.1 规制演变的阶段历程

中国民航产业的政府规制大体可以划分为三个阶段。

第一阶段是1980年以前，当时中国政府对航空实施军事化管理，实行部队建制。

第二阶段是1980年至1987年，中央提出民航应该走企业化的道路，国家成立了民用航空管理总局，民航脱离了军事建制。这一阶段规制改革的主要内容是改变领导体制、实行企业化。但这个阶段实际上还是政企合一，执行飞行任务的只是民航局的工作单元，连形式上独立的航空公司都没有。

第三阶段，1987年以后。1987年1月，国务院批准了《民航系统管理体制改革方案和实施步骤》的报告，总体思路是政企分设和放开竞争，将飞行运输从民航局中分离出来，设立多家航空公司并允许有条件的地区成立地方航空公司。1987年，该方案开始实施，首先成立了西南航空公司进行试点，然后在全国推广。1987年4月至1990年，先后在原成都、上海、北京、西安、沈阳这五个管理局以及民航总局机关进行了体制改革。总之，这一阶段政府规制改革的主要内容包括：政企分开；将经营部门分割成几家独立的核算公司；在航线进入、市场准入、飞机购买与机场建设等方面放松政府规制。

中国民航规制改革体现了一种渐进的过程。在准入规制方面，已经逐渐开始开放民营资本和外资进入。武汉航空公司重组中均瑶集团的介入投资，标志着中国对国内民营资本的市场进入限制开始放松。此外，对外资的进入限制也开始放松，在最新的《外商投资民航业规定》中，外资投资比例已经由35%提高至49%。从航线市场准入看，航空公司与管理局之间的政企分开已经基本完成，这从制度上保证了新的航空公司能够进入航线市场。

相对而言，中国在航空业价格规制改革方面则表现出蹒跚的步态与矛盾的心理，民航的价格管理制度一直在“折”与“禁折”之间摇摆。一方面，政府希望通过机票打折引入价格竞争、提高企业效率；另一方面，政府担心机票打折会引发恶性的价格大战，最终导致国有资产的流失。正是这样的考虑下，中国航空价格规制改革进程非常缓慢。2003年3月18日，国家发展和改革委员会正式向社会公布了《民航国内航空运输价格改革方案》，该方案的出台标志着中国民航票价放松规制改革的开始。此次改革将过去单一的政府指导价改为以政府指导价为主、市场调节价为辅的形式，专门明确了对旅游航线、多种运输方式竞争激烈的短途航线、独家经营航线实行市场调节价，对于其他航线则允许航空公司根据淡旺季、机型、旅客类型等在上浮25%、下浮45%的范围内调整机票价格。这就使得航空公司在制定票价上具有一定自主权，但这离真正放开票价还有很大的差距。

经过航空业的规制改革，中国民航业的局面有了重大变化。民航局先后成立了10家直属的航空公司，许多有条件的地区也成立地方航空公司。目前，中国已经有30多家航空公司，定期航空公司有25家。航空运输业务得到了快速发展，1978年，中国的航空运输总周转量还不到3亿吨公里，而目前已经达到了100多亿吨公里。但是，目前的规制改革还存在很多问题，例如航空业政企合一的管理模式没有得到根本改变、法律不健全等。这些问题的存在制约了航空业的健康发展。

4.3.2 规制改革思路

中国航空业的跨越式发展需要一个公平、有效的竞争环境。为了提高中国航空业的国际竞争力、促进中国航空业的快速发展，中国航空业应进行制度创新，加快规制改革。中国航空业规制改革的目标应是提高效率，从而实现社会福利最大化。在今后的改革中，应考虑以下路径：

1. 转变主管部门的职能，真正实现政企分开

尽管中国已经对航空运输业政府管理部门进行多次改革，但目前实行的仍然是政企合一的管理模式。作为主管全国民航事务的机构，民航总局集行政的和经济的管理权于一身。政企不分的管理体制使得直属航空公司无法作为完全独立的企业参与市场竞争，航空业的主管部门可以直接干预企业的经营活动、向所属企业下达运输生产计划并负责直属企业单位人、财、物计划的审批。在政企不分的管理体制下，航空公司约束机制不健全与经营自主权不落实并存、经营机制不活与短期行为并存，从而制约了航空公司竞争力的提高。因此，转变航空业主管部门的职能、真正实现政企分开势在必行。应重新界定民航总局的职权和责任，民航总局主要承担安全技术管理等社会性规制功能，其经济性规制功能则应该逐渐削弱。

2. 优化公司治理机制，建立现代企业制度

加快国有民航企业和国有控股民航企业体制改革，大力推行公司制改造，优化公司治理机制，提高企业运营效率。要强化民航企业的内部改革，改革收入分配制度，建立对企业经营者有效的激励和约束机制。政府应积极促进航空企业实现产权多元化，扩大企业融资渠道，鼓励私人资本的参与。产权多元化有利于企业对资源进行重新整合、改善经营管理。对于国家控股的民航上市公司，应尽快实施国有股减持战略，形成多个股东相互制衡的所有权结构。此外，政府应鼓励民航企业重组，促进企业间的联合与合并，组建大型的民航企业集团，从而扭转企业规模过小、竞争力弱的局面。

3. 加快相关法规的建设和完善

中国航空业规制改革是渐进式的“试错”改革，在今后的改革中可以更多地借鉴美国等发达国家民航放松规制改革成功的经验。

美国航空业规制改革成功的重要因素是以规制立法为先导从而使航空业规制改革有法可依，通过法律来界定政府的职能与改革实施程序。政府根据1938年的《民用航空法》、1978年的《航空公司放松规制法》等对航空业进行了规制与放松规制改革。必要的法律制度是规制改革顺利进行的保证。近10年来，中国民航法律规章从无到有，民航法制建设取得了较大的成绩。然而，中国民航法规体系还很不完善，现行的民航法规中有的条例与世界贸易组织的《服务贸易总协定》和《航空运输服务》附件规则相矛盾。因此，中国航空业改革应高度重视航空业立法工作，制定明确的法律与制度框架，为中国航空业的发展提供完善的法制基础。航空业规制改革需要以规制立法为先导，按照法定程序进行，发达国家航空产业规制改革的实践经验也证明了这一点。

电力产业规制变迁与中国电力产业规制改革

电力产业是国民经济的命脉，是关系国计民生的基础性行业。本章将在对电力产业的经济特性及规制依据进行论述的基础上，通过探讨美国电力产业规制变迁及对中国的启示，分析中国电力产业规制政策及改革思路。

5.1 电力产业经济特性与规制依据

5.1.1 规模经济性和自然垄断性

从电力产业的总体来看，电力产业具有显著的规模经济性和自然垄断性。电力产业由发电、输电、配电和供电四个环节构成了一个有机联系、紧密配合的整体。

发电厂负责完成发电环节。发电主要有水力发电、火力发电两种类型。此外，还包括核能、地热、潮汐、太阳能等发电技术。发电厂将一次能源转换成电能后，还要通过输电环节和配电环节将电能输送和分配到电力用户的用电设备。输电是通过输电网来完成的，输电网是用高压、超高压输电线路将电力从发电厂输送到各个所需环节的电网，它是电力系统中的主要网络；配电网是将输送来的高压电通过变电转换成中压和低电压后，输送给电力用户和用电设备的。输电网和配电网统称为电网，是电力系统的重要组成部分。在电力产业的这四个业务领域中，发电具有一定的规模经济性，由一个企业大规模生产，要比由几家较小规模的企业同时生产更有效率。但是，即使在一个独立的区域性电网内，从供电安全和可靠性角度考虑，也不能只建一家电站，而需要对电源结构做多源化安排①。因此，发电环节不具有自然垄断性。但是由于发电领域的设备、设施一次性投资巨大，具有明显的固定成本沉淀性。在输电和配电领域具有强自然垄断性。输电领域的强自然垄断性主要体现在电网的规模经济性和密度经济性方面。输电网跨越不同的地区，覆盖很多售电区域，这一方面可以提高电网的利用率，取得规模经济效益；另一方面，可以将固定成本分散到更多的用户，降低每一个用户所承担的平均成本，从而取得密度经济效益。在配电领域，由于配电网是区域性的电网，自然垄断性不像输电领域那样显著。但是，用户的增多仍可以分摊固定成本投资，从而获得一定的密度经济效益。同时，配电领域存在较大的范围经济，配电公司除经营配电业务外，还可以经营自来水、煤气、城市供热等其他业务，因为这些业务都依赖于某种特定的网络供应系统，在某一区域内由一家企业同时经营时能收到范围经济效益。对于供电领域，电力的销售包括趸售和零售。趸售是将电力以批发的形式卖给售电商；零售是将电力直接销售给最终用户。售电商仅仅提供售电服务并和最终用户结算，无须投资建厂或建输配电网络，所以在售电领域不具有规模经济性。

5.1.2 外部性

电力行业一个显著的经济特性就是外部性。就电力产业的正外部性而言，主要体现在产业关联度高，电力行业与各行业，特别是

① 王俊豪：《中国垄断性产业结构重组、分类管制与协调政策》，商务印书馆2005年版，第185页。

与煤炭、水利、机械等行业关系紧密，其发展和改革对整个国民经济的发展有着重要的影响。电力产业还具有明显的负外部性，这里主要是指环境问题。电力生产所需要的主要能源是煤、石油、天然气等矿物质以及原子能、水力、风力等。对于不同的能源形态，存在着不同的负外部性问题。比如火电使用的矿物质燃料会释放出二氧化硫、二氧化碳和氧化氮等污染物。这些污染物的排放会导致温室效应和酸雨，造成严重的环境污染。水电的开发同样面临着环境问题。一些大型水电站的建设，不但容易诱发水库地震，引起山体滑坡，而且水库淹没改变了库区的自然环境，使生物多样性也受到伤害，影响了生态平衡。

5.1.3 纵向垂直性

发电、输电、配电和供电四个环节在各业务领域具有紧密的纵向垂直关系，共同构成电力产业的业务链。这决定了四个环节要具有高度的协调性，任何不协调行为都有可能引起电力系统链的中断。特别是，由于电力的非贮存性和电力需求随季节、时间的变动性，需要在发电和输电之间通过系统调度机构保持发电侧与需求侧的平稳。

正是由于电力产业具有以上性质，决定了政府必须对其进行规制。同时，电力属于基础能源，具有公用产品的性质，它不仅与人们的日常生活息息相关，而且对于经济发展和社会进步有着重要的意义。因此，电力产业中的企业不仅具有利润最大化的动机，还要承担普遍服务义务等社会责任。正是出于这个原因，政府也应对电力产业进行规制，以抑制企业制定垄断价格，维护社会资源配置的效率。此外，电力产业引发的环境问题——温室效应、酸雨、生物多样性受到伤害、生态平衡受到影响等，决定了政府应该对电力产业进行社会性规制，以降低环境成本，尽可能减少环境污染。

5.2 美国电力产业规制变迁

5.2.1 规制变迁阶段及其特征

1. 变迁阶段

美国拥有世界最大规模的电力工业。在美国电力改革前，美国的电力工业采取联邦和州政府双层管理模式，实行多部门管理体制，美国政府对电力工业的规制是相当严格的。在投资体制上，美国政府只允许拥有电网的公司投资建供电厂，不允许电力公司以外的投资者投资。在管理模式方面，公用电力公司采取垂直管理，电网不对外开放，在电价机制上不鼓励市场竞争定价。这种电力管理体制成为美国电力行业形成自然垄断的温床。美国的电力公司从发电、输电、配电到售电进行垂直垄断经营。电力公司为获取垄断利润，再加上石油、天然气价格居高不下，美国各地的电价一涨再涨。为了打破美国电力行业的垄断，20世纪七八十年代，美国政府开始了旨在打破垄断，引入竞争机制的电力改革。

美国的电力产业规制改革是以一系列法案的颁布和实施及标准的执行为标志进行的，通过法律对电力进行监管，这也是最重要的监管手段，然后才是监管机构和监管人员实施的具体监管行为。美国电力行业产业规制改革变迁大致以下述的几部法律或标准为指导。

(1)《公用事业规制政策法》(PURPA)。20世纪70年代的世界石油危机后，美国认识到能源是生死攸关的战略资源，减少对进口石油的依赖、发展可再生能源、加强对能源的管理被提上了日程。于是在1977年美国成立了能源部，1978年国会通过了一连串有关能源的五个重要法案，合称《1978国家能源法》，而其中与电力事业发展有关的首推《公用事业规制政策法》(即PURPA)。该法案允许企业建立热电联产及利用可再生能源电厂，并出售电力给地方公用电力公司，电力公司应当收购；鼓励和允许非电力部门内部的电力生产者进入发电市场，从而使私人独立的发电企业迅速增加，其目的在于通过节能和提高效率来保证国家能源安全，在发电市场引入竞争机制，形成了竞价上网的雏形，推进电力体制的变革。PURPA 法案鼓励了非电力公司用于发电厂（NUG）建设，并授予发电资格。此法案提高了电力市场发电侧的竞争性。

（2）《能源政策法》（EPAct，1992）。20 世纪 90 年代，为了支持可再生能源发电事业的发展，美国国会立法机构和联邦、州行政部门通过制定法规，进行了一系列调整，最典型的是 1992 年的《能源政策法》。该法案规定，企业用太阳能和地热发电的投资能永久享受 10% 的抵税优惠。同时，为了推进电力改革，开放电网，建立竞争性的电力批发市场，该法案对电力市场的竞争性定价和对市场准入进行了法律规定，鼓励独立发电商的发展：一是通过修正《公共机构持股公司法》，允许独立发电商向公共电力企业批发出售电力的权利；二是通过修改《联邦电力法》，规定公共电力企业以成本价向第三方提供输电服务。此法消除了新发电公司上网的法律障碍，鼓励任何人投资办电厂，机组类型亦不受限制；鼓励批发电力市场竞争；要求公共电力公司开放输电系统，必须为非公用电力公司发电厂提供输电服务；允许电力企业到国外参与电力市场竞争。

（3）888 号和 889 号法令（1996）。1992 年实行的《能源政策法》规定公共电力公司开放输电系统，允许非公用电力公司进入其电网，在公开市场销售电力。美国联邦能源管理委员会（FERC）的这项规定执行起来艰难缓慢。为了弥补这一不足，1996 年 FERC 颁布了 888 号法令，要求所有的电力公司公布进入电网的收费标准，通过开放非歧视性的输电服务促进电力批发市场竞争。888 号法令的另一个目标是确保公共电力公司收回搁浅成本。搁浅成本亦称沉没成本，指公共电力公司由于过渡到竞争而无法收回的投资。允许收回搁浅成本的理由是公共电力公司在过去非竞争的体制下所有投资都是可以收回的，为了获得公共电力公司对改革的支持与合作，成功过渡到竞争体制，保持政策的一致性是有必要的。889号法令要求所有的公共电力公司加入实时信息系统（OSIS），向所有市场成员公布市场信息，如实时节点边际电价、负荷预测、可用输电容量等，以利于市场成员决策。该信息系统旨在建立基于互联网的市场，供输电系统的所有用户使用，从而大大便利了竞争性电力市场的成功运作。这两个法令是对输电进行的变革，规定了互惠的开放准入输电服务价格和辅助服务价格，并且规定发电和输电必须从功能上分离，所有的发电商得到一样的待遇，推动了输电网络的使用更加公正和开放。这在美国电力市场发展的历史上具有划时代的意义。888和889号法令的颁布产生了显著的效果：批发市场的交易量显著增加，电价制定的透明度提高，电力交易安排得到很大的改善、增大了期货市场的交易量。

（4）第2000号法令（1999）。针对888号法令颁布后电力市场开放中出现的进入电网的歧视等一系列问题，美国联邦能源管理委员会（FERC）颁布了2000号法令，在市场设计和规则制定方面取得了一定的进步。在2000号法令中，FERC提出了建立区域输电组织（RTO）的设想，要求所有拥有、操作、控制州际输电设备的电力公司必须在规定的期限内将其输电设备置于RTO的控制之下，无歧视地运行输电电网。区域输电组织（RTO）指将电网的运行、控制以及所有权组建成独立的公司或组织。建立区域输电组织的过程亦称为电网区域化。电网的区域控制与过去的垂直管理的公用电力公司相比具有协调更容易、效率更高等优势。具体表现在以下几个方面：①消除了入网歧视。区域输电组织完全独立于电力的生产与销售，切断了电力销售与电网控制之间的经济利益联系，能够公平对待每一个市场成员。其收入来自市场成员的调度管理费，不从市场上谋取私利，从而消除了入网歧视。②提高了可用输电容量的测算水平。可用输电容量（ATC）指在某一特定时间电网输送电力的容量。市场成员根据这一信息做出买卖电力的短期决定。由于电力需求不断变化以及电网的复杂性，测算可用输电容量难度很大。区域输电组织比单个公用电力公司更容易掌握该区域整个电网的准确信息。③提高了并行传输管理水平和系统可靠性。由于电网互联，管理难度进一步加大。并行传输是指电力从电厂传输到目的地时可能会利用相邻输电系统的线路，因而可能会影响其他地区的输电能力，受此影响的公司会因此要求补偿。并行传输会引起输电线路超负荷而影响系统的可靠性，因此必须决定减少某一个电厂或某一地区的发电。区域输电组织了解本区域的电网状况信息，拥有本区域电力调度的权力，能够有效确定拥塞价格，因而可以有效管理并行传输问题，减少事故的发生率。④改善了输电拥塞管理。输电拥塞是指输电线路达到输电容量，再不能传输某一电厂的额外电力。由发电或电网中断引起的拥塞会导致能源需求增加，产生环流问题等。过去输电公司出现拥塞，常用的方法是采用行政手段控制发电，这样无法考虑拥塞成本，不能提供真实和准确的价格信号或有效的经济刺激以减少拥塞，因而与竞争的市场不相容。管委会在2000 号令中要求区域输电组织建立拥塞成本机制，市场成员也必须意识到做出输电决定后的成本后果。管委会要求区域输电组织自己设计拥塞定价的方法。⑤提高了电网的可靠性。区域输电组织负责的区域较大，系统出现紧急情况时可以提高市场成员之间的协调水平。此外，区域输电组织还可以更有效地协调安排发电和辅助服务的；共享以及处理输电中断等问题。独立的区域输电组织可以组织更多的系统可靠性研究，而过去的电力公司关注的只是某些结果。

（5）标准电力市场设计（SMD）的提出（2002）。为了解决电力市场化改革进程中出现的问题，以及 2000～2001 年发生的加州能源危机，促使联邦能源规制委员会在总结国内外电力市场经验的基础上提出了一种标准设计，防止加州能源危机这类问题重演。2002 年 7 月，联邦能源规制委员会提出了“标准市场设计”（SMD：Standard Market Design）。SMD 是根据美国近 10 年的批发电力市场经验而建立的，它吸收了加州电力市场改革失败的教训以及美国和国外（主要是英国和新西兰）其他许多批发电力市场的成功经验。SMD以消除输电服务中的歧视行为和维持电力系统稳定运行为主要目标，提供了一整套输电服务及电力市场设计标准，通过设计灵活、公平、开放的输电服务和批发电力市场，为市场参与者提供平等的竞争环境，并且为发输电设备的投资提供相对准确的价格信号。SMD对发电容量充裕度、电力需求弹性、区域电力市场的规制措施等到做出了规定，并且要求电网或输电公司必须把调度权移交给独立输电提供者（ITP），但所有权不变，RTO和ISO必须满足ITP的要求，ITP负责现货批发市场、平衡市场的运行以及辅助服务和阻塞管理，并确定价格上限。2003年3月，美国新英格兰电力市场改造原有系统取得成功，在美国率先正式采用SMD标准运行。

2. 特征

美国的电力市场化也比较复杂，形式各异。综合起来，大致有以下特点：

（1）美国电力改革模式由各州根据厂网分开、引入竞争的原则自主确定。一般由州公用事业管理委员会向州议会提出改革方案，通过后再分步实施，改革方案以现有大公司为基础，厂网分开，电力交易可以因地制宜地采用不同模式，故各州采用的电力改革模式是不同的。大多数电网采用厂网进行功能性分离，电力交易以长期双边合同为主，现货市场交易为辅，电力公司及供电商对供电用户供电需要有发电容量保证的纵向整合改革模式，获得了成功。

（2）美国的电力产业规制改革，在市场准入方面，逐步放开发电、批发、零售市场。20世纪80年代放开了发电端，实行了投资主体多元化，允许公用电力公司以外的投资者投资建厂，这一政策使得非电力公司拥有的独立发电厂迅速发展。然后1992年放开了批发市场，美国国会通过的能源政策法案（EPA）促成了一批新的可以在批发市场售电的发电商，国会并没有立法确认发电商直接向用户售电的任何方式，各州可以根据实际情况调整。在联邦和州政府的推动下，从 1992 年开始，美国电力市场结构起了变化，电力产业中出现了很多新的成员——独立系统运行调度机构（ISO），输电公司、电力商人和经纪人、零售商、独立发电商的角色也发生了很大的变化。1996 年，FERC 颁布的具有划时代意义的法令（法令第 888 号和第 889 号），要求电网所有者对任何类型用户的进入请求开放。这是开放市场、引入竞争的关键步骤。

（3）电力企业的所有制与其业务功能有关。美国的电力企业按所有权大体可以分为四类：私人投资者所有的电力企业绝大多数为发电、输电、配电垂直管理，也有只管发电、输电，将电力直供给配电公司或大用户电力企业；联邦所有（即国有）的电力企业主要从事发电或发电与输电一体化；州、市及其他非联邦所有的电力企业一般是供电企业，有些也有发、输电设施。合作社所有的电力企业类似于中国农村集体所有制性质的一种公有电力企业，主要经营输电和配电业务，直接向用户零售电力。投资者所有的电力公司以营利为目的，联邦所有、各州及市所有的电力企业和合作社所有的电力企业不以营利为目的，但享有一定优惠政策。

（4）成立若干自律性的行业管理协会，以引入竞争机制，规范电力工业行业管理。美国这些电力行业管理协会是由企业界自发成立的，协会靠收取会费维持，会费总额由协会理事会批准，按会员单位零销电或趸售电收入比例收取。全美比较大的协会有三个：一是“全美公共电力企业协会（APPA）”。它是 2000 多家公共电力企业的代表，最初成立于 20 世纪 40 年代，有 1400 多个会员单位。协会本部有 60 名职员。其主要任务是向议会、政府和 FERC 反映公共电力企业的问题和呼声，制定运行技术标准，收集、交流信息，提供培训服务等。二是“爱迪生电气协会（EEI）”。它由 200 多家私营电力公司的代表组成，有几百个分会和几十个海外分支机构。主要起国会、政府、FERC 与私营电力公司之间的桥梁作用，代表和反映私营电力公司的呼声，提供大量信息统计资料服务，每年举行年会就共同关心的问题进行研讨。三是“全美农村电力合作社协会（NRECA）”。它是900多个农村电力合作社的代表。主要职责与APPA、EEI类似。随着改革的进行，美国的电力企业协会起着越来越重要的作用。

（5）美国的电力产业规制改革，在规制方式方面采取联邦政府与州政府相结合的方式。由于美国地域广阔，在联邦政府层面，只有美国联邦能源管理委员会FERC代表美国政府对电力以外，几乎不存在电力产业进入的任何障碍；在输电领域，依然存在着严格的政府规制，政府的法律严格规定了输电费用收取标准及无歧视性地向发电商和零售商提供输电服务的义务；在配电业务方面政府通过发放经营许可证的方式特许某些电力公司在某一区域内垄断经营。同时这种规制还体现在销售价格上，在美国，禁止公用企业随意提高电价，通常各州都有对零售电价进行限制的规制措施。

5.2.2 监管机构设置与功能

美国对电力产业的规制采取联邦政府与州政府相结合的方式，联邦政府和各州均设有电力监管机构。农业部农电管理局则负责农村电力工业。环保局负责实施“清洁空气法”的条款以及制定、监督火电站的排放标准和排放量。

具体来说，在联邦政府层面，由美国联邦能源管理委员会（FERC）代表美国政府对电力产业进行监管，FERC是隶属于美国政府的一个独立管理机构，成立于1977年，其前身是联邦电力委员会，它有5个委员，均由总统任命，任期5年。每个委员均有规制工作经验，5人中由总统指定1人为主席，他是规制工作机构的首脑。委员会一般每月开两次会，公开讨论各项事务，其中包括许可证发放、价格确定以及被规制单位提出的各项事项的处理及制定行业法规，其相关政策的制定和纠纷的解决是通过5位委员投票的多数票来决定的。FERC监管的形式主要是通过制定有关政策法律和规则，以确保竞争的实施并进行监督，其职能涉及电价管理、相关法规的解释、输电状况以及电力趸售（指“销售给再销售者”）市场的管理，主要负责由约 1000 个电力销售商组成的电力趸销市场和 174 家电力公司的高压输电线路。具体职责如下：（1）审批批发电价；（2）审批输电服务价格；（3）审查跨州电力公司合营、兼并；（4）跨州输电交易的管理，包括批准输电线路的建设和使用费用；（5）指定电力公司开放输电设备；（6）管辖地区输电组织（RTO）或独立电网调度员；（7）核发水电工程许可证，监察大坝安全等。

在各个州县，政府有专门的公用事业管理机构进行监管，它们有权管理当地的配电以及电力最终使用的交易。州电力规制机构主要职责是：（1）核发电力营业许可证；（2）审批电力公司改组；（3）审查公司经营活动，如债务、证券发行等；（4）审查重要固定资产买卖；（5）审批零售电价；（6）批准州内电站厂址和制定州电站环保标准。具体对电力产业的规制，各州因具体情况不同，在规制的范围、程度和方式等方面均有所不同。

5.2.3 改革绩效

美国的电力产业规制改革，使市场竞争机制在配置电力资源上发挥了重要作用，有效地提高了美国电力产业的运营效率，使得美国电力终端销售价格多年维持较低水平，电力企业服务质量也得到明显改善，对于美国电力产业发展起到了一定的促进作用，具体表现在以下几个方面。

在发电领域，电力产业规制改革前，美国政府只允许拥有电网的公司投资建发电厂。电力产业规制改革使得政府打破原来的投资限制，允许电力公司以外的投资者建发电厂，实行电力工业投资主体多元化。在这一政策的激励下，美国独立发电商迅速发展起来。1987 年，独立电厂只有 3000 万千瓦，仅占全国装机容量的 4.18%。1987 ~ 1991 年，美国全国新增装机 4193.8 万千瓦，独立电厂容量占47.8%。1992年起，新投产独立电厂容量超过全国投产容量的50%。①

在电价方面，美国政府由原来不鼓励市场竞争定价，转变为鼓励竞争，电网对所有发电企业开放，各独立电厂上网电价按照市场价格与电力公司电厂竞争，各发电企业竞价上网。经过一定时期的竞争，美国的平均零售电力价格在20世纪80年代中期达到高峰后开始回落。从图5－1可以看出，在20世纪80年代中期，美国的平均零售电力价格曾经达到11.5美分/千瓦时，之后一路处于下降的趋势，尽管在2000年出现了电力危机，电价暂时上涨，但是不能改变平均零售电力价格下降的趋势，最近几年，平均零售电力价格保持在7.5美分/千瓦时~8.0美分/千瓦时之间。

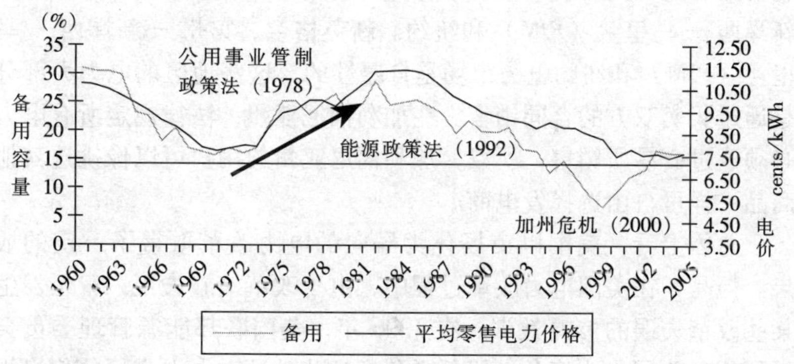

资料来源：Public Policy and Electricity Price Trends，www.eere.energy.gov/femp/energy-expo/2005.

图5－1　美国电力价格

在电力管理模式方面，美国政府打破原来电力公司发、输、配电垂直一体化的垄断市场结构，对外开放电网，并且组建了一批控股子公司，实行厂、网分开经营，输电和配电分开结算。设立区域

① 水利部农电局：《美国电力产业规制改革》，载《农电管理》2000年第4期。

输电组织（RTO）解决美国电网管理分散的问题，它将通过提供电网的准入来减少一些垂直一体化的电力公司的不正当竞争行为。同时，它将进一步统一上网标准并帮助新的发电商进入到电力市场中来。地区输电管理机构是新发电商进入地区电力市场的重要保障。另外，在规范输电费用，地区电网规划，电网拥塞管理以及跨地区统一市场法规的形成等方面都将发挥积极的作用。①

建立集中的电力市场和电力交易中心。电力产业规制改革后，美国电力市场日益完善，有些州已经实现了由独立电厂将电力批发给公用电网转变为电力现货市场交易，由供电商向区域电力市场报价，市场操作员对报价进行分析后选择最低的报价购买电力以满足本地的电力需求。现在全美有四个集中的电力市场，即美国西部加利福尼亚电力交易所、美国东北部的新英格兰、美国东部的宾州一新泽西一马里兰（PJM）和纽约。新英格兰、宾州一新泽西一马里兰（PJM）和纽约电力市场是自愿性的，这些地区的电力大部分是通过买卖双方的合同销售。在加利福尼亚州，法律规定所有电力必须通过交易所销售，所以，加利福尼亚州的用户可以像挑选其他商品一样可自由选择发电商。

总体上看，美国以市场化为导向的电力改革取得了一定的成果。但是，在美国电力改革过程中，由于改革措施失当，曾经发生某些改革失误的惨痛教训。在 1996 年，美国联邦能源管理委员会（FERC）为了加强竞争、降低电价，逐步放开对电力市场的价格规制。到了 2000 年，全国大部分的州放开了对电价的监管，但却引起了混乱：一些电力公司利用放开电价监管的时机操纵电价，榨取收益。随着 2000 年电力短缺，出现了加州电力能源危机。2000 年初，加州的上网电价开始攀升。至 2000 年 5 月，该公司居民用户平均电费从每月不足 50 美元上涨到约 100 美元。6 月，加州旧金山海湾地区实施停电。其后的整个夏季，上涨的空调负荷使得电力供

① 水利部农电局：《美国电力产业规制改革》，载《农电管理》2000 年第 8 期。

应形势更为窘迫。8月，圣地亚哥燃气电力公司（SDG&E）用户的电费上涨至150美元，引起居民强烈不满。到2001年年初，情况更为严重，前两个月电力紧急警报就达122次，停电事件不断。加州的这次电力危机对加州甚至联邦的经济发展造成了严重的打击。但是，加州的电力危机也给电力产业的改革带来有益的启示。

5.2.4　启示

20世纪七八十年代，美国开始进行电力产业规制改革。美国的电力改革有成功之处，也有失败的教训。中国电力产业规制改革还处在探索阶段，改革的效果和影响尚未完全显现出来。分析美国电力改革过程中出现的经验教训，对于中国顺利进行电力改革具有一定的警示作用。具体来说，美国的电力产业规制改革给我们的启示如下：

1. 确保充足的发电量

要形成健康的电力市场，确保发电量的充足是一个非常关键的因素。在美国加州，由于环保主义者对环境保护的苛求，居民反对新建电厂，使加州在1989～1999年的10年间新增发电机组和骨干输电线路大幅减少。10年间加州用电增长555万千瓦，新增发电装机只有67.2万千瓦，无法满足正常的用电需求。因此，要保证电厂建设与经济发展相适应。政府应当划定专用的电厂建设区和输、配电设施用地，保证电力工业的发展。特别是优先发展那些污染小、可再生能源发电的企业的投资建设，以解决环境污染问题。另外，由于电力是无法储存的，有必要事先建立起一个发电量预留保障机制，让相关发电商在合适的时候向电力交易市场提供交易所需的电力。

2. 加强输电网络的建设和管理，将发电和输电彻底分离

美国电网的运行和规划分别由100多个输电商来承担，因此，它更像是一组州内公路而不是州际高速公路网系统。在分散的管理模式下，电网的稳定和高效是很难保证的。因此，需要在更大范围内建立电力市场，实行统一调度，这样不但可以优化资源配置，而且可以保证电力供应。如果加州与相邻各州建立统一的电力市场，实行统一调度，在电力供应不足时充分利用其他各州富余的电力，危机即便产生，也不会持续那么久、那么深。

在加州电力产业规制改革中，为了打破电力行业的垂直垄断经营，加州政府规定 3 家电力公司——太平洋燃气电力公司(PG&E)、南加州爱迪生电力公司（SCE）和圣地亚哥燃气电力公司（SDG&E）——出让 50% 以上的火力发电资产，减少了 3 家公司的可控电源。同时，政府成立了独立系统运行机构（ISO），剥夺了 3 家公司的电网调度权和运行权，但是，电网的所有权仍然属于 3 家公司。这样就产生了一个问题：一方面独立系统运行机构（ISO）只有电网的调度权和运行权而没有所有权，所以其不可能投资建设和维护电网；另一方面，电力公司失去了电网的调度权和运行权，相应减少了其电网收入，削弱了其投资建设和维护电网的意愿。当出现停电事件时，电网的资产所有者和系统运行机构的责任不明确，电力供应的可靠性也就难以保证。所以，电力市场管理、交易、调度相分离是不可取的，应当考虑集中管理。

另外，美国的电力产业大多是垂直一体化的。拥有电网的电力公司同时也拥有自己的发电产业。因此这些电力公司总想通过限制其他发电商的上网来保护自身的发电产业。要对输电网进行有效和可靠的管理，并使所有市场参与者在平等的基础上获得电网的准入，将发电和输电进行彻底分离就势在必行。

3. 鼓励需求侧对电价做出响应，提高其需求弹性

加州电力危机产生的一个重要因素是在电力供给不足的同时缺乏需求侧的响应。如果交易规则中加入了需求响应的话，也不会出现危机，市场价格也决不会升到这么高。当市场供给缺少 30 万千瓦容量时，相关部门本可以做出适当的反应就有可能避免实施第一轮的轮番停电，然而他们却无所作为。电力零售客户并没有被纳入电力市场中。这些零售客户中的大部分没有分时计量电度表，使他们不能对高峰时段的高电价做出响应。因此，可对零售准入的用户采用分时计量，尤其是电力消费大用户装设分时计量表计的实现手段。由于电力生产和消费的特殊性，高峰时段的电力比低谷时段的电力在价格上高得多，如果消费者按不同时段的价格付费，就会在价格高时减少消费量，从而提高需求弹性。

4. 电力市场化改革的核心是电价改革

由于电力行业具有明显的规模经济和自然垄断特征以及在国民经济中占有的重要地位，在电价市场化过程中，政府的宏观调控手段是必不可少的。电价改革政策措施必须事先为政府宏观调控留有充分的空间。在美国加州电力改革过程中，加州政府忽视了这个问题，制定了过高的上网电价上限，从而在关键时刻，政府无法实施有效的宏观调控。最高限价会使市场扭曲，治标不治本。厂网分开，竞价上网，通过竞争电价有可能下降或上升，这是市场机制发挥作用的重要手段。作为一种控制涨价的手段，最高限价在加州改革实践中没有起到应有的作用，强制最高限价可能出现供应短缺的状况。如果是发电容量短缺，那么最高限价无助于增加供应和限制需求。而且一旦要实施最高限价，就应在所有市场上实施，如果只在部分市场实行最高限价，电厂将会在不受限制的市场上售电，或在最高限价处于高水平的市场上售电，这就达不到实施最高限价的目的。如果长时间实施最高限价，就会降低解决存在问题的压力，并最终使市场的发展偏离最初的既定方向。

加州的经历表明电力市场的变化是十分迅速的，电价能够在眨眼之间上涨到惊人的程度。所以应当采取一些适当的措施来保护或者是减缓电价的大幅上扬，尤其是那些由于是市场控制力的滥用导致的电价上涨。美国现在比较通行的办法就是在条件成熟的情况下，预先确定几个参考电价，再通过竞价的方法对参考电价进行适当的调整，最终将电价确定下来。这种电价确定方式实施起来相对比较容易。比如通过当地市场的控制力，或者以一个参考电价（通常是过去竞价价格的平均价）为基础，在此价格上增加一定的百分比来确定最终电价。采用这种电价确定方法必须防止一些市场参与者对电价所实施的不正当行为。美国联邦能源管理委员会（FERC）已经决定在纽约的独立系统操作员（ISO）市场中采取一定的措施来防止针对电价的不正当行为。

5. 正确处理现货市场与远期合约市场的关系

加州电力市场的设计思路是由一批专家学者提出并经州政府、加州各种公众组织、学术界、电力公司等等利益群体经过多年参与和讨论后才确定的。从市场设计理念上讲，加州电力改革的政策制定者们认为现货交易是保证电力交易市场有效率的最佳手段。与之相对照，在费城—纽约—新泽西（PJM）市场上，是以远期合约交易为主，远期合约交易大约占该市场交易总量的80%左右。在对加电力市场的设计思路进行讨论时，为了避免远期交易在市场参与者之间形成合谋，不合理地抬高或压低电力价格，扭曲市场的需求，所以推行了与PJM不同的市场设计理念。因此，加州禁止州内电力以远期合约的形式进行。另一方面，加州的市场设计理念无法包容邻近各州的市场。加州的邻近地区，如北部的华盛顿州事实上可以进行远期电力交易的买卖。由于加州的电力供给在相当程度上跟邻近各州有关——加州电力的25%来自周围的华盛顿州、内华达州以及亚利桑那州——在这些州内进行电力交易的远期买卖等于间接对加州内部电力进行交易。在电力供需不平衡时，加州电力价格就很容易被哄抬上去，这也正是后来加州电力危机时期所碰到的一个主要问题。

电量市场主要以双边合约交易方式为主，这是电力市场发展的大方向。以双边交易取代统一购买的形式，电网公司不参与电力双边交易，能够更好地维持其在电力交易的公平性和公正性。在这种交易模式下，电力交易中心不用组织多级的电量市场交易，只需组织必要的电量平衡市场交易，从而使整个市场结构更加简单，具有更高的效率。

6. 完善危机应对机制

美国加州电力危机开始于 2000 年下半年，到年末，单日的小时电价曾飙升到每度 2000 美元。加州内部的电力公司由于不能购买远期合约，又必须按照法律要求从现货市场上购电，以州政府规定的限价供电，巨大的价格倒挂使太平洋煤气和电力公司和南加州爱迪生公司负债超过 115 亿美元，破产迫在眉睫。加州政府被迫动用政府资金购电，而 4 亿美元的能源紧急储备在市场普遍逼空的情况下无足轻重。2001 年初，加州电力危机继续恶化，3 家主要的电力公司的市场信用丧失殆尽。加州政府因此对电力公司进行了全面接管，期望以政府信用维护市场的稳定。2001 年 2 月 1 日，州长戴维斯签署了一项 100 亿美元的能源救助计划，以使州政府可以在市场上买卖能源。但从实践的效果看，政府干预往往也会带来相当长期的负面效果。

整个加州电力危机从发生到基本结束持续了半年有余，在这期间，联邦能源管理委员会与加州政府之间就如何解决危机进行了多次商榷，但始终无法拿出一个可行的解决方案。当危机发展到市场本身也无法解决的情况时，寻求政策保护成为惟一的选择，但由此造成的巨大损失却难以挽回。由于缺乏一个完善的危机预警报告和纠正机制，加州电力危机持续时间之长，造成的损失之大在美国电力行业发展历史上都是少见的。

7. 适度规制，设计好激励性规制措施

放松规制能够提高自然垄断行业的经营效率和服务质量，但是，并非所有的放松规制措施都是成功的。自然垄断行业的规制放

松后，主要是依靠市场竞争机制来实现资源的有效配置。然而市场机制从来就不是万能的，在一定范围内和一定程度上，市场机制的调节会存在失灵。加州的电力改革者希望通过放松规制、引入竞争来达到降低零售电价的目的。但是，由于他们过分相信市场的能力，使得加州电力市场上缺乏适度合理的政府规制。发电公司拒绝了电力公司签订长期供电合同的建议，而且在电力危机发生初期，有意减少发电量，抬高电价，进一步加深了危机。所以，对电力产业的规制，还是非常有必要的。

电力产业激励性规制措施的设计也是至关重要的。解除规制和过分强调竞争都是不现实的。相对而言，其他国家采用的激励性规制是比较可行的，它通过奖惩机制激发电力公司提高产品和服务质量，并在特定范围之内保护投资者和顾客的利益不受规制框架设计失误的影响。而美国的规制机构明确了所提供的产品和服务的细节，以及谁提供何种服务，但却没有明确如何对更好的服务提出奖励或对较差的服务进行惩罚。RTO 作为改革计划的重要组成部分，由于其非盈利的性质而无法对经济刺激产生反应，而且区域定价机制也使得这种反应变得不现实，因为 RTO 是无力解决电网拥挤问题的。

5.3 中国电力产业规制现状分析及改革思路

5.3.1 市场化改革历程

从新中国建立至 1985 年的 30 多年间，中国对电力工业一直实行中央垂直垄断管理体制，政企合一，国家独家办电，实行“收支两条线”、统收统支的财务管理模式。电力工业的投资和运营费用由中央拨款，收入全部上缴国库，规制方式是由国务院和中央多个部委决策，电力工业部（包括原料工业部、水利电力部）作为电力行政主管部门对电力行业进行全面的管理，政府直接配置资源和干预企业的生产经营活动。这种典型的计划经济体制、投资体制和管理方式，严重制约了电力行业的发展，造成了中国长达20多年的严重缺电局面，电力成为了中国国民经济发展的一大瓶颈。

20世纪80年代中期，中国社会各领域改革纷纷启动，中国电力产业规制改革也开始起步，改革的历程大体经历了以下几个阶段。

1. 第一阶段（1986～1997年）：规制改革初期

这一阶段主要指1985年后以集资办电为特征的改革至1997年国家电力公司成立的10多年时间。这一时期，电力工业开始初步进行产业规制改革，中国电力规制进入了改革探索时期。1985年国务院为鼓励电力生产，出台了《关于鼓励集资办电和实行多种电价的暂行规定》，提出了“政企分开、省为实体、联合电网、统一调度、集资办电”和“因地因网制宜”的方针，并实行“新电新价”的电价政策。这些政策激励了地方政府和外国投资者的积极性，促进了电力的供给。1987年，国务院提出了电力工业产业规制改革的原则是“政企分开、省为实体、联合电网、注意调度、集资办电”和因地制宜的方针。1988年12月成立中国电力企业联合会，在网省电力管理局、电力工业局的基础上成立电力集团公司和省电力公司。由此，实现了电力工业的行政管理、企业管理和行业自律管理职能的初步分开。从1992年开始，按照建立社会主义市场经济体制的要求，财政、金融改革全面展开。以“贷改投”和电力企业上市融资为标志，电力工业形成了多渠道、多模式集资办电的体制，电力投融资产业规制改革进入了一个新的时期。到1995年底，召开了国家电力工作会议，明确提出电力体制重大调整的基本模式：政府职能移交政府综合经济部门，企业职能转移到拟组建的国家电力公司，行业职能转移到中国电力企业联合会。1997年，国家电力公司成立，初步建立了政企分开的电力产业新体制。

通过这一个时期的改革，全国性的缺电矛盾基本得到解决，但也存在一些负面影响，如电价不合理，上网电价过高，终端电价乱加价、乱收费严重，特别是农村电价普遍过高，农民负担沉重，以及对外商过度承诺和还本付息定价的办法，成为了今后改革的障碍。

2. 第二阶段（1998～2002年）：政企分开，部分省市市场化改革试点

这一阶段的改革主要是解决第一阶段中存在的政企不分导致的不公平竞争和地方保护主义问题。1997年3月成立了国家电力公司，保留电力部，国家电力公司与电力部双轨运行，1998年撤销电力工业部，组建国家经贸委电力司，电力行政管理职能移交国家经贸委，在中央层面实现电力工业的政企分开，中央有关部委收回电力项目审批权和电价定价权，下文取消和制止各种乱收费、乱加价行为，在全国农村推行农电“两改一同价”的改革。通过强有力的规制措施，农村电价的混乱现象基本得到制止，农电产业规制改革不断深化。这一时期电力行业规制主要由经贸委和多个部委负责。与此同时，在上海、浙江、山东、吉林和黑龙江等地进行“厂网分离、竞价上网”的市场化改革试点。探索打破垂直一体化经营的可能路径，并尝试能够协调各方利益关系的监管措施和市场化运行制度。

3. 第三阶段（2002年至今）：实行行业拆分，推行“厂网分开，竞价上网”

2002年4月，国家计委公布电力产业规制改革方案，其内容主要包括以下几方面：

（1）厂网分开，重组国有资产。将国家电力公司管理的资产按照发电和电网两类业务划分，并分别进行资产、财务和人员的重组。

对于发电资产的重组，方案指出，华能公司可直接改组为独立发电企业，其余发电资产通过重组形成3～4个各拥有4000万千瓦左右装机容量的全国性发电企业，由国务院授权经营，分别在国家计划中实行单列。同时还要求，每个发电企业在各电力市场中份额原则上不超过20%。

对于电网资产的重组，方案指出，设立国家电网公司，下辖华北（含山东）、东北（含内蒙古东部）、西北、华东（含福建）、华中（含重庆、四川）5个区域电网公司，区域内的省级电力公司改组为区域电网公司和分公司或子公司。设立南方电网公司，其经营范围为云南、贵州、广西、广东和海南，另西藏电力企业由国家电网公司代管。国家电网公司的职责是：负责各区域电网之间的电力交易和调度，处理区域电网公司日常生产中需要协调的问题；参与投资、建设和经营相关的跨区域输变电和联网工程；协助制定全国电网发展规划。区域电网公司的主要职责是：经营管理电网，保证供电安全，规划区域电网发展，培育区域电力市场，管理电力调度交易中心，按市场规则进行电力调度。

（2）竞价上网实行电价新机制。建立电力调度交易中心，实行发电竞价上网。在区域电网公司经营范围内，根据各地电网结构、负荷分布特点及地区电价水平的具体情况，设置一个或多个电力调度交易中心，由区域电网公司负责管理。电力调度交易中心之间实行市场开放。逐步终止过去各级电网企业与发电厂签订的购电合同，对于外商直接投资电厂，可采用重新协商等办法处理已签订的购电合同，也可继续执行原有购电合同。

建立合理的电价形成机制。将电价划分为上网电价、输电电价、配电电价和终端销售电价。上网电价由国家制定的容量电价和市场竞价产生的电量电价组成；输、配电价由政府确定定价原则；销售电价以上述电价为基础形成，建立与上网电价联动的机制。政府按效率原则、激励机制和吸引投资的要求，并考虑社会承受能力，对各个环节的价格进行调控和监管。

在具备条件的地区，开展发电企业向较高电压等级或较大用电量的用户和配电网直接供电的试点。直供电量的价格由发电企业与用户协商确定，并执行国家规定的输配电价。

（3）设立国家电力监管委员会。国家电力监管委员会于2003年正式成立。电监会的成立，标志着中国电力产业管理体制由传统的政府行政管理向适应市场经济要求的依法监管的重大转变，表明中国电力行业在深层次的体制创新和制度创新中迈出了实质性的一步。电监会的主要职责是：制定电力市场运行规则，监管市场运行，维护公平竞争；根据市场情况，向政府价格主管部门提出调整电价建议；监督检查电力企业生产质量标准，颁发和管理电力业务许可证；处理电力市场纠纷；负责监督社会普遍服务政策的实施。

此次电力产业规制改革较前一时期的改革而言，更深层次地涉及体制性问题，其目的就是要打破垂直一体化的垄断，通过结构性重组引入市场竞争机制，建立竞争性市场条件下的电力监规制度。方案中对于电力产业规制改革的总体目标进行了这样的表述："打破垄断、引入竞争、提高效率，降低成本，健全电价机制，优化资源配置，促进电力发展，推进全国联网，构建政府监管下的政企分开、公平竞争、开放有序、健康发展的电力市场体系"。到目前，尽管改革还远没有到位，但改革为电力工业发展带来了活力，促进了电力工业的发展，取得了显著的效果。

5.3.2 监管机构设置与功能

电力改革之后，中国电力行业规制的主要部门是国家电力监管委员会和国家发展和改革委员会。其中，国家电监会是行业监管部门，主要"行使行政执法职能，依照法律、法规统一履行全国电力监管职责"；"研究提出电力监管法律法规的制定或修改建议，制定电力监管规章，制定电力市场运行规则"；"拟定电力市场发展规划和区域电力市场设置方案"；"监管电力市场运行，规范电力市场秩序，维护公平竞争"等。国务院发展和改革委员会作为政府的宏观经济管理部门和产业政策等宏观政策的制定部门，是电力产业的重要规制机构。现行电力行业的价格规制、投资规制等事前监管权力都集中在国家发改委。另外，电力行业中的各类技术规范、操作标准的制定也基本上由国家发改委负责制定和监督实施。具体来看，国家发改委下设的能源局，发展规划司，环境和资源综合利用司，价格司，价格监督检查司，固定资产投资司，产业政策司等都会涉及到电力行业的监管。由于现行的电力法规要求电力企业一定数额以上的投资项目都要经过国家发改委的审批，国家发改委审批的标准就成为投资规制的重要依据。电价，尤其是供电电价是发改委规制电价的重点，同时对于发电侧电价的形成机制、最高最低限价，国家发改委都具有决定权。另外，国家发改委还负责电力行业发展规划的制定与执行、电力行业产业政策的制定与实施。

5.3.3　改革思路

经济的全球化以及中国市场经济产业规制改革的进一步深入，对电力产业提出了更高的要求。因此，就必须对电力产业实行改革，改革的目标是打破垄断、提高效率，建立运转高效的电力市场，最终做到更有效率的提供电能，满足电力需求，改革的基本思路是：对于电力企业而言，在发电、售电环节引入竞争，而在输电、配电环节则保持不同程度的相对垄断性，同时加强对电力产业的环境规制；对于电力产业的规制部门而言，要进行重构改革，建立相对独立的、高效透明的专业规制机构。具体内容如下：

1. 对电力企业的规制政策

（1）进入规制。如前所述，电力产业包括发电、输电、配电和售电四大业务领域，由于这些不同领域的业务具有不同的自然垄断性或竞争性，从而决定了政府应采取不同的进入规制政策。

①发电业务领域。对发电业务领域进行规制，其内容主要包括以下几个方面：

第一，从总体上看，发电业务属于竞争性业务，在发电领域引入竞争，有助于企业降低成本，改进技术。引入竞争的途径是进行“厂网分开”，建立竞争性的发电市场。真正做到“厂网分开”，首先要做到产权分开，发电公司与电网公司没有产权关系。建立竞争性的发电市场，要求除了控制5家大型发电公司的规模之外，还应该扶持其他独立发电企业的壮大，以在发电领域形成更具竞争性的市场结构。在引入竞争的同时也要看到，电力生产存在一定的规模经济性，若完全放松进入规制，会吸引许多竞争者进入电力生产领域，导致生产能力过剩、浪费社会资源、发电能力与电力需求之间失去平衡等问题。因此，政府有必要设置一定的进入壁垒，保证发电领域的有序竞争。

第二，确定各种发电来源之间的合理比例结构。根据中国能源资源的特点，今后一段时期内，火力发电仍是主流。因此，必须优化火电的机组结构、技术结构，实现火电技术的突破和发展。对煤耗高、污染严重的小火电机组要坚决关闭，逐步提高大机组和高性能机组的比例。积极发展水电、核电、天然气等新能源发电。应做到各种发电来源之间具有合理的比例结构，以实现电力产业的可持续发展。

②输电业务领域。输电领域具有强自然垄断性。因此，在输电业务领域，应该保持其相对的垄断性。进入规制政策的重点是如何进行激励性规制，避免输电环节的效率低下。

保持电网的相对垄断性，一是因为电网投资巨大，且只有形成一定规模才能产生效益，因此不宜引入竞争，以免造成投资方面的浪费；二是因为电力产业是关系国计民生的基础性行业，而电网在整个电力系统中又具有特殊的地位，必须保证电网运行的高度安全。保持电网的相对垄断性，是指保持电网经营管理上的垄断，而不是说电网投资也必须由国家垄断，电网完全可以采取股份制的形式来投资建设。

在保持其自然垄断地位的同时，我们还必须进行规制改革，对其进行激励性规制，避免输电环节的效率低下。在电力产业实生垂直一体化经营的情况下，所有的电力批发业务都必须通过电网进行，这样，在电力批发市场上不存在竞争，处于完全垄断的状态，这势必会使输电企业效率低下。因此，有必要通过建议一个由发电企业和大型电力用户以双边合同的方式进行直接交易的电力批发市场，打破输电业务企业在该业务领域的垄断，迫使垄断性的输电企业提高电力批发业务的动作效率，以减少成本，向消费者提供更好的服务。

③配电业务领域。配电网是区域性的电网，虽然自然垄断性不像输电领域那样显著，但至少仍具有弱自然垄断性，因此，如果在同一地区建立两张配电网来促进竞争，缺乏其经济合理性。而且，按照中国目前的经济技术条件，这种做法也是不合理的。这样，一个可行的思路是打破配电公司的地区垄断权，各地区配电公司在不同地区间可相互进入，相互渗透，以形成有效竞争。这要求任何地区的配电公司必须向其他竞争性企业充分开放其配电网络系统，只对其收取合理的网络使用费，以促进配电业务领域的竞争。另一种促进竞争的思路是运用“区域间比较竞争”理论，[①] 通过比较不同地区配电公司的成本，以效率较高地区的配电公司的成本为基准，制定配电规制价格，以促进不同地区配电公司之间的竞争。但这种做法不存在对进入进行规制的问题，而且不同地区会受到外界不同因素的影响，在一定程度上缺乏可比性。因此，在规制实践中，应该是以第一种思路为主，适当运用区域间比较竞争理论。

④售电业务领域。在电力产业的四大业务领域中，售电业务是最具竞争性的业务领域。因此，售电业务领域改革的思路是放松规制，培育相当数量的电力零售企业，形成多元化的竞争主体。规制的重点是对进入售电业务领域企业的资质进行审查，可以通过招标的方式，让一些资质好的企业优先进入。同时，应鼓励民营企业和各种所有制形式的企业参与竞争，充分发挥市场竞争机制的作用。

（2）价格规制。在整个电力产业规制改革过程中，电价改革是

---

① 王俊豪：《中国垄断性产业结构重组、分类管制与协调政策》，商务印书馆2005年版，第204页。

最核心的问题，是建立公平、公正、公开的电力市场的关键，对建立和培育电力市场、优化电力资源配置具有重要意义。对发电、输电、配电、售电业务实行垂直分离后，消费者支付的电价包括四部分：上网电价、输电价格、配电价格和终端销售电价，发电、售电价格逐步由市场竞争形成，输、配电价格由政府制定，是价格规制的重点。

在发电领域，应实行竞价上网，建立和完善竞争的上网电价形成机制。竞价上网就是建立统一开放的电力交易市场，发电企业按照同网同质同价原则，公平、公正地参与市场竞争，充分发挥市场对发电资源进行优化配置的基础作用。对于上网电价，可实行由容量电价和电量电价两部分组成的两部制电价。容量电价是根据固定成本和资本收益确定的，电量电价是根据变动成本和少量收益确定的，因而能容易地实现合理补偿成本（合理确定收益的原则），两部制电价可以使电力企业随容量电费获得相对稳定的资本收益；同时，在一定程度上限制了电力企业获得超额收益，从而有利于保护投资者和消费者的利益。另外，两部制电价有利于实现“同网同质价”的原则。因为，两部制电价可以按不同类型、不同质量电厂的固定成本来确定容量电价，并根据季节、高峰、腰峰、基峰各时段在电网中运行成本最高电厂的变动成本来确定电量电价。实行两部制电价，有利于电网的经济调度，推动电力市场的健康发展，促进资源优化配置。

在输配电业务领域，竞争机制的作用相对有限，因此，它是价格规制的重点。在这一领域，可以采取价格上限规制（Price Cap Regulation）方案。价格上限规制的确定原则，就是行业价格上涨不能高于通货膨胀率（用 RPI，即零售价格指数表示）；同时，考虑到由技术进步率带来的劳动生产率（用 X 表示）的提高，还要使行业的价格下降。其中，技术进步率由规制当局每隔 4 ~ 5 年核定一次。与传统的成本加成合同不同，RPI - X 价格上限是最典型的剩余索取合同。剩余索取合同的意义在于，当规制机构与被规制企业之间存在着信息不对称时，通过赋予企业更多利润支配权的方式使其在一定程度上得到信息租金，以换得提高生产效率的激励；同时赋予被规制企业在不超过价格上限的情况下自由调整个别价格的灵活定价权，以提高社会配置效率。

对于零售市场，电价应以边际成本为基础，以保证向终端用户分配足够的电力并使之得到有效的利用。按照边际成本定价原则，应实行单一用户电价标准，根据供电公司为用户提供电力的成本划分用户类型，对不同类型的顾客确定不同的电价标准。

（3）环境规制。电力生产的能源投入物可以分为煤、石油、天然气等矿物燃料和水力、风力、地热、核能等非矿物燃料。在中国，由于煤炭资源丰富，火电在整个电力供应量中约占3/4的比重，火力发电会释放出二氧化碳、二氧化硫等污染物，造成了严重的环境污染问题。为解决环境污染造成的负外部性问题，政府可采取以下规制措施：

①制定行政法规严格控制环境污染。最基本的规制手段就是制定排污标准。比如，严格控制火电厂用煤的脱硫率等。对于超过排污标准的企业要受到相应的惩罚。

②运用税收和补贴等经济手段控制污染。对排污者进行征税，让污染者为他们对环境造成的污染承担一部分成本，污染税的标准取决于特定经济活动所造成的负边际外部成本。同时，对于利用可再生资源等发电的企业，由于成本高于火力发电成本，但有利于环境保护，产生正外部性，政府应给予一定的补贴，其补贴的数额取决于特定经济活动所带来的正边际外部成本。

③实行排污权交易。排污权交易是排污者可以将政府发放的排污权自由交易的制度。排污权的初始发放数量和方法是相关规制部门按照环境保护的标准制定的，排污权一旦发放即可按照规则自由交换。政府规制部门可以利用出售排污权得到的收入来补贴那些产生正外部性的电力企业。

2. 电力规制机构的改革

中国传统的电力规制机构是适应改革前垂直一体化电力市场结构建立的，电力产业在打破垄断、引入市场机制后，原有的规制机构不再适应市场化条件政府规制的需要，因此重构电力规制机构是当前和今后一段时间电力产业改革的重要内容，改革的目标是建立相对独立的、高效透明的专业规制机构。重建规制机构必须遵循如下原则。

（1）独立性原则。即规制政策的制定者、实施者和被规制者应成为相互独立的三个不同的主体，形成相互制衡的关系。要保证规制机构在机构设立、人员构成、资金来源等方面的独立性。在机构设立方面：长期以来，作为规制者的行业主管部门与企业之间政企不分甚至形成政企一体化的体制，必须彻底切断规制者和被规制者之间的利益关系，保证规制机构与电力企业之间没有产权的关系。在资金来源方面：如果规制机构的资金大部分来源于财政部门，那么规制机构很容易受到政府的影响，所以，可以采取类似于行业协会的形式，资金大部分来自于受规制的电力企业所交纳的“会费”。在人员构成方面：规制人员应该与规制企业没有直接的利益关系；改革人事任免制度，在人员任期内，政府不能随意任免机构人员。

（2）法制化原则。即规制机构必须通过法律授权，依法行使规制职能，而不能再像过去那样依靠政府行政协调的力量。从国际经验看，西方发达国家都制定了《电力法》，对电力规制机构的法律地位进行了界定。法律上的独立性是规制机构真正能够实现独立的前提，这样可以最大限度地避免政府出于政治目的而任意对规制机构的活动施加影响，减少不确定性。中国现行的《中华人民共和国电力法》没有明确国家电监会的法律地位，因此，有必要对其进行修改。

（3）集中化原则。国家电监会成立后，很多电力规制职能仍分散于国家发改委、财政部、国资委等政府机构。例如，国家电监会的权力只是根据市场的情况，向政府价格主管部门提出调整电价的建议，最终决定权属于国家发改委下属的价格管理部门；对于重要的电力投资项目及新企业的进入，主要的决策者也是国家发改委；新企业进入电力产业后，企业的经营范围由工商行政管理部门核定；国有电力企业的成本规则和财务制度则由财政部制定并监督执行。这种规制职能的分散势必会造成规制职责不清等问题。因此，有必要将原规制体制下分散在各有关部门的相关职能统一起来，集中于国家电监会，避免政出多门、多头管理。

（4）透明性原则。即政府规制必须公开、透明，特别是要实现信息公开、过程公开和结果公开。应鼓励消费者通过公开听证会等渠道积极参与价格规制过程，同时尽快形成司法监督、人大监督、行政督察和社会舆论监督的健全的全社会监督体系。

邮政产业规制变迁与中国邮政产业规制改革

邮政产业在通信产业中产生最早，一直以来实行严格的政府规制。邮政产业与国家统治息息相关，同时，邮政承担着公众通信的责任，所以邮政的业务经营长期处在行政特许的专营体制中。邮政长期以来由国家垄断经营，邮政规制给邮政专营带来了一定的好处，在一定程度上促进了邮政行业的发展和进步，但是，随着社会的发展以及竞争的加剧，邮政产业传统行政专营的弊端日益暴露，已经不适应现代社会的需要，在这种情况下，就需要对邮政规制进行改革或者放松规制。

6.1 邮政产业的经济特性与规制依据

邮政产业的经济特性主要表现在普遍服务性、劳动密集型、弱规模经济性、低进入壁垒和高退出壁垒，这些特性成为其规制的基本依据。

6.1.1 普遍服务性

“普遍服务”这一术语最早是由美国 AT&T 总裁威尔先生在 1907 年年度报告中提出来的。20 世纪 80 年代末，国际经济与发展合作组织《关于普遍服务和电信资费的改革》的报告中对普遍服务进行了重新定义：“任何人在任何地方都能以承担得起的价格享受电信业务，而且业务质量和资费标准一视同仁。”从此，普遍服务一词被各行业所引用。邮政产业的普遍服务概念也是由此而来的。《万国邮政公约》第一条明确规定了邮政普遍服务，“即以合理的价格在领土的每一个角落提供经常、优质的基本邮政业务。”

邮政可以为许多最基本的社会服务和新的市场提供接口，甚至可以为一些最基本的领域提供服务，如为边远山区的农民运输种子等。邮政普遍服务是邮政法规的基础之一。在具体确定自己的普遍服务范围时应该由万国邮联各会员国根据自己所拥有的资金状况，来确定邮政普遍服务的范围，推出符合当地实际情况的业务。也就是说，各国在制定自己的普遍服务标准时应该参照自己国家的实际情况制定出相应的标准。另外，在选择最佳的邮政普遍服务方式时，应该由各国政府根据各自的特殊环境来选择。由于提供邮政普遍服务属于各国自己的权利，因此，万国邮联必须不断地阐述邮政普遍服务的重要性，说明没有邮政普遍服务会造成的后果，并通过重点宣传那些能对所有国家有启示作用的成功案例，努力推动邮政普遍服务的发展。

统计数据表明，万国邮联有67%的会员国已经确定了邮政普遍服务的定义。然而，在邮政通达范围方面，不同的国家和地区还有一定的差异。在工业化国家，邮政普遍服务实施的程度很高，但在发展中国家，14%～25%的居民没有通邮，为此还需要进一步的努力。

邮政要为所有的人提供服务，而不管接受服务的人在什么位置。对于那些偏远的地区邮政就要承担比较高昂的费用，如果国家不对邮政行业进行规制的话，邮局会因为这部分高昂的费用而减少甚至是取消对于偏远地区居民的服务，从而使这部分人享受不到邮政的普遍服务，所以国家要对邮政进行规制，用法律的形式规定邮政业要实行普遍服务，以保证偏远地区居民的基本通信权利。另外，对于偏远地区比较高的成本政府也会采取对邮政补贴的方式来保证邮政的经济利益。

6.1.2 劳动密集型产业特性

邮政通信产业所提供的，只是实现信件或者信息在空间上的转移，而不是像其他企业那样把原材料加工成产成品，邮政只是为公民提供了一种便利和放心。从某种意义上说，邮政提供的产品具有服务性，正如其他的服务业一样，需要大量的劳动力来完成工作，但是由于邮政普遍服务的要求，与其他服务行业相比，邮政行业需要更多的人员来完成邮件的分发、投递等工作，这就决定了其在生产的过程中需要更多的劳动力来实现其服务，所以邮政产业属于劳动密集型产业，无论在发达国家还是发展中国家邮政的劳动密集型特征都是比较明显的。

邮政提供的服务具有无形性、即时性，不能保存而且容易消失，并且也是不可逆转的，如果邮政在提供服务的时候出售了不合格的服务，那么最终受到损失的是消费者，所以国家要对邮政进行规制，以保证邮政提供普遍服务的高质量，使公民的基本通信权利得到保障。

6.1.3 弱规模经济性

规模经济是指因生产规模的改变而引起的收益变动，它反映随着生产能力的扩大，单位成本下降的趋势。其严格的定义是：在技术不变的前提下，随着投入的均衡增加，在每一产出水平上所获得的产出增加比例大于投入的增加比例，同时，长期平均成本在每一产出水平上呈现出下降的趋势。

邮政网络中的邮件处理环节，由于邮件分拣设施的多业务兼容性，信件与小包裹都可以共用部分或者全部自动分拣设施，这些比较专业的自动分拣设施，具有较强的规模经济性，特别是在长途邮件的处理方面就更是如此。但是邮政行业中其他业务则表现出弱规模经济性。

（1）对于邮政本地网络，由于本地邮件传递量不大且生产组织并不复杂，加上本地运输工具和投递组织的替代性也很强，进入障碍非常低。邮政从一开始面临的就是来自同城快递公司的竞争，后来又有报纸绕开传统的邮政发行渠道而自办发行，这些都说明了本地邮政业务不具有较强的规模经济性。

（2）邮政产业在长途信件与小包件传输领域表现出较弱的规模经济性。邮政的业务量并不与邮路的长度成正比，特别是一些偏远山区，有时为了送达一封信或者一个包裹来回需要几天的时间，这样虽然邮路很长，但是其业务量却很小，其成本曲线与产量增加之间没有持续的下降关系。

（3）在邮件的处理环节中，虽然信件与小包件的处理方面具有较强的规模经济性，但是，一方面，通讯手段的发达使邮件市场容量越来越小，这个兼容性带来的成本优势就受到了严格的约束。另一方面，该环节占邮政网络总成本的比例较小，并不能强化邮政网络整体的规模经济性。

邮政产业的弱规模经济性决定了政府要对其进行规制，以保证邮政产业的生存与发展。

6.1.4　低进入壁垒与高退出壁垒

行业进入壁垒与退出壁垒的存在主要是由资产的专用性决定的。资产专用性是指那些如果用于其他项目价值就很小或者几乎没有价值的投资，即某些资产不易改变用途，出售困难，变现能力差。

由于资产专用性的存在导致了沉没成本的存在，沉没成本是产业自然垄断得以维持的重要经济条件，它构成了产业的进入壁垒。沉没成本与高资本密集性通常构成通信产业的经济性进入壁垒。

邮政产业的沉没成本与一般意义上的沉没成本并不完全相同，这主要表现在邮政沉没成本用途的部分可转移性方面。比如邮政运输设备、厂房等的专用性很弱，但是邮件处理设备的专用性很强，而且邮政用于普遍服务的资产又确实具有用途的不可改变性。这样一来，邮政行业的进入壁垒不是很高，也就是说，其他组织也可以购置一些邮政行业的专用资产来从事邮政领域的一些业务，比如快递运输等领域，它们可以购置一些运输设备来与邮政行业的包裹寄递业务进行竞争，一旦它们不想从事快递运输了，可以将这些设备以及厂房用于其他领域；但是对于邮政行业的某些专业领域的工作，如邮件处理业务，邮件处理设备则构成了邮政的高退出壁垒。所以针对邮政行业来说，其退出壁垒经常要高于进入壁垒。为了充分保证邮政部门的利益，政府需要对邮政行业进行规制。

6.2 美国邮政产业规制变迁

6.2.1 规制背景

美国邮政有着悠久的历史，在英国统治的殖民地时期就已经存在了，直到今天，美国是世界上电子通信业最发达的国家，同时也是实物通信业即邮政业最发达的国家——美国年人均信函约800件。

美国邮政自出现以来，将近200年的时间里一直处于国家垄断的位置，也就是由政府对邮政进行规制。

美国的邮政史可以追溯到1639年，在英国殖民统治下的波士顿，理查德·费尔班克的小旅馆负责处理来往海外的信件，成为美国的第一个邮局。在以后的30年间，邮政服务扩展到当时英属的13个殖民地。1672年，波士顿与纽约之间的邮路开通，由骑马信使沿途收发信件。

18世纪70年代英国进一步执行高压政策，1774年颁布了5项不可容忍的法令，从政治军事上加紧对殖民地的控制与镇压。在这一时期，邮政部是英国王室委派的一个机构。1772~1774年，各殖民地普遍成立通讯委员会，领导抗英斗争。1775年4月18日，在波士顿附近的列克星敦和康科德，殖民地爱国者打响了反抗的枪声，揭开了独立战争的序幕。次年7月大陆会议通过独立宣言，宣布13个殖民地脱离英国独立。这次战争使美国得以摆脱英国政治上的控制和经济上的渗透，成为一个完全独立的民族主权国家。独立战争时期，邮政部是大陆议会的一个部门。

美利坚合众国诞生之时，邮政是联系政府和地方社区的惟一纽带。新国家的艰巨任务就是如何建立一个贯穿全大陆的通信网。美国的开国元勋和宪法的制定者们虽然没有预见到技术发明将使通信发生根本性的变化，但他们懂得建立全国范围的邮政服务对于国家建设和人民生活来说是必不可少的，邮政的控制权必须掌握在中央政府手中，也就是说，美国的国家领导人明白邮政大权应该牢牢掌握在政府手中，由此也拉开了美国邮政规制的序幕。美国独立后，1777年制定的《邦联条例》（The Articles of Confederation，美国第一个宪法性文件）授权新组成的中央政府——邦联国会"有惟一且排他的权利建立与规范邮局"。联邦国会只下辖5个部，而邮政竟位列其中（其他为外交、财政、陆军、海军4部），是继外交部成立之后的第二个部。

1789年，美国宪法生效，美国总统任命奥斯古德为美国邮政部首任部长，并于同年颁布美国宪法，其中第一条第8项规定国会拥有"建立邮局并开辟邮路"的权力，并于9月20日成立了邮政部。从1789年起直到1970年的180年间，美国邮政部部长均由国会参议院推荐提名并经总统任命，并从1829年起成为内阁成员。国会对邮资调整及邮政部雇员的工资操有生杀大权。邮政部的设立大大加快了美国邮政的发展，邮件种类不断完善，投递手段从步行、骑马、坐马车，直到利用汽船、火车、汽车和飞机等交通工具，新的科技也不断得到采用。从1789年以后将近200多年的时间里，邮政专营在美国的法律地位就再也没有受到任何挑战。

这一时期的美国邮政处于国家完全垄断的阶段，国会长期保持着对邮政营业和资金预算的控制。邮政系统工资的增长，邮资的确定，邮政局长的任命也属于国会管辖的范围。国会还为邮局系统的劳工同管理者的关系立法，并且限制运送邮件的运输方式。邮政和其他服务收入上缴美国财政部，而不归属自己所有。在这一阶段，邮政部门所有的成本和收入都归国家所有，邮政总监向美国国会负责。

6.2.2 变迁阶段及其特征

在美国邮政漫长的发展阶段中，第二次世界大战之前其一直是财政收入的重要来源，也是完全由政府控制的垄断企业。但是第二次世界大战以后邮政经营产生了赤字，为了改善邮政经营的状况，1970年邮政进行了改革，改革后的邮政一直处于稳定发展的阶段，最近几年，由于美国受到“9·11”事件及其他历史事件的影响，美国邮政面临迫切的改革需要，于是在美国又开始了新一轮的邮政改革浪潮。

纵观历史，美国邮政的改革历程可以分为国有企业阶段和政企分开阶段。

1. 国有企业阶段

（1）改革原因。美国建国之后一直由政府运营邮政，邮政管理人员也由政府任命，邮政处于完全垄断的阶段。第二次世界大战以前，邮政是美国财政收入的重要来源。第二次世界大战后，邮政经营产生了赤字，邮政员工工资一直没能增长。为了改善财务状况，美国邮政需要提高资费，但邮资涨价的要求遭到了用户的强烈反对。20世纪60年代后期，美国邮政部陷入财务连年亏损的困境，人员任用受到过多的干预，没有资金投入，缺乏现代化设备来处理日益增长的邮件。其中一件富有戏剧性的例子拉开了美国邮政改革的序幕，1966年10月，世界最大的邮政机构芝加哥邮局由于经营不善全部停工，无法处理蜂拥而至的大量邮件，使邮局停止运转达3个星期之久，从而导致了美国邮政的改革。

随着全球经济发展趋向一体化，国际和国内规制放松甚至取消，贸易壁垒减少，私营企业充满活力并取得成功，邮政继续作为政府机构的现状受到了质疑；同时美国邮政内部存在着诸多的弊端，比如邮政效率低下，冗员过多，缺乏适当的资金制度和管理制度，服务质量差，连续多年亏损，已成为政府的一大负担；特别是当历史走到 20 世纪 70 年代，电话、传真、网络等现代化的通信方式迅猛发展，并以较快的速度在公众中普及，以及私营速递公司的崛起等等对邮政通信业务产生了巨大的替代作用。另外，政府已经对水、电等进行了改革，提高了政府机构的效率，邮政作为基础设施也应该进行改革，以提高其效率。

鉴于上述原因，为了提高邮政的效率，更好地为公众服务，美国邮政进入改革阶段。

（2）改革历程。在 1967 年的国会听证会上，美国国会议员们得出结论，邮政总监（改制前后都称为邮政总监）的权力和职责完全脱节，邮政总监没有履行职责所必要的权力。对于邮政部的工作量、收费标准、雇员工资、服务质量和设备效率，邮政总监都不能控制。邮政总监有责无权的结果，造成了这样一个事实，邮件量火箭似地增长，但处理邮件的方式却还停留在 200 年前的水平。1968 年 7 月 16 日卡普尔委员会发表了一项报告，题为《向着邮政的成功迈进》，建议成立一个政府拥有的公司，在自给自足的基础上经营邮政业务。1969 年 5 月，尼克松内阁的邮政总监提出改革方案，建议将联邦邮政部转换成联邦政府全权所有的、独立的、自负盈亏的邮政公司。尼克松总统采纳了这个方案，并要求国会通过这个方案。在 1970 年的国会上，国会采纳了由卡普尔委员会提出并得到尼克松政府支持的邮政公司形式的方案。国会于 1970 年 8 月通过了一项议案，把邮政部和美国邮局改组为一个独立的政府机构——美国邮政局。从此，美国邮政总监不再是内阁成员，美国邮政由一个政府部门，转变为一个国有企业。

在此次重组中，美国国会将联邦邮政部的全部资产，划归美国邮政服务公司，资产总值为 30 亿美元，但联邦邮政部的全部债务，由国会承担。

（3）特征。邮政总局是归美国政府拥有但独立运行的企业，国会不再干涉邮政总局的开支及雇员工资。邮政总局的权力机构是由11位成员组成的邮政理事会，他们经由下列程序产生：先由参议院提名9名成员，经总统任命而生效，然后由9位理事任命邮政总局局长，他们再共同任命邮政总局副局长，即理事会的第11名成员。邮政总局局长是执行机构的首脑，其在总统内阁中的地位被取消。在财务上邮政总局可自行处理收益，要求做到收支平衡。一个独立的邮资费率委员会负责对邮资的调整提出建议，并最终由邮政理事会批准决定。

邮政重组法令为新生的邮政总局规划了方向，使美国的邮政系统重新充满了活力，在这以后的20多年里，美国邮政取得了巨大的成绩。举一个例子，邮政重组法令规定在20年内分阶段逐步缩减政府对邮政总局的补贴，这一要求被顺利地提前兑现。从1971年邮政总局刚成立时政府每年补助8.44亿美元，到1983年完全不再需要补助，只用了13年，美国邮政就使自己成为不用纳税人1美分的、完全自给自足的实体。

2. 政企分开阶段

（1）改革原因。20世纪80年代以来，经济全球化向纵深发展，对各国邮政的改革与发展产生了深远的影响。在经济全球化的带动下，许多国家在邮政和快递业内引入了国际竞争，邮政业务日趋开放。随着21世纪曙光出现在地平线上，电子技术、计算机信息处理技术已经成为当代科学发展的主导，因特网的出现标志着人类社会正在步入信息时代。美国作为当今世界最大的发达国家之一，电子信息处理技术更是渗透到社会生活的各个方面。新技术的发展对传统信息业务构成了致命的威胁，政府和企业之间以及人与人之间进行业务处理越来越多地依靠电子技术，传统邮政的市场份额在一天天缩小。2001年对美国邮政部门来说是黑色的一年，经济低迷、“9·11”事件、炭疽恐慌等使美国邮政陷入了30年来最低谷。《华盛顿邮报》报道，美国邮政管理局1月8日公布了一连串悲惨的数字：即使在圣诞前夕的邮件旺期，美国邮政仍然很不景气，纯收入只有1.08亿美元，比预期少了5.21亿美元。

另外，欧洲一些发达国家相继进行了邮政改革，美国邮政如果仍然止步不前，必然会落后。在新的发展环境下，邮政难以继续维持既是规范市场的政府主管部门又是竞争主体的双重角色，邮政改革势在必行。

（2）改革措施。进入2000年为适应不断加快的全球一体化进程，美国邮政计划实施全球一体化战略。主要内容包括：①增加优先邮件的业务进口量。②在世界范围内建立全球贸易合作伙伴。③在2003年美国邮政事务所总统委员会上提出了一套邮政改革的方案：a. 美国邮政作为自主经营的商业企业具有其独特性，仍保留其在联邦政府行政部门中的公众机构地位，即美国邮政不会被私有化。b. 邮政的垄断性将被弱化，并逐步引入竞争。c. 成立独立的邮政监视会负责提供广泛的公众政策来监督美国的邮政工作，监视会要保证财务透明度；防止重复补助；控制非竞争产品的价格；核查工作分工和其他费用分担；审议服务标准的变更等。d. 美国邮政在制定邮政资费方面将享有更多的灵活性。

美国邮政继续保持类似公共企业的性质，不推进邮政公司化。法案加强了对美国邮政的支持，明确了邮政服务的定义和邮政垄断业务范围，规定6倍于基本邮政资费（指一类邮件首重资费）以及重量低于12.5盎司的信函是美国邮政的垄断业务。美国国会宣称，美国邮政拥有高于其他主要国家的垄断权力。

6.2.3　监管机构设置与功能

美国邮政公共服务的执行职能和监管职能是相分离的，美国邮政总局并没有对邮政业进行监管的职能，按照《美国邮政法》第360条第一附章的有关规定，对行业进行规制的是独立规制机构——邮政资费委员会（Postal Rate Commission），对美国邮政的财政预算、邮政基金、服务资费等实行监督管理。它既不隶属美国政府，又不隶属美国邮政，而是直属美国国会，负责美国邮政资费的制定和调整；2004 年 5 月 20 日，美国国会众议院通过并颁布了《美国邮政法修改法案》，该《法案》规定，原邮政资费委员会改为邮政监管委员会，主要职能是负责制定邮资、监管美国邮政的财务和服务质量，并增加了其对美国邮政业政策法规、市场准入、保障公共服务、维护邮政通信安全等实施全面监管的职能。该《法案》还规定，邮政监管委员会设有邮政总监察长，经总统任命后，在任期内具有与联邦政府其他 27 个总监察长一样的职权。

6.2.4 *规制绩效*

1. 早期的规制绩效

邮政部是继联邦政府外交部之后成立的第二个部，作为联邦政府的一个部门，邮政部是有着辉煌历史的，而且对整个国家的通信事业做出了很大的贡献。对于美国立国后的经济增长和社会发展，邮政部发挥了不可替代的巨大推动作用。在美国的早期，没有电话、电台、电视，没有汽车、火车、飞机，经济以农业为主，各个分散的农场与外界的信息联系，最主要就是依赖于邮政系统传递的信件和报纸。

为了更快、更安全地传递邮件，对于交通和通讯工具的任何新发明和新发展，邮政部都特别关注，并积极参与，率先采用，而邮政部的关注、参与和采用，又给予这些新技术的产生、改进和普及以极大的促进。美国现在四通八达的铁道网、高速公路网、空运航线网，从无到有，从短到长，从慢到快，联邦邮政部都立下了汗马功劳。1829 年，美国有了第一辆火车机车，到 1832 年，邮政部就开始利用火车传递邮件。1897 ~ 1908 年间，在一些交通不便的地区，为了当地居民得到更好的邮政服务，那些地区的地方政府共投入 7200 万美元，架桥梁、开隧道、铺公路。1908 年，全美国只有一架旧飞机，但到 1911 年联邦邮政部就进行了第一次空运邮件的试验飞行。到 1918 年 5 月 15 日，邮政部开通了第一条定期空运邮件航线，这也是全美国第一条商用航线。1911 年至 1967 年，美国联邦邮政部还开办过邮政储蓄。

美国邮政对于美国早期的发展起了不小的推动作用，促进了美国早期经济以及其他方面的发展，而且在这一时期，美国邮政是财政收入的主要来源，也推动了美国经济的发展。美国邮政早期的规制绩效还是比较显著的，主要是因为早期还没有出现替代品或者替代品发展比较缓慢，从而使邮政面临的竞争比较少。

2. 现阶段美国邮政规制绩效

在 1971 年的重组中，国会要求美国邮政服务公司自负盈亏，收支平衡，联邦政府不再将美国邮政服务公司列入预算。虽然国会不再给美国邮政服务公司拨一分一厘，由此卸下联邦政府财政的一个大包袱，但美国邮政服务公司也不用向国库交缴一分一厘的税和利润。

改制以来，美国邮政的营运状况应该说有了很大的改观，亏损没有过去那么严重，在很多年度还有巨额的盈利。从 1995 年起，美国邮政服务公司连续五年大幅度盈利，1995 年财务年度盈利 18 亿美元，1996 年财务年度盈利 16 亿美元，1997 年财务年度盈利 126 亿美元，1998 年财务年度盈利 55 亿美元，1999 年财务年度盈利 36 亿美元，2000 年财务年度盈利 20 亿美元。可见，美国邮政规制后取得了一定的成果。

6.2.5 启示

通过对美国邮政规制改革的研究，可以得出美国邮政取得成功的一些启示。

1. 政企分开，打破行政垄断

美国邮政最开始是垄断时期，随后又由政府部门转变为国有企业，一直到现在政企分开但保持公共企业运作方式，是随着社会经济的发展而发展变化的。只有政企分开才能使邮政的运行保持较高的效率，才能促进邮政的发展。

2. 引入竞争，打破业务垄断

任何行业或领域，如果没有适当的竞争，就会影响其发展，邮政行业也是一样的，引入竞争会促进其发展。美国通过改革，在邮政领域引入竞争，使邮政不再是独断专营了，在一定程度上促进了邮政的发展。

3. 完善的法律，保障竞争有序

纵观美国邮政史不难发现，美国邮政能有今天高度的发展，靠的是严密、完整的法制保障。美国对邮政业的法律法规及规章主要有四部分，包括《美国邮政法》，《私营快递条例》，《美国联邦法规》第39卷“邮政”中的第一章“美国邮政服务”、第五附章“限制私营运递信函”的第310节和第320节《美国邮政私营快递条例诠释》。法律对于保障邮政行业的竞争秩序起了很大的作用。

6.3 中国邮政产业规制现状及改革思路

6.3.1 邮政产业规制演变的历程

我国政府对邮政产业的规制历程，可以分为四个阶段。

1. 1986年之前：政企合一、邮电合一阶段

新中国成立后，于1949年11月1日设立邮电部，统一管理全国邮政和电信事务，确定邮政名称为“中国人民邮政”，从此，开始了近50年的政企合一、邮电合一的经营模式。邮电部作为直接隶属于国务院的行业主管部门，代表政府对邮政行使具体行业管理职能，是邮政事实上的规制主体，其次是负责邮政基本资费价格管理的国家计委物价部门。

2. 1986～1995 年：有法可依的邮政政企合一阶段

1986 年 3 月，邮电部与中国人民银行联合发布了《关于开办邮政储蓄的协议》。同年年底，《中华人民共和国邮政法》通过，邮政储蓄成为了邮政系统的法定业务。1986 年 12 月 2 日《中华人民共和国邮政法》在第六届全国人民代表大会常务委员会第十八次会议上获得通过，自 1987 年 1 月 1 日起生效，这是我国第一部邮政法律。这部法律确定了邮政政企合一的运营模式，规定了邮政普遍服务的功能和邮政专营权的范围。比如《邮政法》第一章总则第二条规定：国务院邮政主管部门管理全国邮政工作。国务院邮政主管部门根据需要设立地区邮政管理机构，管理该地区的邮政工作；第三条规定：国务院邮政主管部门所属的邮政企业是全民所有制的经营邮政业务的公用企业。邮政企业按照国务院邮政主管部门的规定设立经营邮政业务的分支机构；第八条规定：信件和其他具有信件性质的物品的寄递业务由邮政企业专营，但是国务院另有规定的除外。邮政企业根据需要可以委托其他单位或者个人代办邮政企业专营的业务。代办人员办理邮政业务时，适用本法关于邮政工作人员的规定；第十条规定：邮政企业及其他分支机构的设置标准，由国务院邮政主管部门规定；第十二条规定：邮政企业经营的业务有：国内和国际邮件寄递；国内报刊的发行；邮政储蓄、邮政汇兑；国务院邮政主管部门规定的是和邮政企业经营的其他业务。

3. 1995～2005 年：邮政独立运行体制逐渐形成阶段

1995 年，原邮电部成立了两个企业局，即中国邮电邮政总局和中国邮电电信总局。这两个企业局设立，在形式上已经成为具有法人资格的企业，并在国家工商总局注册登记。随后，各省市也纷纷成立企业法人。1998 年 3 月 10 日，信息产业部成立，同年 4 月 28

日邮电分营，成立了国家邮政局。

原邮电部邮政业的行业管理职能被完全划转至信息产业部国家邮政局，邮政规制主体变成了国家邮政局。信息产业部成为邮政产业新的政府规制机构，实行政企分开的初步改革。与此同时，它又是接受政府规制的客体。我国邮政系统由各省、自治区、直辖市邮政局组成，各省级邮政局又下辖市邮政局，再到县邮政局，直至乡镇级邮政所，是一个典型的正金字塔结构，而且，各级邮政局又监管基本通信、速递、汇兑、邮政储蓄、代办等业务，其中既有邮政服务的基本业务职能，又有市场运作的商业服务职能，政企合一。

按照1998年国务院机构改革方案，邮电行业从1999年1月实行邮政、电信正式分营。分营之初的中国邮政亏损高达179亿元，全行业负债达95亿元，邮政设施在建项目资金缺口达170亿元，货币资金严重短缺。在这种困难局面下，国家邮政局仍然自我加压，提出了“三年扭亏，五年步入良性循环”的奋斗目标。

分营以来，中国邮政动员全国50万邮政职工艰苦奋斗，努力增收节支，通过大力发展业务、改善服务、加强管理、深化改革等强有力措施，使邮政事业取得长足进展，分营三年来中国邮政全行业共减亏179亿元。到2001年年底，中国邮政实现全行业扭亏为盈，实现盈利6000万元。

4. 2005年以后：设立邮政监管机构，组建中国邮政集团公司，邮政政企分开阶段

这一阶段，虽然邮政独立运行体制已经形成，但是，政府对邮政体制没有进行根本性改革，国家邮政局仍维持着政企不分、国有国营的垄断体制。在垄断体制外，存在一些经营同城业务及点对点物品运抵的小企业和经营包裹、运递业务的跨国公司。同时，信函业务正越来越多地被电话、E-mail、传真等所替代；文件类的函件随着电子商务的引入而减少；互联网为人们提供了包罗万象的信息，使得书籍资料类的函件也相应减少，来自替代品的竞争，使国家邮政局面临越来越大的威胁。

2005年7月20日，酝酿多时的《邮政体制改革方案》在国务院常务会议上讨论并原则通过。改革主要目标包括：重组国家邮政局，作为邮政监管机构；组建中国邮政集团公司，经营各类邮政业务；加快成立邮政储蓄银行，实现金融业务规范化经营。

2005年9月，《国务院邮政改革方案》明确提出了“一分开、二改革、四完善”方案。具体内容是：

一分开：实行政企分开，重组国家邮政局，组建中国邮政集团公司。

二改革：改革邮政主业，改革邮政储蓄，由中国邮政集团公司控股，将来不排除有上市的打算。

四完善：完善普遍服务机制、完善特殊服务机制、完善安全保障机制和完善价格形成机制。

2006年年初，国务院批准重组后的国家邮政局和省（区、市）邮政监管机构的机构设置、主要职责和人员编制的“三定方案”：国家邮政局将“一分为三”——新国家邮政总局、中国邮政集团公司、独立核算的邮政储蓄银行。重组后的国家邮政局作为国家邮政监管机构主要包括三大职能：行业监管、体质标准、资费政策法规的研究。

2006年2月，经国务院批准的邮政改革“三定方案”，即“定机构、定职责、定编制”的方案，下发到各省级政府和中央各部委，邮政政企分开的准备工作正式展开。

2006年4月起，在天津、浙江、山东、四川和陕西这五个省市，“邮政局”的牌子改名为只负责行业监管的“邮政管理局”，作为省级邮政监管机构，各省、区、市邮政管理局受国家邮政局垂直领导。新设立的省级邮政监管机构的主要职责是：贯彻执行国家关于邮政行业管理的法律法规、方针政策和邮政服务标准；监督管理本地区邮政市场；组织协调本地区邮政普遍服务以及机要通信、义务兵通信、党报党刊发行、盲人读物寄递等特殊服务的实施。

重组后的国家邮政局归口信息产业部管理，下面主要设综合司(外事司)、政策法规司、普遍服务司、市场监管司和人事司五个司。各省的邮政管理局，实行垂直管理。改革之后传统的老邮政将被“一分为二”：一是国家邮政管理局将以国家邮政监管机构的身份出现，地方邮政管理局接受其监管；二是组建中国邮政集团公司，公司业务将包括普遍服务业务、竞争性业务（包括快递和物流业务）和邮政储蓄业务。各省的邮政公司，将作为中国邮政集团公司的子公司。而除了各省的邮政公司外，中国邮政集团公司还会拥有中国货运邮政航空有限责任公司、邮政银行等控股子公司。今后，这些控股子公司都将引进合适的战略投资者。

2006年9月15日，北京、湖北、西藏三个省级邮政监管机构成立。至此，31个省、区、市的邮政监管机构全部宣布成立。按照国务院对邮政体制改革的总体要求，设立省、区、市邮政管理局，作为省、区、市邮政监管机构，受国家邮政局垂直领导。国家邮政管理局和中国邮政集团公司将于2006年挂牌成立。

到2007年上半年，邮政各项改革与发展工作都取得了新进展，实现了邮政公司化运营的良好开局：体制改革和机制创新进一步深化；基础能力建设进一步加快；财务管理进一步加强；运行质量和效益进一步提高。全国邮政业务总收入增长16.3%，发展态势良好。

6.3.2 改革思路

1. 邮政改革的机遇和优势

（1）世界范围内的邮政都在进行改革，可以为中国邮政改革提供经验参考。随着世界经济结构的调整，国际贸易发展，信息产业和交通运输业的发达，以及国际快捷物流业的冲击，邮政业务被多种信息手段和发达的交通运输业以及跨国公司快捷物流经济实体分流，各国邮政普遍服务陷入了困境。因此许多国家都对邮政进行了改革。中国处于国际竞争的大舞台上，不可避免地要受到这种改革的冲击，在这场改革过程中，中国邮政可以借鉴其他国家的一些改革经验，来为我所用。

（2）国内其他垄断性行业的改革也可以为邮政改革提供经验参考。邮政行业的改革是中国垄断行业中起步比较晚的行业，中国电信、电力、民航等垄断行业都进行了改革，这些行业的改革一方面对邮政改革起一个敦促的作用，让邮政早日摆脱亏损状态，获取更高的经济效益；另一方面，这些行业的改革也为邮政提供了一个参考的依据，即同样是在中国境内，垄断性行业应该如何来做才能更好地为广大人民服务，改革的出路在何方。当然，每一个行业都有自己的特点，这些行业的改革只能为邮政改革提供一个参考的依据，邮政行业也要根据自己的特点来寻找适合自己的改革之路。

（3）邮政改革符合中央建设社会主义新农村的要求。根据中央一号文件和商业部出台的“千村万户”工程精神，农村有4个市场，需要邮政参与开拓。一是农民素质工程需要邮政参与。建设社会主义新农村，首先要提高农村干部、农民的素质，要开办各类不同的培训班，邮政可以参与订销配送教材书籍。二是党报党刊订销与投递。党报党刊是党和政府的喉舌，具有重要的政策传播和引导作用，特别是建设社会主义新农村，需要交流建设的经验，邮政肩负党报党刊发行的主渠道作用，任务重，责任大。三是随着社会主义新农村的建设，县、乡、村图书馆、文化室要逐步建立和发展，需要大量实用农业、农村文化和科技等方面的图书、音响和报纸杂志，邮政可以参与订销、运输、销售、配送等方面的业务。四是邮政可以利用商业部出台的“千村万户”工程，支持政策，积极开拓和延伸农村市场，如开办邮政超市、邮政代销点，为农民销售农机、种子、化肥、日用品、副食品、电器、通信设备等可以办理代办业务。利用邮政储蓄银行为农民开办小额贷款业务。

2. 邮政规制改革的政策建议

对中国邮政进行以放松为主的改革，既是国家宏观规制体制改革的需要，又是自然垄断行业自我发展和现实竞争的客观要求。而作为自然垄断性行业的邮政，至今仍在努力维持其自家垄断的地位，这既与国家深化体制改革的意图相矛盾，从长期来看，也不利于整个行业的健康发展。因此，必须采取措施，加大改革力度，以促进邮政行业的发展。主要的建议有以下几点：

（1）重建邮政规制体制。邮政作为自然垄断行业，虽然可以引入竞争，但其自然垄断特征的存在，决定了仍然要对其实行规制，至少在一个不短的时间内，规制对邮政行业仍然是必要的。但是，中国原来对邮政行业的规制不但没有达到预期目的，反而留下了一系列的“规制后遗症”：邮电行业由于长期受规制，引发经济增长低效和停滞；邮政规制体制越来越庞大，规制持续的时间越长，资源配置的效率损失也越严重。因此，有必要对邮政规制体制进行重建。规制重建需解决两个方面的问题：一是规制机构本身的重建与定位，关键是要实行规制机构的独立性，即政企分开问题；二是要重建规制的内容和体系，包括规制的放松及规制内容的重建等。

（2）放松进入规制，合理引入竞争。

①废除邮政行业除普通信函业务以外其他所有业务领域的进入壁垒，促成竞争市场的形成，从而推动邮政行业提高效率。邮政行业的壁垒主要是一种进入壁垒，一般可以通过政企分开，制定反垄断法等措施予以废除，竞争格局也就会自然形成。

②区分自然垄断业务和非自然垄断业务，降低非自然垄断业务的进入门槛，引入竞争。在非自然垄断性行业中引入竞争，不是完全撤出其经营准入门槛，而是准入门槛的适当降低。邮政经营有较强的网络经营的特征，经营邮政业务的企业必须具有网络业务的资金、技术和能力。如果完全将准入门槛撤除，那么一些不具备经营能力的企业也将进入这一领域，这样只能引发该领域的无序竞争。

③还可以考虑加快建立替代品市场，促使邮政行业在与替代品行业的竞争中提高效率。事实上，这个市场已经形成，并有愈演愈烈的态势。

（3）实行政企分开，废除行政性垄断。邮政从本质上来说仍然是自然垄断性行业，但中国的邮政业由于其历史的特殊原因，其发展到今天已更多地表现出行政垄断的特征，而非自然垄断的特征。邮政行业的主管部门既是规制政策的制定者和监督执行者，又是具体业务的实际经营者。这种行政性垄断严重阻碍了市场竞争，降低了效率，直接导致了邮政行业的高成本和低效率。因此，必须对现行政企合一的邮政体制进行改革，将其从政府机构中彻底分离出来，把邮政划分成管理者和从业者两个角色，邮政管理局只担当“裁判”，“运动员”角色则交给中国邮政集团公司扮演，真正消除行政性色彩。

（4）修订现行的《邮政法》及相关法规，废除中国邮政不合理的法律保护。现行的《邮政法》是计划经济时期制定的，对邮政专营的范围界定还不是十分准确，而且对寄递市场的法律监管也缺乏法律指导。一部在政企不分条件下形成的《邮政法》不可能成为独家垄断永久的保护伞，中国邮政应该从增强竞争力出发，改革体制，改进管理，提高效率，对现行《邮政法》进行修改，将中国邮政的专营范围限定在真正的自然垄断范围之内。对《邮政法》及相关法规进行修改，目的也是要再建一套规范行业中所有竞争者的行为，直到行业发展形成规则体系。

（5）在自然垄断行业中引入激励性规制，提高经营效率。邮政行业中的某些业务，如普通信函业务等，确实符合自然垄断的经济特性，纯属自然垄断业务，又属邮政普遍服务业务，为了避免竞争导致资源浪费和实现规模经济，政府仍要对这些业务进行规制，但是应该引入激励性机制，用市场手段来保证垄断的高效率。

第7章

金融产业规制变迁与中国金融产业规制改革

金融产业作为一个特殊的产业在各个国家均受到了严格的规制。历史上出现的金融危机、经济增长对金融产业提出的融资需求、通讯技术的进步以及金融工具的不断创新使得各国金融产业的规制路径不断发生着变化。

7.1 金融产业规制的理论依据

7.1.1 一般的规制理论视角

一般说来，政府规制起源于市场垄断、外部性、公共品或不对称信息而导致的市场失灵。在对金融中介进行规制的理论中，一种观点认为规制是为了解决市场失灵的问题。特别是，银行业中的市场失灵主要是指借款人、银行及储蓄者之间的信息不对称；银行业中的市场力量，以及银行挤兑与银行倒闭的传染性及带来的负的外部性（Frexias and Rochet，1997）。银行业是经济支付系统的关键部门，如果这个系统有问题，那么整个经济都会受到影响。而支付手段的提供被认为是一种公共品，因此，政府有责任保护金融产业，防止银行恐慌及系统风险。其次，银行的债务由大量的小储蓄者持有，它的债权人也是它的客户。另外，与其他企业相比，银行有高资产负债率低现金资产比率，这就意味着银行的管理人员更倾向于选择那些在储蓄者看来更为冒险的行为。由于小储蓄者是无组织的、分散的，由监管者来行使监督权可以提高监督效率。除了经济无效率，如果没有特殊监督机构，还会出现严重的搭便车问题，因为任何个人监督都会发生成本，所有储蓄者都会受益，其结果将造成银行监督不足。在这里所要强调的是银行规制的一个特别的动因是出于保护小储蓄者的利益。像大多数金融与非金融企业一样，银行也会经受严重的道德风险与逆向选择问题，因此投资者必须实施各种监督措施，这些措施复杂且耗费巨大的成本，而且这些措施的实施是一种“自然垄断”，因为多方重复实施在技术上是多余的。更为重要的是，一个银行的多数客户就个体而言没有实施监督的激励，这种搭便车行为使储蓄者的私人代表或公共代表成为必要，这也即银行规制的“代表假说”（Dewatripont and Tirole, 2002）。

在著名的DD模型中（Diamond and Dybvig，1983），两位作者考察了银行提供的流动性服务功能，指出从事存款吸收和长期项目投资的银行能为消费者跨期的不确定性提供流动性保险。因为项目投资具有非流动性，银行允许存款人集合他们的资源并间接投资于高收益率的项目，从而增加了消费者的价值。但是，银行在执行短期负债与长期资产的转换时非常容易产生挤兑风险，导致存款人失去信心从而引发银行危机。这些模型通过两个纯粹的战略均衡描述了银行中介从良性均衡向挤兑恶性均衡转换的过程，银行极易受到挤兑这一特性使得银行受到了较多的监管。

起源于芝加哥学派的规制俘获理论认为银行业的规制被银行系统所俘获并为银行业的利益服务（Calomiris and White，1994）。Stigler（1971）认为政治系统是由当事人理性地利用的，尤其是，利益集团选择影响政府的水平是在边际成本等于边际收益时决定的。也就是说，Stigler将规制上升到了在一个一般政治运行过程的框架下决定最优政治联合体的大小问题，规制不再是一个免费商品。

与以上市场失灵及规制俘获观点不同，Julan Du and David D. Li

（2003）认为是政府失灵造成了对银行业进行规制的原因。他们认为由于银行具有独特的金融结构形式，因此其本身作为一种市场机构是内生稳定并有效的。在对商业银行600年的历史进行了系统考察后，他们认为始于19世纪的银行规制是由于现代国家企图干预银行的倒闭以降低其对整个经济系统的影响，这使得银行有不顾后果进行投资的冲动，作为一个结果，政府对银行业进行规制以防止陷入银行危机之中，这导致了银行规制的出现。在他们的模型中，起源于政府的“父爱主义”而导致的银行的道德风险问题成为对银行业进行规制的出发点。

江春、许立成（2005）对中国银行业的规制原因进行了计量考察。他们运用80个国家的数据首次系统检验了公共利益理论、政治理论、权衡理论和法律理论等金融监管理论的有效性，他们的分析指出中国的金融监规制度主要是按照金融监管的公共利益理论来设计的，它主要体现在以下两个方面：一是中国国有银行比例非常高；二是政府监管当局拥有相当高的监管权力。此外，中国的金融监管中存在着较大的利益集团力量，在银行集中度比较高的条件下，一方面会导致金融利益集团力量的强大从而损害金融的长期发展；另一方面寡头垄断市场结构也不利于市场竞争环境的形成。最后，中国金融监管机构的独立性非常地低。不仅不能与发达国家相比，与新兴市场国家相比也是最低的。

7.1.2 金融产业的脆弱性与金融危机视角

对金融脆弱性的问题进行系统地研究始于20世纪80年代初。1982年美国经济学家明斯基（Hyman P. Minsky，1982）首先提出了“金融脆弱性假说”，深入研究了银行体系脆弱性的问题，形成了狭义的金融脆弱性的定义，即认为金融内在脆弱性是金融业的本性，是由金融业高负债经营的行业特点所决定的，这一特点决定了金融业比其他行业更容易失败。明斯基从企业的角度对信贷市场的脆弱性作了系统阐述。他把借款人分成避险性、投机性和高风险性三种类型。他认为随着经济的繁荣，在借款人中后两类的比重越来越大，而第一类越来越小，于是金融脆弱性也越来越严重。

1997年亚洲金融危机之后，理论界对银行体系脆弱性的研究有了更新的进展。研究的角度涉及到汇率制度、资产价格、对外负债、银行的不良资产和资本充足率、外国投资、金融自由化以及道德风险等各个层面。在实践中，一些国家和国际机构纷纷成立了专门的金融脆弱性工作小组，对金融脆弱展开了深入研究。

金融市场的脆弱性也就是金融市场的不稳定性。金融市场本来就是动态运行，它的不稳定性不是指暂时对均衡状态的背离，也不是指金融市场在接近稳定均衡时的多重路径，这可能会对均衡趋势的数量特征，而不是品质特征产生影响。金融市场的脆弱性就是指金融市场在运行的某个阶段容易引起如下的转变：金融市场的功能和参数结构中可能会发生大规模和突然的改变，迫使金融市场改变其动态运行的本质特征。大多数情况下，将金融市场的不稳定性称为脆弱性的目的是为了强调资产的病态含义，一个很小的冲击都可能使经济单元无力偿还债务，最终破产。因此，一个强有力的规制制度环境，例如有效的法律实施、高效的政府机构，可以降低金融产业的脆弱性。

7.2　西方国家金融产业规制变迁

7.2.1　美国的金融规制变迁

1. 大萧条之后的美国金融规制

20世纪30年代大萧条之后到90年代是美国现代金融规制体制的形成与发展时期。1929~1933年期间，大批工厂倒闭，多家银行破产，股市崩溃。大萧条引发了有史以来最长的持续时间、最高的失业率。1929~1933年间，美国的国民生产总值下降了近30%，失业率上升到25%。大萧条的另外一个重大事实就是金融市场的失败，关于大萧条最著名的事实就是股票市场的崩溃，在1929年9月至1932年6月期间，股市暴跌85%。大萧条是历史上最广泛和最严重的债务紧缩，在大萧条期间，银行系统事实上已经崩溃，人们对金融市场丧失了基本的信任。在大萧条之前，美国不存在存款保险体系，大萧条暴露出了美国金融规制方面的诸多问题，例如证券交易保证金过低，信用膨胀过度；金融欺诈和股市操纵盛行；宏观调控难以取得预期的效果；投资银行存在隐瞒信息、内幕交易、误导行为。另外，1933年的派若克（Peara）听证会还发现掺水股票（无根据地抬高资产的价值，以使发行在外股份数增加合理化）在20世纪20年代是很普遍的事情。

大萧条由此给美国政府带来的扩张力集中体现在金融市场规制上。这场深刻的金融危机所产生的条例着重于安全而不是鼓励竞争。Q条例、银行存款保险制度、限制银行设立分支机构、将投资银行业务从商业银行中分离出来、联邦储备局对保证金要求的控制、给投资者提供更好的信息服务，以及对证券市场的规范，所有这些都成为了美国经济的新特点。1934年联邦存款保险制度的推行，减轻了人们对储蓄损失的担忧，稳定了银行业体系。可以说大萧条之前的金融市场的规制，政府调控集中在银行体系的机构准入方面，调节的目标是稳定货币职能；大萧条所确立的金融规制则集中在市场体系的活动方面，规制的目标是稳定金融市场职能。

大萧条对美国金融规制的重要影响还体现在立法规制方面，而不是由行政机构天然地具有相关的管辖权力，因此，金融规制的立法活动是其发生的主要形式。针对大萧条的情形，美国出台了《1933年银行法》。该法主要论点是禁止金融业混业经营，规定商业银行禁止承销公司证券，投资银行禁止吸收存款；禁止向活期存款支付利息；规定存款利率上限；建立联邦存款保险公司；扩大美联储的权力，赋予美联储执行货币政策的权力，并且有权制定证券买卖的保证金要求和进行信贷控制。

20 世纪 30 年代至 70 年代期间，美国经济恢复了繁荣，金融体系比较稳定，金融规制的原则基本是 30 年代严格规制的继续。进入 80 年代后，美国开始放松规制，随着 80 年代末期美国储贷协会危机、有问题金融机构增加，美国开始了放松金融规制的进程，在这一基调下，更为关注审慎的规制。

2. 1999 年后的美国金融规制

在 20 世纪 70 年代末全球经济一体化、金融国际化和技术创新浪潮的推动下，美国金融业的服务对象已从国内走向国际，客户需求也从单一型走向多元化，面对客户全方位金融服务的要求，实行分业经营所具有的竞争力明显不及混业经营。另外，随着信息技术、定价理论和信用评价技术的发展，金融技术创新不断地冲破了人为因素和自然因素所形成的市场分割，使得不同融资工具、技术和服务之间差别缩小，不同金融产品和服务之间的替代性增大，银行业、证券业、保险业之间的联系越来越紧密，其界限也日益模糊，严格区分不同金融业务已相对困难。美国为了顺应这种金融产业日益融合的趋势，提高本国金融业的国际竞争力，该国从 80 年代初就开始了金融规制放松的进程，逐步改变了各金融机构的业务经营范围。

随着 20 世纪 90 年代中后期日本、加拿大、英国等西方国家纷纷放弃原有的分业经营而转向混业经营的金融业规制安排，美国国内因此要求金融业混业经营管理的呼声日益高涨。1999 年 11 月 4 日美国参众两院通过了《1999 年金融服务法》，废除了 1933 年制定的《1933 年银行法》，彻底结束了银行、证券、保险分业经营与分业规制的局面，标志着美国进入了混业经营混业规制的时期。此次立法改革旨在通过鼓励金融混业经营，促进金融机构间的有效竞争，增强本国金融机构的国际竞争力。新的立法体系以金融服务功能进行分类管理，对一种新的金融商品，不同背景的金融控股公司都有相同的经营权。允许银行、证券和保险公司以控股公司的方式相互渗透，但不允许以子公司的方式进行业务渗透。金融控股公司可以通过其控股证券子公司和保险子公司，从事证券承销、自营与经纪、保险包销中以自有资金参与企业购并等以直接当事人方式进行的业务。规制机构可随时根据市场情况，通过“灵活判断”的方式来定义金融商品。另外，该法还允许设立“批发金融机构”，允许互助保险公司本部迁移等，从金融机构的稳健经营、投资者的保护、公平竞争等目的出发，制定了多项规制规则。新的金融规制体系将银行、证券、保险统为一体，依法进行横向综合性规制，克服了旧规制体系个别立法个别规制在新经济形势下的不适应性，顺应了金融服务产业融合经营的发展要求。

银行与证券业分业经营制度建立的立法意图是防范风险，因而对于市场法规不够完善，规制体系不够充分，投资者不够成熟的新兴证券市场的健康发展有着很好的支持和促进作用。许多国家包括英国、日本曾纷纷仿效美国，先后实行了银行、证券、保险业分业经营、分业规制的制度，然而分业经营制度内在的具有割裂金融市场内部联系的作用，改变了金融业自然发展的轨迹。随着经济与金融环境的变化，这种分业经营模式被认为越来越不适应美国金融业的发展，商业银行与投资银行采用各种方式绕过该法案的限制渗入到对方的业务领域中去，这正是《1999 年金融服务法》出台的背景。具体来说，以下几个原因则直接促成了该法案在参众两院获准通过。首先，技术进步尤其是信息技术的发展使金融市场日益一体化，金融机构的信息收集、分析、处理能力大大提高，降低了信息不对称程度和交易成本，为商业银行向全能型银行转变提供了技术条件。其次，商业银行的自身发展要求实行分业经营，在分业经营限制中受到较少约束的非银行金融机构不断进行金融创新，创造出新的金融工具吸引客户和资金，抢占商业银行的市场份额。再次，分业经营的制度已被现实所突破，金融业跨入 20 世纪 80 年代后进入了一个飞速发展的时期，金融创新层出不穷，金融规制逐步放松，金融机构之间的业务相互交叉和渗透，社会经济需要金融服务一体化的内在要求使得银行和证券公司纷纷以各种金融工具与交易方式的创新来规避法律的限制，涉足对方的业务领域，这已经事实上突破了分业经营的限制。最后，在国际金融市场上美国商业银行的分业经营模式已难以应付德国、日本银行为代表的强大竞争对手。

3. 美国金融产业规制特征与启示

美国金融规制体系的建立与发展的基本特点是“危机引致”和“补丁升级”（周子衡，2005）。美国金融规制的主要特征是，通过整治危机而确立金融规制体系；金融规制的立法基本上是成文法，并通过修正案的方式来完善；联邦政府和州政府形成二元规制体系；各个立法成立的规制委员会等构成联邦金融规制体系；金融规制的权威性和独立性突出；金融规制当局拥有大量高素质的专职金融规制人员等。

美国 20 世纪 70 年代和 80 年代所发生的金融危机，事实上推动了金融规制的改革，一方面“放松金融市场方面的规制”；另一方面确立并强化了针对金融企业的规制。而且美国金融规制的历史变革主要发生在 20 世纪 70 年代至 90 年代长达 30 年的过程中，这个过程大致可以划分为三个阶段：（1）20 世纪 60 年代末 70 年代初开启至 80 年代初的金融创新与规避金融规制阶段；（2）20 世纪 80 年代的简化行政规制阶段，主要是简化金融规制的组织结构，同时出现立法放松部分规制，但是从总体上说既有的金融规制依然存在，只是大部分事实上已经失效；（3）20 世纪 90 年代，主要是修正和废止了旧有的金融规制立法，颁行了《1999 年金融服务法》。由这一历史分期可以看到，美国金融规制的演变路径是一条带有明显试错性质的道路，美国的政治法律非常注重显示出的社会状况，关注各种力量之间的博弈与均衡，在没有力量改变现有割据的情况下，采取迂回的方法，通过不同途径，经历相应的阶段来达到目标。

美国的金融规制制度经历了由初级阶段的混业经营混业监督管理——发展阶段的分业经营分业规制——发达阶段的混业经营混业规制的发展过程，这是一种从低级向高级的渐进过程，它标志着美国金融业正在向更新更高层次发展推进。美国在不同时期实行不同的金融规制制度是由不同时期的社会、政治、经济等因素的变化来决定的。在20世纪30年代以前，美国金融业处于起步时期，由于缺乏自身经验和借鉴经验，采用一种“摸着石头过河”的初级的混业规制制度安排。通过对一系列金融危机案例的经验总结，美国认为混业经营是导致30年代初经济大萧条的重要原因之一。基于这一判断，从1933年开始美国实行了分业经营分业规制的制度，分隔了银行、证券、保险业的金融风险。随着金融国际化和金融创新的步伐加快，金融混业已是大势所趋，为了顺应金融形势的变化，美国在90年代末转向了混业经营混业规制。这不是一种简单层面的回归，而是建立在金融规制体系完善高效、法律框架日益健全基础上的金融规制制度安排，它表明规制制度的利与弊并不在于分业或混业，而在于这种制度能否适应经济发展的要求。美国在它的金融规制制度变迁过程中，一直非常重视法制建设，一般是先立法，然后才进行规制机构设置，依法实施规制。在具体的规制过程中，注重培育市场，立法保护金融消费者的权益。在正规的制度安排之外，建立多层次的规制体系，积极引导行业自律组织等民间力量参与金融业的规制；同时，为了顺应金融业的超国界运行，美国积极参与金融规制的国际协调与合作。

7.2.2 德国及日本的金融产业规制变迁

1. 主银行制度与日本金融产业规制变迁

日本的金融规制职能完全集中于大藏省，1927年发生了“昭和金融恐慌”，同年3月，日本颁布了首部《银行法》，这部法律促进了银行业的合并，因此又称为《银行集中法》。《银行法》赋予大藏省对包括邮政储蓄等公共金融部门在内的金融业进行全面规制的权力。在这种规制体制下，日本金融体制实行了主银行制度。其主要特点是金融体制被视为产业政策的一个支柱；大部分资金是通过金融中介市场，特别是银行来调剂；在奖励储蓄的同时，限制消费者信用和抵押信用；企业集团中的非金融企业负债比率比较高；大企业主要与大银行建立稳定的借贷关系；中小企业则与中小银行以及其他金融机构保持借贷关系；禁止外资金融机构进入，限制资本流出；在资金分配方面，政府的方针具有重大作用，主要通过金融中介调剂资金；公共金融机构通过财政投融资制度成为重要的融资渠道；金融规制体制不透明；日本银行缺乏独立性，在大藏省的要求和影响下，不断为事业部门和弱小金融机构提供资金；对有问题金融机构的处理实行护航制度，绝不允许金融机构倒闭是金融法规、金融规制和中央银行的政策必须贯彻的方针；银行与其借款企业以及企业集团通过长期、多维的关系，如相互持股来进行监督管理。

第二次世界大战以后，日本在金融制度的重建方面受到美国主持的金融改革的影响，在这一过程中，重建自有资本损失殆尽的银行系统成为最优先的任务，大银行因此避免了像其他财阀一样遭到分解。日本传统金融制度的主要特征是：限制竞争、分担风险和限制直接金融融资方式。

日本在20世纪70年代的经济高速增长时期，其金融管理在每一个领域，无论是金融机构的业务范围、金融市场的准入、机构的变更、利率与汇率的确定甚至日元的使用范围等都体现出严格规制制度。其结果是限制了直接融资方式的发展，导致间接金融占据绝对主导地位。日本在20世纪60年代后的经济高速增长时期通过间接金融供给的资金一直占90%左右。

可以说，日本经济的高速增长是通过严厉的金融规制下通过间接金融的支持而实现的。这一时期日本国内证券市场不发达，利率、汇率限制严格，银行金融业缺乏竞争。在这种情况下日本成功地实现了低通胀下的经济高速增长，理所当然与间接金融有不可分制的紧密联系。日本严格规制的金融管理体制在当时与其国内国外环境相适应。一方面，证券市场落后、经济发展的市场资金不足，金融机构实力弱小，难以和国外竞争，需要政府加强对金融的支持与规制；另一方面，全世界发达国家都普遍加强了对金融的规制，以适应当时特定的经济条件和经济政策，这也要求日本适应世界潮流，加强国内金融管理。而这种严格规制的金融体制反过来有力地促进了日本脆弱的民族金融业的发展。

政府对金融业的护航，保护了存款者的利益，也阻止了任何银行的倒闭。因此，日本直到 1971 年才建立了存款保险公司，在这一时期由于大藏省对竞争的限制，更重要的是由于经济高增长带来的广阔的盈利机会，使得银行没有必要进行冒险，客观上抑制了金融业道德风险的发生。但随着日本金融自由化和金融国际化的拓展，大藏省的权力过大、金融机构的道德风险增加等弊端也逐渐显露出来。

2. 开户银行制度与德国金融产业规制

在德国，银行占据着很重要的地位，而金融市场的作用则非常的小，1993 年，银行资产相当于 GDP 的 152%，而股票市场市值只相当于 GDP 的 24%。德国的金融规制制度产生的较早，1838 年，普鲁士王国时期就制定了《储蓄银行法》，以严格管理国营储蓄银行，这是德国金融规制制度的开始。而现代德国金融规制体系的历史发端可以追溯到艾哈德建立社会市场经济制度的 20 世纪 50 年代，但其真正形成体系和完整的制度，则是在新的《得意志银行法》自 1961 年通过之后和联邦金融规制局在 1962 年成立之后。

1961 年 7 月 10 日，《得意志银行法》通过，德国有了标准统一的金融规制框架，使德国在战后迅速建立了一整套比较健全的货币制度和金融体系，制定了相对稳定的金融货币政策和有力的规制措施，为德国战后经济的恢复和发展奠定了良好的基础。1962 年 1 月 1 日联邦金融规制局的设立，也为德国银行规制创造了合法基础。联邦金融规制局 1962 年 3 月 8 日颁布了《金融机构资本与流动性法则》，要求全体银行遵照执行。从 1967 年存贷利率规制解除开始，到 1973 年 10 月，德国已基本全面实现了金融自由化。

2002 年，德国颁布了《金融规制一体化法案》，该法案授权成立金融管理局（BaFin），负责对德国银行业、证券投资业和保险业进行统一规制。新成立的金融规制局合并了原银监局、证监局和保监局三个机构，依照原有的《德国银行法》、《保险规制法》和《德国证券交易法》三部实体法，履行对德国金融业统一规制的职能。它是具有法人资格的联邦金融规制机构，直接对财政部负责。金融规制局的规制目标主要包括：（1）确保德国金融业整体功能的发挥；（2）确保德国金融机构的偿付能力；（3）保护客户和投资人的利益从而维护金融体系的稳定。这一改革的背景是 20 世纪 90 年代以来，德国金融业面临的内外竞争压力不断加剧，迫使金融机构纷纷进行机构改革和战略调整。这种压力主要来自四个方面：一是外资银行在德国市场上份额的扩张；二是全球金融业兼并浪潮深刻地改变了银行的传统观念，加深了金融业内部业务的交叉，催生了大量的创新金融业务；三是德国银行面临信贷风险增加、同行业竞争激烈、内部机构臃肿以及银行盈利水平下降的挑战；四是金融业内部的重组使德国出现了一些大的金融集团，银行业、证券投资和保险业之间的界限更加模糊。这些都使得银行经营风险日趋复杂化、多样化、国际化。因此，为了加强对金融机构的有效规制，德国对金融规制体系实行了相应的改革。

3. 日本和德国金融产业规制特征

日本和德国在第二次世界大战之后都经历了金融产业的重建和金融规制体制的重构，金融产业围绕着支援经济发展而进行设计，在日本和德国，银企关系非常密切，银行派出公司的董事，而产业界也在银行的董事会拥有席位。大部分的企业主要依赖于银行贷款和内部融资，企业和特定的银行建立了长期的合作关系，并利用它们满足自身大部分的资金需要。

20 世纪 80 年代以来，随着经济高速增长的结束，企业获利机会减少，银行的经营环境发生了变化，产生了金融竞争的需求。企业在经济高速增长中壮大了实力，为资本市场和直接融资的发展创造了条件，也对原有的金融格局形成了冲击。在金融自由化浪潮的推动下，以日本和德国为代表，对银行主导型金融产业的规制也发生了相应的变化。

2000 年 7 月 1 日，日本将金融监督厅和大藏省的金融企划局合并，成立了金融厅。金融规制部门的独立性和权威性得到了进一步提高。新金融规制体制的建立促进了金融业务的自由化发展，在政策方面允许金融业务的相互交叉，解除对设立金融控股公司的禁令，强化资本市场的功能，引进新金融技术，降低交易成本，场外交易进一步自由化，进一步放松外汇规制，改革和完善破产处理体制，鼓励金融机构之间的竞争。这些改革促使了日本金融机构的兼并重组，同时也为金融机构参与国际金融竞争提供了有力的政策支持。

德国的金融规制一定程度上可以主要解释为对银行危机的回应。例如，1931 年开始的银行规制是由于当时出现的银行危机。第二次世界大战结束的初期，盟国占领当局和德国政府对金融体系施行了严格的管理和监督，目的在于控制严重的通货膨胀与混乱的货币信用秩序。及至 50 年代初，经过 1948 年的币制改革后，在艾哈德倡导的社会市场经济政策思想指导下，管理逐渐放松，政府干预也日趋减少。1958 年，德国取消对银行设置分支机构的限制，1960 年又取消了对银行贷款利率上限的限制。对银行体系放松管理具有充分发挥金融机构经营积极性的一面，然而也带来竞争过度、缺乏安全性等弊端。进入 70 年代后，赫斯塔特银行于 1974 年 6 月倒闭，引起了德国金融当局极大的震动。从此，金融管理又逐渐严格起来。例如，禁止发行大额可转让存单（CD）等流动性高、利率自由化的金融工具；又如，外国机构发行马克债券必须选择德国银行作为发行主承销人等等。这种严格管理固然有利于国内金融市场的稳定，但却带来了马克大量外流，限制了竞争，并促使近邻卢森堡金融市场的迅速发展。这种情况又迫使金融当局适当放松管理，实行金融市场自由化和国际化政策。例如，1985 年 12 月，联邦银行又做出允许银行发行大额可转让存单的决定，并于次年 6 月执行；1985 年 5 月后，规定外国金融机构在德国的分支机构可以从事马克债券发行的主承销业务，以促进金融市场的扩大。与此同时，为防止银行倒闭，也加强了对银行安全性的管理，1985 年新颁布的《银行法》规定：金融机构的贷款总额不得超过自有资本和准备金的 18 倍，对每一客户的贷款，不得超过银行自有资本和准备金的 50%等。

7.2.3　各国金融产业的发展与规制改革

1. 金融安全与规制改革

20 世纪 80 年代以来，提高整个金融市场的自由化程度是很多国家经济政策的一项重要安排。在这个过程中，许多国家爆发了系统性的金融危机，而且危机的频率也明显地增加。金融产业的脆弱性受到众多因素的影响，包括不利的宏观经济发展、不协调的宏观经济政策以及国际收支不平衡等。

金融自由化的典型表现主要有取消政府的利率规制、允许国内外新的机构进入金融领域、降低政府对金融中介机构的直接所有权以及对金融中介机构进行控制。此外，金融脆弱性也可能表现为金融规制人员的制度激励存在缺陷，规制者对金融创新的反应可能比较迟钝。同时，规制机构中的规制人员可能会离开规制部门，因为在放松规制的金融环境中，金融中介能够提供比规制机构更具吸引力的薪金水平，这将导致规制机构的规制水平的下降，增大金融脆弱性。

面对 1980 年代以来的金融危机，国际组织和各国政府完善了金融规制的措施，不少人将其称为再规制，这种说法严格来说是不确切的。确实，在那些实行金融自由化的国家，对利率水平和结构、汇率水平和波动、资本流进和流出、金融机构的业务范围、金融机构信贷总量及投向等，都仍然有一定的限制或控制，但限制或控制的方式和程度已大不相同。今天的金融规制是建立在尊重银行自主权的基础之上的，是一种审慎的规制。审慎规制与金融规制之间的根本区别在于，前者对银行的要求是一种规范性的品质管理，以防范金融风险和促进竞争为目的，银行具有充分的业务自主权，后者则是银行的大部分具体决定由政府机构做出。审慎的金融规制措施是金融业的行规，是为了保证金融服务业的品质。可见，强调金融规制并不是否定金融自由化，而是为了使金融自由化的效果更优。按照信息经济学的观点，金融自由化后的金融规制的作用在于对金融机构和金融市场的运作制定若干详细的规定，鼓励或强迫金融机构及时、准确、全面和公开地向公众披露信息，并对那些未能按规定披露信息的金融机构予以惩罚。

审慎规制和监督对银行来说尤其重要。银行业是一种典型的高负债行业，是一种以部分准备金为支点，以借短放长的期限变换为杠杆，依靠资产组合的资产扩张来盈利的产业，它的经营必然受资本充足率、存贷款利率、存款结构的规模、借款人偿债能力、汇率等因素变化的影响。一个银行或一些机构的失败可能引起信心的丧失和银行挤兑的发生，从而造成系统危机。这反过来会危害宏观经济稳定和经济活动，宏观经济稳定和金融稳定之间的相互依赖关系在全球化环境下日益增强。因此，在全球化的金融市场下，适当的审慎规制和监督变得特别重要。但是，由于国家主权、经济发展水平迥异等原因，一国的金融规制法规和措施又可能会形成金融服务贸易全球化的法律壁垒，给金融服务贸易全球化进程设置新的障碍，与 GATS 推进金融服务贸易全球化的主旨相背。国际金融服务全球化要求与审慎金融规制之间存在两难困境：一方面要求其他国家尽可能多地开放市场，以便从全球化中获得更大利益，而另一方面出于本国利益考虑则不惜以审慎措施为名逃避承诺和义务。这一困境也反映了成员国在金融领域追求规制目标的自由与推进多边金融全球化的多边纪律之间的冲突。解决这一问题的前提是确定审慎规制的原则和标准。

审慎规制不是对金融自由化之前的金融规制的再重复，它是一种规范性的品质管理。审慎规制的首要问题是如何平衡公共利益与被规制者利益之间的关系；其次，审慎规制需要在市场利益共同体中贯彻自我负责的原则；第三，审慎规制要求规制手段间接化和法制化。政府对金融市场规制采取间接控制机制，并依据一定的原则确立规制的范围和规制标准。只有在金融市场失败时，政府直接干预方可走上前台。不仅被规制者要依法行事，而且规制当局的规制行为也必须受到有关法规的约束，否则将受到法律的惩处。为此，真正规范的规制制度往往体现为比较完备的金融法规体系。

2. 金融创新与规制改革

金融自由化促进了各国金融市场的紧密联系，为金融创新提供了宽阔的舞台并成为金融全球化的政治基础。金融自由化对金融全球化的促进，最明显的表现就是基于本国的跨国金融交易在种类上的增多和规模上的扩大。在金融创新和金融自由化的推动下，全球资金即全球范围内剩余购买力转移的方式，从以间接融资为主转向了以直接融资为主，从而促进了全球金融市场的一体化和繁荣。而金融全球化的发展，又为金融创新提供了广阔的舞台，反过来又促进了金融创新活动的深化。

金融创新是指金融中介在金融活动中，为适应环境的发展变化和逃避规制而变革传统的金融操作方式，推出新的金融业务，采用新的技术，运用新的信用工具、新的金融服务，不断形成新的市场，以充分发挥金融的特殊功能。金融创新的内容通常包括：金融理论创新、金融产品创新、金融工具创新、金融服务创新、金融市场创新、经营管理创新以及金融组织与结构的创新等类型。

推动金融创新发展的动力有客观和主观两方面的表现。在主观方面，首先，金融市场的主体是经纪人，追逐超额利润是他们的天性；其次，金融规制当寻求政治支持的努力；最后是社会公众的客观需求。主观原因表现的三方（金融产品的提供者、金融产品的需求者和金融规制当局）毫无疑问都有推动金融创新的动机（存在时差），这成为金融创新的原动力，但其对金融创新的影响的正效应程度是不确定的。客观方面表现有四方面：（1）金融市场的不确定性和金融风险的增大；（2）冲破政府各方面规制框架的金融自由化浪潮为金融创新开拓了发展空间；（3）税收政策；（4）技术进步（如计算机技术和通讯技术的进步）、金融工程学的发展（如资产定价模型的发展和应用）和全球化的发展等的联合作用。

20 世纪 70 年代早期，布雷顿森林体系崩溃后，越来越多的国家选择了浮动汇率制。这意味着金本位制的解体和纸币本位制在主要国家的确立。不稳定的货币扩张政策和石油危机的冲击与紧随其后的汇率制度的改变，给各国国内带来了严重的通货膨胀和多变的高利率；在国际上，则表现为主要国家货币汇率的大幅波动。这导致金融风险与不确定性的增大，促进了金融创新的发展。

金融创新模糊了各金融机构间传统的业务界限，商业银行可以涉足投资银行领域，投资银行也可以变相地从事部分商业银行业务。与此同时，金融机构同质化加剧了金融机构间的竞争，金融机构为了逃避规制，增强竞争力，大量增加资产负债表以外的业务，使金融规制出现了真空地带，相对于金融机构的业务和工具创新，金融规制措施的创新显得相对滞后，传统的存款准备金、再铁锹率、银行充足比例等规制措施的有效性被削弱。

金融创新加大了规制当局金融规制的难度。金融创新使中央银行观测本国金融流量结构失去了稳定的基准，使传统的三大货币政策中贴现率、法定存款准备金率都难以发挥作用。银行机构面临着利率风险、衍生金融产品交易风险、资产证券化风险等，稍有不慎就会造成巨大的损失，而且由于支付与信息系统的创新，使这些风险瞬息之间就可能扩散和蔓延，使得规制更加困难。由于表外业务自由度大、透明度差，因而银行机构大量表外业务的问世，增加了规制的难度。在金融创新中，银行机构和其他金融机构之间的竞争更加激烈，往往使其收益减少，削弱其抵抗风险的能力，当有效管理尚未形成时，就有可能造成严重的后果。

金融创新与金融规制是一对矛盾体，金融发展史表明，创新与规制是金融业发展的永恒主题。“规制—创新—再规制—再创新”由此推动金融业的不断向前发展，金融创新是金融机构活力的体现。不创新就没有更高层次的发展，金融机构竞争就缺乏生命力。因此，开展金融创新具有其合理性和必然性。金融规制则是通过立法和管理条例对金融机构的业务、资金的价格、市场准入出以及分支机构设置等方面实施限制，其主要目的是为了保证金融机构经营的安全和整个金融体系的稳定。金融规制的意义就在于使金融机构的行为不超出有关金融法规规定的边界，但由于规制一般落后于市场的发展，因此，金融规制必然会引发金融创新的出现。当法规不能解决资金流动的低效益问题，或法规与经济发展对金融体系提出的要求不相适应时，金融机构为了逃避金融规制，改变传统的操作方式，推出新的业务。金融机构为逃避规制开拓市场而进行的金融创新活动，与规制活动之间展开了不断推进的动态博弈过程，即“规制—创新—再规制—再创新”。

7.3 中国金融产业规制改革现状与未来发展思路

7.3.1 规制改革背景

目前中国正处于经济转轨的过程，转轨过程的主要目标是把经济从生产可能性边界以下的无效产量点向转换曲线上的点移动，以实现经济可持续发展。为了实现这些目标，集中计划的过程必须被以效率收益为主导的市场导向型决策机制所替代。在这一过程中，金融产业发挥了重要的作用，因为它把储蓄和投资联系起来，加速了资金自由和高效率的流动，所以改革的关键任务就是使金融中介能发现可获利的投资机会，克服金融市场中存在的严重信息不对称问题。同时，还应着重于提高现有中介的服务水平并且提高他们支持实体经济部门结构调整的能力。

在计划经济背景下，中国并不存在真正意义上的银行，中国人民银行及其附属机构包揽了金融领域的全部业务，金融资产表现为单一的银行资产。经过20余年的发展，目前中国的银行体系已经形成了包括4家国有银行、12家股份制银行、111家城市商业银行、4家农村商业银行、1094家城市信用社、38153家农村信用社、147家外资银行分支机构及相当数量的非银行金融机构[①]。截至2005年第三季度，银行业金融机构总资产达359644.6亿元，而同期中国股票市值只有33445.61亿元，中国的金融产业仍是银行主导型系统。而且，中国的股票市场已经严重地打击了中小投资者的信心，而市场信心的破坏往往是难以恢复的。因此，我们可以遇见在未来一段时期内中国的金融产业仍是银行主导型。

根据标准普尔估计，目前中国主要银行的不良贷款率仍高达35%，中国官方公布的数字要小一些，但也超过了13%。此外，诸如扭曲性信贷配给、内幕交易、地下金融的无序等问题也困扰着中国银行业。目前无论是学术界还是政界对银行业改革的讨论都十分激烈并形成了以下几种主要观点：（1）坚持国有，国有商业银行通过内部改造提高效益（政府观点）；（2）分拆国有大银行以加强竞争；（3）发展地方政府银行；（4）发展国内民营银行；（5）大力引进外资银行（王一江，田国强，2004）。以上几种思路的共同点

① 中国人民银行金融市场司、中国人民银行上海总部金融市场管理部编：《2005中国金融市场发展报告》，中国金融出版社2006年版。

都是改革目前银行体系的体制，向市场化的商业银行进行过渡。特别是自2006年起，中国将取消外资银行经营人民币业务的所有地域限制；允许外资银行对所有中国客户提供服务；允许外资银行设立同城营业网点，审批条件与中资银行相同；取消所有现存的对外资银行所有权、经营和设立形式，包括对分支机构和许可证发放进行限制的非审慎性措施。这对中国银行业改革提出了迫切的要求。但东南亚的金融危机告诉我们，在金融自由化之前必须在银行规制的体系、工具、权力配置等方面做好准备，否则一个脆弱的金融产业极有可能重蹈危机覆辙。

目前中国已经成立了银行业监督管理委员会负责对银行业进行规制。但目前以存款保险体系为主要特征的金融安全网尚未建立，巴塞尔协议所规定的8%的库克比率成为各银行所追求的目标，对中国人民银行、银监会、财政部等机构的权力配置等问题的研究还远远不足。特别重要的是，在转轨时期内，对国有银行、股份制银行等金融中介的理解还很薄弱，在转轨条件下银行的公司治理、金融契约等微观企业行为的研究还有很大的空白，而这些正是构成规制目标、工具、体系设计的基础。

7.3.2　规制改革历程

与世界金融业发展的大趋势相比较，中国金融体制变迁的轨迹明显游离于世界金融发展的主潮流之外。中国金融业分业经营形成有其特殊的背景，20世纪80年代末和90年代初中国发生了两次经济过热现象，当时金融业极不规范，违规经营严重，金融秩序混乱，在这种形势下，出于安全考虑，国家明确实行分业经营，对于稳定金融秩序，化解金融风险起了很大作用。中国目前实行严格的分业经营制度是在经济和金融体制转轨时期一种现实和有效的制度安排。

在1993年之前，中国实行的是混业经营，有的商业银行成为证券市场创立的初始参与者。1980年国务院下达的《关于推动经济联合的暂行规定》中指出，银行要试办各种信托业务，同年在中国人民银行下达了《关于积极开办信托业务的通知》后，各家银行陆续以全资或参股形式开办了大量金融信托机构。20世纪80年代末国家开创了证券发行市场与流通市场，部分银行先后设立了证券部，之后各家银行和信托投资公司都成立了证券兼营机构，后来又出现了独立于银行的专营证券商，参与企业证券的发行、代理买卖和自营。1992年下半年开始，社会上出现了房地产热和证券投资热，银行大量信贷资金通过同业拆借进入证券市场，导致违规操作猖獗、金融秩序混乱。不但增大了银行的经营风险，助长了投机行为和泡沫经济，也增大了金融规制和宏观调控的难度。因此，中国从1993年7月开始大力整顿金融秩序。分业经营、分业管理的规定最早见于1993年11月14日十四届三中全会通过的《中共中央关于建立社会主义市场经济体制若干问题的决定》。1993年12月25日《国务院关于金融体制改革的决定》对分业经营做出了进一步规定。但规定限制的只是商业银行对保险业、信托业和证券业的投资比例和限期在人、财、物等方面的分离。1995年出台的《中华人民共和国商业银行法》对分业经营、分业管理做出了明确的规定和严格的限制。

2003年，中国银行监督委员会成立，统一规制银行、金融资产管理公司、信托投资公司等金融机构，正式确立了金融规制的分业规制模式。中国现行的金融规制模式的法律框架主要由《中国人民银行法》、《商业银行法》、《银行业监督管理法》、《证券法》、《保险法》和《信托法》组成，它确立了金融规制的三大机构——银监会、证监会、保监会。其具体职责是，银监会统一规制银行、金融资产管理公司、信托投资公司以及其他存款类金融机构，维护银行业的合法稳健运行；证监会依法对全国的证券市场实行监督管理，依法拥有监督管理证券的发行、交易、登记、托管和结算等事项的权力；保监会依法对保险业实施监督管理。为了加强银监会、证监会和保监会三大规制机构之间的协调与合作，实现信息的共享，协调规制中的重大问题，中国在2000年9月，中国人民银行、中国证监会和中国保监会建立了规制联席会议制度。银监会成立后，它与证监会、保监会在2003年9月18日召开了第一次规制联席会议，通过了专门工作小组起草的《中国银行业监督管理委员会、中国证券监督管理委员会和中国保险监督管理委员会在金融规制方面分工合作的备忘录》，其内容包括指导原则、职责分工、信息收集与交流和工作机制等几个方面，明确了三家金融规制机构对其规制对象的信息收集与交流制度，确立就重大规制事项和跨行业、金融控股集团的规制、跨境规制中的复杂问题及时进行磋商的制度，建立了每季度召开联席会议的工作机制，确立了讨论、协商具体专业规制问题的经济联系机制。这为金融业之间的信息共享和协调提供了一个平台。

在中国建立和完善分业经营、分业规制的金融体制过程中，中国加入了WTO，中国的银行市场开放将是全方位的。金融市场国际化发展趋势日益明显，在金融开放的条件下，外资银行机构不断进入，不仅会改变中国现有的金融机构，还会使现有的金融运行规则发生变化。由于内部和外部的原因都要求作为WTO新成员国的中国在各方面做出相应的改革创新，以适应竞争激烈的国际化市场环境。加入WTO后，金融混业经营趋势明显加深。首先，加入WTO后，规避分业规制的创新行为将增加。根据国际经验，发展中国家在金融开放中会大量引进发达国家已经存在的金融创新产品，金融创新曾经促使以美国为首的发达国家放弃分业经营模式。随着外资金融机构的增多，这些新产品将大量引入，会对中国的分业经营模式产生冲击。其次，在华外资金融机构与其母公司及其他分支机构的集团内交易不可避免，加入WTO后，先行进入中国金融市场的多为业务范围广泛、实力雄厚的大型跨国集团，在华金融机构与其母公司及其他分支机构的集团内交易无法得到有效控制，其境外业务具有跨行业，出现混业特征。另外，大型金融控股公司的不同类型子公司可以分别申请进入国内金融市场的不同领域，只不过在中国境内没有一个金融控股公司实体存在，因此，其内部交易比起美国金融控股公司下属子公司之间的内部交易更具隐蔽性，也就更加难以规范和监督。

7.3.3 改革思路

与发达国家上百年的金融规制实践相比，中国金融规制起步晚、历史短。现行的分业规制体制模式自运行以来，中国的金融规制工作不断加强、规制水平也大有提高。但是，面对国内外经济金融形势的飞速变化，这一规制体制也暴露出许多弊端。

从整个国内金融市场来看，除了银监会、证监会和保监会三大主要金融行业的规制部门之外，还有一些规制部门，例如财政部是国债市场的主要管理者；国家发改委是企业债券的主要管理者；而国家外汇管理局等其他政府部门监督管理外汇和B股交易。如果不同金融机构必须向不同的规制部门申请业务许可，并按照不同的规制标准运作，就没有一个规制机构能够总体评价和规制不同行业间产生的金融风险。

综合经营产生的银行、证券、保险、信托之间业务的交叉融合，削弱了分立规制的业务基础，从而限制了金融创新和发展的空间。在中国对银行、证券和保险业务分别进行审批性的机构性规制的规制方式下，当不同金融机构业务交叉时，一项新业务的推出通常需要经过多个部门长时间的协调才能完成。在目前跨行业金融创新产品大量涌现的国际金融业发展的大环境下，严格的分立规制已不能有效防范金融风险在不同行业间的传递。

迄今为止，中国金融制度基础的建设取得了长足的进展但还不完善。中国以增量促存量的渐进式改革方式形成了这样的金融微观基础：一方面，改革后形成的增量部——非国有金融机构——基本上是按照现代金融企业的要求建立起来的，具有产权明晰的特征，能对市场做出灵敏的反应，其行为由市场机制调节，是市场经济意义上的微观金融主体；另一方面，改革后仍然保存的存量部分——国有金融机构——虽然历经不断深入的改革也日益向现代商业银行体制转变，但其积重已久的深层问题并非短期内能得到彻底解决，无论在产权结构还是在治理结构中，国有金融机构都存在着明显的政企难分的特征，因而其行为具有对市场与政府的双重依赖性，是不完全市场经济意义上的微观主体。在金融行业内由于发展起点的差异和政策的影响，使得国有金融部门具有先发优势和政策倾斜的近似垄断效应，而非国有金融部门如民营金融部门和外资金融部门则由于政策壁垒，难以得到同样的机会加速发展，更无法在金融领域内与国有金融部门一争长短。这会造成整个社会的金融资源难以得到最优的配置，金融资源的配置效率较低，继而整个社会福利无法实现最大化，是一种扭曲的金融发展结构。

中国的金融规制应以法律手段为主，经济手段和行政手段为辅。目前中国的金融规制主要是金融当局的行政规制，并且在具体运作中多数是一次性的、分散的和孤立的，没有形成一个有效的金融风险监测、评价、预警和防范体系，缺乏早期预警和早期控制，往往忙于事后救火，非现场规制和现场检查的结合效率不高。没有建立集中统一的金融规制信息库，缺乏金融数据的收集、整理加工及分析系统，社会中介机构等社会监督资源没有得到充分发挥。信息披露制度不完善，市场约束力薄弱，金融规制信息没有得到充分利用。而随着经济转型，市场对金融规制方式方法要求越来越趋于灵活。在西方发达国家，金融规制当局越来越注重借用金融机构内部的力量加强风险防范。虽然金融规制的目的是金融体系的稳定，但为达此目的而把金融体系限制得没有任何发挥的余地、失去了竞争力，那同样意味着规制者的失败。

城市公用事业规制变迁与中国城市公用事业产业规制改革

城市公用事业部门是实现国民经济持续快速健康发展的基础，所涉及的领域都是关系国计民生的基础产业部门。本章以典型的公用事业部门水务行业为例，通过对比分析英美两国水务行业的政府规制变迁历程，结合中国水务行业的运行现状，以期给中国的水务行业市场化规制改革提供政策建议。

8.1 城市公用事业特性与规制依据

公用事业主要是指那些涉及公共利益及有限公共资源配置并具有自然垄断特点的行业。这类行业由于规模经济与范围经济的原因，都存在不同程度的自然垄断性。提供商品和服务需要基础网络设施，一般为垄断或寡头垄断经营，所涉及的产品和服务一般为生活必需品。

传统的规制理论认为，由于公用事业具有自然垄断的特征，尤其是其中的基础网络部分，为了获得规模经济带来的生产效率，有必要通过政府的进入规制，维持其垄断地位。同时政府对其价格、收益率等方面进行规制，以提高垄断企业的效率，降低价格，提高服务质量。这种传统规制经济学的观点忽视了政府和企业之间的信息是不对称的，政府获得的关于产品成本、质量等方面的真实信息被企业隐藏，易产生“规制俘虏”问题。由于传统经济性规制的弊端，20世纪80年代以来世界各国在传统自然垄断行业纷纷实施了放松规制的改革。在放松规制取得进展的同时，要引入竞争，政府需要一些重要的制度性补充来保证竞争机制作用的发挥，实际上是一种以规制重建的方法来放松规制。

8.1.1 城市公用事业特性

在《新帕尔格雷夫经济学大辞典》中，公用事业产品和服务是在一定的经济和技术状态下，社会的每一个成员只要付出合理的价格就有资格享受，但又不能通过通常的市场渠道对那些商品和服务进行令人满意的分配。负责分配这些商品和服务的组织被称为公用事业，其特征在于管理它们的法律制度，而不在于其所使用的资本的性质（即不管它是公共的、私人的或是混合的）。一般说来，管理公用事业的法律制度是在许可证所准许并授权的范围内制定的。授权者可以是中央政府、地方当局或介于二者之间的地方政治实体。获权者有一定的义务约束，其中主要义务是负责保证继续提供服务并使用户得到公平的待遇。它们享有土地等的使用特权以及在别人土地上架设线路的特权，这对于公用事业建设网络是特别有价值的。这一定义强调了公用事业产品和服务的公共品特征，同时指出这类产品和服务，通过政治实体授权可以由公共、私人或混合所有制企业来提供，而不仅限于国有企业。

对于公用事业很难有一个非常明确和公认的定义。针对公用事业的经济特征，公用事业主要是指那些涉及公共利益及有限公共资源配置并具有自然垄断特点的行业。狭义是指水、电、气等几个事关公众日常生活的主要行业，广义则包括城市基础设施及医院、教育、航空、道路与桥梁等涉及公众利益的行业。为了分析的方便，本文研究仅限于狭义的公用事业领域，是指那些从公共利益角度出发，通过网络传输系统提供社会公众生产、生活所必需的产品和服务的产业，主要包括供电、供水、排水、污水处理、供气、供热、铁路运输等产业。

从定义中所列举的产业，可以归纳出公用事业产业的技术经济特征。

（1）该类产业由于规模经济与范围经济的原因，都存在不同程度的自然垄断性。由一家企业生产一定数量的某种产品或一组产品成本低于两家或两家以上的企业生产，存在成本弱增性。

（2）具有提供商品和服务所必需的网络设施。该类产业需要巨额初始投资，沉淀成本较大，一旦进入，存在很高的退出壁垒，难以采取“打了就跑”的战略，可竞争性较差。

（3）所涉及的产品和服务一般为生活必需品，缺乏需求弹性，可替代性较差。同时由于其属于基础性部门，具有很强的外部性特征。

以下将以城市水务行业为例，做详细说明。

水务市场主要是指满足城市居民生活和生产的水需求的活动，它主要包括城市自来水的供应、污水处理、中水回用以及城市防洪、水系治理、水源保护等领域。[①] 从供给环节来看，正常饮用水和工业用水的供给包括了取水、处理、传输和配送等多个环节。使用后的污水还要通过下水道排污系统进入污水处理厂净化后排放，或再循环使用。具体的生产供应过程可简单概括为：把地表水或地下水及其他可利用的水资源作为原水通过管网系统输送至原水加工厂，原水经过完整的加工工艺并根据不同需求分类制成成品水，然后通过供水管道网络分销给企事业单位和居民消费者。[②] 各类消费者使用后的污水流入排污系统，由管网回收输送至污水处理厂，在水资源短缺地区，经过处理的污水往往作为再生资源，可通过管网由污水处理厂送至原水加工厂，生产出不同类别的水循环再用，提

---

① 本章主要讨论城市自来水的供应、污水处理、中水回用而不涉及水资源管理方面的内容。

② 转引自余晖：《公私合作制的中国试验》，上海人民出版社 2005 年版。

高水资源的利用率。城市水务生产过程如图 8　1 所示。

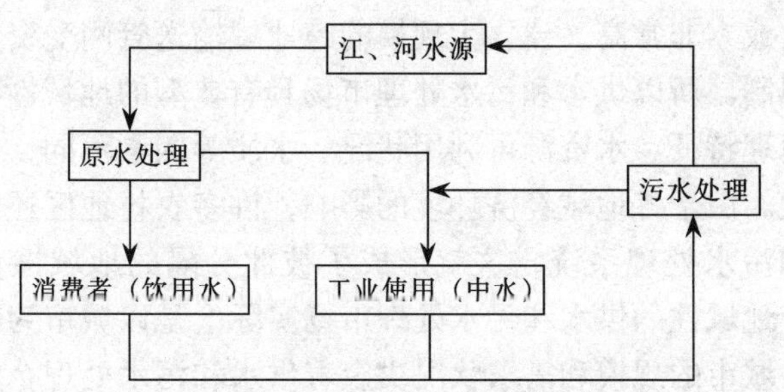

图 8－1　供水与污水处理的主要流程

其技术经济特征可概括为：

（1）城市水务行业属于自然垄断性非常显著的公用事业领域。自来水作为生产生活的必需品，属于公用事业领域，相对于其他基础设施服务而言，自然垄断特征显著。自来水产业是高度资本密集型的，该产业的大部分资产具有很强的专用性。诸如自来水供水管网和下水道系统等固定资产都具有使用周期长，资产专用性强，沉淀成本大等经济特征。同时该产业具有成本弱增的特征，在规模经济范围内，边际成本相比总成本而言微不足道。供水和污水处理网络，接入到管网系统的居民越多，或者消费量越大，平均成本就越低。一般而言，重复设置自来水总管和下水道的固定网络系统不符合经济效率原则。但自来水产业并非整个产业链都具有很强的自然垄断性，自来水产业的制水、污水处理环节的自然垄断特征并不显著。

（2）城市水务行业具有较强的外部性特征。自来水服务的质量与生产和生活关系紧密，生活用水的水质直接关系到消费者的健康。供水服务质量的不断改善，保证了生产和生活的基本需求，为社会经济、生活正常运行创造必要条件。中国资源型缺水与水质型缺水并存，需要政府进行合理规划和利用水资源，污水处理服务与质量的提高对减少污染、保护环境有着极其重要的作用。

（3）供水市场的地域性垄断特征明显。在现有的技术条件下，水的输送成本非常高，建立大规模的跨地域输送管网受资金等成本因素的限制。所以供水和污水处理市场具有典型的地域性特征。受各地区地理特征、水资源可利用状况、水质等因素不同，供水成本差距较大。由于各地域经济环境的影响，许多农村地区还没有自来水供应和污水处理系统，这就形成了彼此分隔的地域性自来水市场。各个地域性的供水和污水处理市场实际上是以城市为中心建立起来的，城市的规模和需求状况决定着供水和污水处理企业经营的地域范围和经营规模。

8.1.2　水务行业政府规制的依据

传统的规制理论认为，由于水务行业具有显著的自然垄断特征，尤其是其中的管网输送业务，为了获得规模经济带来的生产效率，有必要通过政府的进入规制，维持其垄断地位，防止造成资源浪费的破坏性竞争出现。但是，在没有竞争压力的情况下，企业往往会滥用其垄断地位，没有降低成本、改进技术和提高服务质量的动力，必然造成资源配置的低效率。因此有必要引入政府规制进行价格、收益率等方面的规制，以提高垄断企业的效率，降低价格，在保证企业生产经营的连续性的同时，提高服务质量。然而，这种传统规制经济学的观点忽视了政府和企业之间的信息是不对称的，政府获得的关于产品成本、质量等方面的真实信息被企业隐藏。产生了“规制俘虏”问题，结果规制变成一个产业积极寻求的，是产业自己争取来的，为受规制产业的利益服务的机制。

由于传统经济性规制的弊端，对于一个追求社会福利最大化的行业监管者或者政府来说，如何通过政策与制度设计来选择最优市场结构，解决生产效率与配置效率之间的两难冲突就成为最突出的问题。20 世纪 80 年代以来世界各国在传统自然垄断行业纷纷实施了放松规制的改革。在放松规制取得进展的同时要引入竞争。由于公用事业部门的行业特征，引入竞争本身需要一些重要的新的制度性补充来保证。更确切地说，在引入竞争的同时，政府实际上应该加强规制制度的建设，以规制重建的方法来放松规制。

丹尼斯·史普博（1989 年）指出："规制目标的实现，应借助市场化配置机制或直接依赖竞争性市场，也许能实现政策的目标。""规制不仅仅局限于对那些决定市场结构和企业行为特征的因素，重点应该放在那些能使市场得以运行的规则之上。"这里他强调了竞争性市场的重要作用，规制的重点应放在维护市场竞争机制作用的发挥、引入竞争上。引入竞争后，政府对基础部门的规制内容往往不是减少，而是更多。

由于公用事业部门较强的外部性特征，为了维持供给的稳定与安全。需要政府同时加强社会性规制，保护消费者利益，减少污染，保护环境。

8.2　英美两国城市公用事业规制实践变迁与启示

在公用事业的整体管理上，由于英、美两国历史文化背景、经济政治基础、自然地埋条件等方面的巨大差异，两国改革历程采取的模式不尽相同。这种差异突出的表现在产权结构的更替、模拟竞争机制的引入、价格规制、规制立法与规制机构建设等方面。下面以水务行业的改革为例，进行对比分析，以期给中国的公用事业市场化改革以启示。

8.2.1　产权结构多样化

英国历史上最初的水供给服务是由私人部门负责提供的，水务行业在 20 世纪 40 年代经历了国有化的改革历程，英国政府把水务行业与纯粹追求利润的一般经营性行业区分开来，水务行业划归国有经营管理，以追求规模经营的效率，突出水务行业的公益性的特征，保证供水服务的安全性。但在20世纪80年代中后期，英国政府迫于财政压力和国有企业的效率低下，对国有的公用事业企业进行了大规模的私有化改革。在水务行业，采取了将英格兰和威尔士地区的水务行业公有资产全部出售的彻底私有化模式。私有化后的地区性水务公司，负责提供整个英格兰和威尔士地区的供水及排污服务。

美国从事自来水供给和污水处理的机构很多且很分散，有联邦政府机构、州机构、地方机构，还有私人企业和股份公司。其所有制结构为：45.5%是公有的，28%是私有的，还有26.5%是一些机构，如学校、医院等的附属系统。许多小的水供给系统只为很少的人口提供服务，而几个大的供水系统为大部分人服务：88%的供水系统为11%的人口提供服务，而1%的系统为54%的人口提供服务。只有一家私有水企业的服务人口超过100万。

英国对自来水等公用事业实行大规模的私有化，有其政治、经济原因。私有化前，尽管英国环境部为地区水管理局制定了明确的工作目标和效率标准，然而在公有制的情况下，整个水行业的服务水平和运行效率长期停滞不前。同时，欧共体又不断推出日益苛刻的环保法规和标准，为了达到欧共体新的环保法规的要求，整个水务行业迫切需要政府投入大量的资金进行设备更新和改造。在私有化改革的大气候下，英国政府希望将供水和污水处理设施出售，以使股权分散化，政府可以将自己从财政负担中解放出来，不再承担为大规模的基础设施投资计划筹集资金的责任，减少政府财政的投入，同时还可以开辟一种新的税收来源。美国国有的供水排水等公用事业虽然也面临经营管理不善，成本过高，政府管理不力，财政补贴过高，难以达到国家规定的水质标准和公共服务要求等问题，但民众对水质的关注远大于水务行业的效率。因此为了避免了水务行业私有化这一敏感话题，其解决问题的做法与英国差异很大，美国水行业市场化的主要模式是外包运营权，产权仍为国有，一旦双方合作失败，私有公司退出经营业务较简单，不会引起大的资产纠纷，对整个公用设施运作不会造成大的影响。在美国金融市场非常发达，政府可选的融资工具多样化，可以从各种融资工具中根据当时情况选取最优惠的融资工具，政府融资一般比私人融资成本要低1%～3%。另外由政府融资，还可以享受一些私人投资不能享受的政策优惠。成功之处是它降低了水价的运营成本，减少了财政补贴。

英国水务行业私有化后，服务质量改善显著，水务行业的投资也增长迅速。可以从表8-1的对比分析中看出。

表8-1　　水的供给状况

<table>
<tr><td>供水质量：
水压过低</td><td colspan="4">1.26%
（1992～1993年）</td><td colspan="4">0.11%
（2000～2001年）</td><td colspan="4">0.10%
（2001～2002年）</td></tr>
<tr><td>无预警停水超过
12小时</td><td colspan="4">0.42%
（1990～1991年）</td><td colspan="4">0.11%
（2000～2001年）</td><td colspan="4">0.12%
（2001～2002年）</td></tr>
<tr><td rowspan="2">饮用水水质符合
标准比例</td><td colspan="2">1996年</td><td colspan="2">1997年</td><td colspan="2">1998年</td><td colspan="2">1999年</td><td colspan="2">2000年</td><td colspan="2">2001年</td></tr>
<tr><td colspan="2">99.7%</td><td colspan="2">99.75%</td><td colspan="2">99.78%</td><td colspan="2">99.82%</td><td colspan="2">99.83%</td><td colspan="2">99.86%</td></tr>
<tr><td>用户申诉服务</td><td colspan="6">民营化初期</td><td colspan="6">2001～2002年</td></tr>
<tr><td>10个工作日内处理（%）</td><td colspan="6">81.9（1992～1993年）</td><td colspan="6">99.3</td></tr>
<tr><td>5个工作日内处理（%）</td><td colspan="6">79.8（1992～1993年）</td><td colspan="6">98.8</td></tr>
<tr><td>民营化后投资金额
平均每年资本投资
（1999～2000年价格）</td><td colspan="3">1985～1990年</td><td colspan="3">1990～1995年</td><td colspan="3">1995～2000年</td><td colspan="3">2000～2005年</td></tr>
<tr><td>自来水及污水处理公司</td><td colspan="3">18亿英镑</td><td colspan="3">31亿英镑</td><td colspan="3">33亿英镑</td><td colspan="3">29亿英镑</td></tr>
<tr><td>自来水公司</td><td colspan="3">—</td><td colspan="3">2亿英镑</td><td colspan="3">3亿英镑</td><td colspan="3">2亿英镑</td></tr>
<tr><td>行业</td><td colspan="3">—</td><td colspan="3">33亿英镑</td><td colspan="3">35亿英镑</td><td colspan="3">31亿英镑</td></tr>
</table>

资料来源：节选自王强：《英国水务行业经济监管体制》，中国水网。

英国水务行业私有化后企业绩效、投资额增长明显，但是理论界对于完全私有化模式的评价褒贬不一，谁是私有化过程的受益者，消费者的福利是否真的得到了增进是争论的焦点。英国政府出售公用事业资产的动机之一是减轻自身的财政负担，定价可能过低，股东们似乎是这一廉价出让交易的最大受益者。私有化后，水务服务和环境质量确实得到改善，但是在私有化之前没有独立的监管机构来保护消费者的利益，上述改善的主要原因也应归功于独立监管体系的建立及其有效的监管。而美国的私有化步伐，处于政治利益等考虑，就要缓慢谨慎得多。在中国市场机制还不完善，法律法规还不健全，政府监管能力有限的情况下，市场化的过程也应谨慎行事，不可盲目地单独对公用事业的产权进行改革。

8.2.2 模拟竞争提高效率

由于自来水产业具有显著的自然垄断特征，是高度资本密集型的产业，资产专用性强，地域特征明显。其结果必然是由一家自来水公司经营某地区整个行业生产和供应，形成区域性垄断经营格局。这种区域性的垄断经营，无论对广大消费者，还是对公用事业自身的发展，都会造成非常有害的影响，在没有竞争压力的情况下，企业利用其垄断地位可保证高额的垄断利润，没有降低成本、改进技术和提高服务质量的动力，必然造成资源配置的低效率。因此有必要引入政府规制以提高垄断企业的效率，降低价格，提高服务质量，有效的方式是政府人为地创造模拟竞争的环境，激励企业提高效率。

英国在私有化改革的过程中，政府以促进竞争作为重要改革目标，所以相继采取的一系列激励性的规制政策都是以强调竞争的作用为主要内容的，表现为私有化改革过程，就是一个不断强化竞争机制的过程，促进城市公用事业的经济效率不断得到改善。私有化后，英国政府对英格兰和威尔士的地区性垄断经营的水务公司，通过剔除各种环境水质差异因素，以经营成本较低的企业为基础设计统一价格标尺。这样，那些经营效率较高，成本较低的企业就能获得较多的利润，从而促进企业为使其成本低于其他企业的平均成本而开展区域间的间接竞争。同时通过一系列降低进入壁垒的政策措施，积极引进与发展直接市场竞争。英国政府主要通过三种方式引入直接竞争：允许区域外企业进入区域内经营，使顾客对水务企业具有选择权，打破了水务企业原来的地区性垄断经营的局面；开发公共管道输送业务，为企业直接竞争提供基础网络服务和促进水务企业相邻地带竞争，自来水经营企业相邻地带的竞争为顾客提供了选择较低收费价格的供应者的机会。

美国各个州和地区均有自己的公共事业部门，负责提供自来水服务。当这些部门进入新的供给区域、扩大服务范围和建设新设施时，需要得到各自州的公共事业委员会的许可证。政府更加关注对水质的监控，没有对自来水产业引入直接竞争给予足够重视。

8.2.3　合理的价格形成机制

价格形成机制是公用事业政府规制关注的核心问题，规制价格的确定必须综合考虑政府、企业和消费者三方面的利益。价格规制的目标应该是在维护社会公共利益的前提下激励企业提高生产率，同时保证企业的生存和发展。

英国随着水务行业的私有化，使得水务企业必须按企业经营方式运作，照顾到包括股东在内的各方面的利益。英国水价的制定基本上按照市场经济条件下的投入—产出模式运作，即提供供水服务的水务公司，有权根据公司及服务对象的情况，自行制定各自公司的供水价格。一般采用全成本定价模式，其水费由水资源费和供水系统的服务费用构成，后者包括供水水费、排污费、地面排水费和环境服务费。但要受到水务服务办公室价格上限的规制，英国政府为每个自来水一体化经营企业和只提供供水服务的企业制定了价格上限。在制定价格上限时采用了RPI + K的价格规制模型，RPI表示零售价格指数，即通货膨胀率，K是一个调整因素，它反映收费价格的增长率以使企业有财力能连续提供服务和按照环境规制的要求进行必要的投资。例如，如果某年通货膨胀率是5%（即RPI = 5%），K固定为3%，那么，企业提价的最高幅度是8%。这个价格规制模型意味着，企业在任何一年中制定的名义价格取决于RPI

和K的相对值。K值由水务服务办公室确定，办公室和企业谈判的焦点是K值的确定问题。英国的RPI+K价格规制模型的优点是，在一定时期内固定价格的上涨幅度，这就刺激企业只有通过降低成本才能取得较多的利润。价格有一定的调整周期，在短期中企业可获得效率提高的好处，而在长期中企业提高生产效率的好处，转移给了消费者。但在实际操作中，价格上限规制使各个企业的价格常常会停留于上限价格。

美国联邦供水工程水价、州政府工程水价以及供水机构的水价构成要素是不一样的。联邦供水工程水价：灌溉供水基本水费包括基建投资、运行维护费以及未交的运行维护费所应计提的利息。城市及工业用水须按现行联邦利率偿还本息及支付年运行维护费用。州政府工程水价：所有用水户都必须支付供水工程全部的运行费、所分摊的供水工程投资和利息及其他费用。供水机构水价：美国大多数水利工程都是通过供水部门卖给用水户，用水户支付的水费包括从水利工程处的购水费、供水部门的水处理费、配水费、运行维护费、投资与利息、管理费及税收。各地区的水价差异很大，究其原因主要是：各地水文条件的差异；历史上形成的对水利系统运营能力的估计；成本回收方式的不同。各地方政府的政治考虑，如对水在吸引投资方面的重要性估计，城市扩张的需要等方面的因素，也会对水价进行调整。

英、美两国的水价在形成的过程中，都充分考虑了水务服务的成本和水务企业经营的连续性，以及消费者的利益。但是美国和英国的最高限价制定方法差异较大，英国的方法更注重市场的长期增长与技术的改进，美国则主要依据过去生产率的提高。美国的水价与英国差距显著，据1999年的调查资料显示，美国的平均水价为每平方米0.50美元，而英国的平均水价为1.15美元。水费支出占收入的比重，英国为1.2%，而美国为0.5%，这与水资源状况、水质差异、历史形成等原因也有关。

8.2.4　法制建设为政府规制提供依据

法律制度是水务行业政府规制的出发点和根本依据，主要包括立法和执法两部分。英国水务行业的私有化过程是以系统的政府立法为先导，使私有化具有法律依据和实施程序。1989 年颁布的《自来水法》，允许 10 个地区自来水公司实行私有化，建立纯企业性公司——水务公司。按照这一法律，建立了水务服务办公室，对每一个企业发放了经营许可证。随后 1991 年又颁布了《水产业法》，作为对自来水企业进行经济性规制的依据。1992 对《水产业法》进行修订，颁布了《公用设施竞争与服务法》。1998 年颁布了《竞争法》，于 2000 年 3 月生效。2003 年又颁布新的《水法》。新《水法》要求水务服务办公室保护消费者利益，积极恰当地促进有效竞争，水务服务办公室同时有义务应对反竞争行为。

作为执法机构，水务服务办公室完全独立于企业和政府，具有很大的权利范围，如发放企业经营许可证、修改许可证有关条款，以及进行价格、质量、投资等方面管理。如果水务公司对水务服务办公室审定的水价上限有异议或不满意，可向垄断与兼并委员会提出申诉。1991 年颁布了《水资源法》，是对自来水企业进行环境规制的依据。同时还有 1976 年颁布的《污染控制法》和欧共体向其各成员国发出的“关于饮用水质量与海滨浴场的指令”等针对环境与质量的法令。由“国家江河管理局和饮用水检测署”负责解释和监督执行这些法令。

美国是联邦制国家，除去联邦的权力，每个州都有自己很大的自主权，包括立法权。州的立法是相当独立的，只要是联邦制定法律以外的领域，都可以制定法律，联邦都不能加以干涉。因此，其水务行业规制立法比英国要复杂得多，规范水务行业运行和管理方面主要依靠联邦和州两级法律制度。美国的水务行业公有化程度相当高，即使是私有企业，政府也未对其实行严格的经济性规制。这与政府的政治考虑有关，居民对水价等问题未对政府提出很多的抱怨。因此政府对水务行业的规制重点是环境与质量方面的规制。联邦一级的法律法规有1972年颁布的《联邦水污染控制法修补法案》，1997年颁布的《清洁水法》，1986年颁布的《水资源发展法》，1986年颁布的《安全饮用水法》等。近来美国的与水相关的立法愈来愈关注环境保护，如1989年颁布的《城市与工业保护法》，1989年颁布的《国家铅制品效率法》，和1988年颁布的《国家水保护法》。美国最主要的环境执法机构是EPA，美国国家环保局（US Environmental Protection Agency），它有自己独立的执法机构（GREEN POLICE），绿色警察负责执行美国联邦的一些环境法的规定。重大的罚款事件，EPA只能做出一个处理的决定，最后的决定是由法庭来做出的，如果企业对EPA的决定不服，企业就可以直接到联邦法院去告EPA。美国EPA在全国各地还设有10个巡回机构，分管50个州10个大区的环境事务。美国的州有很大的自主权，尽管EPA在全国各地有10个办公室，但环境事务基本上还是由州自己来掌握的。比如《清洁水法》，其中规定的排放许可证的发放，已被授予给了州这一级。

英、美两国对自来水产业的规制都是在清晰、完备、可操作性强的法律法规下进行的。中国的当务之急是颁布相关法律法规，同时注重法律法规的可操作性，使自来水行业的规制走上法制化轨道。

8.2.5　政府规制机构职能明确

英国的水务行业规制机构设置遵循独立性和反垄断的基本原则。水务服务办公室完全独立于企业和政府，具有很大的权利范围，负责保证英格兰和威尔士的水企业能为该地区用户以合理的价格提供优质高效的供水及排污服务，发放企业经营许可证、修改许可证有关条款，以及进行质量、投资等方面的管理，同时它也是水务私有化后代表政府对水的价格进行宏观调控的最重要机构。水务服务办公室的主要职能是颁布水价费率标准，每年一次确定价格水平和结构，每5年一次审查和调整水价限制，监督水务公司的财务和投资，检查服务质量，激励水企业提高效率，鼓励竞争。水务服务办公室的工作由水务服务办公室总督全权负责，水务总督定期由国务大臣任命，并每年向国务大臣提出工作报告。为加强对水企业的民主监督，英国政府还设立了专门的水消费者委员会，是独立的代表消费者利益的机构，代表用户的观点，在英格兰有9个水消费者委员会地方办公室，威尔士有1个，负责监督水务公司的服务水平，处理对水务公司关于水质、收费等方面的投诉。饮用水的质量由政府专门的饮用水监测机构负责，检测项目包括水的气味、外观等项目，尤其是消费者难易办辨别的水中的细菌、化学物质和金属元素等。

美国大多数的水务服务是由市政公用事业部门提供的。公用事业规制委员会或类似的机构负责监督价格的合理性和水务行业的规划以适应本地区城市发展需求。州贸易委员会也负责解决水务公司与消费者之间的纠纷，还有消费者保护团体办公室维护消费者利益免受侵害。水环境管理的法律比较完备、执法机构依法设立、管理范围和标准依法界定、执法手段依法规范，使美国从联邦政府到州、市、郡地方政府均能较好地承担起水环境管理的职能。但联邦和地方政府仍常为管理责任和权利争论不休。依照美国的惯例，当联邦的规制政策与州的规制政策相悖时，首先以州的政策为准。

英国在水务行业规制实践中，水务服务办公室作为独立的政府监管部门具有很明确的经济性规制职能。美国的监管模式则显得更加的民主化，注重加强公用事业规制的民主化建设和增加规制透明度，但当各方利益不一致时容易存在矛盾。中国地区间差异较大，水价、水务服务经营许可、水质监管分别由多个部门监督管理。设立全国统一的独立规制机构，可以避免政出多门的冲突，但是机构的权力较大，容易引发一些机构运作本身可能产生的问题，需要因地制宜的设立规制机构。

8.3 中国城市公用事业规制现状及改革思路

随着经济发展和城市化进程的加快，由于公用事业领域中的产业都具有基础设施产业的特征，是决定其他产业能否良性健康发展的关键，是人们生活水平能否提高的决定因素。但现实的状况是由于政治、历史、经济的原因，公用事业越来越成为经济发展的"瓶颈"产业，制约着中国经济社会的可持续发展。为缓解公用事业产品与服务供给不足的压力，急需刺激企业提高效率，增加供给，改善产品与服务的质量。

8.3.1 规制背景

中国的公用事业大部分是在建国以后由政府投资兴建的，在计划经济体制下政府投资形成惯性。但政府资源有限，结果造成这些公用事业投入的严重不足，技术装备落后，消费拥挤，发展缓慢，供需缺口长期存在，形成国民经济发展的"瓶颈"制约。例如，电力产业作为能源部门，对整个国民经济的发展起基础性的支撑作用。近年来中国电力建设发展很快，但由于中国现在处在工业化阶段，工业增长强劲，城市化进程加快。GDP 增长率处于一个较高的水平，中国的经济增长对能源的依赖性很大，使得电力需求增长迅速。2003～2004 年出现了连续性的电力短缺。电力供给与经济增长之间的矛盾非常突出。又如铁路运输。[①] 铁路运输的供需受经济发展水平、工业化进程、人均收入等诸多因素的影响。中国目前铁路运输供需缺口较大。根据实证分析测算，中国目前铁路货运供需缺口率为 35.74%，客运供需缺口率为 43.09%。[②] 在现有运输能力利

---

① 详见于良春、杜琼：《中国电力均衡的市场机制与政府监管》，载《财经问题研究》2005 年第 7 期。

② 详见于良春、彭恒文：《中国铁路运输供需缺口及相关产业组织政策分析》，载《中国工业经济》2005 年第 4 期。

用几乎达到极限的情况下，铁路运输显然不能满足国民经济和社会发展的需要。

以水务行业为例。中国是一个水资源短缺的国家，人均淡水资源总量为 2282m^3，与水资源丰富的加拿大，人均淡水资源总量 95785m^3 相比较，仅为其的 2.38%，为世界人均水资源总量的 25%。而且，中国水资源时空分布也极不均衡，降水呈现东南多西北少，山区多平原少的状况，约 81% 的水资源集中分布在长江流域及以南地区。中国水资源分布的不均衡，降水量的不平衡及部分地区水资源的污染等因素更加剧了中国特别是北方地区水资源的匮乏。目前除了淡水资源严重缺乏以外，由于污染而造成的许多城市水质型缺水的问题，正日益凸显。长江三角洲是中国水网最密的地区，但坐落在这里的城市群却纷告缺水。这种水质型缺水，在珠江三角洲，在湖南、云南的一些城市也不同程度的存在。

1. 中国目前城市自来水的供给状况

从表 8 -2 中可以看出 2000 年之前，城市供水增长幅度较大，1990 ~2000 年的年供水总量平均增长速度为 8.67 亿吨/年，2000 年后增幅较小，2000 ~2003 年的年供水总量平均增长速度为 2.1 亿吨/年。中国的城市用水普及率到 2003 年才达到 86.2%，在城市中尚未完全普及自来水供应，城市人口中有 13.8% 的人自行取水。一些城市居民区实行定时供水，这在一定程度上影响了居民的正常用水，增加居民自行储水的成本，生活用水水质因自行储水的卫生条件限制而受到二次污染。工业及其他用水供给量呈现递减的趋势，水供给不足，限制了用水产业的发展。

此外，应与自来水供应配套的污水回收处理服务，处理设施的建设与利用状况则更差，污水处理率全国平均仅有 42%，发达国家污水处理率已达 85% 以上。2003 年底中国城市污水处理厂仅 612 个。同时因为经费不足，许多城市的污水处理设施不能正常运行，甚至基本不运行。城市污水日处理能力的增加幅度远低于城市日供水能力增长的幅度。

表 8－2　　水的供给状况

指　　标	1990	1995	2000	2002	2003
年供水总量（亿吨）	382.3	481.6	469.0	466.5	475.3
生活用水量（亿吨）	100.1	158.1	200.0	213.2	224.7
工业及其他用水（亿吨）	282.2	323.5	269.0	253.3	250.6
人均生活用水（吨）	67.9	71.3	95.5	77.8	77.1
用水普及率（%）	48.0	58.7	63.9	77.9	86.2

注：人均和普及率指标均按城市人口计算，城市人口指市区（不包括市辖县）有常住户口的人。

资料来源：根据 2004 年《中国统计年鉴》整理。

2. 中国目前对自来水及污水处理服务的需求状况

据统计，全国 669 个城市中，有 400 多个城市常年供水不足，110 多个城市严重缺水，1000 多个县供水完善率不到 50%。随着城市化进程的加快，需要待建、改建、扩建的供水体系激增，缺口放大，如不采取有效措施，这一供需矛盾有加剧的趋势。尤其是华北、东北、西北及沿海地区水资源供需矛盾尤为突出。国内有关专家对中国城市自来水需求状况做出以下的预测。由表 8－3 可以看出，相比中国的供水能力，存在很大的供需缺口。而目前中国各类水企业都无剩余生产能力满足增加的需求。全国各类水企业的产品销售率平均水平为 97.22%，其中新近入水企业的“三资”企业，销售率更高达 98.92%。

而水污染更进一步加剧了供需矛盾，资源型缺水和水质型缺水并存的状况，已成为制约中国经济社会可持续发展的重要因素。为缓解城市水环境恶化的趋势，急需增加污水处理服务的供给，提高污水处理率。

表8-3 水的需求状况

年　份	1997	2000	2010	2030	2050
全国总人口（亿）	12.36	12.6	14.0	15.0	16
城市化率（%）	29.93	35	40	50	56
城市人口（亿）	3.70	4.4	5.6	7.5	9.0
人均综合需水量（m^3/d）	231	235	255	290	300
人均生活需水量（m^3/d）	175	190	230	240	250
生活需水量（亿立方米）	250	300	470	660	820
工业需水量（亿立方米）	608	730	960	1520	1880
城市需水总量（亿立方米）	858	1030	1430	2180	2700

资料来源：邵益生：《中国城市水可持续管理的战略对策》。

公用事业领域供需失衡除因资源限制外，企业效率低下是主要原因。受传统观念和计划经济体制的束缚，中国公用事业领域的产业在实际运营中仍然普遍存在着照搬行政管理模式，行政垄断化经营的状况。其管理制度与经营运作模式不是按企业化方式运行，而是靠行政命令来组织生产供应，不了解市场供求，不是以利润最大化为企业追求的目标。企业由于可以凭借垄断地位，利用行政性提价、收费等方式，将成本转嫁给消费者，同时又有国家大量无偿的投资和政策性贷款，因此企业缺乏激励与成本约束，没有提高效率的压力与动机。国家实行严格的进入规制，企业在没有竞争压力刺激的情况下，必然会出现技术停滞、设备缺乏维护、资本投入不足、过度的一体化运营、治理结构不合理、供不应求、效率低下。而这同时，政府出于稳定供应等公共利益的考虑，还不得不对某些低效率运行，甚至已造成严重亏损的单位给予长期的财政补贴，这一方面加重了国家财政的负担；另一方面，又进一步助长了这类企业的高成本低质量，滋生官僚主义作风，机构臃肿、人浮于事。

3. 中国水务企业绩效分析

中国自来水产业供需矛盾突出，除了资源约束外，水企业的低效率也是主要原因。

中国目前的水企业以国有企业为主。在表8－4中，反映企业全部资产的获利能力的企业经营业绩和管理水平的核心指标总资产贡献率，全部国有及规模以上非国有水企业为2.12%，国有水企业仅为1.57%，而“三资”水企业则为6.38%，其中国有企业的这一指标数值最低。同时从表中的流动资产周转次数和工业成本费用利润率来看，中国水企业平均资产利用率很低，国有水企业的利润率为－2.15%，而“三资”水企业确高达24.45%。中国的水企业，在传统计划经济体制下形成了“以人定岗”而非“以岗定人”的局面，人浮于事，严重影响了水企业的效率。从反映水企业的生产效率和劳动投入的经济效益指标全员劳动生产率来看，全部国有及规模以上非国有水企业为41226（元/人·年），国有及国有控股水企业为37703（元/人·年），而轻装上阵的“三资”水企业为114224（元/人·年），是国有水企业的3倍多。

表8－4　　水务企业绩效分析

企业类别	企业数（个）	总资产贡献率（%）	流动资产周转次数（次/年）	工业成本费用利润率（%）	全员劳动生产率（元/人·年）	产品销售率（%）
全部国有及规模以上非国有水企业	2406	2.12	0.86	0.36	41226	97.22
国有及国有控股水企业	2150	1.57	0.83	－2.15	37703	97.01
“三资”水企业	31	6.23	1.15	24.45	114224	98.92

资料来源：根据2004年《中国统计年鉴》整理。

目前中国执行的生活饮用水卫生标准，要求检测的项目指标仅有33项。而世界卫生组织提出的饮用水水质准则包含指标49项。与国外相比，水质指标在检测指标数量和指标数值方面，中国还有相当差距。在当今社会经济不断发展，有害污染物种类不断增加，人们对身体健康越来越关注的情况下，进一步提高供水水质标准已是刻不容缓的趋势。中国目前的情况是大多数自来水厂的出厂水质是符合国家标准的，但由于管网老化、泄漏等问题，造成二次污染问题严重。各网站和供水企业供水水质检测手段和测试水平亟待提高。由于供水不足，一些城市的居民区定时供水，居民自行储水的卫生状态令人担忧。此外，反映自来水企业的服务质量水平的事故修复及时程度，持续供水能力，供水管网的压力等在《城市供水条例》中对供水服务质量的要求，各供水企业的执行情况欠佳，停水、水压不足情况时有发生。

4. 中国水企业的规模经济性

自来水的供应具有规模经济效益，随着接入管网的用户的增多，平均成本下降。但规模过大，超过了规模经济发挥作用的范围，由于管理上的低效率等原因，使企业效率下降，平均成本开始上升。中国目前按行政区划建立供水企业，城市的规模与需求状况决定供水企业的规模，而不是按规模经济发挥作用的范围确定产量，每个行政区划内一般仅有一家国有垄断的供水企业在运营，无其他企业与之竞争。

从表 8－5 中可以看出，中国水企业中共有 162 个年销售额超过 4000 万的大中型水企业，其总资产贡献率、流动资产年周转次数、利润率等主要评价企业效率的指标均低于全部国有及规模以上非国有水企业的平均水平，存在规模过大的问题。同时有些城市又存在规模不经济的问题，自建供水系统，非法开采等问题限制了规模经济的形成。

表 8－5　　水务企业规模经济性对比

企业类别	企业个数（个）	总资产贡献率（%）	流动资产周转次数（次/年）	工业成本费用利润率（%）
全部国有及规模以上非国有水企业主要指标	2406	2.12	0.86	0.36
大中型水企业主要指标	162	1.76	0.83	－0.11

资料来源：根据 2004 年《中国统计年鉴》整理。

8.3.2 规制现状

早在20世纪90年代初期，一些地方政府的城市基础设施领域已经有民间资本参与竞争。目前，中国正处在市场经济的全面推进期，市场化是大势所趋，政府在资产经营领域总体呈退出趋势。这就需要一系列的法律法规为这一改革提供法律保障。如国务院行政法规方面涉及水务的生产、经营、投资方面的法律文件主要有6部，包括《城市供水条例》(1994)、《城市节约用水管理规定》(1989)、《取水许可管理办法》(1993)、《污染防治法实施细则》(2000)、《水功能区管理办法》(2003)、《城市市容和环境卫生管理条例》(2003)。除法律法规外，中央针对具体实践出台了一系列关于城市水务市场化的政策性规范文件。如《关于加快市政公用行业市场化进程的意见》、《城市公用事业利用外资暂行规定》、《国家计委办公厅关于加快项目前期工作，积极推进城市污水和垃圾处理产业化有关问题的通知》、《境外进行项目融资管理暂行办法》、《城市供水价格管理办法》、《国家重大建设项目招标投标监督暂行办法》等。

各省、自治区、直辖市为贯彻落实国家相关法律和政策，也相继出台了为数不少的地方性法规政策，规范地方公用事业投资、运营。主要有以下几大类：

(1) 为在地方具体贯彻和实施国家法律而制定的，如《北京市水资源管理条例》、《河南省〈水法〉实施办法》、《长沙市城市供水用水管理条例》、《广东省城市生活垃圾处理收费管理办法》。

(2) 针对特定流域水质保护或水污染防治而制定的，如《安徽省淮河流域水污染防治条例》、《广东省珠江三角洲水质保护条例》等。

(3) 针对某些中央尚无法律法规加以规范的领域而制定的地方性法规，如《上海市排水管理条例》、《北京市城市基础设施特许经营管理办法》、《深圳市公用事业特许经营办法》等。

为加快城市水务的市场化进程，中央和地方政府积极进行改革，并大力开展法律和政策的建设和创新，从制度上保证公用事业从国有垄断经营到民营化变革的顺利进行，这使城市水务的市场化明显具有自上而下推动的特征。

独立的企业是市场竞争的主体，在公用事业领域引入竞争的过程中，中国采用了分拆与引入新的竞争主体相结合的模式，初步建立起了竞争的格局，并已显示出了竞争的活力。水务行业被认为是最具有自然垄断性的行业，政企分开和企业重组是当前自来水业改革发展面临的两个最关键的问题。对于自来水业管理体制改革首先要实现政企分开，大体已形成共识，即成立政资独立的水务集团；而改革的下一步——引入竞争——则成为难题。

与其他具有不同程度的自然垄断性的公用事业一样，水务行业竞争格局的形成，无非通过“横向分割”和“纵向分割”两种方式，形成市场竞争主体。“横向分割”是在一定区域内，对包括网络设施在内的产业全部流程进行分割整合，形成各个独立的公司运营。这种分割的好处在于最大限度发挥原有纵向一体化带来的规模经济，有利于规制者引入区域间比较竞争。但缺点是区域性企业仍然在该区域内处于垄断地位，垄断势力势必会对消费者剩余进行榨取，需要对处于垄断地位的企业进行有效的产业监管。“纵向分割”是对整个产业链条的分割。它是对产业链上的各环节，如生产、经营、服务从基础网络中分离出去，形成围绕在基础网络基础上的产业主体，从企业内部的分工演变为市场分工。这种分割的好处在于给予建立在基础网络基础上的各个产业端以市场竞争压力的束缚，通过市场交易代替企业内部的指令配置，有利于实现各个产业端的竞争。但缺陷是产业的基础网络仍然具有产业链条的垄断地位，具有市场势力，会对上下游产业环节进行榨取，这就需要对拥有基础网络的企业进行严格的规制。电力系统实行厂网分离的改革就是“纵向分割”模式。

对自来水产业而言，“横向分割”是按行政区划或流域组建若干水务集团，各区域性一体化水务集团之间展开竞争。规制当局可以引入区域间比较竞争的方式，给各个区域性的纵向一体化水务集团以竞争的压力，激励其提高效率改善服务质量。各个区域性水务集团之间可以通过兼并与重组提高行业效率。同时允许区域外的自来水经营企业进入区域内提供自来水服务。区域外企业可以延伸其管道网络进入区域内，与区域内企业为争夺顾客开展直接竞争。在技术条件成熟以后，还应该鼓励区域外企业连接区域内企业的自来水管道，形成公共管道网络，向区域内消费者提供自来水服务，从而为区域间企业开展直接竞争提供更大的可能。在这方面，英国在自来水产业的进入规制方面已作了尝试。可以用图8-2来表示。

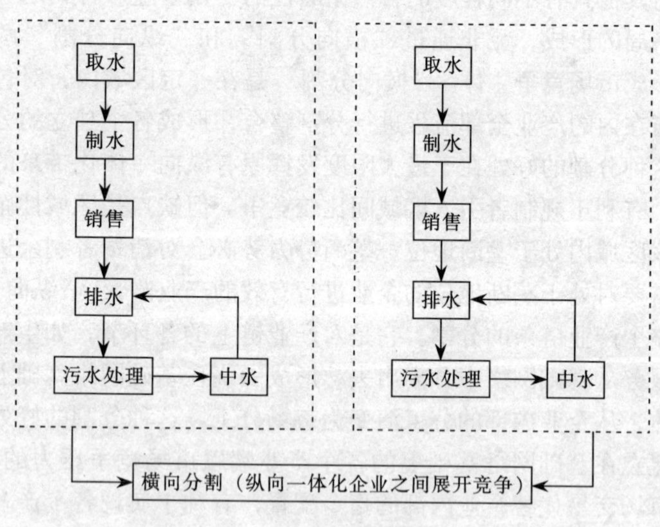

图8-2　横向分割示意图

“纵向分割”则是将整个水业链条按取水、制水、销售、污水处理、输排水管网服务等环节，分割为功能独立的专业取水公司，专业制水公司，销售公司，污水处理厂，管网公司。实现厂网分离，在各类业务相似产业之间展开竞争。如在自来水管网等基础设施建设方面，可运用招投标竞争机制，选择效率较高、成本较低的建设施工单位；在制水领域由多家企业竞争性生产，实行竞价上网，这样，自来水管网输送企业实际上就成为自来水的“批发企业”，它只采购成本价格较低的自来水生产企业提供的自来水，这种竞争机制会自动促使自来水生产企业努力降低成本。在自来水销售环节，也可以由若干家企业竞争性经营，它们从自来水管网输送企业“批发”自来水，然后“零售”给消费者，这样，消费者就可以选择服务质量较好、收费较低的自来水供应企业。可以用图8-3来表示。

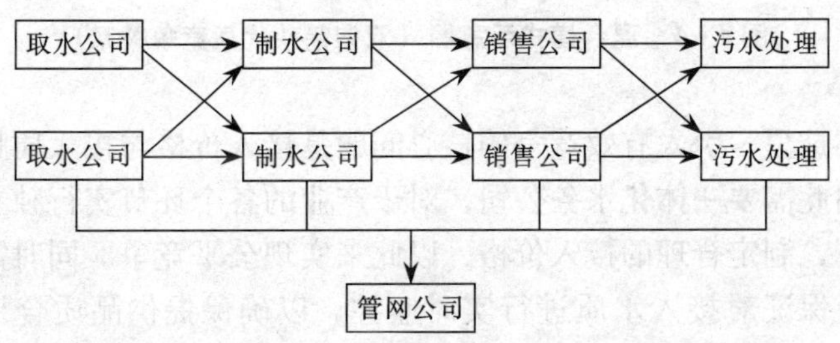

图8-3　纵向分割示意图（图中箭头代表交易方向）

中国现阶段很多城市都在进行的以公私合作模式引入非国有资本投入水务行业，实质上已经形成一种“混合模式”的市场结构，“混合模式”是保留原有一体化水务公司，同时为了满足城市新增水务需求，允许各个功能独立的专业取水公司，专业制水公司，销售公司，污水处理厂，接入原有一体化水务公司管网，与之进行直接竞争。有一体化的水务公司，又有各个功能独立的制水、销售等公司，迈出了充分竞争的第一步。但是由于中国目前各地方政府实行公私合作模式的初衷是招商引资以缓解资金不足的压力，因此虽然有竞争的市场结构，却没有出现有效竞争的市场行为。可以用图8-4来表示。

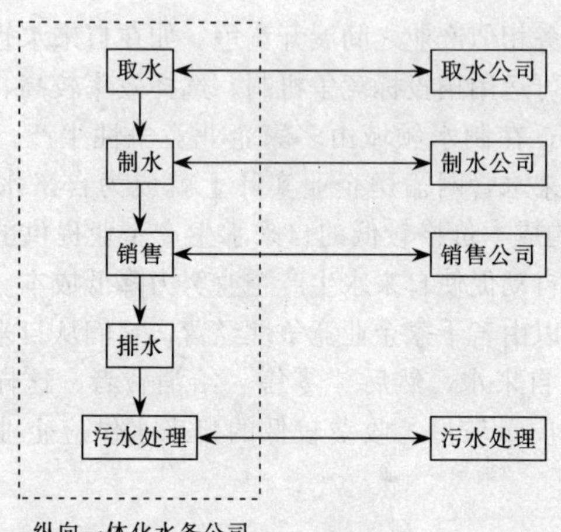

图 8-4　混合模式示意图（双向箭头代表竞争关系）

在这里，引入有效竞争的核心问题是接入价格与接入质量的问题。因此需要一体化水务公司，对于产业的各个环节实行独立的财务核算，制定合理的接入价格，以此来实现公平竞争。同时需要在技术上保证对接入水质进行实时监控，以确保提供品质合格的自来水。

两种引入竞争的方式各有利弊，没有好坏之分，要根据具体的市场需求，水资源状况，整个产业流程的成本分配情况，产业发展阶段分析选择不同的产业分割方式和不同的分拆进度。例如，如果在一个水资源充分、水质很好的区域，制水成本在总成本中所占比例相当小，即使建设多个水厂引入竞争，水厂供水价格下降幅度，以及最终客户的购买价格降低幅度都不大，反而因为重复建设，造成浪费，这时就不适宜采用“纵向分割”的模式引入竞争。因此在引入竞争的过程中，需要对引入竞争的成本收益进行分析，切不可盲目分拆。

1.“横向分割”模式的案例分析

深圳市水务（集团）有限公司是集自来水生产及输配业务、污水收集处理及排放业务、水务投资、水务设施设计与建设等业务为一体的大型专业水务服务公司。[①] 深水集团总资产 81 亿元，在全国拥有 4000 余名员工，为 600 多万人口提供水务服务，年水务销售收入超过 16 亿元。2001 年初，深圳市政府提出了“在全国率先组建融原水供应、排水、污水处理、中水回收利用等于一体的大型水务集团”的规划。2001 年 12 月 28 日，原来的深圳市自来水（集团）有限公司和深圳市排水管理处联合组建成为深圳水务集团。深圳水务集团刚一成立就拥有固定资产超过 60 亿元人民币，成为中国水务领域少有的巨头国有企业。深圳水务集团是深圳市最大的综合水务运营商，承担了深圳经济特区 90% 以上的供水任务及近 99% 的污水处理任务。2004 年 8 月，深水集团由国有独资企业转变成为中外合资企业，形成了由深圳市国有资产监督管理委员会持股 55%，全球最大的水务集团——法国威立雅水务持股 5%，通用首创水务投资有限公司持股 40% 的股权结构。两家新股东的加入，使深圳市水务集团如虎添翼，在拥有 40 多年本土水务运营经验的同时，更吸纳了国际性水务管理经验、先进技术及服务体系，拥有了国际化的管理团队。

在新的水务市场环境下，深圳水务集团确定了未来 5 年的发展战略目标，即立足深圳，面向全国，把深圳市水务集团打造成为中国水务行业的旗舰，成为中国水务行业的领航者。围绕打造中国水务行业“旗舰”的战略目标，深圳水务集团正逐步稳健地从地方性水务运营商向全国性综合水务服务商转变。先后成功投资了深圳南澳、深圳坪地、河南焦作和安徽池州等多个水务项目，充分展示了集团良好的项目整合和运作能力。深水集团还同时运营着番禺前锋

① http：//www. waterchina. com/ssjt.

污水处理厂、坂雪岗污水处理厂、常州城北污水处理厂以及浙江长兴的污水处理业务，通过输出资金、先进的污水处理技术与管理经验，使当地的污水业务运营效率及污水处理率显著提升。深圳市水务投资有限公司和安徽池州自来水公司共同投资设立池州供排水有限公司，投资比例为深圳市水务投资有限公司占52%，池州自来水公司占48%。

2002年12月深水集团公司与焦作市政府签订了《投资经营焦作市城市供水协议》，焦作水务有限责任公司是由深圳水务集团与焦作市城市建设投资公司于2003年1月3日合资成立的一个新公司。公司注册资金1.03亿元，焦作占注册资本的30%，深圳占注册资本的70%；公司下设五个供水厂，四大中心，四家多种经营分公司，独家经营规划区内的城市供水和城市供水设施建设，经营期限为20年。日供水量15万m^3，管网长度364公里，管网覆盖面积56平方公里，担负着全市72万人口的生产和生活用水。新的合资公司成立后，针对原供水总公司机构臃肿，职责不明，体制落后，管网老化，技术落后，漏耗偏高的情况，大力进行了内部机构整合和人员调整。目前公司部室及基层单位由36个调整为27个，机关部室岗位有306个调整为108个，中层管理人员由79个调整为51个。

江苏省常州市城北污水处理厂设计污水处理能力为15万M^3/d，经营权转让价款为16800万元，项目经营期限为20年。项目经营权以招标方式出让，深圳水务投资公司中标，在常州市注册项目公司进行运营管理。江西九江市水务有限公司由原江西九江市自来水集团水厂、供水管道等生产设施的净资产8000万元投入，深圳水务投资有限公司以8000万元现金投入，双方分别持有50%的股份。

采用纵向一体化经营的深水集团公司，经营规模在全国同行中处于前列，人均实现销售收入，人均创利、企业实现利润总额等主要指标多年在全国同行业中排名第一。在国际水行业竞争日益激烈的今天，应该大力支持像深水集团这类大型纵向一体化经营的水务公司发展，提升中国水务行业的国际竞争力。

2.“纵向分割”模式的案例分析

以公私合作模式引入非国有资本投入水务行业，形成了一种“混合模式”的市场结构，可视为“纵向分割”的前奏。以北京市第十水厂为例，通过招标方式运作 BOT 项目，项目基本条件十分明确地写入项目协议和合同中。参与项目投标的联合体超过 5 个，而且都是著名跨国公司，他们之间展开激烈竞争，使得各方为了取得此项目的建设运营权，都不同程度地降低了条件和要价，从而使政府在融资活动中处于主动和有利地位。通过规范、公平的招标过程，此 BOT 项目获得很大成功。由于招投标带来的激烈竞争大大降低了产品价格，使最终用户受益，也减轻了政府的财政负担。在这一阶段，非国有资本主要集中于水厂，原水设施与污水厂等领域的建设与运营，合作方式也以 BOT 方式为主。合资项目的建立，是下一步的有效竞争市场格局的竞争主体。

上海市的水务行业的经济效率处于全国较领先的水平，其改革实践也走在前列。在水务产业链条的初始阶段（原水供应阶段），上海市原水股份有限公司于 1992 年 7 月 21 日经上海市建设委员会批准，由上海市自来水公司水源厂和月浦水厂长江引水部分组成并改制为股份制企业，1992 年 10 月 29 日发行 6624.301 万股普通股股票，1993 年 5 月 18 日在上海证券交易所上市，原水供应能力为 630 万立方米/日。原水股份公司是上海惟一供应原水的特大型供水企业，负责向上海市市北、市南、浦东威望迪等自来水公司供应原水，目前公司提供的淡水已占上海市的 95%，处于行业垄断地位。

在制水和输配水阶段，上海市实行了一体化经营，为了比较各个自来水经营企业的绩效，以刺激各企业提高经营效率。2000 年上半年，上海市把原有的上海市自来水总公司按地域范围分割为 4 个完全独立的自来水公司，即上海市自来水市南有限公司、上海市自来水市北有限公司、上海市自来水浦东有限公司和上海市自来水闵行有限公司。[①] 4个独立公司都是集自来水制造、供应、销售服务、给水及排管设计、安装施工、水质分析于一体的综合性供水企业。公司下辖泵站管理所、水厂、管线管理所、营业所等基层单位。上海市政府对这4个自来水经营企业实行统一定价，以比较各个区域性垄断经营企业的效率，实现间接的竞争。但是消费者没有选择自来水经营企业的机会，直接竞争并没有充分展开。

在污水处理阶段，上海市城市排水有限公司为国有独资公用事业企业。公司的主要职能是：市区排水系统及浦东新区污水干管项目建设、运行管理、综合开办及筹资还贷。排水费收入作为公司主营收入，用于营运、建设和还贷。下属有：污水管理所、排水教育培训中心、排水实业公司、排水设计研究所、第二污水管理所、八个污水处理厂、机修安装公司及排水监测站、排水收费所等直属单位。2002年6月5日，上海友联联合体与上海市水务局下属的水务资产经营发展公司签约，获得总投资额为8.7亿元人民币的本市最大污水处理项目——竹园污水处理厂20年特许经营权，负责此项目的融资、建设以及20年特许经营期内的运营管理。上海竹园污水处理厂是通过内资BOT方式进行建设的，是一次民营资本参与公用事业部门竞争的成功尝试。

上海市水务市场的改革表现出“纵向分割”的趋势，初步形成了竞争的市场结构，但竞争行为仅限于资本运作阶段，个别以BOT方式建设的水厂、污水厂没有成为竞争主体，充分的市场竞争并没有出现。

---

① 2002年5月22日，上海市水务资产经营发展公司与法国威望迪（现改名为威立雅）水务集团签约，法国通用水务公司受让上海市自来水浦东有限公司50%的国有股权。同年8月30日，上海浦东威望迪自来水有限公司（现改为上海浦东威立雅自来水有限公司）正式揭牌，成为中国第一家集制水、输配、服务为一体的中外合资供水企业，合资公司经营期限为50年。

8.3.3 改革思路

面对公用事业供需矛盾突出，投资缺乏，企业效率低下，竞争活力不足等问题。借鉴国际经验，我们可以看出，现阶段我们的目标是促使企业努力提高生产效率，如果没有生产效率的提高，任何国家都难以实现经济的长期增长。对于规制改革来说，既需要考虑长期发展目标，也要兼顾短期目标。最关键的问题是要与中国的制度环境相适应，既不能保守，也不能操之过急。就目前中国的规制改革而言，应把引入竞争作为当前和以后相当长的一段时间内规制改革的首要任务，以促进企业效率的提高，服务质量的改善。以水务行业为例，借鉴英美等发达国家的规制经验，同时重视中国水务行业自身的特点，不断地推进水务行业的竞争化改革。中国未来的水务产业，应该形成外资、民营资本和国有资本竞相争逐的市场格局。市场主体产权清晰、水务市场开放，区域性垄断经营格局逐步打破，竞争性越来越强，同时政府合理高效规制。

针对水务行业笔者提出如下政策建议。由于公用事业领域的产业特征的相似性，期望以下建议对于其他的公用事业也具有借鉴意义：

（1）加速政企分离，改革的核心不是把自来水厂、排水公司、污水处理厂简单的组合，成立形式上的水务一体化集团，使水企业成为自主经营，自负盈亏的独立企业，使政府从既当裁判员又当运动员的状况下解脱出来。逐步完成水务企业的产权多元化改革，可以从单个水厂，污水厂的产权改革，到整个城市供水系统，再到跨地区的流域型水务集团的建立。同时为了保证竞争的有效性，对于各水务公司之间的兼并要配有严格的规制。政企分离、产权明晰，为在城市公用事业引入竞争机制创造了制度环境。但经济效率最终来自于竞争，如果不充分发挥竞争机制的积极作用，单纯的民营化并不能提高城市公用事业的经济效率。民营化不是城市公用事业改革的根本目的，伴随民营化的过程，公用事业政府规制体制应进行配套改革，消除进入退出壁垒，尽可能发挥市场竞争机制的作用，以提高城市公用事业的经济效率。

目前中国的水务集团规模都偏小不具备与国际水务巨头相抗衡的实力，因此应鼓励有实力的水务集团，跨行政区域投资运营。成立跨行政区划的流域型水务集团，这样可以有效解决流域纠纷，在整个流域的范围内协调水供给。同时由于流域内水资源既是水源地，又是排污地，流域性水务集团的成立可以有效地控制污水处理厂的外部性行为。

（2）转变政府职能，减少政府的直接干预，依法对公用事业企业进行规制。完善规制立法与司法制度，增强政府的承诺能力，为有效竞争的开展提供制度保证。在市场经济条件下，健全的法律法规和有效的司法制度是竞争最为直接、有效的保障。中国目前的合同法、价格法、反垄断法以及各行业的法规都还有比较大的缺陷，直接降低了合同契约的效率，影响了激励性规制效用的发挥。

改善城市水务行业投资的政治经济环境。首先是政治环境，中国现在颁布实施的一些市场化改革的政策建议都停留在文件层次，没有形成法律层次的保障，系统性也不强，同时缺乏可操作性。

其次是投融资环境。改善一国投资环境对吸引非国有资本投资城市水务行业至关重要，包括银行的融资环境、资本市场的融资环境和货币管理制度等。吸引非国有资本进入公用事业领域，拓宽投融资渠道，引入竞争机制，规范市场运营。

（3）理顺价格形成机制，使企业获得合理利润，吸引多元化的投资主体。传统上中国习惯把供水看做是福利性事业，而忽视了水的商品属性。原有水价过低，不足以弥补企业的生产经营费用，水资源费、基础设施建设费用根本未记入水价中。以居民水费支出占总收入的比重来看，中国仅为0.6%，远低于发达国家4%的平均水平。各城市的水企业，以各自水价主管部门根据水企业上报的成本费用信息制定价格，收取水费。这种水价形成机制，纵容了水企业谎报成本，成本涨多少，价格就涨多少。水企业的高额工资，多余人员的费用，职工高福利的成本都由消费者和政府承担了。水价的主要组成部分，水资源费、水利工程供水价格、城市供水价格以及污水处理费的分摊核算不合理。在这种价格形成机制下，企业无任何提高效率的激励。低利润甚至负利润的状况也无法吸引非国有资本进入水务行业。目前中国的水利基本建设投资仍以国家投资为主，国家投资以中央投资为主，中央投资以国债投资为主。

坚决按照中国 1998 年颁发的《城市供水价格管理办法》中规定的水价形成原则确定水价，保证企业回收成本，获得合理利润。合理确定现行水价中包括的各个部分的征收比例，保证水企业的投资和运营。在美国，联邦供水工程水价、州政府工程水价以及供水机构的水价，构成要素是不一样的，各地区的水价差异很大，究其原因主要是：各地水文条件的差异，对水利系统运营能力的估计，成本回收方式的不同和各地方政府的政治考虑，如对水在吸引投资方面的重要性估计，城市扩张的需要等。

中国各城市在制定水价时应充分考虑各方面因素，根据供水成本费用及市场供求的变化情况适时进行调整。采取区域间比较竞争的价格规制方法，根据不同区域间的水资源状况，企业成本和技术条件实行最高限价规制，规范不同企业的水价，给予其提高效率的激励。吸引多元化的投资主体，缓解水产业投资不足的压力。可以根据各地的不同情况，不同的发展阶段，选择不同的市场化融资模式，实现产权的多元化。

（4）降低进入退出壁垒，尤其是人为的行政性壁垒。中国的自来水产业在传统的计划经济体制下形成了自来水服务由政府提供的格局，水企业是政府的附属物。90 年代初国家开始对水务领域放开进入规制，允许其他经济成分进入水务领域，但全国大部分省市的实践也仅限于单个自来水厂或污水处理厂。由于起步晚，水产业的管理上政出多门，人为地造成了过高的行政性进入壁垒。

同时，由于水务属于公用事业，政府出于确保稳定服务的目标，对水企业的退出往往是加以限制的，即使常年亏损，常年补贴，企业想退出，也会受到政府的干预。过高的进入退出壁垒，削弱了水市场的可竞争性，使在位厂商可以利用垄断地位，获取超额利润，侵占消费者剩余。

因此，应尽快消除这些人为的行政性进入退出壁垒，采用特许投标的方式，在市场进入时引入竞争。同时为了充分展开竞争，要通过公开程序向社会招标，选择投资者和经营者，特许经营项目的内容、时限、招标程序及办法，必须予以公开；组织专家对符合市场准入条件的申请者进行资格审查，被选择经营的企业还必须接受社会监督。建立完善公平的市场竞争环境，公正透明的信息系统，高效便捷的资产转让租赁市场，使之符合可竞争市场的条件，给在位厂商以竞争的压力。

（5）在竞争模式的选择上，一个区域的水务行业在不同的发展水平和不同的具体情况下，能够采用什么样的方式引入竞争是具有某种内在的必然性的，不能笼统地说孰优孰劣。改革是一个逐步探索和试错的过程，不可能毕其功于一役。一方面，为适应加入WTO的要求，应对国际水业巨头进入中国水市场的压力，应提高中国水企业的竞争力，成立像深圳水务集团这样的集供、排水及污水处理为一体的，具有雄厚技术与资金实力的纵向一体化的大型水务集团，使其迅速发展成为水务行业的巨头，才可以在激烈的竞争中拥有一席之地。但是，各区域性水务集团内部要实行厂网分离的改革，财务独立，发现各类业务的真实成本，为进一步区分自然垄断与非自然垄断业务，分割各产业链，引入竞争，提高效率打下坚实的基础。另一方面，针对各地不同的特点，发挥激励性规制的作用，在符合最小规模经济的范围内，可对水企业进行适当的分割，采用区域间比较竞争的手段，实现有效竞争，但切不可盲目分割。可以学习英国的经验，开发公共管道、展开相邻区域或新增加的供水地区的直接竞争，允许区域外企业进入区域内插入经营，打破区域性垄断，开展市场内的直接竞争。

第9章

环境规制变迁与中国环境规制改革

环境作为能够提供一系列服务的复合性资产，对人类的生存和发展具有重要意义。环境不但为人类的生产和消费提供了服务，也容纳着这一过程中产生的废物。然而环境与经济发展之间并不总是和谐的，中国在实现经济快速发展的同时环境污染问题也日益严重。国家环境保护总局公布的《中国2003年环境状况公报》显示，中国酸雨区分布广泛；主要河流有机污染普遍，七大水系、湖泊、水库、近岸海域和部分地下水都受到不同程度的污染，部分水域近年来污染还呈不断恶化趋势；固体废弃物污染、环境噪声污染、土地侵蚀和盐碱化、森林和草原的退化等问题也都很严重。目前发达国家已普遍建立起环境规制制度，规制政策也在规制实践中得到不断创新和完善，环境规制效率得到有效提高，因此借鉴世界各国环境规制经验，推进环境规制改革，对实现中国环境与经济和谐发展具有重要意义。

9.1 环境规制的理论基础

9.1.1 外部性与环境规制

环境规制源于环境污染导致的外部性。外部性理论是由著名经济学家马歇尔于1910年提出的。后来，他的学生庇古（Pigou）对私人厂商生产所造成的环境破坏使社会福利受到损失——经济的外部影响进行了研究，他认为外部性是人类合理的生产活动意外地对环境造成的与市场没有联系又与各被影响方没有直接财务关系的经济效果。对外部性的理解往往随研究目的不同而不同。鲍莫尔和奥茨通过两个条件来定义外部性："条件一，当某个经济主体（设为A）的效用或生产函数包括了一些实际（即非货币的）变量，其取值由忽略对A的福利影响的其他主体（个体、企业、政府）决定时，外部效应就出现了；条件二，其活动影响他人效用水平或进入他人生产函数的经济主体，如果没有以补偿的形式为其活动获得（支付）等于对他人造成的效益（或费用）的价值量，就会产生外部效应。"[①] 史普博则把外部性定义为"在两个当事人缺乏任何相关的经济交易的情况下，由一个当事人向另一个当事人所提供的物品束"。[②]

尽管外部性有多种多样的定义，环境污染是一种外部性问题已成为共识，因此如何定义外部性对环境规制没有太大影响，真正影响环境规制的是对外部性产生原因和消除外部性的途径的不同理解。庇古将外部性产生原因归于生产的边际私人成本与边际社会成本之间的差异。由于市场机制无法将外部性内部化，庇古建议通过政府对边际私人成本小于边际社会成本的生产者征税，对边际私人收益小于边际社会收益的生产者进行补贴的方式来消除外部性，只要税收（补贴）额的大小正好等于外部性造成的社会损害（收益）的大小，外部性就可以被完全内部化。这种解决外部性的方法通常被称为"庇古税"。

① 威廉·J·鲍莫尔、华莱士·E·奥茨：《环境经济理论与政策设计（第二版）》，经济科学出版社2003年版，第12页。

② 丹尼尔·F·史普博：《管制与市场》，上海三联书店、上海人民出版社1999年版，第56页。

9.1.2　产权与环境规制

庞古税理论提出之后在相当长的时期内对解决外部性问题起着重要影响，直到科斯对这一理论提出了批判。科斯在《社会成本问题》一文中指出，外部性问题的关键在于相互性。庞古将问题视为一方对另一方的损害，因而试图通过把责任负担强加于外部性的引发者来纠正外部性。科斯认为这一观点的错误在于为了避免 A 加害于 B 就应使 A 受到损害，而真正的问题在于如何使外部性的价值在损害方和受害方之间分配。按照这一思路，外部性问题的出现在于缺乏对产权明确的界定。科斯主张，有必要知道致害企业对所引致的损害是否负有责任，因为没有这种权力初始界定，就不存在权力转移和重组的市场交易。一旦产权得以明确，只要市场交易成本为零，产权的初始分配并不影响资源的配置效率，通过对初始产权的交易重组，外部性可以有效地被内部化。因此，在科斯理论中，政府在解决外部性问题中的作用在于确定初始产权的分配从而为市场交易创造条件。

虽然科斯的理论为解决外部性提供了新的思路，但也受到了质疑。Gruenspecht 和 Lave（1989）、Baumol 和 Oates（1988）都指出以私人谈判方式解决外部性问题只适用于谈判双方人数较少，从而交易成本较低的情况。当外部性涉及的人数众多时，无论是私人谈判还是通过法院执行私人权力都会导致巨大的交易成本。此外，从福利分析角度看科斯的理论与庞古的理论也有一致之处。在庞古的福利分析中避免损害的负担由导致损害的一方承担，从而使其把边际社会成本内部化，在市场均衡时这一结果表示为：

$$边际社会成本 + 边际私人成本 = 边际私人收益$$

将边际私人成本移至等式右边可得：

$$边际社会成本 = 边际私人收益 - 边际私人成本$$

这恰恰反映了科斯所主张的，在解决外部性问题时必须权衡损害者的边际净收益与受害者所受的边际损害之间的转换。因此在环境规制实践中，庞古税理论与科斯的产权理论都得到了应用。在各种规制政策中，污染税、补贴、排污费等价格规制政策通常被看做是庇古税理论的应用；污染许可证、排放许可证、可交易许可证等数量规制政策可以从广义上理解为是科斯产权理论的应用。

9.2 各国环境规制变迁

自20世纪30年代开始先后出现的“八大公害事件”使发达国家开始重视环境问题，各国普遍建立起环境规制制度。此后，世界各国的环境规制先后经历了三个阶段：第一阶段各国政府主要依靠命令与控制（Command and Control，C&C）政策进行规制；20世纪80年代之后，命令与控制政策在某些情况下导致的高成本、低效率受到了广泛批评，基于市场的环境规制政策（Market-Based Policies）开始得到重视；20世纪90年代以来环境规制进入了第三个阶段，以信息披露为特点的政策创新成为这一阶段的标志。

9.2.1 命令与控制制度

20世纪70年代末期之前，命令与控制政策是各国主要甚至是惟一的环境规制政策。所谓命令与控制政策是指政府通过立法或制定行政部门的规章、制度来确定环境规制的目标、标准，并以行政命令的方式要求企业遵守，对于违反相应标准的企业进行处罚。由于规制目标的确定、规制机构的建立，以及规制政策的执行、监督和处罚都要经过法律的确认，这类政策也被称作法律规制（Legal Regulation）政策。另外，由于具体规制政策的制定、实施都是由行政部门以命令的方式进行，对企业的处罚也以行政部门的罚款或其他行政处罚为主，这类政策有时也被称为行政规制政策。

各国运用命令与控制政策进行环境规制的理论依据是外部性理论。外部性理论认为由于外部性的内部化无法靠市场机制实现，所以国家干预具有必要性。在外部性理论指导下，20世纪60年代至70年代初世界上许多国家通过立法明确了环境保护是国家的一项基本职责，并通过环境立法和制定相关规章、制度、标准开始运用命令与控制政策进行环境规制。以美国为例，在 20 世纪 60 年代至 70 年代期间，其先后制定或修订了一系列环境规制方面的法律，主要涉及空气污染、水污染、噪声污染和固体废弃物污染等领域。1955 年《空气污染控制法案》的通过标志着美国联邦政府首次步入污染控制领域，该法案“在拨付联邦资金来支持各州支付空气污染研究与培养技术管理人才方面发挥作用”。[①] 1963 年美国国会通过了最初的《清洁空气法案》；1965 年通过了《机动车辆空气污染控制法案》；1967 年通过了《空气质量法案》；1970 年和 1977 年先后对《清洁空气法案》进行了修订。通过上述法律美国在原有立法基础上建立了全国统一的空气质量标准（NAAQs），这些标准不但用于对工厂、发电厂、炼油厂等固定污染源的规制而且还用于对车辆和面源污染的规制。在水污染控制方面，美国先后制定了 1948 年《水污染控制法案》、1956 年《水污染控制法修正案》、1965 年《水质法案》、1972 年《联邦水污染控制法案》和 1977 年《清洁水法》等法律，为水污染控制确立了相应标准。同期美国在噪声污染和固体废弃物污染方面还制定了《噪声控制法》（1972）和《固体废弃物处置法》等法律。

根据标准设置的依据不同，各国通过立法实施的命令与控制政策主要包括两类政策工具：技术标准和绩效标准。技术标准主要是对企业治理污染或生产采用的技术做出详细规定，并强制企业执行。在运用技术标准进行规制时，通常先由规制机构根据掌握的治理污染的成本和收益信息确定能使社会福利最大化的排污量或减污量，然后选择能实现减污目标的技术，制定详细的技术标准要求企业执行。在技术标准规制中，既有可能是制定生产技术标准，也有可能是制定减污技术标准。虽然从理论上可以找到最优的技术标

---

① 保罗·R·伯特尼、罗伯特·N·施蒂文斯：《环境保护的公共政策（第 2 版）》，上海三联书店、上海人民出版社 2004 年版，第 111 页。

准，但是在实际规制中采用的通常是“最适用的技术”、“最可行的技术”等技术标准。之所以这样，关键在于最优技术的选择要求规制机构充分了解减污的成本和收益，并熟悉每一种减污技术，然而规制机构通常是不具备上述信息的，同时从行政管理上考虑为每一个企业选择一种最优技术也是不现实的，因此只能为所有企业选择一种统一的最可行技术。从静态效率看技术标准规制缺乏成本有效性，从动态效率看技术标准缺乏对企业技术进步和进一步降低污染的激励而且容易造成企业对技术的路径依赖。虽然技术标准可能不是一种有效率的政策工具，但是在各国环境规制实践中它还是得到了广泛应用，这可能是出于两方面原因：一是企业存在对技术标准的需求；二是规制机构偏好这类政策。从技术标准的应用来看，在某些情况下这种规制政策也可以取得良好的规制效果。托马斯·思德纳（2005）指出，六种情况下技术标准具有优势：（1）技术与生态信息是复杂的；（2）关键知识只有在权威的中央层面才能得到，而在企业里却得不到；（3）企业对价格信号反应迟钝，例如，由于无竞争性、可转移的设置，投资会产生长期的不可逆的影响；（4）技术的标准化具有很多优点；（5）在可行的竞争技术数量不多的情况下，只要有就是好的；（6）监控成本高，对排污进行监控是很难的，但对技术进行监控却很容易。满足上述条件的应用领域主要包括对化学品、危险品、核电站和交通工具等的规制。

绩效标准是对污染企业的产量、排污量或排污强度实行限制。绩效标准的制定同样以减污边际成本等于减污边际收益为依据，但与技术标准不同的是，在绩效标准中不对实现标准所采用的技术加以限制，从而使企业在削减污染时具有一定的灵活性。虽然绩效标准相对于技术标准给予企业更大的灵活性，从而提高了治污的成本效率，但这种提高很有限。绩效标准通常是按行业制定的而不是按企业制定的，这意味着不同减污成本的企业要执行相同的减污标准，而且在排污强度控制下排污总量往往难以控制。从动态效率看，绩效标准和技术标准一样缺乏激励作用，不过由于绩效标准在一定程度上减少了技术转换成本，效率要高于技术标准。此外，与技术标准相比绩效标准的监督成本较高，规制机构要长期收集、处理企业的排污信息，并对违规企业做出处罚，这对规制机构的规制能力提出了较高的要求。

为了实施命令与控制政策，这一时期各国还普遍建立了环境规制机构。以美国为例，1970 年环境保护局（EPA）正式成立，该机构将原先分散在内政部、健康管理机构、教育与福利机构、农业部门、原子能委员会、联邦辐射管理机构以及环境质量管理机构等众多部门的环境规制职能集于一身。在成立之初，EPA 就拥有 5700 名职员以及 42 亿美元的财政预算，尽管在各届政府执政期间受到的重视程度不同，到 1980 年它已拥有 13000 名职员和超过 70 亿美元的财政预算。与美国相似，其他国家也先后建立了环境规制机构负责命令与控制政策的实施。

命令与控制政策在 70 年代的运用取得了一定成效。以美国空气污染规制为例，《清洁空气法案》和据此制定的环境规制政策的实施使美国空气质量有了明显改善。表 9－1 显示环境规制使美国六种主要空气污染物的排放水平都有不同程度的降低。

表 9－1　　美国环境规制政策效果（以 1970 年为基数）　　单位：%

年　份	SO_2	NO_x	VOCs	CO	TSPs	Lead
1970	100	100	100	100	100	100
1991	73	99	62	50	39	2

资料来源：梁锡崴：《美国环保机制的演变》，载《改革与战略》1999 年第 1 期，第 62～69 页。

9.2.2　基于市场的环境政策

尽管命令与控制政策在环境规制中发挥了巨大作用，但是随着时间推移人们开始逐渐认识到这类政策也存在很大弊端。20 世纪 70 年代末期开始，对命令与控制政策成本有效性的质疑逐渐增多

(见表9-2)。

表9-2　　美国空气污染控制的实证分析

分析人与年份	污染物	地理位置	C&C 基准	假定污染物类型	C&C 成本与最低成本比率
Atkinson and Lewis (1974)	颗粒物	圣路易斯市区	SIP 管理	NMA	6.00[a]
Roach 等 (1981)	二氧化硫	UT、CO、AZ 与 NM 的四个地区	SIP 管理	NMA	4.25
Hahn and Noll (1982)	硫酸盐	洛杉矶	加州排放标准	NMA	1.07
Krupnick (1983)	氮氧化物	巴尔的摩	提议 RACT 管理	NMA	5.96[b]
Seskin, Anderson, and Reid (1983)	氮氧化物	芝加哥	提议 RACT 管理	NMA	14.4[b]
McGartland (1984)	颗粒物	巴尔的摩	SIP 管理	NMA	4.18
Spofford (1984)	二氧化硫 颗粒物	下德拉维尔峡谷	统一比例降低	NMA NMA	1.78 22.0
Harrison (1983)	机场噪音	美国	新命令方式	UMA	1.72[c]
Maloney and Yandle (1984)	碳水化合物	所有国内杜邦工厂	统一比例降低	UMA	4.15[d]
Palmer, Mooz, Quinn, and Wolf (1980)	氟氯烃在非浮质使用中的排放	美国	提议排放标准	UMA	1.96

注:C&C:命令与控制;SIP:州执行计划;RACT:合理的可用控制技术,一套对非达标地区现存污染源的控制标准;NMA:不统一混合同化;UMA:统一混合同化。

a:以最差接受能力 $40g/m^3$ 为基础。

b:以一个短期的一小时平均值 $250g/m^3$ 为基础。

c:因为这是一个收益—成本分析而不是成本有效性分析,哈里森将 C&C 方法与最低成本配置的比较涉及了不同的收益水平,特别是与最低成本配置有关的收益水平只是 C&C 配置水平的 82%。为了在更具可比性的收益基础上进行成本估计,近似的做法是将最低成本配置除以 0.82,得出的数据再与 C&C 成本相比。

d:以所有污染源排放削减 85% 为基础。

资料来源:保罗·R·伯特尼、罗伯特·N·史蒂文斯:《环境保护的公共政策(第2版)》,中译本,上海三联书店、上海人民出版社 2004 年版,第 157~158 页。

表9－2显示众多相关研究都认为命令与控制政策缺乏成本有效性。在这一背景下，基于市场（Market-based）的环境规制政策开始日益受到重视，这首先表现为各国在环境立法中更多地强调市场激励政策的作用。例如，美国1990年《清洁空气法修正案》、1984年《危险及固体废弃物修正案》和1996年《含汞可充电电池管理法规》等法律法规都强调了基于市场的环境规制政策的运用。基于市场的环境规制政策并不规定污染控制水平或技术，而是通过市场信号来引导企业做出行为决策，在企业追求自身利益的过程中实现污染控制目标。由于这类政策的实施能为企业提供经济上的激励，因此也被称为环境规制的经济激励政策（Economic Incentive Policies）。基于市场的环境规制政策可以分为价格型规制政策和数量型规制政策两大类，其中价格型规制政策的主要理论依据是庇古税理论，而数量型规制政策的主要理论依据是产权理论。基于市场的环境规制政策主要包括四类政策工具：环境税费、补贴、押金一返还和可交易许可证。

环境税费是庇古税理论在环境规制中应用的典型，根据征收对象的不同环境税费可以分为排污税费、使用者税费和产品税费三种。排污税费是对污染者排污行为征收的税费，通过将税率设定为污染造成的边际损害等于减污的边际成本，可以使企业在追求成本最小化过程中将污染减少到“最优”水平；使用者税费有时也被称为使用付费，是指污染者使用治污公共设施收集、处理、处置污染物所支付的费用，主要用来弥补治污公共设施建设、运行、管理所产生的成本；产品税费是对生产、消费过程中使用的污染产品征收的税费，征税对象既包括生产中可能形成污染的投入品，也包括消费或处置中会对环境造成危害的消费品。与命令与控制政策相比，环境税费具有明显的静态效率。虽然环境税费政策对所有污染者执行统一的税率，但是减污负担在各个污染者之间不是平均分配的。减污成本具有随减污量增加而上升的特点，即减污成本是减污量的增函数。减污成本高的企业减污量稍有增加减污的边际成本就可能会超过税率，这时企业选择不再增加减污量而是按排污量缴纳税费将会节约成本。减污效率高的企业大量削减污染减污边际成本才会上升到税率水平，因此通过支付减污成本代替缴纳税费对企业有利可图。这样在统一的环境税费下，减污负担按照减污效率在污染者之间合理分配，提高了资源配置效率，使全社会能以最小的成本实现环境规制目标。对污染企业而言，税费带来的另一静态效率是灵活性。企业可以在支付减污成本、减少污染从而避免缴纳税费和缴纳税费、维持污染水平以减少减污支出之间进行权衡，从而实现成本最小化的目标。从动态角度看，环境税费的激励作用也高于命令与控制政策。通过投资与技术创新，采用更清洁的生产技术或更先进的治污设施可以节省大量税费。当减少缴纳税费的量大于创新的成本时，企业会投资于创新。产品税费对生产投入品和消费品结构的变化也会起到引导作用，从而在长期内使污染水平随生产技术改进和消费结构变化而下降。目前环境税费在世界各国的环境规制实践中得到了越来越多的应用，在很多国家水污染控制中排污税取得了良好的应用效果：在空气污染控制中，许多国家对二氧化硫、氮氧化物和烟尘的排放征收了排污税；碳税的实施（以控制二氧化碳排放为目标）虽然在很多国家存在争论，但在一些国家和地区已经开始实施，并存在国际化倾向；在产品税费方面，对汽车、燃料和烟草等产品课征的税收在一些国家的税收中已经占有较大份额。

补贴是“一种对直接减污成本的偿还或者是对每单位排污减少的固定支付”。[①] 补贴在性质上与税收有相似之处，通过将补贴设定在减污边际成本等于减污边际收益的水平上，补贴同样可以取得征收庇古税的结果。对于环境规制中补贴的作用一直存在异议。Kamien（1966）等指出企业在补贴制度下可以通过在初始阶段排放更多的污染来诱使政府给予它更多的补贴额，这意味着补贴可能会

---

① 托马斯·思德纳：《环境与自然资源管理的政策工具》，中译本，上海三联书店、上海人民出版社2005年版，第158页。

导致更多污染。Kneese 和 Bower（1986）认为补贴有四种缺陷：补贴自身不能使治污投资有利可图；加重税收体系带来的过度负担；只对特定类型设备的安装给予补贴无法引导企业采用最有效的污染控制方法；补贴仅对有足够盈利用来投资的企业有帮助，对于边际企业可能不是很有帮助。Baumol 和 Oates（1988）证明，在完全竞争条件下尽管补贴能使企业削减排放，但由于补贴会鼓励企业进入或阻碍企业退出，从而会使行业的排放量超过没有财政激励时的应有水平，补贴在限制企业排放上越成功它刺激的行业排放量就越多；在垄断场合进入、退出将主要采取开设和关闭工厂而不是企业的形式，但补贴的效果相同。虽然上述文献认为补贴在控制污染方面存在诸多缺陷，但补贴在规制实践中也有适用领域。对于清除历史积存的污染或提供具有公共产品性质的研发而言，补贴的作用一般无法由其他政策工具代替，在有其他政策配合的情况下补贴还能对治污投资产生激励作用。在环境规制中，与补贴相关的是取消补贴。在许多国家环境破坏往往与不恰当的补贴有关，最常见的是对能源和原材料的补贴。这种补贴扭曲了价格体系，使能源和原材料价格过低，导致对能源和原材料的浪费性使用并由此产生严重的污染。因此要提高能源和资源的利用效率以降低污染，首要问题是取消补贴以消除价格扭曲，这时消除补贴具有环境规制政策的性质。在美国环境规制中应用补贴政策的典型案例是通过筹集基金对危险废弃物清理进行的资助。

押金—返还政策是在使用者购买可能会对环境造成污染的商品时对其征收一定数额的押金，当商品被交送到指定地点加以回收时再将押金—返还给交送者。押金—返还政策实际上是各种政策组合中的一种，但由于在应用中有良好的效果，因而成为环境规制政策工具中一个重要组成部分。虽然押金—返还制度是以保护环境为目的，但同时也起到了促进物品循环利用的作用。这一制度最显著的特征是它能起到显示机制的作用。当污染产品的使用者将产品交至回收处时，自然显示出其作为潜在污染者服从了环境规制，因此对污染者是否服从环境规制进行监督的必要性降低。押金—返还制度不仅通过经济激励将规制者难以监督的废弃物处置行为转化为使用者以赎回押金为目的的自觉行动，节省了监督成本，而且对企业也有激励作用，促使企业减少污染或转而使用污染程度低的替代原材料以摆脱押金返还政策的限制，节省生产和流通费用。虽然押金—返还政策有良好的激励作用并能节省监督成本，但应用中也会产生一些问题。首先，押金数额的确定并不容易。过高的押金增加了企业流通成本或使用者的成本，会遭到抵制。过低的押金则形不成有效激励，还有可能助长使用者以交付押金为前提随意处置污染产品的行为。其次，押金—返还制度形成了与产品回收有关的成本，例如，使用者对产品分类并送至指定回收点的成本，设立回收点、雇用回收人员的费用，资金用于押金—返还的机会成本等。因此伯特尼和史蒂文斯（2004）认为运用押金—返还制度应满足两个条件：一是该制度应以减少废弃物的非法处置为目标，而不应以减少废弃物流量和提高物质循环利用水平为目标；二是废弃物的合法处置成本与对非法处置废弃物清理的成本之间具有显著差异。符合上述条件的主要是有毒有害的固定废弃物或有毒物质的容器。目前，世界各国实行的押金—返还政策主要涉及汽车蓄电池（铅、酸污染）、含汞电池、有毒物品容器、制冷设备（含氯氟烃）、废旧汽车（油漆、机油、蓄电池等污染）、塑料容器等领域。表9-3显示了押金—返还制度在美国的应用情况。

表9-3　　美国的两种押金—返还制度

规制项目	州	开始执行的年份	押金数额（美元）
特殊的饮料容器	俄勒冈州	1972	0.05[a]
	佛蒙特州	1973	0.05
	缅因州	1978	0.05
	密歇根州	1978	0.10
	爱荷华州	1979	0.05
	康涅狄格州	1980	0.05
	特拉华州	1983	0.05

续表

规制项目	州	开始执行的年份	押金数额（美元）
特殊的饮料容器	马塞诸塞州	1983	0.05
	纽约州	1983	0.05
	加利福尼亚州	1987	0.025～0.06[b]
汽车蓄电池	明尼苏达州	1988	5.00
	缅因州	1989	10.00
	罗德岛州	1989	5.00
	华盛顿州	1989	5.00
	亚利桑那州	1990	5.00
	康涅狄格州	1990	5.00
	密歇根州	1990	6.00
	爱达荷州	1991	5.00
	纽约州	1991	5.00
	威斯康星州	1991	5.00
	阿肯色州	1991	10.00

注：佛罗里达州曾采取一种预付处置费（对塑料和玻璃容器收取的处理费用）现已不再生效。

a：0.02美元针对可重新灌装的容器。

b：对于小于24盎司的铝制和双金属材料饮品容器的押金分别为0.025美元和0.05美元，24盎司及24盎司以上重量的容器的押金分别为0.03美元和0.06美元。

资料来源：保罗·R·伯特尼、罗伯特·N·史蒂文斯：《环境保护的公共政策（第2版）》，穆贤清、方志伟译，上海三联书店、上海人民出版社2004年版，第57～58页。

可交易许可证也称作可交易排污许可证，是近年来在世界各国环境规制中应用日益增多的一种政策工具，它最早由Dales提出。“Dales的建议是，在加拿大的安大略省，建立一个出售水体‘污染权’的权力机构。由地方权力机构根据企业各自的污染需求和削减成本分配各企业的污染权”。① 这一政策工具的理论基础通常被看做是科斯理论。在可交易许可证机制下，政府通过界定排污的权利，或者说界定使用环境容纳能力的权利，并允许权利的市场交易来实现减污资源的最优配置。因此可交易许可证并不是将环境资源

① 托马斯·思德纳：《环境与自然资源管理的政策工具》，中译本，上海三联书店、上海人民出版社2005年版，第124页。

私有化，而是将环境资源的使用权私有化，其保护的也不是环境资源本身而是环境资源的价值。在运用可交易许可证时涉及四个问题：一是确定许可证发放数量；二是初始分配方式；三是交易规则；四是监督处罚程序。可交易许可证政策对污染实行总量控制，与其他政策工具相比它能有效避免在单个企业排污量削减或排污强度达标时总排污量增长的情况。总量控制要求对初始排放量或减污量目标做出明确界定，这种界定不但要建立在成本收益分析基础上，而且要考虑对可持续发展的影响，以及生态、技术、社会经济状况和时间等因素的制约。许可证的初始分配有多种方式，如随机分配、拍卖、先到先得、按一定条件免费分配等，其中公开拍卖和免费分配是常用的两种初始分配方式。交易规则主要是对许可证市场交易的时间、空间等方面进行限制。不受限制的交易，从时间上看有可能导致污染在某一时期的集中，从空间上看容易导致污染在某一区域的集中从而产生所谓“热点”（Hot-spots）问题，而且还可能导致某些企业对许可证的囤积和垄断。这些问题会降低许可证体系的效率并有可能导致严重的环境问题，因此在运用许可证政策时一般需要对许可证的跨期贮存（Banking）、借用（Borrow），跨地区交易的数量、比例、条件，以及每个企业持有许可证的数量上限或比例等做出限制。监督与处罚是实施可交易许可证政策的重要环节。监督涉及两个方面：一是对市场交易的监督，以确保企业不违反有关交易的限制条件，保证市场交易的正常进行；二是对企业排污情况进行监督，以确保企业排污未超出许可证允许范围。只有进行有效的监督与处罚，可交易许可证体系才能正常运行。由于无论采用拍卖方式还是免费发放方式进行许可证的初始分配，许可证价格都是由市场形成的而不是由政府定价，因此可交易许可证不但节省了与信息有关的成本，而且保证了定价的准确性，提高了资源配置效率。从对企业激励的角度来看，出售剩余许可证获得的经济收益可对企业形成有效激励，尤其是在经济快速发展、新建企业不断增加的环境中，由于许可证价格趋于上涨，可交易许可证制度能比环境税费提供更强的激励。可交易许可证能否有效发挥作用还依赖于能否进行有效的监督和处罚。当企业违规排污行为有不被发现或虽被发现却得不到有效处罚的可能时，许可证的上限将被突破，有可能导致整个许可证体系的失败。在美国环境规制中可交易许可证得到了较广泛的应用。表9-4显示，从1974年至今美国已在多个环境规制领域运用了可交易许可证制度。

表9-4　　美国主要的联邦可交易许可证制度

项　　目	交易的内容	实施年份	效　　果	
			环境	经济
排污交易计划	《清洁空气法案》框架下的标准大气污染物质	1974年至今	无影响绩效	节约了50亿~120亿美元
铅的分阶段削减	炼油商的汽油含铅量	1982~1987年	含铅汽油的快速淘汰	每年节约2.5亿美元
水质交易	点源和非点源中的氮和磷	1984~1986年	未应用	未应用
旨在保护臭氧层的含氟氯烃交易	生产中产生的含氟氯烃	1987年至今	提前达到目标	可交易许可证制度效果未知
RECLAIM计划	固定污染源的本地SO_2和NO_x排放交易	1994年至今	未知	未知
减少酸雨	主要电力生产部门SO_2排放削减信用	1995年至今	提前达到目标	每年可节约10亿美元

注：RECLAIM为洛杉矶都市区“区域空气净化市场激励”项目，是旨在实现联邦和州政府目标的区域性政策。

资料来源：保罗·R·伯特尼、罗伯特·N·史蒂文斯：《环境保护的公共政策（第2版）》，穆贤清、方志伟译，上海三联书店、上海人民出版社2004年版，第48页。

上述基于市场的环境规制政策自20世纪70年代“污染者付费”原则提出之后开始逐渐得到应用。就整体而言，直到20世纪80年代早期，基于市场的环境规制政策都是作为命令与控制政策的补充在发挥作用。根据1987年OECD的调查，其成员国的环境规制政策中共计有150项经济工具，其中大约80项为环境税或费，大约40项为环境补贴，而且这些经济工具所起的主要作用也在于筹集收入，而不是提供减少污染排放的激励。20世纪80年代中后期，基于市场的环境规制政策逐渐得到更为广泛的运用，同时也得到不断的改革和完善。表9-5显示了在OECD国家基于市场的环境规制政策的使用情况。目前基于市场的环境规制政策已在多种污染物

表9-5　　OECD成员国实施的基于市场的环境规制政策

	污染排放的使用者税（收费）	产品税（收费）	押金—返还	可交易许可证	实施激励
澳大利亚	5（2）	1（0）	3	1	2
奥地利	3（1）	4（2）	3		
比利时	7（2）	2（2）	1		
加拿大	3（2）	7（3）	1	2	2
丹麦	3（2）	10（2）	2		
芬兰	3（2）	10（2）	2		
法国	5（2）	2（1）			
德国	5（2）	3（3）	2	1	
希腊	2（1）	1			
冰岛	1（1）	1（1）	2		
爱尔兰	3（2）	1（1）			
意大利	3（2）	2（0）			
日本	3（1）	1（1）			
荷兰	5（2）	4（2）	2		
新西兰	1（1）				
挪威	4（2）	8（2）	3		
葡萄牙	2（0）	1（1）	1		
西班牙	3（3）				
瑞典	3（2）	11（2）	4	2	
瑞士	3（2）	2（2）	1		
土耳其	1				
英国	1（1）	1（1）			
美国	5（2）	6（1）	4	8	

资料来源：张嫚：《环境规制约束下的企业行为》，经济科学出版社2006年版，第27页。

的控制中得到运用，使用范围也逐渐从 OECD 成员国扩展到部分发展中国家。尽管如此，相对于命令与控制政策而言基于市场的环境规制政策作用还很有限，命令与规制政策仍是目前大多数国家主要的环境规制政策，而且由于经济发展水平和政治制度方面的差异，各国基于市场的环境规制政策的应用范围和具体政策工具的选择都存在较大差异。

9.2.3　信息披露政策

20 世纪 90 年代以来，传统的命令与控制政策的低效率和基于市场的环境规制政策在应用中的局限性导致了对新型环境规制政策的需求。在这一背景下，以信息披露为特色的政策创新日益受到包括发达国家和发展中国家在内的众多国家的重视。这类政策创新试图利用环境规制中的相关利益集团，通过非传统的规制渠道为被规制企业和规制机构提供激励，引导各利益集团参与环境规制政策的制定、执行与监督，以此来减轻规制机构负担和提高规制效率。

信息披露机制通过公开企业或产品的相关信息，利用产品市场、资本市场、劳动力市场、立法执法体系以及其他相关利益集团来对污染企业或规制机构施加压力，以达到环境规制目标。在产品市场上，当消费者能得到关于污染产品的更多信息时，能够对污染产品造成的直接或间接损害做出更准确的评估，从而在做购买决策时增加环境方面的考虑。当消费者尤其是大的消费集团选择消费清洁产品时，将诱使企业减少污染。在资本市场上，信息披露使投资者更了解相关企业的环境绩效。由于环境绩效好的企业将面临较低的环境治理成本（包括进一步的治污投资或罚款），因而具有较高的资本回报率。投资者为追求高回报率而选择持有环境绩效好的公司的股票会迫使企业重视环境绩效。在劳动力市场上，良好的环境绩效有可能意味着企业财务稳定，能长期运营，从而形成对劳动力的吸引力，因此信息披露有可能使环境绩效好的企业以较低成本雇用到劳动力。信息披露机制还为环境立法提供了更多信息支持，并使污染受害者可以据此提起诉讼，要求损害赔偿或向环境规制者施加压力。

在运用信息披露机制时，信息的数量、质量和传递方式都会影响到规制的效率。披露的信息过少无法满足相关利益集团的决策需求，披露的信息过多则会增加决策者处理信息的成本，使其难以从中选取有效信息进行决策。信息质量的高低和传递方式则影响到信息的可信性和传递效率。由于信息披露机制的目标不在于仅仅公布信息，而在于通过提供信息激励相关利益集团采取行动，因此能否降低相关利益集团采取行动的成本或使其受益是信息披露机制能否发挥作用的重要影响因素。例如，完善的诉讼机制、有效的损害赔偿以及对诉讼成本的补偿是激励污染受害者监督、举报甚至起诉污染者的重要条件。

在环境规制实践中，以信息披露为特点的政策创新主要包括四类政策工具：信息公开计划或项目、自愿环境协议、环境标签和环境认证。

信息公开计划或项目主要针对公司，通常由政府部门而不是非政府组织实施。政府部门在收集和处理公司的相关信息后将信息公开，或以信息为基础对公司评级并将评级结果公开。以印度尼西亚的污染控制评估和定级计划（Program for Pollution Control Evaluation and Rating，PROPER）为例，由于通过排污收费、罚款甚至关闭企业来治理污染效果并不明显，印度尼西亚环保部门选择了以信息披露为主的污染控制评估和定级计划。该计划首先设计了一套恰当的参数，以此为依据通过收集企业的排放数据，然后按照一定程序计算各参数数值，从而对企业污染状况进行评估，在此基础上以贴标签的方式为企业定级。在 PROPER 计划中共设立了金色、绿色、蓝色、红色、黑色五个等级，分别代表了从使用世界级的清洁技术到导致严重环境破坏的五类不同情况。通过公开公布所有企业的定级情况，PROPER 计划充分利用媒体和声誉的影响、消费者的反应、工人的反应、投资者的反应和社区的反应为污染企业提供多种压力，促使企业采取环保措施。PROPER 计划在实施过程中没有形成环境规制部门与企业的对抗。在参数设计和对企业监测过程中规制机构与企业进行了充分沟通，从而赢得了企业的尊重和配合，形成了与企业的信息、技术共享；在定级公布之前，环境规制机构会先通知各个企业，并给定级较差的企业 6 个月的改进时间；该计划还为企业提供具体的帮助和建议。PROPER 计划取得的效果是非常显著的。1995 年 12 月该计划开始公布所有定级情况，而在此前 6 个月中导致严重环境破坏的黑色级别企业已由 6 家减少到了 3 家，减少了 50%。一年之后黑色级别的企业仅剩一家，低于环境保护法定标准的红色级别企业由最初的 115 家减少为 87 家，即有 24% 的红色级别企业上升为达到环境保护法定标准的蓝色级别企业。更为显著的进展是在最初 18 个月里，首批参加 PROPER 计划的 187 家企业污水排放量下降了 43%。除了印度尼西亚的 PROPER 计划之外，还有几个国家也采取了类似的计划，主要有美国的有毒物质排放清单（TRI），墨西哥、巴布亚新几内亚和哥伦比亚的公开曝光制度，菲律宾的生态观察计划（EcoWatch Program），以及在印度由 NGOs 开展的绿色定级项目（Green Rating Project）等。

自愿协议（Voluntary Agreement）也称自愿途径（Voluntary Apprach），是指企业承诺“自愿”达到比法律或政策要求水平更高的环境绩效。Krarup（2001）将自愿协议概括为三种情况：第一种是产业主动采取单方面的行动提高环境绩效，而不需要规制机构强制；第二种是产业与规制机构就某些环境因素进行协商谈判，最终共同制定并达成环境协议；第三种是由规制机构设计的环境项目，项目的目标由规制机构确定而不经过与产业的谈判协商，规制机构通过一定的激励措施引导企业自愿参与。虽然自愿协议看起来是企业的自愿行为，但实际上企业可以从中获得收益。一方面企业通过削减污染或采用更清洁的技术可以换取更宽松的规制；另一方面企业可以以此在市场上树立良好的形象，减轻来自环保利益集团的压力。规制机构将自愿协议作为政策工具则可以获得两方面的收益。

一是降低与企业的信息不对称程度。信息不对称是影响传统规制政策工具精确性的重要因素。通过协议制定过程中的谈判，规制机构与企业可以实现信息交流与共享，大大降低了信息搜寻、传递的成本。规制机构可以凭借获取的信息改进规制政策，也可以向企业提供信息，以降低企业服从规制的成本。二是规制机构往往面临监督能力的不足。自愿协议使企业主动采取措施达到环境规制目标，违反规制的概率降低，规制机构可以节省用于监督的资源或对资源进行重新分配。从实践经验来看，为保证自愿协议发挥作用，两个条件是必不可少的。一是必须有激励措施引导企业执行自愿协议。激励措施既包括正面的激励，如：对减污成本进行补偿、提供信息和技术支持等，也包括负面的激励，如：对不执行自愿协议的企业进行处罚或改为采用传统规制政策进行规制等。二是为消费者和公众提供传递压力的渠道。企业之所以参与自愿协议，可能是迫于消费者偏好清洁产品而产生的压力或公众根据相关信息做出反应而产生的压力。因此消费者和公众能够获取充分的信息并有向企业施加压力的有效途径是激励企业执行自愿协议的重要条件。目前，自愿协议的应用正在初步兴起，据美国环境保护局（EPA）估计，2000 年有超过 13000 家公司、非政府组织（NGOs）和地方机构参与了自愿计划。在美国这些自愿计划主要包括：30/50、绿色照明（Green Lights)、责任关怀（Responsible Care）和 XL 计划等。

环境标签是用于公布产品信息的，通常由独立的机构设定相关标准，并对符合环境标签技术标准的产品进行认证，企业可以自愿申请。例如，德国的蓝天使标签。

环境认证是对公司的管理程序和管理结构进行认证，而不是对环境标准或环境表现的认证。目前主要的环境认证有 ISO14000 和 EMAS 等。

除上述主要政策工具之外还有一些其他形式的以信息披露为特色的政策创新，例如，将环境规制的部分权力交给社区或产业协会，由此形成社区、产业和规制机构的双层规制结构，其中典型的有印度的工业区管理模式；在政策制定中邀请企业座谈、协商以促进企业交流生产技术、治污技术和经验等信息；通过培训企业员工帮助企业改进生产方式等。虽然越来越多的信息披露项目在世界各国得到实施并取得了良好效果，但是这类政策创新目前仍处于实验阶段，还存在一些问题有待解决。首先，受信息披露影响较大的主要是接近最终消费者的产业和可见的污染物，对其他产业和污染物的影响并不明显；其次，该机制在收入水平和教育程度高的地区作用明显，在收入水平低、教育落后的地区作用有限；再次，其发挥良好作用要以规制标准合理为前提，否则由该机制带来的高服从会导致高社会成本；最后，信息披露政策充分利用了环境规制中相关利益集团的作用，然而在各利益集团影响力存在显著差别，企业具有更大影响力时，环境规制标准可能会因此而偏低。

9.2.4　启示

通过考察世界各国环境规制政策变迁可以发现几个明显的特点：

（1）环境规制政策的成本有效性日益受到世界各国重视，并导致基于市场的环境规制政策和以信息披露为特点的创新性政策得到更多运用。

（2）基于市场的环境规制政策和以信息披露为特点的政策创新的应用范围和具体政策工具的选择都要受一国政治、经济和社会条件的制约，具体来说要考虑企业与环境规制机构的政策偏好、作为环境规制政策制定与执行基础的政治制度的特点、环境规制机构的规制能力、社会公众对环境保护的态度与参与环境保护的途径、环保技术的发展状况、信息获取成本、环保组织的发展程度、市场机制的完善程度以及经济发展水平等因素。因此，在一国行之有效的环境规制政策并不能直接应用于其他国家的环境规制实践。

（3）命令与控制政策目前仍是世界各国主要的环境规制政策，

在政策制定中成本收益分析得到普遍应用。

（4）环境规制中的监督与处罚具有和激励同样重要的作用。世界各国在完善对污染企业激励机制的同时，也在对监督处罚机制进行完善。

（5）各类环境规制政策具有多维特征，其差别不仅仅体现在静态与动态效率或成本有效性上，因此仅仅比较其某一方面的特征无法为政策选择提供正确的建议。从世界各国环境规制实践来看，环境规制政策通常是由针对不同环境问题设计的规制政策组成的政策体系。

9.3 中国环境规制现状分析及改革思路

中国的环境规制开始于20世纪70年代。1979年中国颁布了第一部环境保护法——《中华人民共和国环境保护法（试行）》；排污收费制度和“三同时”制度也在70年代建立起来。80年代环境规制有了进一步发展，确立了环境保护的三项基本原则，即“预防为主，防治结合”的原则，“谁污染谁治理”原则和强化环境管理制度的原则；环境立法和环境标准制定有较快发展，并制定了环境保护目标责任制、城市环境综合整治定量考核制度、排污许可证制度、污染集中控制制度等一系列规制制度。然而由于对环境问题的忽视，70年代和80年代环境规制的作用非常有限。90年代以来随着环境恶化和公民环境意识的提高，环境规制开始得到日益重视并有了快速发展。

9.3.1 环境立法

中国的环境立法起步于20世纪70年代。1973年中国制定了《工业“三废”排放试行标准》，以标准的形式对大气污染物的排放做出了定量规定。1979年中国制定《中华人民共和国环境保护法（试行）》，首次以法律形式对环境规制做出原则性规定。此后中国先后制定、修订了一系列环境保护法律、法规和标准，涉及大气污染、水污染、固体废弃物污染、噪声污染等各个环境规制领域。在大气污染规制中，中国于1982年制定实施了《大气环境质量标准》；在1987年颁布了第一部对大气污染进行规制的专门法律《大气污染防治法》，并于1995年和2000年两次对该法进行了修订，从而确立了大气污染物排放标准规制制度、大气环境影响评价制度、大气污染物排放许可证制度、大气污染事故报告处理制度和大气污染物排污收费制度等5项基本制度。此外，中国还先后颁布实施了《锅炉烟尘排放标准》、《关于防治煤烟型污染技术政策的规定》、《城市烟尘控制区管理办法》、《大气污染防治法实施细则》、《汽车排气污染监督管理办法》、《全国机动车尾气排放监测管理制度（暂行）》、《大气环境质量标准》、《锅炉大气污染物排放标准》和《工业窑炉烟尘排放标准》等一系列有关大气污染规制的标准、规定和办法。在水污染规制方面，中国早在1957年就颁布了《关于注意处理工矿企业排出有毒废水、废气问题的通知》，第一次对防治水污染做出了规定。1984年颁布的《水污染防治法》成为中国第一部专为防治陆地水污染而制定的法律，该法在1996年进行了修订，增加了有关清洁生产、落后工艺和设备淘汰、流域和重点区域水污染防治等方面的内容。2000年国务院批准了《水污染防治法实施细则》。《水污染防治法》和实施细则为中国水污染规制确立了水污染物排放标准规制制度、水污染影响评价制度和“三同时”制度、水污染物排放总量控制和核定制度、水污染事故报告处理制度、水污染物排污收费制度等基本制度。同时，中国在水污染规制领域还陆续颁布了一系列配套法规，如《关于防治水污染技术政策的规定》（1996年）、《水污染排放许可证管理暂行办法》（1988年）、《污水处理设施环境保护监督管理办法》（1988年）、《关于防治造纸行业水污染的规定》（1988年）、《饮用水源保护区污染防治管理规定》（1989年）、《淮河流域水污染防治暂行条例》（1995年）等。中国在固体废弃物规制方面的立法起步较晚，早期主要是依据其他相关法律、法规中的有关条款进行规制，直到20世纪90年代才开始进行专门针对固体废弃物规制的立法，先后制定了《防止含多氯联苯电力装置及其废物污染环境的规定》(1991年)、《关于严格控制境外有害废物转移到中国的通知》(1991年)、《防治尾矿污染环境管理规定》(1992年)、《关于防止铬化物生产建设中环境污染的若干规定》(1992年)、《城市生活垃圾管理办法》(1993年)等一批法规。1995年中国正式颁布了专门针对固体废弃物规制的法律《固体废物污染环境防治法》，从而为固体废弃物规制确立了固体废物环境影响评价和“三同时”制度、固体废物申报登记制度、固体废物转移规制制度、危险废物经营许可证制度、危险废物污染事故报告处理制度等基本制度。中国对噪声规制的立法最早可追溯到20世纪50年代《工厂安全卫生规程》的颁布实施，正式以法律形式对噪声规制做出原则性规定的则是1979年颁布实施的《环境保护法（试行)》。此后中国先后制定实施了《工业企业噪声卫生标准（试行草案)》(1979年)、《机动车辆允许噪声标准》(1979年)、《城市区域环境噪声标准》(1982年)、《民用机场管理暂行规定》(1986年)、《环境噪声污染防治条例》(1989年）等一系列有关噪声污染规制的法规和标准。1996年在先前立法基础上，中国正式颁布了《环境噪声污染防治法》，并最终形成了包括环境噪声标准规制制度、环境噪声影响评价制度和“三同时”制度、环境噪声污染限期治理制度、环境噪声排放申报登记制度、环境噪声超标排污收费制度等在内的基本规制制度。

9.3.2 环境规制政策

在环境立法逐步完善的同时，中国也初步形成了包括命令与控制政策、基于市场的规制政策、信息披露政策等各类政策在内的环境规制政策体系，具体政策工具如表9-6所示。

表9－6　　中国的环境规制政策工具

政策类型	政策工具	开始时间	规制对象	应用范围
命令与控制型规制政策	污染物排放标准	大多颁布、修订于20世纪80年代或90年代	各种污染源	国家标准：全国或特定区域 地方标准：地方行政区划或流域 专业性标准：重点污染行业或特定污染物排放行业 综合排放标准：所有排污行业
	环境影响报告书制度	20世纪80年代	新污染源	全国
	限期治理	20世纪70年代	老污染源	全国
	关停并转		老污染源	全国
	以新带老		老污染源	全国
	“三同时”制度	20世纪70年代	新污染源	全国
	排污申报	1992年	新老污染源	全国
	排污许可证制度	1989年	新老污染源	重点区域、重点污染源的水污染和空气污染
基于市场的环境规制政策	排污费（含超标排污费）	1982年、2003年修订	企事业单位	全国
	排水设施有偿使用费	1993年	企事业单位、个体经营者	全国
	污水处理费		企事业单位、居民	全国许多地方
	SO_2收费（试点）	1992年	工业燃烧锅炉电厂（后扩大试点）	二省九市，后试点范围扩大
	SO_2排放总量控制及排污交易政策	2002年	二氧化硫排放企业	山东、山西、江苏、河南、上海、天津、柳州
	生态环境补偿费（试点）	1989年	资源开发单位	广西、江苏、福建、山西等
	矿产资源税和补偿费	1986年	资源开发单位	全国
	综合利用税收优惠	1984年	综合利用企业	全国

续表

政策类型	政策工具	开始时间	规制对象	应用范围
基于市场的环境规制政策	排污许可证交易（试点）	1985 年	排污交易企业	上海、沈阳、济南等 11 个城市
	“三同时”保证金	1989 年	新建污染企业	抚顺、绥化和江苏等
	治理设施运行保证金	1995 年	企事业单位	常熟市
	废物交换市场	1989 年	综合利用企业	上海、沈阳
	废物回收押金		可循环使用固体废物生产者	全国
	环保投资渠道	1984 年	企事业单位	全国
	补贴	1982 年	治理污染企业	全国
信息披露政策	社会舆论监督和公众监督		各种污染行为和污染单位	全国
	清洁生产方式	2002 年	排污企业	全国
	环境标志	1993 年	选定行业、产品	全国
	ISO14000	1995 年	企事业单位	全国

资料来源：根据张嫚《环境规制约束下的企业行为》（经济科学出版社 2006 年版）整理。

从表 9－6 可以看出，目前中国在环境规制中主要应用的是命令与控制政策，基于市场的环境规制政策在中国应用数量较少。在表 9－6 中列出的 15 种基于市场的环境规制政策工具中，有 7 项不是以环保为目的设计的或者不是由环保部门执行的，3 项处于试点阶段，另有 3 项仅在少数几个城市实行，真正以环保为目的制定并由环保部门在全国或大多数地区执行的基于市场的环境规制政策仅有排污费和补贴两项。在基于市场的环境规制政策中半数以上的政策都是 1989 年以后才制定的，其中污水排污费 1991 年才制定，2003 年才经过修订。可见基于市场的环境规制政策在中国环境规制中的应用范围非常有限。在中国信息披露政策涉及的政策工具更少。社会舆论监督和公众监督因缺乏有效渠道无法发挥重要作用；清洁生产方式才刚刚起步，仍处于试点阶段；只有环境标志和

ISO14000 认证已初步发挥作用。中国这种以命令与控制政策为主的环境规制政策体系与大多数发展中国家的情况相似，却明显落后于发达国家环境规制政策的变迁。尽管命令与控制政策是目前中国环境规制中运用的主要政策，这类政策在实施中却存在一些问题，导致环境规制效率低下。命令与控制政策最主要的问题是标准设定不合理和处罚力度不足。排放标准是命令与控制政策运用的依据，中国的排放标准从总体上看设定偏低。这一方面源于在现有经济发展水平下对环境资源价值评估偏低，另一方面源于长期以来政府重经济发展轻环境保护的态度。过低的标准使命令与控制政策无法有效抑制环境恶化。从标准种类来看，既有综合排放标准又有行业排放标准，既有国家排放标准又有地方排放标准，各种标准相互重复、宽严不一，降低了环境规制效率。就处罚而言，按照现有处罚标准处罚力度明显不足。目前省级环保局对违法排放企业的处罚最高不超过 10 万元，市级环保局的处罚最高不超过 5 万元，而高污染企业每天偷排的净收益往往能高达几十万元，从而形成了企业宁可接受处罚也违法排污的现象。在命令与控制政策无法有效实现环境规制目标的情况下，环境规制政策往往演变为简单的关停政策，这在各项环境专项治理中体现得最为明显，例如，在淮河治理中，淮河两岸先后关闭了 5000 家污染严重的小造纸、小化工等“十五小”企业。由于在某些情况下污染企业在社会经济中具有重要作用，大量关闭污染企业会造成严重的经济社会问题，如地区经济衰退、就业压力增加、财政收入减少等，因此企业甚至是政府会采取机会主义行为。例如，在专项治理期间停工，专项治理过后重新开工而不对污染进行任何治理；将多个中小企业在形式上合并以逃避关闭等。这些机会主义行为使环境规制效率大大降低。

9.3.3　改革思路

1. 完善环境规制政策体系

（1）改进命令与控制政策。命令与控制政策目前仍是世界各国主要的环境规制政策，在政策制定中成本收益分析得到普遍应用，政策执行中的监督处罚机制也得到日益完善。中国尽管也以命令与控制政策为主进行环境规制，但由于环境规制标准低且设计不合理、规制机构规制能力不足且容易受其他政府部门的制约，环境规制的效率较低。因此，以成本收益分析为基础改革现有命令与控制政策，适当提高环境规制标准，增进环境规制机构规制能力尤其是监督处罚能力，对于提高中国环境规制效率具有重要意义。

（2）扩大基于市场的环境规制政策和信息披露政策的应用范围。基于市场的环境规制政策和以信息披露为特点的创新性政策在世界各国环境规制中正得到越来越多地运用，然而这类政策的运用要受一国政治、经济和社会条件的制约，因此在发达国家行之有效的环境规制政策并不一定适用于中国。中国一方面需要结合自己的具体情况选择、设计适用的环境规制政策，从而随着经济发展逐步扩大基于市场的环境规制政策和信息披露政策的应用范围，以此提高环境规制灵活性和有效性；另一方面为扩大基于市场的环境规制政策和信息披露政策的应用范围，应积极创造适于这些政策运用的条件，例如，通过完善环境听证和环境诉讼机制、鼓励环保组织发展等来促进相关利益集团参与环境规制；建立完善信息披露制度，提高环保信息透明度；建立工业园区的双层环境规制制度等。

（3）实现环境规制政策的合理组合。各类环境规制政策具有多维特征，因此仅仅比较其某一方面的特征无法为政策选择提供正确的建议。从世界各国环境规制实践来看，环境规制政策通常是由针对不同环境问题设计的规制政策组成的政策体系。因此中国环境规制政策选择的重点应是寻求各类环境规制政策的合理组合，而不是在各类政策中选择其一。由于各类环境规制政策往往由不同的部门实行，因此部门间在政策制定实施中的合作尤为重要。

2. 完善环境规制制度

环境规制政策的制定与有效实施依赖于环境规制供给能力，因此制度建设应以增强规制供给能力为目标。具体应在以下几个方面加强规制制度建设：

（1）增进监督处罚能力。命令与控制政策和基于市场的环境规制政策都存在对监督与处罚的依赖。政策设计再合理若没有有效的监督处罚也无法实施。中国环境规制机构受资金、人员、技术和规制制度的制约监督处罚能力有限。增进监督处罚能力一方面需要为规制机构提供更多的资金、技术、人员；另一方面要减少规制机构与污染企业之间出现串谋、寻租、规制俘虏等问题的可能性。除了增加环境规制机构的预算资金以减少其对污染企业的经济依赖之外，通过环境听证制度增加规制政策和规制程序的透明度，通过环境诉讼制度形成对企业和规制机构的监督与激励也具有重要作用。若要使环境听证制度和环境诉讼制度发挥有效作用，还需要增强公民的环保意识并从制度设计上降低参与环境保护的成本。

（2）完善环境诉讼制度。在环境规制中对规制机构和污染企业进行监督激励以提高规制效率的有效方式是通过完善环境诉讼制度形成与环境规制的分权。环境诉讼可以提供对污染企业的事后监督；环境诉讼中针对环境规制机构的行政诉讼形成了对环境规制机构的监督与激励；环境规制与环境诉讼的竞争还可以提高对企业的激励强度。目前完善环境诉讼制度首先是要扩大起诉人资格范围和受案范围，即要允许直接受害者和第三者都具有提起诉讼的资格，并可全面就有形损害和无形损害、行政行为和环境法律法规提起诉讼；其次为激励公众参与环保还应降低其参与成本，如提高损害赔偿、补偿诉讼费用等。

第10章

劳动规制变迁与中国劳动规制改革

劳动规制是伴随着劳动力市场的发展逐步成长起来的。随着劳资雇佣关系在社会生活各个领域的扩展，雇佣劳动多产生的诸如工资、失业等问题日益突出，劳动市场上的各类问题不断涌现，促使社会科学工作者，特别是经济学家对劳动规制问题进行深入的思考。

10.1 劳动规制的依据

劳动规制问题的产生源于对劳动力资源权益保护的实现。从古到今，随着生产力发展水平高低不同，生产关系的基础也不一样，对劳动力资源保护的情形千差万别，在一定程度上也促进了劳动规制理论的创新。

权益是一个综合概念，由权和益复合而成，就是行为人应该享受的不容侵犯权力和利益，实质上是一系列权利的综合。权是前提，益是目的。劳动者权益的实现受到特定的制度约束，不同的制度决定着不同的权益关系和实现方式。从经济学的角度去分析，劳动者在创造价值的过程中，必须与生产资料结合起来，才能变成现实的生产力。这种结合的方式和分享成果的程度取决于生产资料的所有制、劳动者在生产中的地位及其相互关系，以及劳动者的技能技术水平等因素。但从一般意义上，劳动者参与劳动并分享劳动成果的状况，决定着劳动者权益实现的程度。一般来说，劳动者的权益主要包括平等就业和选择职业的权利、取得劳动报酬的权利、劳动安全卫生保护的权利、享受社会保险和福利的权利、接受职业技能培训的权利、提请劳动争议处理的权利以及法律规定的其他劳动权利等，这一系列的权利构成的总和就形成了劳动者的总权益。并且，从法律角度来说，各项权利通常都通过法定的形式予以规定，从而使劳动者的各项权益具有法律效力。但是，从劳动者个体方面分析，由于各经济主体自身素质存在差异，对经济信息的掌握程度不同，拥有的经济权力的大小有别，在生产关系中所处的地位高低不等，决定了在经济活动中所能享受和获得经济权益的程度不尽相同。从社会制度环境分析，决定于市场经济制度和社会管理制度，既有和谐的、平等的，也有不公的、矛盾的，这些情形是经济社会诸因素共同作用的结果。

劳动力权益是综合的指标，在理论上是各项权益的总和。总权益与各项权益之间存在着如下关系，可用公式表示为：

$$s = \sum_{i=1}^{n} x_i$$

式中，s 表示劳动力总权益，x_i 表示劳动力资源的第 i 项权益，各项权益的总和就形成总权益。在各项权益中，劳动就业权处于核心权利和前提权利的地位，它是劳动者享受其他权益的基础。劳动是生活来源的基本保障，没有劳动权，其他权利就无从谈起。只有参加劳动，创造价值，才有权利去分享劳动成果。而劳动权益的公平与否首先直接影响收入权益的实现程度。工资收入权益是就业权益的价值度量，作为基本的原则应该等量劳动应获得等量报酬。工资收入权益又直接影响到劳动者的持续发展的权益实现程度，因为劳动者的教育、住房等的投入和改善都与收入密切相关，社会保障权益则由国家法律予以明确，并受社会保障水平和经济发展水平决定。

在市场经济制度不完善，致使影响和制约权益实现的因素诸多的情况下，劳动力权益的实现在一定程度上受到侵害。为了更好地衡量总权益的实现状况，可以建立如下函数关系：

$$R = \sum_{i=1}^{n} \alpha_i x_i + u_i$$

式中，R 表示总权益的实现程度，$0 \leqslant R \leqslant 1$，$R$ 值越大，权益的实现程度越高。x_i 表示就业权益、收入权益、社会保障权益和持续发展权益。α 表示影响各项权益的权数，u_i 表示其扰动因素。劳动力资源的权益实现于特定的制度体系中，受到现存制度的约束。经济制度决定了劳动力权益实现的机制和途径，劳动力权益的实现，必须建立在特定的经济社会制度基础上，主要包括三个方面的内容。其一是权益保障的法律制度，通过法律规范劳动力资源的权益，保障依法实现。其二是权益实现的基本制度体系，规定权益实现的具体制度和政策，提供权益保障的制度规范。其三是权益实现的配置机制，决定着劳动力实现权益的自由选择度和效率。这三个方面的内容构成劳动力权益实现的制度基础，也描述出劳动规制的相关内容，主要包括劳动力工资规制、劳动力就业规制和社会保障规制。

10.2 西方国家劳动规制变迁

10.2.1 劳动力工资规制变迁

工资问题是关系国计民生的重大问题。工资分配是否科学合理，不仅关系到社会经济能否顺利增长，而且还涉及每一位劳动者的切身利益能否得到保障。鉴于此，国际上普遍实行了最低工资制度，旨在保护劳动者取得最低劳动报酬的权益。

最低工资制度是指劳动者在法定工作时间或依法签订的劳动合同约定的工作时间内提供了正常劳动的前提下，用人单位依法应支付的最低劳动报酬的制度。其目的在于为低收入劳动者提供基本的生活保障，保证劳动者所获得的工资能够满足其与家庭成员的基本生活需要，促进社会公平，维护社会安定，并维持一定的社会购买力，促进经济发展。最低工资制度是政府对劳动力市场运行进行规制的一种重要手段，也是中国借鉴国际通行做法而制定的一项劳动力工资规制制度。

最低工资制度最早产生于资本主义国家。19世纪末，随着资本主义社会生产力的不断发展和工业化程度的不断提高，大量农业劳动力失去土地流入城市，造成劳动力市场的买方处于优势地位，而劳动力市场的卖方——工人，特别是非熟练工人供大于求，处于绝对劣势，由此引起了工人阶级的反抗斗争。为了缓解劳动关系和维护社会公平，一些资本主义国家不得不采用法律手段强制规定雇主付给工人工资的最低标准，开始实施最低工资制度。

新西兰率先于1894年颁布了《劳资协调与仲裁法》，受权裁定引起争议的最低工资标准。澳大利亚维多利亚州于1896年颁布了建立工资委员会制度的法规，试行最低工资制度，4年之后对该法进行了修改，其他各州也相继通过了最低工资法。随后，其他国家纷纷仿效新西兰和澳大利亚的做法。然而，与现在不同的是，当时很多国家的最低工资制度所保护的对象局限于那些极易受到冲击的特殊群体。①

美国第一个最低工资法保护的对象是妇女和未成年人，直到1938年美国制定了《公平劳动标准法》，保护范围才扩大至制造业工人，目前美国劳动人口中有65%受到该法的保障。欧洲国家建立最低工资制度的时间较早，但刚开始建立时涉及的范围基本也只包括家庭工人。早期执行最低工资制度的欧洲国家主要有：法国（1915年）、挪威（1918年）、奥地利（1918年）、捷克斯洛伐克（1919年）、联邦德国（1923年）、西班牙（1926年）、比利时（1934年）。直到第二次世界大战结束后，这些国家才将适用范围

① 伊兰伯格、史密斯：《现代劳动经济学》，中国人民大学出版社1999年版。

由原来的个别群体、个别行业扩大到所有产业。

进入20世纪30年代以后，随着工人运动的高涨和社会经济的发展，资本主义国家普遍进行了最低工资立法。日本于1957年设立了中央最低工资局，负责研究推行最低工资制度的事宜，并于1959年制定了《最低工资法》。韩国于1986年制定《最低工资法》，并于1988年生效。第二次世界大战以后，一些发展中国家也陆续制定并实施了最低工资制度。在亚洲，实行最低工资制度较早的国家主要有斯里兰卡（1941年）、印度（1948年）、巴基斯坦（1957年）。但与其他地区相比，亚洲国家实行最低工资制度的时间相对较迟、推广的范围也不广泛，到目前，还有一些国家没有实行最低工资制度。①

从19世纪末到今天，最低工资制度的建立历经了一个由个别资本主义国家、个别产业、个别群体，扩大到全部资本主义国家、大部分产业，再扩大到发展中国家的过程。到目前为止，世界上所有发达国家和绝大部分发展中国家都以立法的形式建立并实施了最低工资制度。

国际劳工组织多年来也一直在研究最低工资问题。1919年制定的第一部《国际劳工组织章程》，在改善劳动条件方面提出了“规定适当的生活工资”的内容，其目的是阻止社会动乱和促进和平。1944年《费城宣言》在谈到国际劳工组织的目标和宗旨时断言：“任何一个地方的贫穷都对各个地方的繁荣构成威胁”，并宣传实现“让所有工人得到最低生活工资和必需的此类保护”的世界计划。为了鼓励扩大对乡村工人的工资保护，国际劳工大会于1951年通过了《确定最低工资办法（农业）公约》（第99号）。1976年，关于就业、收入分配和国际劳动分工问题的三方世界会议所通过的《行动纲领与原则宣言》建议：作为基本需要发展战略的一个组成部分，工资政策应“确保最低生活水平”。为了实现“确保最低生

---

① 刘骥嘉、胡志华：《最低工资制度》，香港立法会秘书处，1999年。

活水平”这一目标，国际劳工组织多年来一直提倡直接采取行动，通过立法手段确定最低工资标准。为进一步鼓励扩大最低工资的保护范围，国际劳工大会又在 1970 年通过了《确定最低工资公约》（第 101 号），该《公约》对最低工资制度作了详细规定。①

从国际劳工组织对最低工资制度的研究进程可以看出，建立最低工资制度是各国通行的保障低收入群体权益的一项重要措施。

10.2.2　劳动力就业规制变迁

就业问题是世界各国面临的突出矛盾。扩大就业不仅是人类生存的需要，也是实现人类发展的需要，更是经济增长的目的所在。因此，对劳动力就业实施有效规制，寻找适当途径解决就业问题已经成为当今全球发展的共同任务。为此，各国都在围绕就业，寻找各种解决方案。我们选择了德国、美国、瑞典、英国等国家的就业规制政策进行分析研究，从而使我们能够从中受到启发。

1. 德国就业规制变迁

德国于 1927 年出台了《就业安置和失业保险法》，试图通过国家干预的方式成立独立的就业安置和失业保险事务所，向求职者免费提供职业介绍和就业咨询等服务。这些职业介绍所的出现，为搜寻就业岗位创造了一定的条件。1969 年，开始实施《促进就业法》，内容包括职业介绍、职业指导、职业培训、失业保险、就业经费以及管理机构等方面。1994 年，德国出台《就业支持法》，允许在得到政府许可的情况下，开办私营职业介绍所，弥补国家职业介绍所的不足，缓解了劳动力市场结构单一的矛盾。2001 年，施罗德政府通过《工作行动法》，完善了职业介绍，提高了促进就业的及时性和有效性。2002 年，政府把减少失业人数写进施政纲领，推

① Gerald Starr, 1981, Minimum Wage Fixing-An international review of practices and problems, International Labor Organization.

出解决就业问题的“哈茨计划”。[1]

2. 美国就业规制变迁[2]

20世纪20年代末及30年代初，很多美国经济学家认为，诱因机制对稳定就业需求有很大的作用。1932年美国制定了《威斯康星失业补偿法》，1935年又将诱因机制融入《社会安全法》和后来的《失业保险法》。美国政府通过失业保险费的征收加大雇主的裁员成本，但最终导致裁员的经济外部性问题，导致政府规制失效。由于长期以来，美国就业政策偏重于失业救济以及政府对解雇和裁员的限制等方面，更多体现了政府社会保障或经济资助的特点，因此20世纪60年代以后，美国政府开始实施了由消极的就业政策到积极就业政策的转变。在克林顿执政时期，美国开始对30年代以来的失业保险制度进行修改，变消极救济为积极促进就业，完善特殊困难人员的就业和再就业制度。

3. 瑞典就业规制变迁

瑞典在20世纪80年代中期的进一步开放市场政策和90年代的税收改革使得瑞典出现了1991～1994年的GDP负增长，失业率高达15%。在这种情况下，瑞典政府采取积极的就业政策与宏观经济政策相互协调、相互配套的方法，将大量失业人员纳入积极的劳动力市场计划，实施培训、创业等措施，降低了公开失业率。1999年，瑞典政府提出一项旨在完善就业服务功能，提高工作效率的劳动力市场计划，计划在要求改革就业管理机构内部组织人事制度的同时，要求对其垂直管理的就业服务系统增强就业服务的一致性和服务质量，在全国建立职业介绍机构服务责任体

① 哈茨计划：施罗德为竞选连任德国总理，于2002年初成立由经济界、雇主、工会和政府部门四方面人士组成的15人委员会，专门研究就业问题。因该计划的主持人为大众公司董事，原公司人事部经理Haxtz而得名。

② http：//www.lm.gov.cn.

系。瑞典政府通过实施积极的劳动力就业政策，使就业问题得到较好的解决。①

4. 英国就业规制变迁②

15 世纪末至 19 世纪上半叶，英国政府通过国会制定了一系列圈地法令，为资本主义农业和工业发展提供劳动力，从而奠定了英国劳动力市场的基础。英国劳动力市场的发展是构筑在新古典理论和凯恩斯理论两大基础之上的。在这两种理论的影响下，英国就业政策表现为两种倾向：一种是设法消除影响劳动力市场的不利因素，增强劳动力市场的竞争性；另一种是通过国家干预，扩大社会总需求，拉动就业需求，增加就业机会。这两种政策的运用在不同历史时期、不同发展阶段各有不同。自 20 世纪 80 年代开始，英国政府采取削弱工会力量，限制工会对工资、失业人员再就业条件等方面的干涉的措施，使工会不得不与政府和雇主合作，从而达到减少罢工、削弱劳动力市场竞争性对劳动力供给影响的目的。1998 年，英国政府提出“从福利到工作”的就业计划，把改革福利制度、消除失业影响，作为政府的重要使命。同时，政府也强调职业培训的重要性，使英国扩大就业与改革社会保障制度很好的结合起来。

10.2.3　社会保障规制变迁

社会保障在劳动者权益中占有重要的地位。19 世纪 90 年代，社会保障最早出现于经济发达的欧洲国家德国。德国新历史学派提出了社会改良论，主张通过国家举办一些公共事业来改善国民的生活，包括实行社会保险、发展公共教育、改善卫生、增收遗产税等。随后，欧洲各国及世界其他国家都先后实行了社会保障。但

---

① http：//www. macrochina. com. cn.

② 夏永祥：《英国市场经济体制》，兰州大学出版社 1994 年版。

是，由于社会制度不同、生产关系不同、阶级立场不同、国情不同，各国对社会保障规制的理论基础也不相同，表现为各具特色的制度实践历程。

1. 英国的社会保障规制理论与实践变迁

最早为英国社会保障规制制度提供理论基础的是英国剑桥学派的庇古，他的《福利经济学》依据马歇尔的均衡价格理论，构建了福利分析框架，提出了通过“收入均等化”达到增大社会福利的目的，推动了英国社会保障规制制度的发展。1936 年凯恩斯发表的主张政府干预经济的《就业、利息和货币通论》，成为第二次世界大战结束后英国发展社会福利制度的主要理论依据。凯恩斯主张通过累进税和社会福利等办法调节国民收入分配，实行社会保障规制，消除贫困，制定最低工资法，限制工时法，为西方国家推行福利国家奠定理论基础。1942 年，伦敦经济学院院长贝弗里奇提出了《社会保障及相关服务》的报告，设计了社会保障的六条基本原则，涵盖了养老、疾病、死亡、工伤、失业和家庭津贴七大保险项目，为 1945 年工党上台执政颁布一系列以国民保险制度为核心的法案提供了重要依据。英国在此基础上建立了覆盖全民、内容广泛的高福利制度。

2. 瑞典的社会保障规制理论与实践变迁

斯德哥尔摩经济学派在凯恩斯主义影响下，提出了为瑞典建立全面的社会保障规制制度的理论基础，即国家干涉经济发展的理论。瑞典政府还受“贝弗里奇报告”的影响，将“充分就业”和“普遍保障”等福利国家的基本原则作为自己的核心政策。1983 年后，瑞典通过建立雇员基金法案对社会保障规制制度进行了改革。之后，瑞典经济学家卡尔松发表《三年来的雇员投资基金——评估报告》，对这一方案给予了肯定。

3. 德国的社会保障规制理论与实践变迁

德国以弗来堡为中心，以欧根、阿尔马克和艾哈德等人为主要代表的新自由主义经济学家，主张限制国家干预经济的权利，以确保市场自由竞争和生产资料的私人所有，实行“市场自由原则和社会均衡原则相结合”。按照这种经济理论，市场的力量是社会进步的基础，但社会安定又是市场充分发挥作用的保证。因此，不仅要在经济利益和经济权利方面尽可能做到公平，而且要使人们在失去劳动能力或遭到意外困难时生活仍有保障。20世纪60年代后期，凯恩斯主义在联邦德国逐渐赢得一席之地、加上社会民主党的敦促最终确立了新自由主义。凯恩斯主义相结合的“总体调剂”的市场经济政策，从而加速了联邦德国社会保障规制制度的发展，很快建立了一个有效的、耗资巨大的、内容庞杂和完善的社会保障规制制度和社会保障网。

4. 美国的社会保障规制理论与实践变迁

20世纪30年代，以美国为中心的世界性经济危机所导致的大量失业和绝对贫困，以及劳资矛盾的激化，都严重地影响了社会稳定。因此，美国越来越重视社会保障问题。罗斯福政府成立后，通过了《联邦紧急救济法》，拨款资助各州实行劳动救济和失业救济。随后，罗斯福逐步提出了“安全保障社会化”的理论，突出了政府在社会保障中的重要地位，并于1935年8月颁布了世界第一部《社会保障法》。此后美国各届政府随着不同时期经济和社会主流理论的变化，不断对社会保障规制制度进行完善和改革。

10.2.4　启示

1. 工资规制实践变迁的启示

工资是个复杂的变量，其决定的过程也是复杂的，而且就工资理论本身而言，还处于不断发展之中。尽管如此，200年来不断发展和演变的分配理论和工资理论对于研究和解决处于经济起飞阶段的中国工资水平的决定，具有十分重要的启示。

综观人类历史，劳动创造的价值及剩余归谁所有，与生产要素所有者在生产中的重要性密切相关。在社会主义市场经济条件下，随着劳动要素重要性的提高，劳动者本应成为自己创造的剩余价值的索取人，但因为初级阶段市场经济的客观条件的限制，资本仍然在社会经济生活中支配着劳动。因此，在这样的特定历史条件下，剩余价值的索取权仍在资本，而且国家拥有的生产要素也因为民营企业的存在而异化为资本。但是，占主导地位的国家资本索取剩余并不与广大劳动者的福祉相矛盾。价值的来源与价值的分配适当分离，有利于资本利用效率和劳动生产效率的提高，有助于市场经济的繁荣与发展。

2. 就业规制实践变迁的启示

随着经济全球化步伐加快和经济结构的调整加速，世界就业格局正在发生深刻变化。有效控制失业率，积极促进就业，始终是世界各国普遍关注的重大经济和社会问题。尤其是发达国家，它们纷纷调整宏观经济政策，推行激活劳动力市场的若干举措，把控制失业率、促进就业作为社会经济发展的优先目标，制定和实施积极的劳动力就业规制政策，取得了明显的成效。中国属于发展中国家，劳动人口严重过剩，农村劳动力比重比较大，劳动者受教育程度较低，不充分就业问题突出。对于劳动力就业的诸多问题，应通过积极的劳动就业规制政策提高劳动者就业能力和适应能力，提高教育和培训水平，提供社会保障安全网，加强社会对话和尊重核心劳工标准等。

3. 社会保障规制实践变迁的启示

（1）要认清社会保障规制的性质和作用。从西方各国建立社会保障规制制度的理论依据可以看出，社会保障同一国的经济政策相关，同市场经济相辅相成、互相推进。一方面，它是社会发展的稳定器。经济发展过程中存在的效率与公平矛盾，市场经济可以通过价格机制、竞争机制和供求机制有效地调节社会资源的分配，激励生产者改进技术，产生高效率。但是，这同时也扩大了收入差距，引起社会矛盾。政府运用社会保障规制，对社会生产进行再分配，调节各阶层收入差距，防止贫富悬殊，使社会成员基本生活得到保障，社会保持稳定。另一方面，它是市场经济的推进器。社会保障规制可以使企业摆脱由失业、疾病、职工年龄老化等引起的困扰，在良好的环境中发展生产，使生产效率在市场经济中得到充分的发挥，还可以解除劳动力流动的后顾之忧，使劳动力流动渠道畅通，有利于人力资源的有效配置。我们必须认清社会保障规制的性质和作用，使社会保障规制与中国的经济制度变革紧密结合，与经济政策相协调。

（2）社会保障规制项目的设立要从国情和国力出发。一个国家社会保障水平达到什么程度和选择何种模式，最终取决于自身的经济发展水平和人口发展状况。西方各国的社会保障规制的形成和发展都与本国的历史背景和社会环境密不可分。历史环境不同，社会保障规制的起点就会不同，范围也不同，采取的形式也会不同。中国处于社会主义初级阶段，存在二元社会结构，加上历史、政治、经济和文化原因引起的各种利益差异，使新旧矛盾相互交织，情况极其复杂。因此，中国在建立社会保障规制制度时，不能照搬西方的模式，必须全面了解经济发展过程中的各种问题及其主要方面，分析其原因，以便科学合理地划定范围、设立项目、制定政策和措施。

（3）实行社会保障规制政策应循序渐进。西方国家的实践表明，社会保障规制不能过分提高普及化和专业化标准。社会保障支出增长过快，势必会影响国家积累基金的增长，导致经济增长减缓或通货膨胀。因此，中国应量力而行，努力探索和建立有利于社会主义市场经济发展的多层次、多形式、有重点的社会保障体系，根据国情确定当前优先发展的保障内容，通过国家立法建立起能维持最低生活水平的基本保障，并且以地方行业更为具体和深入的强制性补充保险作为补充，并鼓励民间保险业的发展，为确有经济实力与需求者提供更高质量的保险。

10.3　中国劳动规制现状及改革思路

中国在向社会主义市场经济体制过渡过程中，劳动者和劳动使用者之间的经济利益关系开始由劳动力市场来确立。与传统经济体制下的劳动关系相比，市场化劳动关系的特征是劳动关系的双方作为独立的经济主体，在劳动力市场上及生产过程中，通过博弈来实现各自的经济利益。在向市场经济过渡的过程中，劳动问题已成为中国社会转型期最为突出和普遍的社会经济问题。

10.3.1　规制现状

1. 劳动力工资规制现状分析

中国的最低工资制度是在计划经济体制转向市场经济体制以后逐步建立起来的。在计划经济时期，中国对工资管理采取直接控制方式，即用指令性工资计划、工资政策等行政手段直接对国家机关、企事业单位职工的工资进行管理，直接控制方式是与计划经济条件下的单一的公有制经济和统包统配的资源配置方式相适应的，在当时的社会历史条件下起过一定的积极作用，职工的工资也不存在过低的问题。但随着经济的发展，直接控制方式越来越表现出效率低下、缺乏活力、束缚生产力发展的弊端。1985 年，国家对企业工资制度作出重大改革，取消了全国统一的企业工资等级标准，在国家宏观调控下，对国营企业实行工效挂钩办法，企业享有内部分配自主权。1992 年，国务院颁布了《全民所有制工业企业转换经营机制条例》，进一步明确了企业拥有内部分配自主权，企业工资形式和分配办法日益多样化。

但随着企业分配自主权的扩大，也产生了一些新的问题。中国自20世纪90年代以来劳动力供大于求的矛盾逐渐突出，部分企业为了提高市场竞争力、达到利润最大化的目的，采取了压低劳动者的工资、降低人工成本的手段，使部分劳动者的合法权益受到损害，尤其是沿海地区，不断发生个私企业、外商投资企业侵害职工劳动报酬权益的现象，使劳动者个人及其家庭的生活产生生存危机。在这种形势下，政府、法律不维护他们的合理权利，不规定一个保护价，放任劳动力价格听从市场的摆布，劳动者的劳动就会越来越不值钱以至基本生活难以保障，进而会影响社会稳定。

为了保障劳动者取得合法劳动报酬的权益，1989年广东省珠海市根据当地实际情况率先试行了当地的最低工资制度。中国原劳动部于1993年发布了《企业最低工资规定》（劳部发〔1993〕333号），对最低工资的内涵、确定调整的办法、管理制度以及监督机制和相应的法律责任等做了详细规定。这是中国最低工资制度方面的第一个规章，为《劳动法》中作出国家实行最低工资制度的规定奠定了基础，具有重要意义。

1994年7月5日，经八届全国人大第八次会议通过，于1995年1月1日起正式实施的《劳动法》第五章第四十八条规定：国家实行最低工资保障制度。最低工资的具体标准由省、自治区、直辖市人民政府规定，报国务院备案。用人单位支付劳动者的工资不得低于当地最低工资标准。这一规定，进一步确立了国家建立最低工资制度的法律依据。

从1993年《企业最低工资规定》颁布至今已有10多年，最低工资制度得到了广泛推广。但制定《规定》时中国正处在经济体制变革的初期，制定的规章体现了当时的时代特色。随着经济体制改革的不断深入，社会主义市场经济体制的逐步完善，规定的一些内容已不能适应当前的客观情况。因此，劳动保障部等有关部门近年来致力于修改最低工资制度。经过反复调研、征求各方的意见，修改后的《最低工资规定》（劳动保障部第21号令）于2003年12月

30 日经劳动和社会保障部第 7 次部务会议通过，并于 2004 年 3 月 1 日开始施行。

从珠海最早实行最低工资制度到今天，全国 31 个省、自治区、直辖市已经全部实行了最低工资制度。最低工资制度在中国实行 10 多年来，为促进中国经济社会发展、保障低收入劳动者的合法权益、促进劳动者素质的提高、劳动力的合理流动和维护社会稳定发挥了重要作用。最低工资制度的实行也是中国扩大改革开放、在工资管理方面与国际接轨的需要。

目前中国各地最低工资制度的执行情况主要有以下特点：一是各省市之间最低工资标准差距较大，反映了不同地区在经济发展、居民消费水平、就业状况等方面的差异。现行中国月最低工资标准最高档最低的是陕西省为 320 元，最高的是广东省 684 元，后者是前者的 2.10 倍。二是同一地区内部不同城市之间也存在差距，由于自然、历史等方面的原因，同一省份的不同地区在经济发展程度、居民收入和消费水平等方面存在着差别，不适用统一的最低工资标准，但制定最低工资标准的权限在省一级政府，因此除了北京和上海颁布了全市统一的最低工资标准，其他省、自治区都制定了不同档次的标准供省内各地市选择。目前月最低工资标准公布档次最多的省份是安徽省，共有 10 个级别，从 410 元到 290 元不等。全国各省内月最低工资标准档次之间差距最大的是广东省，最高档比最低档高出 332 元。三是不同地区最低工资标准调整的频率不相同。各地在调整最低工资标准的周期上有差异，一般经济发达地区的调整周期较短，而欠发达地区的周期相对要长。如北京、上海调整的频率较快，一般每年都调整，有时甚至一年调整两次，上海从开始实行最低工资制度的 11 年期间，最低工资标准共调整了 10 次。而陕西、安徽、江西、山西等省在《最低工资规定》出台之前，调整时间间隔较长，陕西现行的最低工资标准还是 2001 年调整的。

2. 劳动力就业规制现状

新中国成立以来，国家为解决劳动力就业问题，采取了一系列的政策措施。进入 20 世纪 90 年代以来，为了确保国有企业改革成功，必须剥离企业富余人员。同样，为了确保国有企业改革乃至整个经济体制改革成功，也必须妥善安排富余人员。因此，在以市场经济为基础的新劳动就业制度下，政府主要运用政策、法律和经济的方法对劳动力的市场供给与需求进行结构性或总量调节，不再用行政手段直接干预企业用工。有关资料表明，1978 年政府计划安排的就业人数占总数的 85%，而市场调节就业的仅为 15%；到 1993 年，政府计划安排的就业人数下降到只占总数的 15%，而市场调节就业的已达 85%，说明目前中国市场竞争就业已经成为就业的主要方式，确立国家宏观调控的市场竞争就业机制的时机已经成熟。[①]

1993 年底，党中央和国务院审时度势提出实施再就业工程计划。再就业工程在中国是由政府劳动部门为主推动的，通过一定的资金投入，综合运用政策扶持和各种就业服务手段，充分发挥政府、企业、劳动者和社会各方面的积极性，实施企业安置、个人自谋职业和社会帮助安置相结合，为失业职工和企业富余人员提供就业指导、职业介绍、转岗培训、生产自救等各种服务和手段，促使他们尽快实现再就业。再就业工程计划于 1994 年年初开始在 30 个城市搞试点，1995 年 4 月经国务院办公厅批准在全国范围内实施。1994 年，全国人大第八次会议审议通过了《中华人民共和国劳动法》，加快劳动力市场的发展，实现就业的市场化得以通过法律的形式规定下来。与此同时，劳动力市场体系建设和制度建设进一步完善。到 1996 年底，中国已建立职业介绍机构 31 万所，其中劳动部门举办的 26 万所，就业服务中心 2716 所，失业保险机构 2000

① 张明龙：《新中国 50 年劳动就业制度变迁纵览》，载《天府新论》2000 年第 1 期。

多个：劳动就业服务企业20多万户；从事劳动服务工作的人员接近1000万人，遍布城乡的职业介绍咨询服务网络开始形成。全国还建立了各类就业训练中心2850多所，年培训能力超过100万人。此外，企业职业培训基地、社会团体及私人举办的职业技术培训实体蓬勃发展，全国大中城市已初步形成完备的职业培训服务体系。

“十五”时期，中国积极就业政策的框架已基本建立，这是中国经济体制改革与国有企业改革的关键时期，也是经济结构的深入优化与调整的重要时期，这些宏观因素使得这一时期的就业压力表现的仍然十分严峻，为了应对每年新增劳动力、大量高校毕业生、下岗职工的就业问题及越来越多的农民工流动问题，政府采取了很多的积极措施。2004年5月1日，全国第一部有关促进就业再就业工作的地方性法规《山东省就业促进条例》实施，这部对就业对象、用人单位、政府及社会各界在就业促进方面的权利和义务都作了明确规定的法规成效显著。2007年2月26日，十届全国人大常委会第二十六次会议首次审议了就业促进法草案。《就业促进法》的设立，实际具体体现了“国家把扩大就业放在经济社会发展的突出位置”的原则。该法将促进就业明确为政府责任，强化了政府在促进就业方面的重要任务。

3. 劳动力社会保障规制现状分析

中国社会保障制度的发展，以十一届三中全会为标志，可以具体划分为两个时期，即80年代前与高度集中的计划经济体制相联系的“计划型”社会保障制度以及改革开放后，中国逐步建立起与市场经济体制相适应的社会保障制度。

中国的“计划型”社会保障制度起始于20世纪50年代中期颁布的《劳动保险条例》。大体上运行了30年。这一时期社会保障制度的主要特点是：“低工资、多就业、高补贴、高福利。”

改革开放以来，随着经济体制改革的逐步推进，“计划型”社会保障制度的弊端也逐步显现出来，因而，社会保障制度改革也逐步提上了政府的议事日程。这时期的社会保障制度改革主要围绕建立比较完善的养老保险、失业保险、医疗保险以及工伤和生育保险制度展开。政府相继出台了《国营企业职工待业保险暂行规定》(1986年7月)，明确规定了工人的退休养老实行社会统筹制度和失去工作的待业（失业）保险制度。这标志着中国社会保障制度改革正式拉开序幕。《关于企业职工养老保险制度改革的决定》(1991年6月)、《关于深化企业职工养老保险制度改革的通知》(1995年3月)、《关于建立统一的企业职工养老保险制度的决定》(1997年7月）以及《失业保险条例》（1999年1月）等法律法规，为建立与社会主义市场经济体制相适应的社会保障制度奠定了基础。①

总而言之，改革开放以来，中国社会保障制度又可以具体划分为两个发展时期：从20世纪80年代中期至1993年中共十四届三中全会展开前，这可以看做是中国社会保障制度改革的探索时期，局部性和被动式改革是这个时期社会保障制度改革的基本格局。从1993年起，以中共十四届三中全会通过的《中共中央关于建立社会主义市场经济体制若干问题的决定》将社会保障制度建设列入社会主义市场经济基本框架的五个组成部分之一为标志，中国进入了社会保障制度改革的全面展开时期。

在党和政府的高度重视下，中国社会保障制度逐渐形成了一个包括社会保险、社会救济、社会福利等保障项目在内的，涵盖社会全体城镇居民，由国家、企业和个人共同承担责任的社会保障体系。在改革开放以来的20多年里，中国社会保障制度取得了令人瞩目的成效，初步建立了比较完整的社会保险体系，基本建立了社会救济体系，社会福利制度也日臻完善。

① 劳动与社会保障部社会保险研究所：《世纪抉择——中国社会保障体系构架》，中国劳动和社会保障出版社2000年版。

10.3.2 存在问题

经过20多年的市场化改革，中国的经济成分发生了很大变化，中小企业大量出现，在经济活跃的同时，对劳动力市场的规制难度其实逐步增加，形势不容乐观。根据《劳动法》的相关规定，劳动者的基本权利包括：劳动者享有安全卫生保护的权利、接受职业技能培训的权利、享受社会保险和福利的权利、提请劳动争议处理的权利以及法律规定的其他劳动权利。虽然中国自1995年开始实施《劳动法》，推行劳动合同制以来，劳动制度的发展逐步走向法制化，中国的劳动制度还存在着诸多不足，实践中也存在对劳动者保护不力的问题。

1. 劳动者权益保护上存在诸多问题

当前中国劳动力规制的突出问题之一是，建立劳动关系时易发生对劳动者权益保护不力的问题。就用人单位而言，往往不依法与劳动者签订劳动合同，在劳动合同期限方面，劳动关系的稳定性不足；就劳动者而言，由于劳动者缺乏法制观念，在签订劳动合同方面，由于签约双方地位的不平等，劳动合同的内容往往对劳动者意志体现的较少。并且，在劳动关系实现后，也存在许多对劳动者权益保护不力的情形，如克扣和拖欠工人工资、劳动者的生命健康受到严重威胁、劳动者的劳动时间被迫延长以及劳动者的人格尊严受到侵犯等问题。特别是农民工权益保障缺乏是各地都普遍存在的问题。

2. 法律规制力度不够，劳动立法不健全

虽然目前针对企业的劳动立法已取得一些进展，但与成熟的市场经济国家相比，不仅许多与劳动相关的法律如《劳动关系法》、《集体合同法》、《劳动安全卫生法》尚未出台，就是已经颁布的法律也过于笼统，缺乏操作性。如《劳动法》规定企业可以签订集体合同，并没有规定不签订集体合同的处罚措施，使许多企业宁可观望。所以应抓紧制定新的法律文件，消除法律空白点，将一些过去存在但没有相应立法调整领域的问题尽快纳入《劳动法》调整范围之内。

3. 就业困难群体持续扩大

中国每年城乡新增就业人数，大致维持在 700 万左右，就业人口增长率保持在 1% 左右。从 1999 年到 2004 年，就业岗位缺口有逐步增加之势。城镇正规就业人员的比重下降，非正规就业人员的比重提高，加强非正规就业人员的管理至关重要。城镇登记失业率逐年增加，超过 4% 的自然失业率，就业形势比较严峻。总体就业弹性系数呈下降趋势。目前，中国就业困难行业和地区的范围潜存扩大的趋势，个别地区和行业局部失业率大大高于全国的平均指标。森工、军工、冶金、纺织、铁路沿线、边远地区、东北老工业基地以及中、西部某些地区的下岗职工再就业困境依旧严重，相当一部分行业和地区的就业困难长期未获有效解决，致使个别地区已经出现了失业人员采取过激行为的苗头，但由于各种具体成因千差万别，解决难度系数极大。特别是下岗人员中已经出现就业困难群体（即“4050 人员”，女 40 岁左右、男 50 岁左右），基本特点是：年龄偏大，文化程度低，技能单一，岗位适应能力差；处于中年，家庭负担重；有劳动能力，就业愿望极为迫切，但在就业市场中处于劣势；数量多且增加快。这一群体已成为当前再就业工程的难点之一。国家应采取就业优先的发展战略，以缓解当前的就业矛盾。

10.3.3　改革思路

1. 加强保护劳动者权益的规制政策

（1）加快经济发展和劳动者素质的提高，缓解目前劳动力市场中供需之间的矛盾。首先，发展经济，创造就业机会，降低劳动力供给方的压力。具体来讲，可大力发展农村经济，扩展农村就业的空间和渠道大力发展科技，通过技术转让，从而扩展企业的生产就业领域。可加强职业培训，提高劳动者素质，使劳动力供求结构趋于一致。针对当前劳动力结构中高素质人才短缺，低素质人才饱和现象，要进行各种职业培训，提高劳动者素质。因为市场经济要以生产要素充分流动和重组为前提，结果是经济结构的不断变迁，而技术进步引起不同产业对劳动力需求的变化，由于劳动力供给具有滞后性，跟不上需求的发展变化。通过对劳动者进行各种职业培训，不断提高其就业技能，同时大力发展教育，加强新兴人才的培养，适应市场发展需要，使劳动力供求结构一致。

（2）加快工会的改革，并且使工会真正发挥作用。工会是劳动者权益维护的关键环节，针对当前中国国有企业工会的行政化、政治化和非国有企业工会的形式化，需要加快工会的改革，发挥其应有的作用。具体措施如下：首先，加快工会职能的转变，以适应经济制度的变迁。其次，加强工会法的建设。要尽快出台有关私营外资企业工会组建和管理条例，同时对现有的工会法进行修改，对工会领导的权利义务做出明确规定，使其受到法律约束。再次，加强工会的立法参与。通过参与立法，改变职工弱势地位，维护劳动者权益。最后，加快集体合同的订立，发挥工会的重要功能。增强劳资机制的抗衡力量，稳定劳动关系，减少劳动争议。

2. 促进就业规制改革

（1）加强国家对就业的宏观调控。主要体现在：一是各级政府在制定国民经济计划和宏观经济政策时把就业作为社会经济发展的基本目标予以优先考虑。二是制定促进就业方面的法律法规，明确目标原则、宏观和微观政策等。三是建立全国重点行业、地区的失业预警系统，并制定应付紧急情况的预案和紧急措施。四是按照年度确定的失业率的控制指标，研究制定失业率警戒线，完善统计分析及预警监督和政策反映系统，促进就业目标的实现，维护社会稳定。五是建立和完善农村劳动力流动监测体系。六是加强对劳动力市场的监督和检查，纠正违法行为，促进劳动者就业质量的提高，保证劳动力市场的有序运转。

（2）保持适度经济增长速度，努力增加就业岗位。经济增长率越高，能吸纳的从业人员就越多，但宏观经济运行是受多方面因素制约的。对中国目前而言，应适当放松银根，扩大投资，加快经济增长，扩大就业量。另外，还应该调整就业结构，提高就业弹性系数。首先大力发展第三产业。在经济增长率一定的情况下，就业增加取决于就业弹性，不同产业的就业弹性差异很大。与第一、二产业相比，第三产业的弹性系数最高，而且具有吸纳劳动力就业的独特优势，即资金少、收效快、劳动密集型、技术密集型和资本密集型行业并存，能吸纳不同层次的劳动力。发展第三产业，应重点加快发展投资少、见效快、效益好、就业容量大的行业，如商业、金融、旅游、居民服务业等。在城市应大力发展社区服务业，使之成为第三产业就业的新增长点。在农村，则应发展农业产前、产后服务体系。其次，积极发展非公有制经济。鼓励和引导失业人员和下岗人员兴办多种形式的合作经济、合伙经济、股份制经济或从事个体劳动。要逐步放松产业规制，扩大由企业家扩展分工的产业空间，如对邮政、电讯、电话、银行、民航、教育等产业实行对内开放，打破垄断，一方面可以降低服务价格，另一方面可以创造更多的就业机会。再次，重视发展中小企业，逐步在大中小型企业之间形成新型的分工协作关系。从世界各国的情况看，中小企业的数目都占企业总数的95%以上，就业人数占60%以上。可见，中小企业历来是吸纳劳动力的主要领域。应从就业战略的高度制定中小企业发展规划，并运用政府的产业政策扶植其发展，尽快形成稳定的中小企业群，为缓解就业压力找到强有力的支撑点。最后，发展非正规部门，增加非正规就业。所谓的“非正规部门”，主要指规模很小的微型企业、家庭型的生产服务单位、独立的个体户等。据调查，近几年来中国至少有80%～90%的下岗工人转入了非正规部门进行再就业。但由于一些人对非正规部门和非正规就业存在着一些偏见，造成非正规部门发展受到不必要的限制。为此，政府应当尽快建立促进非正规部门就业的法律体系，并采取有效措施，保护非正规部门就业劳动者的合法权益。对非正规部门和非正规就业给予切实的政策扶助，减轻非正规部门的税费负担。

（3）完善劳动力市场，加强就业服务体系建设。统筹规划和调控全国城乡劳动力就业，取消各种限制劳动力合理流动的政策规定，实现劳动力跨单位、跨行业、跨地区的自由流动，努力建立劳动力自由流动的有效机制。加强劳动力市场载体建设，建立覆盖全国主要城市的劳动力管理与服务信息网络和劳动力供求状况的信息发布制度。就业服务是就业保障体系的核心。就业服务体系主要包括培训津贴制度、职业培训制度、职业介绍和信息服务、社区就业服务等一系列制度建设。要改进就业服务体制，发展民办就业服务，鼓励民办就业服务机构与公共就业服务机构进行竞争，调动社会力量为下岗失业职工再就业服务。要加强对下岗职工的职业指导，帮助他们了解需求，指导其选择合适的培训方向和就业方向；进一步改变就业服务方式，提高服务水平和质量，有效促进就业和再就业。

（4）面向劳动力市场，大力开发劳动力资源，提高劳动力整体素质。一是要推进基础教育和职业培训的整体改革。加大对基础教育的投入力度，合理规划和利用中国的教育、培训资源。鼓励社会和企业发展教育培训事业，建立政府、社会、个人都投资都受益的机制，增强教育对社会经济发展的适应性。二是加快职业培训市场化改革。培训机构要实现企业化，使其在培训市场的竞争中提高培训质量。在政府增加投入的基础上，实行市场化运作。大力推行政府购买培训成果、生活保障、失业保险与培训挂钩等政策措施，建立起既调动劳动者培训积极性，又有利于培训机构在竞争中良性发展的新机制。三是发挥职业培训调节劳动力供给的作用。全面落实劳动预备制度，对新生劳动力开展1～3年的职业培训；按照“面向市场、扩大范围、完善制度、保证质量”的方针，推进职业技能鉴定工作和职业资格证书制度，完善就业准入制度。通过全面发展培训，将实际就业年龄提高1~2年，充分发挥培训，提高劳动力素质，调节劳动力供给的作用。

3. 加快社会保障规制改革

（1）立足现状走社会化管理模式。现代社会保障是一种高度社会化的再分配形式。作为社会化分配形式的社会保障必须要求实行集中统一的社会化管理，即统一社会保障对象；统一社会保障基金的筹集和支付；统一社会保障服务；统一社会保障积累基金的保值增值运作与监督管理。这种社会化管理就是由中央政府的社会保障职能部门统一制定社会保障基本制度，并由各级政府的社会保障专管机构统一管理社会保障基金和社会保障对象。社会保障之所以要求实行社会化管理，首先，是因为现代社会保障是面对社会全体成员的，广泛涉及各集团、各阶层的利益，只有直接出面进行组织管理，通过政府的收入分配政策，调节各方面的利益关系，才能实现社会公平的目标。其次，国家社会保障政策的制度，受到诸如国民经济与社会发展计划目标、财政经济状况、经济管理体制及劳动、工资制度等诸多因素的制约，必须通盘筹划。社会保障的核心是社会保险，其所遵循的"大数法则"要求在尽可能广大的社会内统一筹集和调剂保险基金，统筹和调剂的范围越大，就越能分散风险损失，社会承受风险的能力也就越强。大范围统筹和调剂基金，必须实行集中统一管理实现筹资模式的最优化。最后，保障工作应从企业管理中分离出来由社会承担，使企业集中精力于生产经营，提高市场竞争力。社会生产专业化程度的提高，市场竞争的加剧，导致企业经济活动趋向单一化、专业化，要求社会保障工作从企业管理中分离出来由社会承担，使企业集中精力搞好生产经营，提高市场竞争力。

（2）逐步实施高层次管理。社会保障是一个复杂而庞大的制度，各个保障形式的性质、特点、保障对象、社会功能、实施原则、实施范围、待遇标准、享受条件、费用来源、管理方式等都不尽相同，既有共性，又各有其特殊性。因其共性，必须坚持对社会保障工作的统一领导；因其特殊性，又要在统一领导下按不同保障项目分别立法，并依法分项加以管理，以利于准确、及时、高效地实施各项具体社会保障制度，扩大和强化管理服务。目前，可由综合性的社会保障事业管理机构的不同业务部门实施分项管理，某些同一类型的保障项目（例如短期保障或长期保障）可由一个业务部门统一管理。随着国民经济实力的不断增强，社会保障范围的逐步扩大，管理人员经验的积累以及其他条件成熟时，再将综合性的事业管理机构适当加以分解，以若干保障项目为主，分别建立专业性社会保障事业管理机构，实行项目系统的业务管理。这有利于转变政府劳动管理部门的职能，实现“小机构、大服务”的目标。发达国家在社会保障管理上建立了中央和地方的分级管理制度，中央管理机构主要是调查研究，进行预测，提出有关社会保障的法律草案，制定规划、政策和有关标准，对社会保障事业的执行进行指导、检查和监督。地方各级社会保障事业管理机构具有相对独立性。

（3）建立统一的社会化保障管理机构。为加强政府对全国社会保障事业的综合规划、统一管理和协调，有力地进行宏观调控，改变目前政出多门、决策分散、管理混乱的局面，应成立国家社会保障委员会，使其成为统一管理全国社会保障的领导和决策机构，负责拟定社会保障的发展规划、改革计划、重大政策和有关法规、规章制度，参与制定社会保障基金管理有关政策，监督检查社会保障基金的征收、管理、经营和使用情况，策划如何确保社会保障基金的保值增值。国家社会保障委员会可设专职委员若干人，并吸收劳动、财政、人事、卫生、民政以及银行、计划、工会、保险公司等有关部委行业的负责人担任兼职委员，以便统一管理和协调各部门之间的关系。其内部机构可根据工作需要设立，分管城镇养老保险、农村养老保险、医疗保险、工伤保险、生育保险等业务。

（4）加快建立健全地方社会保障管理体系。为适应加快建立新型社会保障管理体系的需要，必须抓紧省、市、县三级社会保障管理机构的建设。按照分级管理和因地制宜的原则，健全机构，充实管理人员。由于受财政经济发展水平和社会保障发展水平的限制，当前，对中国广大农村地区，特别是对主要依靠社会救助解决基本生活问题的贫困地区，实行乡村自治的社会保障管理体制仍不失为一种有效的形式，具有积极的意义。

（5）加快社会保障监督体系的建设。为了加强对社会保障基金筹集和使用的监督，应建立由政府有关部门和社会公众代表参加的社会保障基金监督组织，监督社会保障基金的收支和管理。特别是财政部门，在把基金纳入管理的同时，还必须与财政专户储存有机地结合起来，把基金收入结余及时纳入财政在银行开设的特别计息专户，由财政部门对基金的收支、运营、管理、投资、使用和积累的全过程进行监督，确保基金的专款专用、有效投资和保值增值。此外，还要依靠企业职工，加强社会保障管理系统内部监督，对所属各管理机构的财务活动进行监察和督导。加强上述三种社会保障监督机制的建设，主要是建立和健全监督机构，完善监督制度，逐步建立一支懂管理、精业务、讲实效的监督队伍。

（6）对特殊群体实行就业援助政策。一是促进国有企业职工再就业。首先要立足于改制、改组、改造振兴国有经济，实现内部再就业；其次要通过转岗转业和创业培训，提高下岗职工自身素质，促进其依靠自身力量实现再就业。针对下岗职工中年龄偏大的特殊群体和部分老工业基地的再就业问题，要根据实际情况制定特殊扶持政策（如产业转移等）。二是对长期失业者和大龄失业者采取就业促进政策。一方面要引导他们坚定自我信心；另一方面，要提高长期失业者的就业能力，根据市场需求状况对其进行专门培训。还可针对长期失业者开展特殊的职业指导，鼓励和引导其到非正规部门和社区就业。三是大规模推行不同形式的托底安置办法。主要包括：政府购买公益性就业岗位安置；通过个人补助或接续社会保险的办法，鼓励再就业；通过给用人单位补助，鼓励用人单位招用等办法和措施，将困难群体的失业率控制在最低水平。

第11章

职业安全与健康规制变迁与中国职业安全与健康规制改革

职业安全与健康规制是指为了降低劳动者在职业活动过程中生命和健康受到损害的概率和程度，维护其政治经济利益，而由政府规制机构针对工作场所中所可能造成负外部性和负内部性的客体或行为实施的规制政策与行为。在美国，职业安全健康规制机构是职业安全与健康管理局（Occupational Safety and Health Administration, OSHA），而在中国，职业安全健康规制机构是国家安全生产监督管理总局。本章主要从美国的职业安全健康规制变迁、规制的措施、规制绩效及启示，以及中国职业安全健康规制的现状与改革思路等方面展开讨论。

11.1 职业安全与健康规制依据

职业安全与健康规制是随着职业过程中工伤事故显著上升和劳动者遭受损害日益严重的情况下而产生的政府政策和行为。以美国为例，在20世纪70年代之前，随着工业化和工厂制度的产生，工伤事故的发生率显著上升，所造成损害的严重性也显著增加，从而劳动者的工作环境、人身安全、伤亡后的抚恤等一系列问题都凸显出来。这说明市场运行的分散模式必定会带来一定的风险水平，完全依靠市场并不能达到理想的安全状态，需要政府对职业安全和健康问题进行规制。一般而言，职业安全与健康规制的理论依据源于以下两个方面：（1）市场信息不充分造成的个人决策的不确定问题；（2）外部性。

1. 信息不对称与非理性

这里的信息不对称是指企业与雇员之间的信息不对称，它已经成为工作场所安全规制的基本原理。通常，生产危险品或是从事危险行业的企业会尽可能地向雇员隐瞒工作场所风险的安全信息，这是因为如果雇员了解了某项工作存在的全部危险，该企业就很难找到或者难以在一个比较低的薪酬水平上找到从事这一危险职业的雇员。而作为雇员一方为了保证自己在工作场所中的安全与健康，必须对其所面临的风险有一定的认知，而且能够以此知识为基础做出正确的决策。但是由于信息不对称，许多安全和健康风险无法被全面认知，有时雇员对此甚至一无所知。此外，由于健康风险（内在风险，比如在一些具有潜伏期的有毒有害物质存在的环境）比安全风险（外部风险，如高空坠落等意外事故）难以理解，所以雇员进行前者评估时不易觉察其不利于自身健康的事件结果。

信息的不对称使雇员对风险难以认知和决策，而雇员在实际工作中的非理性，也会使安全与健康问题陷入困境。雇员对工作场所安全与健康的风险认识与客观存在的风险不同，主观感觉到的风险与工作场所中实际存在的风险也是不相同的。在实际中，雇员往往高估一些出现概率较低的风险，如对机器设备不够警惕而导致的安全风险；而对于一些出现概率较高的风险，如暴露在致癌物质的环境下工作20年后很有可能患上癌症的风险估计较低。此外，雇员会根据他们所能够观察到的与工作有关的风险分布状况来进行风险可能性预期；从事相对安全职业的人，一般会比那些回避此类风险工作的人更低估其所引起的风险。有专家研究显示：烟民和不戴安全帽的人，更愿意在危险的岗位上工作，而且与那些同时代的钟爱安全的人相比，如不吸烟、戴安全帽的人，更愿意接受较低的工资。这些都凸显出人们在判断风险时的非理性。随着工作经验的增加，雇员必然增加对风险的了解。再次，因为安全风险更趋于明显化，而且比许多可能性较低的职业危害风险事件要频繁得多，所以雇员更喜欢被一种可信赖的方式处置。然而，即使有对风险的准确理解，我们也无法确信由雇员所做的最终决策是理想的。在不确定的情况下进行决策要比那些可预先选择行为的结果的案例要困难得多。而且，即便个人决策充分理性，并且在各个方面都达到了理想的状态，还是有一些市场的不充分。工作在市场交易之外的各方，对工作风险尤其是在更广泛的范围内对个人健康的关心在这个问题上也冒有风险。很清楚，生命和健康十分特殊。政府采取各种各样努力比如医疗保险、规制管理等来增加人们的健康，提高每个人的福利。

2. 外部性

外部性又称外部效应，是指当经济主体（企业或个人）将成本强加于或将利益带给没有和他们有交易的一方。前者指负外部性，后者指正外部性。工作场所安全具有生产上的正外部性，它不仅使雇员受益，而且造福于全社会。但企业不可能将工作场所安全收益完全内部化，其私人收益小于社会收益，私人成本与社会成本相偏离。如图 11－1 所示。边际私人成本曲线（*MPC*）位于边际社会成

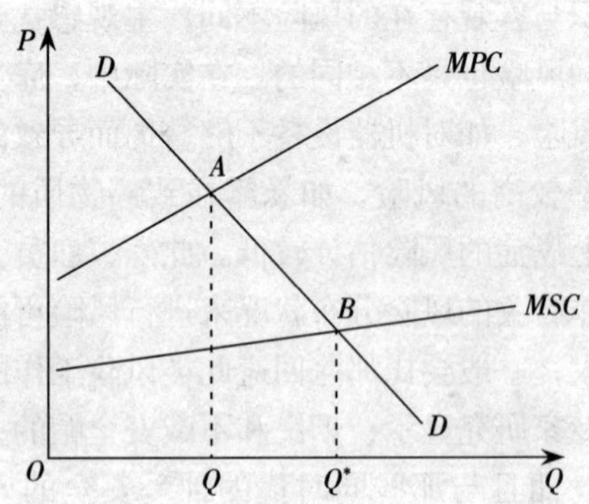

图 11－1　具有正外部性的工作场所安全

本曲线（*MSC*）的上方，而且边际私人成本曲线的斜率大于边际社会成本曲线。企业从自身利益最大化出发提供的安全数量 Q 必然低于社会需要的最优数量 Q^*，从而相对于社会需求工作场所安全供给不足，需要政府进行规制。

11.2 美国职业安全与健康规制实践

11.2.1 规制变迁阶段

1. 20 世纪 70 年代之前的无规制或弱规制状态

在 20 世纪 70 年代之前，在美国工业化开始后的 100 ~ 150 年内，工伤事故的发生率显著上升，所造成损害的严重性也显著增加。造成这种发展趋势的，是这个时代机械化的发展。机械化使工业化国家的平均生活水平得到了相当可观的提高。因此，很长时间内，无论是雇主、雇员还是政府有关部门都认为产业事故是不可避免的。只要是工业生产或者是发展制造业，就必然会发生死人或伤残的事故。

1906 年，当时世界上最大的钢铁公司——美国钢铁公司的经理格理根据自己的实践和经验提出了“安全第一，质量第二，生产第三”的口号，认为如果不能确保安全，那么也谈不上质量和产量。于是，确保安全的措施在美国钢铁公司优先得到实施。同时，改善了产品的质量，提高了产量和效益。

随着社会化大生产的出现，新设备、新材料、新工艺等提高了生产效率，也不可避免地增加了危险和各种危害，工人的生命和健康受到极大的伤害和威胁，来自社会的抱怨与日俱增。人们不满于美国政府对保护工人和第三者的软弱无力和无所作为，在社会和政治家的共同努力和促使下，美国在尼克松总统执政时期于 1970 年 12 月 29 日通过《职业安全和健康法》，一年后成立了职业安全与健康管理局，隶属于美国劳工部。这部法案被认为是劳动和公共健康立法的一个里程碑，其目的是尽最大可能保障男女工人在安全和健康的工作条件下工作。

2. 20世纪70年代对工作场所实行强制规制

20世纪70年代以来，美国加强了对工作场所的强制性安全与健康规制。美国工作场所安全健康规制方面的机构主要有综合性的安全规制机构（OSHA）、工业健康协会（AIHA）等，专门性的安全规制机构如矿山安全与健康局（MSHA）等。《职业安全和健康法》使OSHA具有制定标准的权威性，并以能保护工人健康和安全的方式来执行。理想状态下，OSHA将允许厂商以尽可能低的成本的方式达到指定的安全水平，与已明确的可强制执行的规制条件相一致。OSHA采用典型的统一的图描绘工作场所的设计标准。

这个指导方针部分源自OSHA最初设定的标准活动的设定模式。OSHA开始运作后不久，便指定4000多个一般产业的安全和健康标准，其中以安全标准占据优势。这些构成OSHA大部分安全政策的标准，源自美国国家标准协会、国家防火协会和一些已有联邦海事安全标准等的国家统一标准。在这个过程中，OSHA将一系列对工作场所的设计任意的导向转变为强制的指令。

矿山安全规制是工作场所规制的一个重要内容。在美国，从事矿山安全规制的专门机构是矿山安全与健康总局，它是1978年根据《联邦矿山安全与健康法案》的有关规定成立的，其主要职责是强化安全标准制定、监督安全生产、加强检查、调查处理事故和进行安全生产方面的研究。

3. 20世纪80年代OSHA规制的变革

对于OSHA规制的改革，卡特政府的主要遗产是对安全标准的彻底检查。基本的重点不是放在构建标准的一般方法上，而是放在了剔除一部分构想最拙劣又最无关紧要的标准上。在1978年的整个10月间，劳工职业安全和健康助理秘书剔除或者修订了928条

OSHA 规制。剔除 OSHA 规制吹毛求疵的特征，只是减少了一些对机构规制方法的严厉的批评。由于 OSHA 信用问题的重要性，不能低估标准中出现的很重要的变化。

规制政策中最重要的结构性变化是 OSHA 的化学标签规制。这个变革始于卡特政府，到里根政府才最后完成，里根政府最主要的新安全标准，也是十分显著的。因为它也在 OSHA 规制的特点上打下了变革的烙印。这个规制包括了一系列宽泛的规则，意在降低与谷物买卖相关的风险。这些危险经常被公众所关注，因为谷物操作的设备爆炸可能导致许多工人死亡。

1984 年，OSHA 的规制企图通过降低谷物升降机中的尘土来进一步降低风险。因为这样做将降低爆炸的风险。该标准的显著之处在于给予了厂商若干可选择的方式来降低尘埃。

20 世纪 80 年代，OSHA 的两个成效 —— 化学标签标准和谷物操作标准，代表了 OSHA 规制方法的显著进步。总而言之，OSHA 在标准领域中的变化水平，自 OSHA 最初的标准设定以来，其安全标准没有发生一次戏剧性的转变。现在，一些关系不大又琐碎的标准已经被删除了，而其他标准已经及时地被计入了技术更新的行列之中，并加入了少量的新标准。

4. 20 世纪 90 年代 OSHA 政策向健康规制转移

在以往 20 多年的规制中，OSHA 规制政策的重点一直放在安全领域。但是这个重点放错了。因为通过差别补偿和其他相关机制，市场处理安全风险显得更有基础。另外，由工人补偿津贴激发的动力已经增加了不少追求安全的市场动力的范围。但是健康危险单由市场和工人补偿来处理显得不是很充分。此外，将实际的不确定事件和低发事件可能涉及的灾难结果结合起来考虑，那么这将导致健康风险成为政府规制承诺的目标。因此，OSHA 政策已经展现出向健康转移。比如企业为雇员购置锻炼设施，建立运动场地，由健康专家对企业雇员进行定期的身体检查等。

5. 21 世纪 OSHA 规制改革计划

OSHA 自成立以来，其规制制度虽说没有发生戏剧性的大的变革，但变化始终是在不断的进行。进入 21 世纪，改革仍在继续。主要在三个方面：一是关注重点领域，即从职业安全转移到职业健康，关注雇员的健康；二是在成本增加的同时，尽可能地提高安全和健康；三是要在健康的改进和社会投入的成本之间达到一个更清晰的平衡。

11.2.2　美国职业安全与健康规制措施

美国职业安全与健康规制措施主要包括强制性措施、引导支持性措施、合作措施三大措施。

1. 强制性措施

强制性措施具有命令控制的特点，包括制定标准、进行督察和实施处罚三种类型。

第一种类型——制定标准。制定标准是 OSHA 的基本职责。《职业安全和健康法》赋予 OSHA 制定“安全”类标准和“健康”类标准。一般说来，安全标准旨在保护工人免予人身伤害。健康标准涉及有毒物质以及有害的物质、保护工人免受职业病的侵害。另外，按照标准签署的程序过程，OSHA 的标准可以分为：(1) 启动标准，在法案生效后的头两年内无须立法过程就可直接签署的标准。启动标准有时被称为“过度标准”；(2) 永久性标准，经过立法程序的标准。在经过立法程序之后，OSHA 任何时候均可以颁布的标准；(3) 紧急临时性标准，这种标准无须立法程序，有效期仅为 6 个月。

OSHA 的安全与健康标准涉及的领域分为四大类，即一般工业标准、海事业标准、建筑业标准和农业标准。这些标准对这些领域的工作条件、采取或使用的必要恰当的预防措施手段、方法和程序提出明确的要求。《法案》规定雇主有责任熟悉适用于本组织的标准，并有责任为雇员配备必要的安全保护设备。而雇员也必须遵守适用于他们行为的规章制度。如 OSHA 规定了的洗浴室座位形状、出口标记的放置位置、扶手的宽度等，还有许多更琐碎的标准。并且这些标准都是强制执行的，而《职业安全和健康法》做出了一个总的强制性要求，即工作场所必须保证安全和健康。

在没有制定具体标准的领域，OSHA 适用《职业安全与健康法》的一般责任条款。根据《职业安全与健康法》规定："雇主有责任为雇员和工作场所提供条件和设备，以避免导致雇员死亡或严重受伤。"这样，即使 OSHA 没有针对特定的情形制定标准，它也可以因为工作条件危险而对雇主提出职业安全与健康的相关要求。

第二种类型——监督检查。制定标准以后，需要对这些标准的执行落实情况进行监督检查。OSHA 在全国设有 120 间办公室，2200 个监督员，主要职能是监督。每年约开展 9 万次检查活动，年财政预算达 40 亿美元。目前，OSHA 由于人员短缺，只能做一些重点检查，主要还是靠企业制定详细的标准来规范自己的行为。如 2002 年，OSHA 正通过更多的检查加大实施力度，尤其是着眼于最危险的工作场所的健康检查。检查的原则是：具有 14% 或更高伤亡、发病率并因此导致工作日缺失的雇主企业会首先得到检查，具有 8% ~14% 伤亡率或发病率的雇主企业在第二批受检查之列。

OSHA 有权检查工作场所，调查和判定雇主是否遵守其发布的安全与健康标准。这些监督检查由 OSHA 雇用的安全与健康官员或专家负责实施。监察员到被检查单位几乎总是不提前通知。

OSHA 继续增加它每年提供的检查的次数。在 2003 财政年，OSHA 总共提供了 39817 次检查，比前一年增多了 5.9%。从 1999 到 2003 财政年，OSHA 提供的检查数增多了 15.4%。检查主要集中在高风险事故发生率的工厂。OSHA 的总体目标是减少死亡事故、人身伤害和疾病。

第三种类型——处罚。在 OSHA 督察官向地区办公室提交报告以后，OSHA 地区办公室主管将以书面形式告知雇主和雇员违反了何种标准和规则，以及责令其限期校正。雇主要把上述通告张贴在违反规定的场所三天，如果没有及时校正，张贴期限将更长。根据雇主违反安全规制标准的程度和雇主的动机，地区办公室主管将决定采取何种处罚措施。

表 11－1　　1999～2003 年检查情况一览表　　单位：件

Osha 检查统计	1999 年	2000 年	2001 年	2002 年	2003 年
总的检查数量	34499	36555	35974	37614	39817
实施的检查	15655	18436	17946	20539	22436
不直接实施的：	18841	18112	18027	17075	17381
死亡事故调查	1211	1195	1130	1134	1021
评价	7998	8441	8374	7896	7969
提名	4273	4250	4434	4447	4472
其他	5359	4226	4089	3598	3880

2. 引导支持性措施

OSHA 在采取上述强制性措施的同时，也扮演了一个服务者的角色，采取了许多支持和引导性措施，这些措施包括提供咨询服务、进行安全与健康方面的教育和培训，以及提供安全与健康方面的信息服务。

咨询服务由 OSHA 驻州的机构雇用专业的安全与健康顾问提供。服务的内容包括帮助雇主确认和消除具体的危险。具体地说包括工作地点的危险调查，雇主现有安全与健康管理制度各方面的评估，以及协助雇主开发和推行有效的职业安全与健康管理制度。如果职业安全与健康顾问发现雇主违反了 OSHA 的安全与健康标准，可以不报告给 OSHA 负责强制执行的官员，也不因为在咨询的过程中发现存在危险而对其实施处罚，除非安全顾问已经确认雇员正面临危险或紧急风险，而雇主拒绝予以消除或控制。如果雇主接受了广泛深入的咨询服务、校正所有确认的风险并执行了有效的安全与健康计划、可以在一年内不用接受预定的强制性检查。

教育与培训的有效的实施取决于OSHA下属官员的技巧、培训和专业知识。为了完成他们的使命，这些下属官员必须精通他们要参观的工作场所的状况以及在这些工作场合中必须遵守的工业惯例，为了确保这些下属官员拥有这种专业知识，OSHA计划增加由产业卫生学家和安全工程师专业协会（Professional Associations of Industrial Hygienists and Safety Engineers）认证的下属官员的数量。合格证会增加对这些下属官员的尊重，并且会增加对OSHA工作人员的信任感。OSHA也正在考虑从私人部门中招募更多的工作人员，并且允许工作人员在雇主企业中结束实习期。这些举措会提高OSHA工作人员的工作效率，并且帮助他们更加熟悉他们所要检查的工作场所和企业。

OSHA培训学院为联邦和州安全官员、州咨询师、其他联邦机构的人员、私营部门的雇主、雇员以及他们的代表提供基础的以及高级的培训和教育课程。课程的内容包含电力危险、机械监护、通风、工业健康学、安全记录保持、工效学，等等。培训学院拥有自己的教室、实验室、图书馆和视听设备。其中涉及私营部门人员培训课程超过60种，主要包括建筑业的安全与健康问题以及主动遵从OSHA标准的方法。

为了满足私人部门和其他联邦行政机构日益增长的对安全与健康课程的需求，OSHA培训学院除了自己提供课程培训外，也通过在社区非营利学院和大学建立了自己的教育培训中心，提供由OSHA培训学院开发的课程和研讨会。OSHA还通过卫星和网络及时提供最新的安全规则和指导文件。

信息服务。目前OSHA通过网络提供的信息服务包括：(1) OSHA颁布的安全与健康法规、规制措施、遵守规则的指导、正在实施的安全与健康计划和参加OSHA推行的一系列计划的指导，联邦注册告示以及其他资料，这些都可以在OSHA的网站上找到，并可以链接到其他安全与健康资源。(2) 电子工具如专家建议者软件、电子遵从协助软件工具、电子刊物、VCD等。OSHA的软件和帮助工具通过引导雇主回答安全与健康的话题和其他一般话题，帮助雇主寻求其工作场所的安全与健康问题最好的解决之道。（3）网上投诉，工人可通过网络就安全与健康问题提出投诉。（4）2003年OSHA增加了小雇主改进、伙伴关系、工人等主页，使其信息更具有可行性。

3. 合作措施

20世纪80年代中期以来，西方许多发达国家针对传统公共行政僵化、等级森严、反应迟缓等缺陷，在公共管理部门发起了一系列的变革，主张建立弹性的、以市场为基础的甚至“企业化”的政府，强调公共事务的民营化，注重发挥社区、社会中介组织和非营利组织的作用。特别是克林顿政府提出重塑政府运动以来，OSHA越来越重视与雇主、雇员和工会以及他们的组织等建立起自愿、合作的关系，力图调动组织自身的积极性、主动性，以实现职业安全与健康。

这些自愿性合作措施包括自愿防护计划、战略伙伴关系计划和联盟计划等。在合作措施中，OSHA和相关组织处于平等的地位，他们相互合作，共享资源，共同为实现职业安全与健康而努力。

（1）自愿防护计划（简称VPP）。VPP由OSHA于1982年宣布实施。该计划鼓励公司除了履行法律和安全与健康标准规定的最低限度的义务，而且要在他们的法定义务之上，自愿地保护工人的安全与健康。VPP计划是以工作地点为基础的，通过一种自愿合作的伙伴关系把雇主、雇员、工会代表和OSHA结合在一起，以建立起广泛深入的安全与健康管理制度。VPP计划是针对在职业安全与健康方面表现好的工作地点而设立的。进入VPP门槛较高。申请的工作地（work-site）必须满足VPP计划的下列基本要求：雇主和雇员共同致力于工作地点的安全与健康；对工作地点危险进行分析，进行风险防护和控制；在工作地点为每个人提供安全与健康培训。在向地方OSHA办公室提交一份书面的申请书，声明自己符合上述条件后，地方OSHA办公室将评估雇主的申请书，假如申请书完整、可以接受，随后派遣一支安全与健康专家组进行深入的现场评估。专家组的任务为核实申请书所介绍的安全与健康管理制度是否因地制宜，是否运作有效，是否满足 VPP 的要求。VPP 在减少伤亡和疾病方面一直是一条有效的途径。2003 年夏天 OSHA 庆祝了 VPP 计划实施 20 周年。超过 800 家的公司参加了联邦或州政府 OSHA 的 VPP 计划，这使得它们的伤亡或疾病率只是它们同行业平均水平的一半，并且它们的安全和健康方面的实施情况已经超过了 OSHA 在保护劳动力方面所要求的标准。

另一项在降低工作场所危险率的涉及私人部门的自愿规划是安全和健康业绩认可计划（the Safety and Health Achievement Recognition Program，SHARP）。自愿接受由州政府顾问委员会所派出的专家到实地巡视的雇主企业可以申请开展 SHARP 计划。为了参与这一计划，雇主企业必须同意废除掉任何由专家发现的不符合规定的行为，并且建立一个安全和健康规划。作为补偿，OSHA 将豁免掉该企业一年内的常规检查。

（2）战略伙伴计划（简称 OSPP）。OSPP 于 1998 年 11 月 13 日开始实施。在战略伙伴关系中，OSHA 和雇主、雇员以及他们的组织建立长期、自愿和合作的关系。以鼓励、帮助他们通过自己的力量辨别和消除严重的危险，实现高水平的职业安全与健康。战略伙伴计划摆脱了以单个的工作地点为对象，以惩罚违反标准的雇主为主要手段的传统做法。取而代之的是 OSHA 和雇主与雇员组织齐心协力，共同确认严重的工作地点危险、建立有效的安全与健康管理制度、共享资源、寻找减少工人受伤、疾病和死亡的有效的途径，从而实现了从传统的规制者和被规制者对抗性的关系，向旨在通过共享资源实现职业安全健康的合作关系转变。战略伙伴关系可以在地方、地区甚至国家层次上建立。相关集团，包括工会、商会、地方或州政府、咨询计划和保险公司也参与到战略伙伴关系中。通过充分运用他们的资源和专业知识，使伙伴关系开始运作，从而实现培训雇员和发展因地制宜的安全与健康管理制度的目标。而 OSHA 作为主要技术提供者和计划推进者而存在。

（3）联盟计划。2002 年 3 月，OSHA 推出了它最新的合作计划——联盟计划。联盟计划是 OSHA 与致力于职业安全与健康的组织通过签订正式的协议，进行密切合作，从而预防工作场所中的伤亡和疾病的一种合作措施．联盟计划几乎向所有的组织开放，包括行业协会、专业组织、企业组织、劳工组织、教育机构和其他政府机构。同其他合作计划相比较，联盟计划的协议不是以工作地点为基础的，而是集中于整个行业或行业中特定的风险。

联盟计划的战略目标是 OSHA 和联盟计划参与者，共同努力，促进职业安全与健康领域的培训和教育、交流和对话，以引导本国的雇主和雇员推进职业安全与健康。

11.2.3 规制绩效

1. 企业管理理念发生巨变

OSHA 规制最大的绩效是人们的职业安全与健康管理理念发生变化，认识到职业安全与健康管理对企业管理的重要性。（1）提高企业的获利能力。雇主们在生产中认识到，雇员只要在生产线上就能生产。如果这些雇员由于事故和健康原因不能上岗，雇主就不得不雇佣新人，那么雇主就必须增加招聘和培训开支，同时，还必须忍受新雇员的低效率。当然，新雇员的医疗费用开支在一定程度上可以降低。因此建立一个比较好的工作环境，从获利角度讲，对雇主也是有利的。（2）改善劳动关系。企业越来越认识到，一个具有好的安全和健康管理的公司在劳动力市场上是具有吸引力的，因为人们在择业过程首先关注的是人身的安全问题，没有了人身安全谈不上什么事业的发展；而对已在企业工作的雇员来说，好的安全和健康管理，好的工作场所则是留住雇员的重要因素。（3）企业可以减少责任。一项有效的安全和健康管理方案可以减少企业及管理者在雇员受到事故和疾病伤害时的法律责任。因为雇主和管理者如果在本企业内没有推行过相应的培训和教育项目，没有采取过相应的安全和健康措施，那么在事故发生之后，雇主就将负主要责任。而如果有相应的培训、教育及安全健康措施，雇员自己就将负主要的责任。(4) 市场竞争力。在发达国家，已经形成了这样的一种市场导向机制——保持良好安全与健康记录的企业，在市场上才能够获得比较好的订单，尤其是能够获得政府的订单，从而使企业在市场上保持比较高的竞争力。(5) 提高生产率。一项有效的安全与健康方案可以提高雇员的士气和干劲，同时减少费用的上升。合理的安全与健康管理计划会得到回报。在具有完善的安全与健康方案的企业中，预计将会损失的工作日的水平仅仅为整个行业的 1/5 ~ 1/3。

2. 工伤事故与职业病发病率下降

OSHA 规制后，工伤事故与职业病发病率有了明显的下降。美国在 1937 年死于工伤事故的人数是 19 万人，1964 年死于工伤事故的人数是 14200 人。OSHA 自 1971 年成立以来，因工死亡人数下降 60% 以上，职业伤害和职业病发病率下降 45%。同一时期，美国的职工人数成倍增长，从 350 万个工作场所 5600 万人增长为 700 个工作地点的 1.15 亿人。图 11 - 2 是 1930 ~ 1995 年与工作有关的意

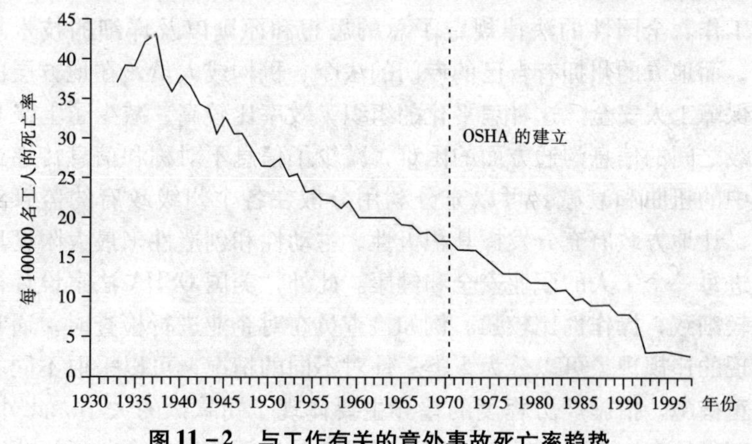

图 11 - 2　与工作有关的意外事故死亡率趋势

外事故死亡率趋势图。从图上可明显看出OSHA成立后，事故呈明显下降趋势。

最近OSHA报告显示，截至2002年有记录可查的总的事故率持续下降，从1997年的7.1%，下降到2002年的5.3%，达到了自70年代初期以来劳动统计局开始有事故率的记录以来的最低点。其中，工伤事故率从1997年的3.3%下降到2001年的2.8%。死亡率从1998年的4.5%（6055起）下降到2002年的4%（5524起）。2002年美国职业伤害和职业病发病率为每百人5.3例。在私有企业，共有470万例伤病。制造业、批发和零售业以及服务部门中与工作相关的伤病人数占这470万例的78%。

11.2.4 启示

美国职业安全与健康规制的变迁对我们产生了深刻的启示，主要体现在如下几个方面：具有相对完善的法律体系，具有加以制衡的权力，多样化的安全计划，政府规制和法律诉讼的联合使用等。

1. 建立相对完善的法律体系

美国是通过全国和州构筑安全防范体系，来指导职业安全和健康工作。全国性的法律规定了总的思想和原则以及详细的技术规范，而地方的州拥有自己的专门的法令、机构或人员，在地方层次上保障工人安全。这种扁平化的组织，效率比较高，减少了上级与下级之间的信息沟通方面的困难，减少了信息不对称和信息传递过程中的扭曲和衰减。可以充分利用分散在各个州级政府的监管信息，让地方政府充分发挥其积极性、主动性和创造性来最大限度地促进每一个工人的职业安全和健康。此外，美国OSHA法案设计得比较细致，操作性比较强。例如检查员在对企业进行检查时，通常发现的违规现象可以分为5类。针对不同的情况，可以采取不同的纠正措施，措施严厉程度的差异主要体现于罚款额的大小。此外，检查员还有一个很有分量的执法工具就是申请法庭禁令，通过法庭禁令来纠正风险。也就是说检察官如果认为形势比较严重时，可以通过法庭禁令来解决问题，这是一个非常严厉的有效的解决途径，虽然这种申请法庭禁令的方法也备受争议。

2. 建立权力制衡机制

美国国会赋予 OSHA 制定职业安全与健康标准、进行督察和实施处罚的权力，但这种权力不是任意的，而是加以制约的。在美国的职业安全和健康体系中，还有一个重要的机构，就是职业安全和健康复议委员会，当受到 OSHA 执法的企业不服时，它可以向该委员会提出复议。这对于 OSHA 来说是个权力制衡。因为既当执法者又当裁判员，可能无法导致执法的公正和客观性，而由另一个机构来对 OSHA 做出的判决进行复议，做到了权力分散，利于法令执行中的公平，利于被监督者积极配合执法者的行为，也有利于减少被监管者对监管者的对立行为。

3. 采用多样化的安全计划

OSHA 并不依赖单一的方法去实现其职业安全与健康使命和目标，而是多种手段并用。多管齐下，尤其是在 OSHA 监管的范围越来越大、对象越来越复杂时。OSHA 也意识到，单靠一种方法，一个机构很难顺利实现自己的战略任务与目标。因此，OSHA 充分发挥被监管的雇主和雇员的积极性，采取多种手段激励他们积极参与 OSHA 的安全计划，系统地实现其工作目标和使命。

4. 联合使用政府规制和法律诉讼

在 OSHA 成立之前，美国在州的层面上运用工人赔偿法来保护职业安全和健康工作的进行。OSHA 之后，工人赔偿制度也并没有废止，一样在发挥作用。实际上，政府规制是主动性的、预防性的，而事后对工人的赔偿是法律上的民事诉讼，二者各有优缺点。政府规制可以做到预防为主，减少事故的概率；而事后对工人的赔偿系统，可以从法律上保障工人应得到一定的赔偿，保护工人利益。这对企业来说，也是一种制约。因为来自诉讼和赔偿的威胁，可以起到震慑的作用，具有政府规制所没有的一些优点。

11.3 中国职业安全与健康规制现状及改革思路

11.3.1 规制背景

1. 建国之初至1990年劳动保护工作一波三折

新中国成立之初，中国就把“安全第一，预防为主”作为劳动保护的基本方针。但伴随着经济的发展和社会的政治因素，中国劳动保护工作也走过了一段曲折的路程，伤亡事故经历了“三次高峰，两个低谷”。

三次高峰：

第一次伤亡高峰。始于1955年工会系统错误批判赖若愚的所谓“工团主义”和“经济主义”，批判加强员工安全法规监督的实施是与行政对立，是“监督论”、“活命哲学”。加之1959年全国进行“反右倾”运动，以及开展所谓“大跃进”等运动，使安全工作走入低谷。因工死亡人数从1957年的3702人，1959年一跃为17946人，1960年升至21938人。直到1962年，仍保持年死亡12024人的高水平。1959~1962年4年间因工死亡总数为64758人，年平均为16190人。

第二次伤亡高峰。始于1966年的“文化大革命”运动。在此期间，企业安全工作从立法到执法几乎全面停滞，在全国范围内处于被摧毁的边缘。因工伤亡人数陡增，在1966年因工死亡3867人的基数上，1970~1981年上升到死亡157509人，年平均死亡人数13126人（江涛，1997）。

第三次伤亡高峰。80年代改革之初，体制转换，大量农村劳动力开始摆脱土地的束缚，涌入城市，进入企业，增加了企业员工安全管理的难度；全国乡镇企业、小企业、小煤矿遍地开花，企业数量达千万，职工人数约 1.3 亿，但这些企业多数设备陈旧、生产工艺落后，劳动条件差；加之安全管理规章制度尚未健全，部分领导缺乏安全管理意识，忽视员工安全工作，以致出现严重问题。

两个低谷：

第一个伤亡低谷。三年调整期间，国家对企业员工安全工作给予高度重视，于 1963 年颁布有深远影响的“五项规程”。各地政府、企业领导严格贯彻执行，企业员工安全工作成绩喜人。因工死亡人数，从 1960 年的 21983 人下降到 1964 ~ 1969 年的年平均 17220 人，下降幅度为 92%。

第二个伤亡低谷。针对 80 年代初渤海二号沉没、吉林液化气厂爆炸、吉林通化松树镇煤矿瓦斯爆炸三起恶性事故，以及企业安全生产工作中暴露出的诸多问题，国家在颁布法规的同时，更加重视各项工作的全面展开，大力开展培训、检查，并恢复建立专职机构进行管理。从而取得了从 1981 年至 1990 年长达 10 年因工死亡人数连年下降的成绩，年平均死亡人数下降到 9115 人，与 70 年代年平均死亡 13527 人相比，下降幅度为 33%。

2. 1991 - 1996 年安全立法力度加大安全工作总体形势趋于好转

1990 年后国家加大了安全立法的力度。如 1993 年 5 月 1 日实施中华人民共和国矿山安全法，1995 年 1 月 1 日实施的中华人民共和国劳动法，1998 年 9 月 1 日实施的中华人民共和国消防法，2004 年实施的职业病防治法等。安全立法的实施加大了对劳动者的保护。对工作场所的安全做出了规定。此外，各省（区、市）都相继制定出台了一批地方性法规和规章。对工作场所的各个方面都基本上做到了有法可依。安全工作总体形势趋于好转，大多数指标呈现下降的趋势。如表 11 - 2 所示。

表 11－2　　　　　　　　全国企业安全事故总体情况

事故情况	1993 年	1994 年	1995 年	1996 年
全国安全事故数（件）	27461	25370	21013	20865
全国伤亡人数（人）	34808	33075	28513	29036
全国事故率（件/百万人）		41.73	33.93	33.32
全国伤亡率（人/百万人）		54.41	46.04	46.37
全国事故强度（人/件）	1.2675	1.3037	1.3569	1.3916

资料来源：根据《中国劳动统计年鉴》整理。

从表 11－2 可以看出事故的件数和事故率呈下降趋势，但事故强度呈上升趋势。也就是说，事故的损害程度是呈逐年上升的。安全管理工作“量”上得到了控制，但其“质”的问题还是很严重的，有待于解决。

11.3.2　规制现状

1. 职业安全与健康管理体系（Occupational Safety and Health Management System，OSHMS）标准化的建立

随着全球经济一体化的发展，企业安全工作越来越受到重视，特别是市场经济的发展，国外企业的引进，安全工作必须与国外接轨。

中国作为 ISO（国际标准化组织）的正式成员国，一直十分重视职业安全与健康管理体系标准化问题，分别派人员参加了 1995 年和 1996 年 ISO 组织召开的两次特别工作组会议。1996 年，中国政府成立了由有关部门组成的“职业安全与健康管理体系标准化协调小组”，并召开了三次规模不同的国内研讨会，对职业安全与健康管理体系标准化的国际发展趋势、基本原理及内容进行了研究。

1997 年中国石油天然气总公司制定了《石油天然气工业健康、安全与环境管理体系》、《石油地质队健康、安全与环境管理规范》、《石油钻井健康、安全与环境管理体系指南》等三个行业标准。1998 年中国劳动保护科学技术学会提出了《职业安全健康管理体系规范及使用指南》（CSSTLP 1001：1998）。1999 年 10 月国家经贸委颁布了《职业安全健康管理体系试行标准》。2001年11月12日，国家标准化管理委员会和国家认证认可监督管理委员会宣布将《职业健康安全管理体系规范》作为国家标准GB/T28001－2001，于2002年1月正式实施。2001年12月20日国家经贸委颁布了《职业安全健康管理体系指导意见》和《职业安全健康管理体系审核规范》。国家标准《职业健康安全管理体系规范》与国家经贸委颁布的《职业安全健康管理体系审核规范》内容相近，企业可以依此建立职业安全健康管理体系。

职业安全健康管理体系与质量管理体系（ISO9000）、环境管理体系（ISO14000）是并列的三大管理体系，也是目前世界各国广泛推行的一种先进的现代安全生产管理方法。它强调通过系统化的预防管理机制彻底消除各种事故和疾病的隐患。其内容包括企业应建立什么样的安全管理体系，保证职业健康安全的条件和因素，由谁对这套体系负责，如何实施，如何监督、检查、纠正和考核等，是中国“入世”后安全生产管理与国际接轨的一项重要举措。在中国实施职业安全健康管理体系标准，将会在企业内部形成一个系统的、结构化的职业安全健康自我管理机制，进而提高企业的职业安全健康管理水平，帮助企业满足有关法规要求，促进中国企业进入国际市场。

2. 职业安全与健康管理体系的实施

2001年12月，国家经贸委依据中国职业安全健康法律法规，结合国家经贸委颁布并实施《职业安全健康管理体系试行标准》所取得的经验，参考国际劳工组织《职业安全健康管理体系导则》，制定并发布了《职业安全健康管理体系指导意见》和《职业安全健康管理体系审核规范》，进一步推动了中国职业安全健康管理工作向科学化、规范化方向发展。

国家经贸委《职业安全健康管理体系指导意见》中规定，国家安全生产监督管理局负责拟定、实施和定期评审国家关于在用人单位内建立和推进职业安全健康管理体系的政策。为确保国家政策及其实施计划的一致性，有关机构在职业安全健康管理体系框架中应承担如下职责：

（1）国家安全生产监督管理局负责中国职业安全健康管理体系工作的统一管理和宏观控制，保证各机构间的必要协作关系，并定期评审职业安全健康管理体系工作的有效性。

（2）职业安全健康管理体系认证指导委员会负责指导全国职业安全健康管理体系认证工作。指导委员会下设职业安全健康管理体系认证机构，认可委员会和职业安全健康管理体系审核员注册委员会，分别负责认证单位的资格认可工作和审核员的培训、考核和注册工作。

（3）国家经贸委安全科学技术研究中心为全国的职业安全健康管理体系工作提供技术支持，拟定职业安全健康管理体系审核规范及实施指南。

（4）国务院有关部门和地方政府的安全生产监督管理机构在各自职责范围内和本地区推动职业安全健康管理体系工作。

（5）国家认可的职业安全健康服务机构协助用人单位建立并保持职业安全健康管理体系。

上述规定充分体现了中国安全生产管理体制各层次的参与，发挥各级各类行政部门和技术服务机构在推动用人单位建立和实施职业安全健康管理体系中作用。中国的职业安全健康管理体系国家框架如图 11－3 所示。

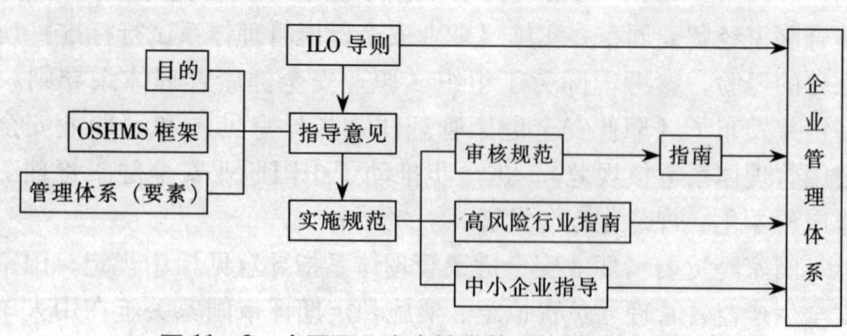

图 11－3　中国职业安全健康管理体系国家框架

3. 职业安全健康管理体系认证

为促进中国职业安全健康管理体系工作的顺利发展，使职业安全健康管理体系工作更加规范，2000 年 7 月，国家经贸委发文成立了全国职业安全健康管理体系认证指导委员会、全国职业安全健康管理体系认证机构认可委员会和全国职业安全健康管理体系审核员注册委员会，为推动中国职业安全健康管理体系工作的开展，提供了组织和机制上的保障。2002 年 3 月国家安全生产监督管理局下发了“关于调整全国职业安全健康管理体系认证指导委员会及工作机构组成人员的通知”，对全国职业安全健康管理体系认证指导委员会及其下设机构组成人员进行了调整和充实（中国职业安全健康管理体系工作管理组织机构如图 11－4 所示）。

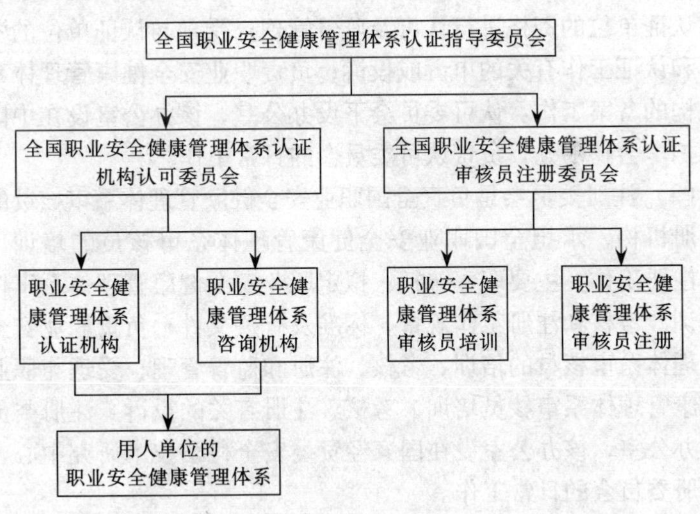

图 11－4　中国职业安全健康管理体系工作管理组织机构

（1）指导委员会是全国职业安全健康管理体系认证工作的组织协调机构，负责统一管理和指导全国职业安全健康管理体系认证工作，主要职责包括：制定全国职业安全健康管理体系认证工作的规章、标准及有关文件；组织协调和指导认可委员会、注册委员会的工作；监督、指导认证机构开展认证工作；组织开展宣传贯彻职业安全健康管理体系有关标准工作；组织编写职业安全健康管理体系审核员培训大纲和教材，对审核员培训、考核和注册工作实施监督管理；开展职业安全健康管理体系认证工作的对外合作与交流；受理有关组织和个人对认可委员会及注册委员会工作的投诉。指导委员会下设秘书处，该秘书处设在国家经贸委安全生产局，负责指导委员会的日常工作。

（2）认可委员会是负责全国职业安全健康管理体系认证单位的资格认可机构，负责对全国职业安全健康管理体系认证单位的资格认可与监督管理工作，主要职责包括：拟定职业安全健康管理体系认证单位的资格认可工作规章、标准及文件；对职业安全健康管理体系认证单位的资格进行认可及监督管理；受理与认证单位的资格认可和认证工作有关的申诉或投诉；负责职业安全健康管理体系咨询机构的备案工作。认可委员会下设办公室，该办公室设在中国劳动保护学会秘书处，负责认可委员会的日常工作。

（3）注册委员会是负责全国职业安全健康管理体系审核员的资格注册机构，承担全国职业安全健康管理体系审核员的培训、考核、注册工作，主要职责包括：拟定职业安全健康管理体系审核员的培训、考核和注册工作规章、标准及有关文件；负责职业安全健康管理体系审核员的培训、考核、注册和监督管理；受理与职业安全健康管理体系审核员培训、考核、注册有关的投诉。注册委员会下设办公室，该办公室设在国家经贸委安全科学技术研究中心，负责注册委员会的日常工作。

在中国开展职业安全健康管理体系认证试点工作以来，很多企业对建立和实施职业安全健康管理体系表现出很高的热情，工作进展之快，社会反响之大，是许多人事先没有预料到的。自 2000 年 1 月以来，在国家经贸委、指导委和安监局的宣传推动下，OSHMS

在企业中产生了很大影响，目前已有数千家企业派出 3 万余人参加了 OSHMS 的有关培训。数百家企业自行举办了 OSHMS 培训班。据不完全统计，经过试点认证机构认证审核，取得职业安全健康管理体系认证证书的企业 200 余家，另有数百家企业的职业安全健康管理体系正在建立或试运行中。上述工作为在中国积极稳妥地发展职业安全健康管理体系奠定了基础，同时也得到了国际劳工组织的肯定。

4. 中国职业安全与健康规制绩效

自 2001 年 12 月，国家经贸委依据中国职业安全健康法律法规，结合国家经贸委颁布并实施《职业安全健康管理体系试行标准》以来，中国的职业安全健康工作有了很大的起色，事故率也有了明显的下降。下面一组有代表性的煤矿数字可以说明一定的问题。

2001 年 1 ~ 6 份　　煤矿死亡　　5670 人

2003 年 1 ~ 6 份　　煤矿死亡　　2854 人

2006 年 1 ~ 6 份　　煤矿死亡　　2163 人

从上面的数字可以看出事故率呈下降的趋势。

11.3.3　中国职业安全与健康规制改革思路

中国推行 OSHMS 标准体系以来，安全事故和职业病的发生都有了明显的好转，但与发达国家相比还有很大的差距，形势依然十分严峻，重特大事故时有发生，必须借鉴发达国家，特别是美国 OSHA 的经验，对现有的职业安全健康规制实施改革。

1. 充分发挥地方政府的积极性

美国 OSHA 充分利用分散在各个州级政府的监管信息，让地方政府充分发挥其积极性、主动性和创造性来最大限度地促进每一个工人的职业安全和健康。中国政府历来也强调全面安全管理原则，纵向到底（从各级政府到生产企业，从工厂到生产岗位）；横向到边（政府部门综合协调，企业职能机构全面参与）。但是与实际情况还是有很大的差距。据调查中国国家、省、地级政府部门都建立健全了相应的安全生产监督职能机构；县一级政府没有健全，发达地区比较好，一些落后地区较差；镇级政府几乎是没有。因此，要建立健全地方政府的职业安全健康组织机构，充分调动地方政府的积极性。使职业安全健康工作确实是全员参与的一项工作。

2. 政府规制和法律诉讼联合使用

长期以来，中国在安全生产监督管理体制中，似乎比较重视安全规制政策的实施等政府活动和行为，却比较忽略伤亡工人的事后补偿工作。这就给社会稳定埋下了隐患。

中国虽然有《工伤保险条例》，但是执行情况并不理想。很多情况下发生了安全事故，花费大量的人力、物力、财力在安全事故的调查上。而对善后处理工作或者工伤死亡职工的赔偿工作则重视不够。实际上，事后对工人的赔偿系统可以从法律上保障工人应得到一定的赔偿，保护工人的利益。可喜的是中国在这方面已经有了改革的行动。比如，煤矿事故死亡一个工人矿主要赔偿 20 万元人民币。值得注意的是法律的执行难的问题。有时死者家属很难拿到赔偿金，这就要加大执法力度。

3. 形式多样的职业安全与健康规制方法

从中国的安全生产监察体制来看，比较注重政府职能部门的单向作用，而将被监管者、企业的雇员当作被动的主体。这就很容易使其产生抵触情绪，发生事故后不能很好的配合调查。诸如，虚报、瞒报的现象屡屡发生，对事故的治理起不到好的作用。因此，在未来职业安全和健康监管中，可以借鉴美国的做法。充分调动被监管者与工人的积极性，采取多种多样的方法，例如与企业开展合作计划，为企业和工人开展安全培训等。

4. 企业的职业安全与健康工作记录在册

企业的职业安全健康工作进行得如何，直接关系到企业的经济效益和人才的留住，因此，政府应该以立法的形式将企业职业安全健康工作记录在册，特别是现在网络的普及这将对求职者了解一个企业提供了方便。同时，有利于对企业形成竞争压力，在美国及发达国家，已经形成了这样的一种市场导向，保持良好职业安全健康记录的企业，在市场上才能够获得比较好的订单，尤其是才能获得政府的订单，从而使企业在市场上保持比较强的竞争力。

医疗服务市场规制变迁与中国医疗服务市场规制改革

医疗服务市场在整个国民经济中占有重要地位，各国政府都非常重视它的发展，从来没有完全放弃对该领域的干预。加之自20世纪60年代以来医疗费用不断上涨已成为各国普遍面临的问题，各国政府更加重视在该领域的作用。即使是在市场经济非常发达的国家，政府也对医疗服务市场进行一定的规制，例如通过医疗服务价格规制控制医疗费用，通过颁发许可证和设定标准等方式保护患者的权益。美国较早地对医疗服务市场进行了规制，其规制体系和规制措施相对比较成熟，所以本章将重点介绍美国医疗服务市场政府规制变迁情况，并结合中国在该领域的规制措施和规制体系提出从中借鉴的经验和吸取的教训。

12.1 医疗服务市场规制依据

卫生经济学家普遍认为医疗服务市场与其他商品或服务市场有很大差别，存在各种形式的市场失灵，如果政府不对该领域进行任何形式的规制，而是完全按照市场方式运作，那么市场运作的结果将缺乏效率并且难以为公众所接受。政府规制的一个重要作用在于和市场机制相互补充。所以，医疗服务市场政府规制的依据是与医疗服务市场特殊性紧密相关的市场失灵。

12.1.1　信息不对称与供给者诱导需求

阿罗（Arrow，1963）在现代卫生经济学开山之作——《医疗保健的不确定性和福利经济学》一文中，特别强调了医疗服务市场中供需双方的信息不对称问题和不确定性。在医疗服务市场中，患者生病就医，意味着患者将诊断治疗决策权赋予医疗服务供给者（医疗机构和医疗服务专业人员），患者和医疗服务供给者之间建立了一种委托代理关系，作为委托人的患者更希望代理人是一个完美代理人，将患者的利益置于首要地位。但问题在于医生和医疗机构不仅是患者的代理人，同时又扮演着医疗服务供给者的角色，他们不仅根据对患者的诊断情况提出治疗方案，更要运用专业技术执行治疗方案。这种代理人和供给者的双重角色以及信息的严重不对称为其追求自身利益最大化提供了便利条件，使其不可能成为完美代理人。医疗服务技术的专业性和复杂性赋予医疗服务供给者优势地位，其对患者的病情和治疗方案等信息相对充分，清楚如何为患者多提供服务以取得高额酬金。患者尽管知道自己的症状，但是绝大部分人并不具备足够的医学知识，对病情的严重程度、可能的治疗方法、预期结果等方面的信息知之甚少，对于其他服务供给者提出的价格水平，不同医疗机构、不同医生提供的服务质量及其差异也了解不多，处于信息劣势地位。相应地，在医疗服务选择方面，患者只能依靠医生作出决定，是被动接受医疗服务的一方。在信息不对称的情况下，患者对医疗服务价格、质量、供给者的努力程度等方面的信息十分有限，医疗服务供给者完全有能力利用信息优势做出更符合自身利益最大化的决策。例如医疗服务供给者可以在医疗服务质量一定的条件下索取较高的价格水平，或者在既定价格水平付出尽可能小的努力、降低服务质量以追求自身利益最大化。这就要求政府相关部门对医疗服务价格和质量进行一定的规制，保护处于弱势地位的医疗服务消费者的利益。莱弗勒（Leffler，1978）强调医患之间的信息不对称会降低医疗服务质量。作为医疗服务消费者的患者寻找相关服务质量信息的成本很高，而劣质医疗服务的后果可能不堪设想，正是患者的有限信息以及获取信息的高成本导致对政府规制措施的需要。因而莱弗勒认为“一个国家强制实施的医疗服务最低质量标准可以看作是对获取质量信息的高昂成本做出的有效反应。”

在医疗服务市场中，与信息不对称和委托代理关系紧密相关的一个重要问题是供给者诱导需求问题。所谓供给者诱导需求，是指医疗服务供给者滥用既是服务供给者又是患者代理人这种双重角色的作用，创造在患者有充分信息时不会发生的需求（毛正中、胡德伟，2004），诱导患者过度使用医疗服务以牟取私利。供给者诱导需求表现为医疗服务供给的增加直接导致需求的增加和医疗服务价格的提高。而这种增加了的医疗服务中有相当一部分对于患者的治疗效果并不明显，是过度供给和过度需求，不利于稀缺的医疗保健资源的合理配置，也对医疗费用的上涨起到了推波助澜的作用。供给诱导需求问题是政府规制的依据之一。正如乌韦·莱因哈特（Uwe Reinhardt，1989）所指出的：“显然，医生诱导需求这一问题直指当今医疗卫生政策的要害，那就是，对于卫生保健内部的资源配置的足够控制力是来自需求方还是来自对提供方的规制。”他对医疗服务市场能够按标准的供求理论运行表示怀疑，认为如果消费者需求在很大程度上受供给者的影响，那么市场力量可能不足以约束价格、限制医疗服务的消费、实现资源最优配置，并主张如果供给诱导需求是医疗服务市场的一个主要问题，那么规制就应该成为一项政策选择。①

12.1.2　医疗服务的公益性和公平性

随着人类社会文明的进步，医疗保健在很多地方已经被视为生

---

①［美］舍曼·富兰德、艾伦·古特曼、迈伦·斯坦诺：《卫生经济学》，王健、孟庆跃译，中国人民大学出版社2004年版，第219页。

存权的一部分。人们大多会接受“所有人享有基本的健康保障权利，社会必须担保人们可以行使这项权利”的道德观念。世界卫生组织在 1996 年的倡议书《健康与卫生服务的公平性》中强调，公平意味着生存机会的分配应以需要为导向，而不是取决于社会特权，每个社会成员在需要的时候（不管他们的收入水平、社会地位如何，也不管其在性别、年龄等方面的差别）均有相等的机会获得医疗服务，以达到基本生存标准。

科尔奈与翁笙和（2003）也特别强调公平性问题在医疗领域的重要性，认为由于健康、免除痛苦和挽救生命的特殊重要性，大多数人都愿意接受医疗服务分配的“特别的人人平等”原则，这些原则深深植根于现代社会的社会规范体系中，即使那些反对激进的平均主义思想的人也认识到，必须允许所有人满足其基本的医疗保健需要。然而单纯的市场机制更强调优胜劣汰，更注重效率而不是公平和公益性问题，不会自动满足所有人包括弱势群体对医疗服务的需要，因此医疗服务领域需要政府介入以尽可能地追求健康的公平性。

12.1.3　第三方支付制度

医疗服务市场还有一个重要特点是与不确定性相联系的第三方支付制度。第三方支付制度在减少投保人因重大疾病所造成的损失的同时也带来了另外的问题，即患者存在道德风险，将对医疗服务过度使用并加剧整个社会医疗费用负担。因为第三方支付者承担全部或部分医疗服务费用意味着患者直接支付的服务价格相对降低，这将在很大程度上弱化患者节约使用医疗卫生资源的动力。

在医疗服务市场中，即使在服务供给者品德足够高尚，不采取诱导需求的行为，第三方支付制度也将激励患者倾向于利用更多的医疗卫生资源。如果医疗保险采用比较慷慨的补偿方式（如以成本为基础的按项目后付制），则医疗服务提供者的所有费用都将得到补偿，而且其收入高低与所提供服务项目的多少密切相关，这种情况下，服务提供者所面对的是软预算约束，不但缺乏控制成本或限制医疗服务消费数量的经济激励，反而具有提供高精设备检查项目的强烈动机，结果降低资源利用效率和技术效率。

12.1.4 医疗服务市场的垄断性

对患者而言，不同医院所提供的医疗服务具有差别性。这种差别性（异质性）涵盖的范围比较广，既包括医院所处的地理位置，患者从居住地前往各家医院所花费的时间及成本，医院所提供服务的品种、质量和技术水平等客观差异，也包括患者对不同医院提供医疗服务的主观偏好方面的差异。除此之外，由于医院在提供医疗服务的过程中必须有患者直接参与，医疗服务的内容（诊断治疗等）是针对每一个患者的特定需要而进行的，不能转售给其他人，医疗服务具有不可转售的特性。① 因此，从这个意义上来讲，不同医院所提供的医疗服务之间并不能完全替代，医院能够拥有一定的市场势力。医疗服务市场的垄断性往往表现为在一定的区域内只有少数几家医院占有比较高的市场份额，垄断着当地的医疗服务市场。市场的集中度越高，患者在与医疗机构或医生的博弈中越处于被动地位，医疗服务的价格越高，服务的质量水平可能越低。

医疗服务消费的强制性决定了医疗服务需求缺乏价格弹性，进一步增强了具有垄断地位的医疗机构的提价动机和能力。由于医疗服务是恢复健康的必要手段，而健康的身体是人民进行一切活动的基础，从这个意义上讲医疗服务的消费具有强制性，这决定了医疗服务需求的价格弹性较小，考虑到第三方支付制度的存在，医疗服务需求的价格弹性会更小。20 世纪 70 年代以来，很多学者利用不同资料对医疗服务需求的价格弹性进行了估计，绝大多数研究显示价格弹性在 -0.1 与 -0.7 之间。根据兰德（Land）健康保险试验

① 卢瑞芬、谢启瑞：《台湾医院产业的市场结构与发展趋势分析》，载《经济论文丛刊》2003 年第 1 期。

的结果，医疗服务需求的价格弹性大约为 -0.2，该数字已被广泛接受。[①] 在医疗服务需求缺乏弹性的情况下，医疗服务供给者提高价格可以获得更多的收益，有提价的潜在动机。而医疗服务价格是决定医疗费用的关键因素之一，它直接关系到普通患者的承受能力和福利水平。盖特勒（Getler）等人的研究表明，虽然医疗服务价格相对无弹性，但是收入最低的人群对于价格的变化反应非常强烈。[②] 他们得出的结论是虽然医疗服务收费是很好的增加收入的手段，但是却成为低收入人群获得医疗服务的最大障碍。

12.2　美国医疗服务市场政府规制变迁

在美国，医疗费用的迅速上涨被认为是政府加强对医疗服务市场规制的基本原因。20 世纪 60 年代美国对医院的补偿以实际成本为基础，不利于控制医疗费用的增长，加之 60 年代实行了医疗照顾计划（Medicare）和医疗救助计划（Medicaid）以后，医疗费用上涨更加迅速，人均医疗费用支出和总医疗费用支出的增长幅度都超过了经济中大多数其他商品和服务支出的增长幅度。美国医疗费用总支出在 1960 年为 269 亿美元，占 GNP 的 5.3%，到 20 世纪 80 年代早期医疗费用达到 2000 亿美元以上，占 GNP 的 10.5% 左右，人均医疗费用支出从 1960 年的 129 美元增加到 1982 年的 1365 美元。[③] 医疗费用支出的大幅度增加大大加重了整个社会的负担，对联邦政府和州政府的预算产生了巨大压力，从客观上产生了对政府

① 该实验是 20 世纪 70 年代在美国进行的一个大型社会试验，从不同的保险计划中随机抽取了 6000 个人，研究了他们在 3～5 年内医疗保健服务的使用情况。转引自雅诺什·科尔奈、翁笙和：《转轨中的福利、选择和一致性》，中信出版社 2003 年版，第 65～66 页。

② 转引自郑振玉：《医疗服务价格政策对公平和效率的影响研究》，2002 年，万方学位论文数据库。

③ Lin Shun-Shien Scherrie, Regulatory Policy Formulation and Effectiveness: the Case of Hospital Cost Containment Regulations (D), 1986.

在该领域规制（尤其是以控制成本为主要目的的规制）的需求。主要的规制政策包括对医院投资和医疗服务价格进行规制，目的是促进医院控制成本、最终降低医疗费用增长的速度，同时为了保障公众的健康安全，也采取种种措施对医疗服务质量进行规制。

12.2.1 医疗服务供给者资本支出规制变迁

1. 必要的资格认证（Certificate-of-Need，CON）

必要的资格认证要求某些类型的医疗服务供给者对新设备和新设施进行投资、改变病床数量、提供新的医疗服务或者不再提供某项医疗服务以及新医院建立等都必须先陈述理由，经过各级政府相关部门的审核批准以后才有资格进行这些资本支出。这种规制力图通过审查机制限制医疗服务供给者在技术和生产能力方面的巨额投资、控制医疗设备、床位等的过度增加，控制医疗服务的数量和成本，同时合理规划以促进医疗服务市场的健康发展。必要的资格认证将控制供给看做是控制医疗服务成本的主要手段。

20 世纪 60 年代必要的资格认证规制处于起步阶段。1964 年纽约州颁布了梅特卡夫一麦克可劳斯克法案（Metcalf-McCloskey Act），该法案从强调投资效率的角度出发，规定不仅要对新医疗基础设施的建设，而且也要对现有设施的扩建进行审查和监督。虽然梅特卡夫一麦克可劳斯克法案没有关注对医疗费用的控制，但由于它已经包含了必要的资格认证这种规制的一些基本内容，所以通常认为纽约州最早实行了必要的资格认证制度。后来加利福尼亚州、康涅狄格州、马里兰州和罗得岛州也于 1968 年和 1969 年颁布了类似的法律。

70 年代中期，这一规制措施得到了联邦法律的支持并得以发展和普及。当时联邦政府针对医疗费用继续上涨的趋势通过立法加大了对必要的资格认证这种规制措施的支持力度。1974 年美国国会通过的《全国医疗卫生规划和资源开发法案》（National Health Planning and Resources Development Act，or Public Law 93－641）是直接与必要的资格认证相联系的最早的联邦法令，它对必要的资格认证这种规制措施的迅速发展和普及起了决定性的作用。1979 年，国会对该法案进行了实质性的修改和扩充。

《全国医疗卫生规划和资源开发法案》为各州必要的资格认证法律提供了依据，规定建立正式的医疗卫生规制体系和规制程序，并对负责审查的规制机构、需要得到批准的投资和服务项目的种类、遵守该法律的医疗服务供给者的类型以及投资于没有得到许可的资本和服务项目的医院将受到的制裁等做出相应规定。（1）在审查机构方面，该法案规定建立由联邦政府成立的国家卫生计划及资源发展委员会、州医疗卫生规划和发展机构（Statewide Health Planning and Development Agencies，SHPDAS；以下简称州规划机构）和地方医疗卫生系统机构（Regional Health System Agencies，HSAS；以下简称地方规划机构）组成的全国范围的规制体系。联邦政府资助州规划机构和地方规划机构估计医疗服务需求、确定规划的优先顺序、引导医疗资源流向最需要的服务和地区；在联邦政府的指导和监督下，地区规划机构和州规划机构负责对医疗机构的资本支出进行审查，其中地方规划机构负责对医疗服务供给者所提出的资本支出计划或者服务项目的改变计划进行最初的审查，而州规划机构（州卫生部门或者州卫生规划委员会）负责对这些项目进行最终审查、对医疗服务供给者提出的计划申请做出批准与否的决定。相对于以前的机构而言，根据《全国医疗卫生规划和资源开发法案》建立的规制机构在规制、控制联邦资金、资源发展等方面拥有更大的权力。（2）需要经过规制机构审核批准的投资或服务项目方面，该法案的相关条款规定任何将导致医院床位数量改变的投资、改变所提供医疗服务范围的计划、10 万美元以上的基础设施、医疗设备等方面的资本支出都需要进行必要的资格认证审查和批准，数额较小的资本投资不需要进行审核。各州依照联邦法律所设定的资本最低门槛制定了本州的必要的资格认证法律版本，它们所规定的资本门槛有所不同，有些比联邦法律的规定还要严格，有些则相对比较宽松。在20世纪70年代中期，各州的设备投资豁免门槛范围从1.5万美元到35万美元不等，不过平均来讲，可以将该豁免门槛看做10万美元左右（Salkever and Bice，1978）。1979年修正案（Public Law 96－79）对资本限制的最低标准进行了补充，规定用于住院患者治疗的且价值在15万美元以上的诊断治疗设备的租用、出租、购买都在必要的资格认证规制范围之内，而不管这些设备位于何处（住院部门、门诊部门或者非医院部门）；也要求医疗服务供给者事先将超过资本门槛（Dollar Threshold）的项目计划通知规制机构，即使这些项目并不用于住院患者的治疗（Ellen Jane Schneiter et al.，2002）。设备投资的最低门槛以通货膨胀率的变化和州立法机构对必要的资格认证规制范围的限制情况而有所调整，目前该门槛通常为100万美元以上（Moore，1997）。① 各州的法律在新服务提供方面则没有豁免规定，即医疗服务供给者将要提供的所有新服务都要受规制机构的审查。（3）在遵守该法律的医疗服务供给者的类型方面，主要是将医院和疗养院认定是必要的资格认证的被规制者。②（4）在制裁方面，根据该法案，国会要求所有州都要通过必要的资格认证法律以加强对医疗服务供给者的资本支出和服务项目的改变进行规制，并明确指出没有获得州规划机构批准的资本支出没有资格得到医疗照顾计划、医疗救助计划或者联邦妇女儿童医疗计划的全额补偿。以此为依据，各州的法律规定如果医疗机构对没有得到许可的资本和服务项目进行投资，所受到的制裁将是被撤销营业执照或者受到法院制裁（例如罚款），也有一些州规定医疗救助计划等不对那些未得到许可的项目投资的相关成本进行补偿。更为重要的是《全国医疗卫生规划和资源开发法案》还将各州实行必要的资

① David S. Salkever，2000，Regulation of Prices and Investment in Hospitals in the United States，*Handbook of Health Economics*，Edited by A. J. Culyer and J. P. Newhouse，Amsterdam；New York：Elsevier.

② Ellen Jane Schneiter，Trish Riley and Jill Rosenthal，2002（Jun），Rising Health Care Costs：State Health Cost Containment Approaches，*National Academy for State Health Policy*.

格认证制度情况作为其从联邦政府获得资金支持的资格条件，即如果州政府不实行必要的资格认证，则将面临不能得到联邦公共医疗卫生服务资金的风险。在联邦法律的支持下，从20世纪70年代中期开始，必要的资格认证这种规制为大多数州所采用。到1986年，已经有42个州和哥伦比亚区（美国的联邦直辖区）迫于国会的压力，颁布了必要的资格认证法律。①

80年代中期以后，随着其他控制成本的规制措施（例如医疗照顾计划中的按病种预付制）的实施以及管理型保健的出现和发展，必要的资格认证在控制医疗费用方面的作用受到限制，政府对必要的资格认证规制进入放松阶段。在1986年以后，国会对必要的资格认证这种规制措施的态度发生了180度大转弯，撤销了1974年的《全国医疗卫生规划和资源开发法案》以及对各州实行必要的资格认证法律的强制性要求。相应的，很多州开始终止必要的资格认证，或者降低这种规制措施的实施力度或者缩小其规制范围。不过各州放松必要的资格认证规制的趋势远远没有使得该规制被废止。到1997年8月，还有37个州和哥伦比亚区仍然在实行必要的资格认证规制；在29个州，提供急性病治疗服务的综合医院受到必要的资格认证规制，提供长期服务的供给者（主要是疗养院）仍然在必要的资格认证计划的所有规制权限之内；提供急性病治疗服务的专科医院通常也受到必要的资格认证规制，例如心内直视手术（在29个州）和导管插入术实验室（在27个州）受到规制。②

2. 1122计划

美国各州对医疗机构的投资进行干预和控制的另一个相关机制

① Patrick John McGinley, 1995, Beyond Health Care Reform: Reconsidering Certificate of Need System, http://www.law.fsu.edu/journals/lawreview/issues/231/mcginley.html.

② David S. Salkever, 2000, Regulation of Prices and Investment in Hospitals in the United States, *Handbook of Health Economics*, Edited by A. J. Culyer and J. P. Newhouse, Amsterdam; New York: Elsevier.

是1972年社会保障法案的1122部分，它设定了对医疗机构资本支出审查的全国性门槛（10万美元）。这一计划与必要的资格认证规制极为相似，根据其规定，联邦政府和州政府一致同意制定相关的审查计划，由州政府指定规划机构负责审查、批准医疗机构所提出的增加资本支出，改变服务项目以及调整病床数量的计划。规划机构不予批准那些被认为不符合社会需要的项目计划，但是如果医疗服务供给者投资于没有得到批准的项目，则规划机构不许可与这些投资项目相联系的折旧、利息和其他成本得到医疗照顾和医疗救助计划的补偿。州政府指定的规划机构与联邦政府签订合约并得到联邦政府的资金的支持以发挥其规制作用。社会保障法案1122部分所依据的逻辑是，如果医疗机构在医疗设施和医疗服务方面任何“不合理的扩张”都不能得到全部补偿，则其进行不必要的扩张的经济动力减弱，有助于将医疗设施控制在一定的水平之内；限制医院设施的扩张将减少医疗设施的利用，最终降低医疗成本和医疗费用。

各州根据社会保障法案的规定，相继实行了1122计划。到1978年1月31日，除了密苏里州以外的所有州以及哥伦比亚区或者实行了必要的资格认证或者实行了1122计划。不过在实行必要的资格认证法律以后，一些州认为其制定实施的1122计划是多余的，因此开始终止该计划。到1979年末，总共有15个州已经终止或者正在逐步终止该计划（Sloan，1981）。① 1983年医疗照顾计划开始引入预付制以后，1122计划完全终止。②

---

① David S. Salkever, 2000, Regulation of Prices and Investment in Hospitals in the United States, *Handbook of Health Economics*, Edited by A. J. Culyer and J. P. Newhouse, Amsterdam; New York: Elsevier.

② John J. Antel, Robert L. Ohsfeldt, and Edmund R. Becker, 1995, State Regulation and Hospital Costs, *Review of Economics and Statistics* (77), pp. 416-422.

12.2.2　医疗服务价格规制变迁

对医疗服务的价格规制方式决定了医疗服务供给者提供各种医疗服务所受激励的强度，这在很大程度上调节和规范着其行为，并且最终决定着医疗费用的高低。因此，采用适宜的规制方式对于控制医疗费用至关重要。

设定费率通常由外部权威机构事先设定医院在一定时期内收取的最高价格。负责设定费率的机构要确保医院以合理的价格提供医疗服务。设定费率是政府针对传统后付制下医疗费用迅速上涨而采取的一种规制措施。在后付制下，医疗照顾计划、医疗救助计划、蓝十字以及其他保险组织以医疗服务提供过程中发生的实际成本为基础对医疗机构进行事后的补偿，所以医疗服务供给者既能决定服务数量又能决定服务价格，可以通过调整收费标准补偿其成本（包括不必要的扩张成本）。后付制不仅不能激励医疗机构采取控制成本的措施，而且会促使其提供过多的医疗服务，尤其是提供利润水平较高的服务，推动医疗费用的上涨。政府试图在保证医疗服务可及性的前提下，通过事先限制医疗服务供给者的预算来控制医疗成本。

在 20 世纪 70 年代早期，联邦政府对医院成本的控制是作为尼克松政府经济稳定计划的一部分得以实行的。经济稳定计划在控制医疗费用支出方面确实达到了预期目标，将其增长率控制在 0 ~ 3%。[①] 经济稳定计划中对医疗机构的规制可以看做是早期费率设定的雏形，后来很多州以此为基础制定本州控制医疗费用的相应价格规制方案。此外，联邦政府通过相关法律（如 1972 年和 1983 年社会保障法案的修正案）要求和鼓励各州采用多种形式的价格规制方式以控制医疗费用。在联邦政府的支持下，很多州采用并发展了设

---

① Davis, K., Anderson, G. F., Rowland, D. and Steinberg, E. P., 1990, *Health Care Cost Containment*, Johns Hopkins University Press, Baltimore and London.

定费率这种规制，到1981年已经有31个州通过某种形式的设定费率对医疗机构的收入加以限制，使得医疗机构在限定的预算范围内运作以控制医疗服务的价格、促进医疗服务市场生产效率的提高。

美国各州的费率规制也是由得到相关法律授权的规制机构实行，各州规制机构的自由处置权大小有所不同。一些州的法律规定相对比较严格，通过冗长的法律条文详细规定了设定费率所采用的参数以及复杂的计算公式，同时严格限定规制者的自由决策权，规制机构在实施规制政策过程中缺乏灵活性。有些州的相关法律规定则比较宽松，一般只列出设定费率这种规制措施的主要目标以及宽泛的规制参数，而规制过程中所涉及到的细节性问题则由规制者根据实际情况酌情处理，规制者的自由处置权相对比较大，规制政策的实施相当灵活。[①] 大部分州的费率规制都采用详细的预算审查程序，先由医院向规制机构提交其预算和服务数量的计划，规制机构进行审核后或者予以批准或者对其进行修改，并以服务数量为基础设定费率以便由总收益补偿“正当的”或“合理的”成本。

从适用于费率设定这种规制的付费者情况来看，在一些州，医疗救助计划的患者以及属于特殊分类组的私人患者没有包括在该规制方案内。而康涅狄格州、马里兰州、马萨诸塞州、新泽西州、纽约和华盛顿州等则实行了复杂的强制性“全部付费者”（All-payer）费率规制，即医疗服务市场中的任何一个付费者（第三方付费者和自付费用的患者）都要参加规制方案，并且由州政府确定医院所收取的费率。强制性“全部付费者”费率规制是州政府实行的最为严格的一种规制方式，不过到目前为止，只有马里兰州依然还在实行强制性的费率设定这种医疗服务价格规制。大多数实行全部付费者费率规制的州往往都伴随着强制费率审查。例如马里兰州的成本控制特别小组建议由独立的委员会审查医院成本的“合理性”以便为

① Ellen Jane Schneiter, Trish Riley and Jill Rosenthal, 2002, Rising Health Care Costs: State Health Cost Containment Approaches, National Academy for State Health Policy.

该州第一个费率审查计划铺平道路，1972 年马里兰州医疗服务和成本审查委员会开始运作，该委员会由 7 个成员组成，其中 4 个成员不能是医院或者疗养院的专业人士。在马塞诸塞州，针对快速增长的医疗救助费用支出，1976 年法案的 409 章赋予马塞诸塞州费率设定委员会相应权力，以控制医院收取的总服务费用。①

管理型保健的快速发展及其所采用的付费模式对美国医疗服务费率设定这种价格规制方式的放松也起决定性作用。② 到 1993 年将近 4/5 的医院已经和健康维护组织或优先服务组织签订了合约，1996 年有 90% 的医院与健康维护组织或优先服务组织签约。与之相对应，管理型保健的市场份额从 1980 年的 4% 增长到 1996 年的 20% 以上。③为了降低成本，医疗救助计划也努力成为管理型保健的受益者或者努力与低成本的医院签订合约。管理型保健的发展及其所采用的定额付费方式为控制医疗服务成本提供了比较大的空间，也在很大程度上抵消了费率规制的效果，动摇了州政府实施费率规制的基础。结果费率设定规制于 1986 年最先在威斯康星州失效，在随后的 10 年间大多数州也逐渐转向基于市场的策略，除了马里兰州和西弗吉尼亚州之外其他州的费率设定计划终止。目前只有马里兰州依然对医疗服务机构进行费率规制。

在医疗服务价格规制政策的发展演变过程中，按病种预付制是非常重要的一个方面。美国国会于 1983 年 9 月通过了平等税负和财政责任法案（TEFRA），该法案的基本组成部分是按病种定额预付制度。随后，联邦政府于 1983 年 10 月开始改变了医疗照顾计划

---

①③　John Ernest Schneider, 2000, The Economics and Institutions of Regulation and Reform in the U. S. Hospital Industy, 1980 - 1996 (D).

②　管理型保健模式是医疗保险机构与医疗服务供给者通过签订合约等方式形成一个相对密切合作的服务网络，保险机构向医疗服务供给者支付相对固定的医疗费用，医疗服务供给者在预定的费用中向参保者提供一套包括预防保健到临床治疗的综合性的、连续性的服务（刘克军，2006）。这种保健模式的主要类型包括健康维护组织、优先服务组织等。

对医院成本的补偿方式，对该计划的住院服务实施按病种预付制这种新的价格规制方式，这被认为是促进竞争的规制形式，标志着遏制医院成本上升的规制政策的重要转折点。实行预付制以后，医疗照顾计划住院患者费用的支付由原来以实际成本为基础的按服务项目支付，转向在病人诊断基础上按预定数额支付。预付制的主要内容是，依据美国卫生保健筹资署公布的诊断相关组（DRGs）编码，结合患者的年龄、性别、住院天数、临床诊断、病症、手术、疾病严重程度等因素，将患者归入大约500个不同的诊断相关组，每个分组都代表具有相似病症和适用相似治疗方案的病例。再根据疾病轻重程度及有无合并症、并发症等将每组分为若干级别，对每一组及其不同级别都制定相应的支付标准。医疗照顾计划按照这个预先确定的支付标准对医院进行补偿。在预付制实行的前3年，医院疾病相关诊断组支付费率综合考虑到医院自身的成本和地区以及全国的支付水平。从第4年开始，该费率完全以全国医院对该类疾病治疗的平均成本（总括了入院时的管理费、检查费和给药费等）为依据，在实践中，为了反映各地的工资差异、城乡差距，以及是否是教学医院等因素，对支付标准进行适当调整。但是，支付标准的确定不会因各个医院支出的多少而变化或松动。2000年开始，美国联邦政府将预付制扩展到门诊服务领域。世界各国尤其是欧洲国家的医疗卫生系统纷纷仿效这种支付制度，并且取得一定成效。目前，按病种预付制成为世界卫生组织竭力推荐的支付方式之一。

12.2.3 医疗服务质量规制变迁

由于医疗服务的提供过程同时也是患者的消费过程，不管医疗机构提供的服务将产生何种后果，都要由患者来承担，而且医疗服务直接关系到人们的生命健康，所以医疗服务的质量至关重要。但是在一般情况下，患者缺乏医疗专业知识，他们寻找相关的医疗服务质量信息的成本十分高昂，难以确保自身权益；而医疗服务供给者却极有可能在既定价格水平降低服务质量以追求自身利益最大化。因此，政府也十分注重对医疗服务质量的规制，美国医疗服务质量规制有不断加强的趋势。

医疗服务质量规制中的一个重要特点是第三方组织发挥了重要作用。1951年美国外科学会等各学会、医学协会、医院协会共同设立了医院联合认证委员会（Joint Commission on Accreditation of Hospitals，JCAH）。1970年制定了最初的认定基准（Accreditation Manual for Hospitals，AMH）。医院联合认证委员会的活动对促进美国医疗服务质量的提高和标准化曾做出过很大贡献。该委员会于1987年改称为医疗机构资格认证联合委员会（Joint Commission on Accreditation of Health Care Organization，JCAHO），负责制定和管理医院的认证手册，设定了包括15个领域的500多项标准，每项标准都有详细的指导、目标、执行机制和评价方法。医疗机构资格认证联合委员会每3年对医院进行一次检查，检查时间大概4～5天。在调查结束后，检查小组会出具一份关于标准服从情况的报告，并提出相应的改进建议。简要认证报告要向公众公布，完整报告则要保密。[①] 尽管医疗机构资格认证委员会被认为是典型的医疗服务业的自我规制机构，但在实行医疗照顾计划和医疗救助计划以来，它也成为政府规制的重要组成部分。医院治疗医疗照顾计划患者所补偿取决于医院是否达到联邦政府设定的标准，医疗机构资格认证联合委员会的认证标准为政府所承认，即得到该机构认证的医疗机构被认为已经达到医疗照顾计划和医疗救助计划的补偿条件。而且联邦政府和州政府的一些规制方案的起草以JCAHO标准为基础，同时JCAHO也根据联邦政府的要求调高涉及安全问题的标准。所以在规制实践中，政府规制和行业的自我规制之间的界限已经变得越来越模糊。虽然政府并不强制性要求医疗机构参加JCAHO认证，但医疗机构有足够的动力参加，目前有80%的医疗机构参加，没有

① 徐兰飞、陈伟：《美国的医疗服务监管体系》，载《卫生经济研究》2006年第3期。

参加的主要是农村的规模较小的医疗机构。[①]

美国的利用审查也是主要的质量保证机制。为了监督医疗服务质量，同时限制医疗服务供给者对医疗服务的利用，1971 年根据联邦法律建立了职业标准审查组织（Professional Standards Review Organization，PSRO），该组织经常到医院进行抽样审核，检查医生用药、治疗等是否过度，使用率是否太高，以此来督促医生减少医院的浪费，并对医院的违规行为采取断然措施予以惩罚。1982 年职业标准审查组织被职业审查组织取代。职业审查机构由卫生保健筹资署授权对医院逐个进行同组审核，并监督医院老年医疗保险计划和其他服务的利用情况，考察患者是否应该住院和住院时间长度是否合适，以及是否得到了适当的保健服务。

美国卫生和福利部在确保美国公民享有安全、高质量医疗服务方面起着重要作用。其下属的医疗卫生质量研究署（Agency for Healthcare Research and Quality，AHRQ）负责资助和指导改进医疗服务质量和结果、降低医疗服务成本、保证患者安全以及减少医疗过失的相关研究，这些研究能够为公众提供更多有效的、可信的医疗服务质量信息，帮助其在就医过程中做出更合理的决策，推动医疗服务供给者提供更好的医疗服务。为了进一步保护患者利益、促进医疗服务供给者提高质量水平，国会根据医疗卫生法案的相关规定（913（b）（2）部分）授权医疗卫生质量研究署设计并公布全国医疗服务质量的年度报告，为公众提供更多关于医疗服务质量的信息。[②] 在卫生和福利部和其他合作者的支持下，医疗卫生质量研究署于 2003 年开始每年公布全国医疗服务质量报告。2003 年的报告，评价了患者接受医疗服务的及时性、医疗机构以患者为中心的程度、医疗服务对主要疾病的疗效、医疗服务的安全性等，力图从

① Nihal Hafez，1997，International Comparative Review of Health Care Regulatory Systems，Partnerships for Health Reform，Technical Report No. 11.

② National Healthcare Quality Report，2003，http：//ahrq. gov/qual/nhqr03.

多个角度提供便于更多公众理解的全国医疗服务质量总体水平情况；2004 年的报告除了反映本年度全国医疗服务质量水平以外，还反映了医疗服务质量的改进情况；2005 年的全国医疗服务质量报告采用了更先进的方法、利用更多的数据更为全面地评价了医疗服务质量。①

12.2.4　规制绩效

1. 医疗服务供给者资本支出的规制绩效

对医疗服务供给者资本支出的规制在控制医疗成本方面的作用并不大。一些学者认为被规制者在规制实施阶段对所施加的影响以及被规制者所采取的规避政府规制的策略性行为都在很大程度上限制了资本支出规制的效果。因为必要的资格认证的审查过程实际上是规制机构与医疗服务供给者之间的博弈，这个过程反映了医疗服务供给者的影响力并增加了规制者被俘获的可能性。例如，城市中的大型教育科研型医院通常势力较大并且更有机会接近审查机构，这类医院提出的项目计划接受必要的资格认证审查过程受到怀疑，规制机构在阻止不必要的医院投资方面的有效性也受到质疑。② 关于必要的资格认证效果的一些实证研究也证明它在降低医院成本方面所起的作用甚微，如萨尔凯维尔和比奇（Salkever and Bice, 1976、1979）的研究发现，必要的资格认证确实减少了医院床位的供给，但与此同时却导致每张病床的注册护士和持照护士数目增加，即导致单位病床投资的增加，这意味着医院利用其他形式的资本投资代替床位投资，因而对资本支出的规制并没有节省总资本投资。

不过需要注意的是，虽然必要的资格认证在控制成本方面的作

① National Healthcare Quality Report, 2005, http: //ahrq. gov/qual/nhqr05.

② Lin Shun-Shien Scherrie, 1986, Rregulatory Policy Formulation and Effectiveness: the Case of Hospital Cost Containment Regulations (D).

用受到质疑，但是它在鼓励医院为贫穷人口提供更多慈善性服务和实现医疗服务在地区之间合理规划方面发挥了比较重要的作用，这在很大程度上延缓了放松这种规制的步伐。坎贝尔和富尼耶（Campbell and Fournier，1993）认为必要的资格认证规制追求的隐含目标是交叉补贴，即规制者利用其规制权力颁发许可证、限制医疗服务市场的竞争是为了补贴医院为贫困人口提供更高水平的慈善性医疗服务。限制更多医院进入有利可图的服务领域是激励在位医院提供那些难以得到补偿的慈善性服务的前提条件。班克斯、福曼和基勒（Banks，Foreman and Keeler，1998）的分析也表明必要的资格认证实际上是强制性交叉补贴（Cross-subsidization）的一种方式。所以在关于是否继续实行必要的资格认证的争论中，支持者更强调其在规制税方面而不是成本控制的作用，因为规制者许可医院进入市场或者批准其资本、服务扩张计划往往附加正式的或非正式的谈判条件，即要求医院提供最低数量的与公共利益相符的服务——慈善服务或为不发达地区居民提供门诊服务，必要的资格认证也保护提供慈善医疗服务的社区医院免受那些力图提供利润丰厚服务（如复原和心脏手术）新进入者的竞争（Moore，1997）。此外，还有一些学者强调必要的资格认证在实现医疗服务区域规划方面的重要作用，认为这种规制措施有助于避免医疗设施的重复投资和医疗服务的重复供给，从而能够达到更好的治疗效果。

2. 医疗服务价格规制绩效

设定费率在控制医疗费用方面确实发挥了应有的作用，尤其是在控制住院患者人均医疗成本方面效果明显。比利斯（Biles 等，1980）、梅尔尼克（Melnick 等，1981）以及斯隆（Sloan，1983）的实证研究结果表明，费率规制从总体上降低了医院费用。莫里西等人（Morrisey 等，1983）对美国实行费率规制的几个州分别进行分析并加以比较，认为费率规制有效，不过各州费率规制的效果有所不同。德兰诺大和科恩（Dranove and Cone，1985）在考虑到“均值回归”问题的基础上进行的实证分析同样也认为费率规制能够起到控制医疗费用的作用。只不过随着医疗服务市场的发展变化，管理型保健组织的出现导致设定费率存在的基础减弱，出现规制放松的趋势。

按病种预付制在强化医院降低成本的动机、促进医院提高服务效率方面取得了显著成效。几乎所有的研究都发现，在支付方式改变以后的数年间，住院时间比实行按病种预付制以前缩短了 1/5 ~ 1/4。[①] 古特曼和多布森（Guterman and Dobson，1986）、范格拉斯和霍洛韦（Feinglass and Holloway，1991）的实证研究表明，在预先支付制度实行的第一年，平均住院日下降了 9%，1982 - 1985 年间平均住院日共下降了 14.6%。[②] 美国联邦政府关于实行按病种预付制的 5 年总结报告表明：在 5 年间（1983 年 10 月 ~1988 年 10 月），医院裁减专职人员 11.4 万人，削减病床 4.5 万张，65 岁以上病人平均住院日数从 10.2 天下降到 9 天以下。[③] 上述研究表明，按病种预付制在降低医院成本方面的作用明显。实行按病种预付制后，人们担心医院以降低医疗服务质量水平为代价来降低成本，比如医疗机构尽早安排患者出院、将住院患者转移到门诊部门以便使成本尽量转移到按成本付款的部门等，但是由于在实行医疗服务价格规制的同时政府也对医疗服务质量进行规制，所以总体上按病种预付制对医疗服务质量的负面影响不是很大。德斯哈奈思及其同事（Desharnais and Colleges，1988）在实行预先支付制的 646 个样本医院中进行了调查，没有发现质量下降的

---

① 雅诺什·科尔奈、翁笙和著：《转轨中的福利、选择和一致性》，中信出版社 2003 年版，第 76 页。

② 转引自舍曼·富兰德等：《卫生经济学》，中国人民大学出版社 2004 年版，第 521 页。

③ 王冬等主编：《现代医院管理理论与方法》，上海科学技术文献出版社 1992 年版。

证据。[1] 范格拉斯和霍洛韦（Feinglass and Holloway，1991）在一篇文献综述中指出：几乎没有直接的和一般性的证据表明，按病种预付制降低了老年医疗保险计划者所得到的保健服务的质量。

3. 医疗服务质量规制的绩效

在医疗服务质量方面，从来没有出现过放松规制的趋势。相反，政府不断采取相应措施加强对医疗服务质量的保障，所以医疗服务质量规制取得了比较显著的效果。根据2005年美国医疗服务质量报告，反映医疗服务质量的大多数指标都有所改进，尤其是患者安全改进幅度最大，从总体上来讲，美国医疗服务质量水平正在以适度的速度得到提高。

综上所述，在医疗服务市场发展的特定阶段所采取的规制措施发挥了相应的作用，尽管资本支出规制在控制医疗成本方面的作用极其有限，但是在区域卫生规划和鼓励为贫困人口提供慈善性医疗服务等方面却发挥了积极的作用；设定费率这种医疗服务价格规制措施在特定阶段对医疗成本的增长起了抑制作用；医疗服务质量规制也在很大程度上保障了医疗服务质量水平。所以，尽管自20世纪90年代以来，美国医疗卫生领域出现了竞争与规制之争，但从现实看，美国各级政府都成了卫生经济的主要角色，政府卫生支出占国家卫生支出的46%，而且政府将通过各种开支计划和严格规制继续支配卫生经济（Folland，Goodman，Stano，2004）。

12.2.5 启示

美国医疗服务市场政府规制政策及其变迁对中国医疗服务市场政府规制体系的构建有重要的启示：

---

① 转引自舍曼·富兰德等：《卫生经济学》，中国人民大学出版社2004年版，第522页。

1. 注重立法在医疗服务市场政府规制中的作用

美国医疗服务市场政府规制中特别注重立法，通过立法赋予规制机构权力，对医疗服务市场的规制也比较规范。通常先根据当前存在的主要问题进行立法，在立法中规定由相关的规制机构实行规制。比如其必要的资格认证制度，先是纽约州政府制定法律规定实行这种控制，联邦政府在此经验基础上制定了相应的法案，通过立法要求各州实行必要的资格认证规制，并规定建立州规制机构和地方性规制机构。其规制机构的规制行为有强大的立法保障。医疗服务市场规制机构的主要职能是以行政规章的形式创制法律和标准；承担从信息收集到法律执行的各种行政任务，并通过对医疗服务供给者遵守相关法律情况的监督和实施法律制裁来贯彻法律。

2. 规制权力的分散不利于规制效率的提高

美国医疗服务市场政府规制不是像其他行业的规制一样由独立的规制机构实行，而是将权力纵向、横向分散在不同的部门，如果缺乏有效协调不同机构规制活动的机制，权力的分割将限制相关规制机构的职能，也将降低规制机构与医疗服务供给者讨价还价的能力。这是我们在构建医疗服务市场政府规制体系中需要吸取的教训。

从权力在上下级之间的垂直分割角度来讲，国会通过相关法律建立了职业标准审查组织和医疗规划等计划，并将规制权力和责任赋予卫生教育和福利部的不同部门、很多州层次的规制机构以及地方层次的 200 多个职业标准审查组织和 200 多个医疗卫生系统机构（Health System Agencies，HSAs）；州层次的医疗服务规制也是由不同的职能机构实行。职业标准审查组织和医疗卫生系统机构的运作要依靠联邦资金的支持，而且这些组织的公共规制职能受到联邦政府和州政府的限制。例如，地方性医疗卫生系统机构的决定要接受州政府医疗卫生计划与发展机构和州政府 CON 机构的审核，所以医疗服务供给者有可能直接和州政府谈判废除或者改变其决定；地方性医疗卫生系统机构的日常运作也要接受联邦政府的监督，这样对地方性医疗卫生系统机构决策不满意的利益集团可能会求助于卫生教育和福利部以改变其行为模式或者撤回资金（Penny Feldman and Marc Roberts，1980）。[①] 从规制权力在同级之间的横向分割角度来讲，由于存在同级的履行不同职责的规制机构，对医疗服务供给者的有效规制需要机构之间的相互协调，增加了运作成本，也限制了规制效果。例如，地方性医疗卫生系统机构在决定是否同意医疗机构的投资或扩张申请时，需要考虑到医疗服务质量因素，而关于医疗服务质量方面的信息则由独立于医疗卫生系统机构的职业标准审查组织所有，如果这些机构之间难以有效协调，职业标准审查组织出于某种考虑，拒绝合作，对其掌握的信息予以保护，则会在很大程度上限制医疗卫生系统机构规制能力。同样，在州政府层面上也存在规制机构之间的协调问题。所以，资本支出规制在控制医疗成本方面的效果不明显与规制权力的分散有关。

3. 在医疗服务市场政府规制过程中充分发挥行业自律性规制的作用

由于医学专业知识的复杂性以及政府官员的非专业性等原因，政府对医疗服务供给者的规制不可避免地受到信息和知识方面的制约。而相对于政府规制机构而言，医疗服务行业自律性组织对医学知识的掌握程度比较高，对医疗服务供给者的了解也更为深入，信息不对称程度因此而大为降低。因此，政府规制需要医疗行业自律性组织的配合和辅助。美国医疗服务市场规制中行业协会发挥了比较大的作用，特别是在医疗服务质量规制方面，美国外科学会等各学会、医学协会、医院协会共同设立的医院联合认证委员会对促进

① Penny Feldman and Marc Robert，1980，Magic bullets or seven-card stud：Understanding health care regulation，*Issues in health care regulation*，Edited by Richard S. Gordon，New York：McGraw-Hill（c），pp. 66－109.

美国医疗服务质量的提高和标准化做出过很大贡献。

4. 根据市场环境的变化决定是否放松规制或者加强规制

在医疗保险组织大多采用医疗费用后付制的情况下，医疗费用大幅度增加，为了控制医疗费用的增长速度，美国联邦政府和各州政府积极采取医疗服务价格规制和资本支出规制。但是在管理型保健组织出现并得以发展的背景下，设定费率和资本支出规制的存在基础发生变化，政府对这两方面的规制出现了放松的趋势。而由于医疗服务的特殊性决定了医疗服务质量至关重要，所以政府在医疗服务质量方面的规制并没有放松，相反却有加强的趋势，不断完善对医疗服务质量的衡量指标，力图更为全面地反映医疗服务质量情况，为医疗服务消费者和供给者以及医疗保险组织提供更为充分的医疗服务质量信息，帮助其作出较为合理的选择。

12.3 中国医疗服务市场规制现状分析及改革思路

12.3.1 现状分析

中国医疗服务市场在不断纳入市场经济体制范围的过程中，虽然医疗服务市场的政府规制体系也具有了一定的雏形，由卫生部门相关机构、国家发展和改革委员会等政府机构对医疗服务供给者资本支出、医疗服务价格以及服务质量等方面有所规制，但是由于中国医疗服务市场依然处于改革探索阶段，总体来讲规制体系还不健全，规制职能不到位，规制效果并不明显。昂贵的大型医疗设备增加趋势有增无减；医疗费用上涨迅速，社会负担和个人负担加重，严重影响到医疗服务的公平、效率和质量，医疗服务市场运行状况令人担忧，“看病难、看病贵”问题也成为社会各界关注的焦点；人们对医疗服务质量的满意度也不高，由《东方企业家》与零点调查机构年度合作编制发布的《零点医疗服务指数——中国医疗服务指数2005年度报告》指出：2005年公众给中国的医疗服务行业的总体服务水平打了65.80分，整体服务水平基本及格，但是医疗服务指数的最终得分与电信、航空等零点系列服务指数比较则处于最低级水平，反映了公众对于医疗服务质量的满意程度不高。医疗服务市场政府规制的效果不佳与中国医疗服务市场规制体制中很多亟须解决的问题密切相关。

1. 立法计划缺乏系统性和全面性

在中国，由于政府没有完全摆脱在医疗服务领域的“大政府、小责任”的历史背景，建立与市场经济相适应的规制制度的自觉性意识还不高，缺乏系统性、全面性的立法计划。虽然已经制定和实施了《医疗机构管理条例》、《医疗机构管理条例实施细则》、《医疗机构设置管理原则》、《医疗机构监督管理行政惩罚程序》、《关于城镇医疗机构分类管理的实施意见》、《执业医师法》、《护士管理办法》、《大型医用设备配置与使用管理办法》、《关于改革医疗服务价格管理的意见》等，但是这些规制的依据中绝大多数是国务院和相关部门的政策性文件或者通知，政府相关规制机构及其规制行为缺乏必要的权威性和强制性，而且没有整个医疗服务市场的基本法律，主要由国务院和相关部门的政策性文件或者通知来指导医疗服务市场的政府规制势必使得规制行为缺乏必要的权威性。

2. 依然存在政事合一的问题

新中国成立以来，中国一直将医疗服务视为实施福利政策的一种形式，所以医院主要是由政府举办。各级卫生行政部门主要作为医疗机构的行政主管部门，行使更多的是行政管理职能，甚至在很多情况下履行的主要职责之一似乎也是办医院。改革以来，这种状况虽然有所改变，但是一些卫生行政部门依然充当所有者的身份。目前中国卫生部门所属的医疗机构占51%，在卫生部门既办医院又管医院的情况下，规制职能和作为卫生事业主管者以及所有者的职能不能完全分离开来，规制者与被规制者之间存在千丝万缕的利益关系，随之出现的问题是卫生部门对医疗机构进行规制的内生性动力先天缺乏，不能独立、公正地行使其规制职能。[①] 甚至在医疗机构有违规行为并且损害到患者利益时，规制者还可能会包庇医疗机构，而不是倾向于患者的福利。所以，中国医疗机构长期处于政府的保护伞下，卫生行政部门虽然是其直接管理者，但是它对医疗机构的监督、约束不力，与医疗机构强烈的创收动机相比较，政府约束显得软弱无力。政事合一的规制体制制约着医疗服务市场的健康和规范发展，需要进行以政事分离为目标的规制体制改革，摆脱医院与各地卫生行政部门的隶属关系，将政府规制职能归位。

3. 缺乏独立的规制机构，政府规制的效果由于规制职能的分散而受到削弱

规制机构的相对独立性有利于对被规制者的经济行为进行公正、公平的规制。但是由于医疗服务市场本身涉及的问题已经十分复杂，对其进行的规制既涉及到经济性规制方面也涉及到社会性规制方面，难度自然也比较大，规制机构的设计和职权的赋予较之其他行业或市场也要复杂得多。从中国政府行政管理的角度来看，在国民健康管理领域由于水平分权制改革的推行，造成了目前找不出一个明确的部委来全面负责居民健康和医疗卫生工作，医疗服务市场政府规制体系的制度安排非常复杂，规制的相关职能和权力纵向、横向分散在不同的政府部门中。

国务院卫生行政部门负责全国医疗机构的监督管理工作，其主要职能是参与研究制定医疗管理体制改革和医疗机构、医务人员执业准入和临床应用技术准入管理的法律、法规、规章并负责组织、指导实施；拟定并组织实施医疗机构有关诊疗、护理、康复等医疗服务管理

① 周小梅：《论医疗行业管制体制改革》，载《价格理论与实践》2005 年第 10 期。

的规章制度和服务规范；拟定并组织、指导实施对医疗机构、采供血机构服务质量、安全绩效的监督、评价、管理规范。涉及价格因素的规制权力主要集中国家发展和改革委员会价格司，卫生行政部门也有一定的决定权。具体来讲，在医疗服务价格规制方面，由国家发展和改革委员会会同卫生部制定国家医疗服务价格的方针政策和定价原则，规范医疗服务价格项目名称和服务内容，制定医疗服务成本测算方法；在省一级水平上，由省级价格主管部门会同同级卫生行政部门负责制定和调整本辖区非营利性医疗机构医疗服务的指导价格，或者只制定主要的医疗服务指导价格，同时负责审批新增医疗服务价格项目；地、市级价格主管部门会同卫生行政部门制定和调整其他医疗服务的指导价格。国家发展和改革委员会在负责管理医疗服务价格的同时，也管理医疗卫生机构的基本建设投资。此外，国家对医疗卫生领域的资金投入归财政部门负责，并不是由相关规制机构根据需要决定。规制权限不仅在横向部门之间分割，而且国务院对医疗服务市场的规制进行直接干预，因为卫生部和国家发展和改革委员会等主要规制机构本身是国务院的组成部门，直接接受国务院的领导，而且规制依据的一些法律法规和政策性规定由国务院直接制定和颁布实施。所以并没有一个独立的机构专门对医疗服务市场的进入、价格、医疗服务质量等实行专门的综合性规制。

12.3.2 改革思路

解决中国医疗卫生领域突出问题需要从多方面着手，深化医疗卫生体制改革是一项复杂的系统工程，需要在制度设计、政府规制和引入竞争等方面进行系统性的改革，其中构建和完善与市场经济相适应的规制体系特别是改进医疗服务价格规制尤为重要。

1. 建立和完善医疗服务领域的法律体系，通过法律赋予规制机构相应的权力

构建与医疗服务市场发展相适应的政府规制体系最重要的一个

环节是改变政府管理市场的方式，即从对医疗机构运作和发展的直接控制转向通过法律授权专门规制机构执行的市场导向型规制。国家立法机构应尽快研究和起草医疗服务法，在法律框架内明确政府、医疗机构、医疗服务领域从业人员、保险机构以及患者的责任、权利和义务。通过立法规定医疗服务市场政府规制的目标、相关政府机构的调整、政府规制体系的构建等，使得政府对于医疗服务市场的规制有法可依。在基本的医疗服务法基础上，制定和完善关于医疗服务提供主体的法律法规（包括各类医疗机构和各类医务人员的相关法律）、关于医疗行为的法律法规、关于医疗关系中权利救济的法律法规（如患者权益保障法），并结合医疗服务市场的发展变化形势对现行相关法律法规和政策性规定做出调整和修改，最终形成以医疗服务法为基础与核心的医疗服务市场政府规制的法律、法规体系，规范和指导政府在医疗卫生领域的规制行为。

医疗服务市场政府规制的法律体系形成以后，还需要不断对已经生效的法律法规进行评估，具体比较执行的成本和收益，分析随着实践的发展变化，哪些规定或者条款已经成为医疗服务市场发展的障碍，并及时予以纠正或者废止，推进制度的创新。

2. 建立新型医疗服务市场政府规制机构

规制机构的设立是对医疗服务市场进行有效规制的关键。只有在规制机构具有独立性、权威性、专业性以及行为可预期性和责权一致性等特征的条件下，才能更好地履行规制职责、平等保护被规制者和消费者的合法权益。① 根据规制的独立性原则，任何一个政府规制机构，都不能与被规制者维持任何经济利害关系，而且不对被规制者负责，要求政府的规制职能既要与经营职能相分离，又要与一般经济职能相分离。从这个角度讲，卫生部的主要职能应从

① 周汉华：《行业监管机构的行政程序研究：以电力行业为例》，载《经济社会体制比较》2004年第2期。

“办医院”彻底转为“管医院”，不再干预医院的经营活动。切实推进依法行政和转变政府职能，整合国家发展和改革委员会、卫生部、劳动和社会保障部、财政部、国家食品药品监督管理局国家中医药管理局等部门的相关职能，解决传统体制下医疗服务规制职能政出多门、职能交叉重叠问题，真正从追求和维护广大公众健康公平的角度出发形成“规制合力”显得尤为重要。在条件许可的情况下建立独立的医疗服务市场政府规制委员会，并界定该规制委员会的主要职能，包括在法律框架内制定医疗服务市场政府规制的规章制度，制定医疗服务市场中各种技术规范、操作规程和行业标准，颁发医疗机构和医务人员的执业许可证，对医疗服务价格和服务质量以及普遍服务等实行专业化的规制，并严格按照法定权限和程序行事规制权力，履行相应职责，最终形成有效的规制机制。

3. 增强医疗服务购买者的博弈能力

在医疗服务市场政府规制过程中，由普通医疗服务消费者构成的集团相对于那些经济实力雄厚、政治影响力大的利益集团而言，其话语权相对比较小，要提高患者在医疗服务市场和规制过程中的博弈能力，应加强弱势利益群体的组织化，需要政府有意识地加以扶植和支持，对其进行专业性的指导或者对医疗服务供给者的行为进行监督，这在客观上需要提高医疗保险覆盖率，培育和发展医疗保险组织，以改变医患关系中患者对医生决策的被动服从地位。由于第三方组织具有专业性的知识，能够在一定程度上克服消费者信息不足的劣势地位、平衡医疗服务供给方和需求方的谈判力量。此外，提高消费者对医疗服务价格信息的占有程度也是改进价格规制政策制定和实行过程中的信息结构、提高规制效果的潜在方式。

4. 加强医疗服务产业自律性组织在医疗服务市场政府规制中的作用

由于政府规制机构与医疗服务供给者之间信息的不对称、医学专业知识的复杂性以及政府官员的非专业性等原因，政府规制需要行业自律性组织尤其是行业协会的配合和辅助。但同时由于行业自律性组织与医疗服务供给者的关系更为密切，其在规制过程中的行为必须符合法律规则和政府规制规则，并接受政府规制。

总之，应当明确，政府规制本身存在度的约束，若政府管理缺乏效率，也会出现政府失灵，不利于规制效果的实现和提高，应在适度规制基础上，引入市场机制，通过市场规则引导监管的规范化。需要以公正、透明、独立、专业化等原则为基础，逐步建立和完善包括专业化的医疗服务价格规制机构、医疗服务行业自律性组织、消费者权益保护和公众监督在内的现代规制体系。医疗服务市场政府规制体系的构建是一种尝试，任务艰巨。因为涉及各部门职能的调整与组合，遇到的困难也会比较多。需要在明确医疗服务市场政府规制总体框架的基础上，确定重点，有计划、有步骤、有组织地推进规制体系的构建工作。

第13章 土地利用规制变迁与中国土地利用规制改革

土地作为一种自然资源和社会财富，是人们赖以生存繁衍的基本生活载体和生产资料，也是人类社会赖以建立和发展的物质基础和前提条件。作为一项世界各国普遍接受的规制手段，土地利用规制（Land Use Regulation）是为了促进土地资源的合理利用以及经济、社会和环境的和谐发展，依据土地利用规划，在一定区域划定土地用途分区，确定用途限制内容，实施用途变更许可制，对土地用途采用行政、经济和法律的手段进行控制。它包括两个层次：一是各类土地的利用方向必须按审批的土地利用总体规划方案而定，不能随意变更，其中包括控制建设用地的总量，严格限制农用地转为建设用地和对耕地实行特殊保护，实行耕地总量动态平衡；二是对已确定用途的土地的利用方式进行必要的管理和监督。其实质是国家依据土地利用规划做出对土地使用上的限制和对土地用途转变的许可、限制许可或不许可的规定。

13.1 土地利用规制依据

就土地用途而言，土地表现出资源和资产的双重性质。作为资源，土地具有自然属性，是人类必须依赖的生存条件和人类自身再生产的基本条件；作为资产，土地具有经济属性，表现出多重价值功能特点。伴随着社会形态的变更，土地不断从自然属性向经济属性转变。而这一转变过程面临土地总量有限的强烈约束，由此产生了土地利用的规制需求。

1. 土地资源具有稀缺性

随着社会人口与经济文化的发展，人们对土地需求的日益扩大导致了土地供给的有限性和稀缺性。土地供给的有限性，不仅表现在土地供给总量与土地需求总量的矛盾上，还表现在由于土地位置固定性和质量差异性所导致的某些地区（特别是城镇地区和人口密集地区）和某种用途上的土地供给的有限性。

土地供给的有限性和稀缺性，要求人们只有通过合理规划、统筹兼顾，集约开发、利用土地资源，才能使人类社会达到人口、经济、土地之间的可持续发展。

2. 土地资源具有潜在的多重价值功能，导致土地利用存在多向性和变更方向的困难性

土地地貌的不同决定了利用方向的不同，如山地、高原、丘陵、盆地、平原、水域等。按照土地的经济用途不同，如农用土地（包括农、林、牧）、非农用土地（包括厂矿、交通）、城乡居民点用地、水域、特殊用地（包括休息娱乐用地、自然保护区、军事用地）等，更能表现出土地利用的多向性。土地利用的多向性是土地所固有的。但一定空间位置的土地，它的固定性又决定了土地只能就地利用，特别是土地已经被投入某项用途后，表现出变更方向的困难。这一方面是因为自然环境的限制，土地作为自然生态系统的形成，是互相制约、紧密联系在一起的，不能分割，不能移动；另一方面，在于工农业生产中变更方向往往造成巨大的经济损失。每一块土地当它的用途一经决定并被投入后，其影响往往是相当长久的和广泛的，不同的土地用途之间由此存在一定的竞争性和替代性。

基于土地资源的多重价值和功能特征，土地利用还存在一定的互补性（包括某种情形下的正外部性）和补充性（互补性的特例）、敌对性或冲突性（包括某种情形下的负外部性）。土地利用的正外部性在现实经济中的表现范围较广，如城郊边缘区土地作为公共建设用地使用，因公共投资的基础设施建设而修筑道路、通水、通电工程等，将为紧邻地块带来了正的溢出效应。而交易的成本（获取信息及监测、管理等成本）过高也导致土地利用的负外部性较多：如一块土地种植的某种作物因花粉传播等可能造成邻近地块同类作物品种的退化；工业用地在生产过程中可能对周围土地形成污染；不当利用造成的土地资源质量退化以及沙漠化；等等。

由于以上外部效应等市场缺陷的存在，市场机制下的土地资源配置不可能达到所谓的最优状态，市场主体在开发土地的过程中可能忽视了社会成本因素，因而土地利用规制作为一种公共干预是必要的。

3. 土地利用中的社会性和政治性问题也是政府规制的重要原因

土地利用规制不可避免地要解决土地利用的社会性和政治性问题，政治性问题主要包括：财产权和所有权、法律、财政补助和财政控制等，例如通过税收等再分配手段保证土地利用的公平性。社会性问题主要是指人口增长率（时间与空间）、人口构成、住房偏好。值得注意的是，由于地方公共品的消费经常与消费者的财产税联系在一起，如果消费者隐瞒自己的真实偏好，就可以通过规避较高的财产税来获得额外收益。

简而言之，土地利用过程中的资源稀缺性与外部性，以及由此引发的社会性和政治性问题，共同构成了实施土地利用规制的重要原因。因此，公共利益分析范式是研究土地利用规制问题的主要理论基础。① 相关的实证研究主要考察特定的土地利用制度安排和规

① 李强、杨国忠：《西方城市土地利用规制方法研究综述》，载《外国经济与管理》2004 年第 4 期，第 40 页。

制政策的决定方式、规制过程的受益者、受损者及其对社会总体福利的影响。本书的研究即围绕此中心内容展开。

13.2　美国土地利用规制变迁

美国是典型的土地私有制国家，其大部分土地为私人企业和个人所占有。美国现有陆地面积 23 亿英亩，其中美国联邦政府拥有 28%，约 6.4 亿英亩，而私人拥有的土地大约 58%，约 13.3 亿英亩，另有 12% 为州、县、市拥有，约 2.8 亿英亩，2% 保留为印第安人托管，约 0.5 亿英亩。联邦政府的土地，主要包括联邦政府机关及派驻各州、县、市机构的土地和军事用地等，绝大部分是森林、草地和沼泽等非耕地。

美国土地利用规制起源于民法的地权限制，其基本内涵是，在行使土地所有权、使用权时，不能给社会公共利益和他人利益造成损害。因此，美国政府主要从可持续发展角度、环境保护、产权博弈及区域和空间规划约束等角度对土地利用权利进行限制，包括私人土地利用限制，私人土地的公共征购，公共土地利用的限制和保护，生物多样性土地多功能价值保护等。其核心内容在于控制土地利用密度和容积，控制城市规模增长以及保护农地。

13.2.1　规制变迁阶段及其特征

1. 全面的土地开发阶段（1776 年至 20 世纪 30 年代）

美国自建国以来，经过一系列殖民战争和购买，政府所拥有的土地面积不断扩大。为了鼓励土地开发，获取财政收入，政府决定出售国有土地。1785 年美国政府颁布了第一个土地法令，规定最小出售面积为 640 英亩，每英亩土地以 1 美元为底价进行拍卖。由于土地价格远远超过了农民的支付能力，因而遭到了当地农民的联合反对，致使政策难以实施。1800 年，国会通过了《哈里逊土地法案》，将土地售出单位降低为320英亩，并允许购买者在4年内偿还全部价款，从而明显地促进了公有土地出售。为了鼓励西部开发，1862年国会通过的《宅地法》规定一切美国公民，凡是以自耕为目的，只要交纳小额备案费用，都可获得160英亩土地，用于定居经营。以《宅地法》为界，政府的土地分配政策由以拍卖形式出售国有土地，转向了向拓荒者免费赠与土地。

至20世纪初，伴随着美国城市人口的大量增长，针对城市土地无序开发的土地管理问题日益引起人们的重视。人们要求将用途不能相容的土地隔开，特别是保护住宅区不受危险、肮脏或有毒的工业活动的危害。在此前提下，分区制（Zoning）这一控制土地利用的基本管理手段应运而生。

分区规划始于殖民地时期，内容是对私人的土地利用行为进行规范，以保证社区的公共利益。[①] 作为著名的分区法案例，1926年的欧几里德分区法规定限制了贸易、工业、公寓房屋、多户住宅独立住宅的建造地，建造的土地区域、大小和建筑的高度，等等。根据欧几里德分区法，一个区域可以被划分为六类的使用区、三类的高度区和四类的面积区。自1926年起，法庭开始不断地支持分区和其他土地利用控制，不仅是因为它们能阻止混乱，而且因为它们与人们的健康、安全和福利相关。从那时起，分区成为美国政府许可的土地利用控制最基本的工具之一。此外，每一个州的地方单位也各自制定分区法令，以完成土地利用规划和整体规划。例如，为保留自然状态而禁止筑路或建房的《莽原法》（Wilderness Act）与《房屋和城市开发法》。至1930年，全国已有70%的都市人口居住于备有完善分区制法令的城市中。

建国初期的美国政府采取积极措施，迅速且不加选择地处理公

---

① 分区规划最初被用作隔离种族的机制。虽然美国的最高法庭于1917年宣布种族分区并不符合宪法，但是各自治州仍然在之后的多年里持续采用和增强了种族分区法令。设立分区制度的初衷在于稳定财产价值和保护单户家庭住宅，在其发展过程中，控制联户家庭住宅位置成为区分人们阶级的一项工具。

有土地，为有效利用土地提供了可能。在实际操作中，美国宪法将土地利用的管理权赋予各州，而这些权力又被进一步下放给了地方政府。这一时期的土地政策法令直接加速了美国土地的开发进程，使土地的有效使用成为可能。

2. 农地保护与城市规模控制探索阶段（20世纪30年代至70年代）

这一阶段以公众处理低价的公有土地的终结为开始的标志。由于美国的土地开发迅速向西部发展，大规模的移民开垦、掠夺式的土地利用方式，致使西部干旱、半干旱的生态环境遭到了巨大的破坏。1934年，席卷全国2/3土地的“黑风暴”，吹走了3亿吨表层土壤，农作物受灾惨重。与此同时，在快速城市化过程中，与此相关的城市附近的开阔空间、风景资源、野生生物、小流域的保护、生物多样性维护、公共健康问题越来越成为公众关注的话题。美国政府的土地政策思路因而得到转变，土地保护和水土保持开始被列为“仅次于保卫国家的头等大事”。

有鉴于此，美国在20世纪30年代实行了新政计划，通过了《土壤保持法》，并颁布了一系列的包括建立土壤保持区、农田保护、土地管理政策、土地利用、小流域规划和管理、洪水防止、控制采伐和自由放牧等相关土地保护法案。其中，土壤保护局（SCS）的成立成为这一阶段的象征性事件。美国政府的现代农业政策也开始于新政时期，施政目的是减少过剩农产品的生产，保护水、土壤、森林和野生动物资源。政策措施主要包括：（1）限制过量放牧和采伐森林；（2）推行“土壤银行”计划，要求农场主把部分土地长期或短期地退出耕种，“存入”土壤银行，银行付给一定的补助；（3）对于按照计划削减生产的农场主实行农产品价格补贴政策，通过价格支持政策诱导农场主自愿参与土壤保护计划，其中，价格支持政策包含了限制生产的计划，如播种面积配额和销售限额；（4）政府进行示范工程大力修建拦水坝和排水渠，在水土流失的地区种草植被等。此外，1960 年森林服务局提出了《多功能利用和持续生产法》，旨在保持土地的生产能力的同时，保证与森林有关的可更新资源能够连续不断的开发利用。随后（1964 年）的联邦土地资源分类和多功能利用法规定，要求保持对各种用途——经济开发、娱乐、环境保护等的最优综合利用。

与此同时，由于人口增长与城市扩张，规制城市土地用途的分区规划的概念也在不断扩展。20 世纪 50 年代以前，美国的分区规划主要是规制城市土地利用的容积与密度，目的在于保证公共设施的合理要求，保护环境质量以及确保适当的采光、通风、日照以及建筑景观。具体内容包括：（1）使用分区。一般分为住宅、商业、工业、农业等四大类，每个分类均做出详细的用途限制，以避免不相容土地利用性质的入侵；密度控制——主要包括人口密度规制、容积率规制、宗地最大或最小面积规制等。（2）容积控制——主要包括最小前院、后院、侧院、空地宽度的限制、建筑高度规制、最小基地面规定等。

50 年代之后的分区规划实践则着重于城市规模的控制，1954 年《住宅法》（The Housing Act）的颁布得到了地方政府的迅速采纳。该法律要求地方政府采取长期的总体规划，以赋予重建住宅和其他拨款以权利。主要措施包括：（1）划定城市增长线。州政府通过法律要求地方政府在规划中根据地方区的经济发展状况和土地利用现状，划定城市增长线，增长线内的土地包括已有建筑物的土地和尚未开发的空地。空地面积足够 20 年规划期内的城市发展用地。在城市增长边界线以内，允许土地开发，并提供适当充足的公共设施，边界线以外则限制开发。（2）分期分区发展。州政府通过规划要求地方政府为未来的土地开发行为规定时限与区位，如将土地划分为优先发展区、经济发展潜力区、限制发展区、延续发展区等，从而避免不成熟的土地开发行为。（3）建筑许可的总量控制。在一定的时限内，对地方政府发出的建筑许可进行总量控制，以减缓人口增长的速度，避免公共设施的急速增长造成地方政府的财政负担。然而，至70年代各地的分区实践仍然发展缓慢，对于规划的要求并没有很大变化，以至于许多地方的规划仍然在使用当年的第一次规划。而各州政府开始重视制定计划，以便更好地管理增长和政府目标的可持续，则是70年代以后的事。

3. 农地战略性开发与城市规划普及阶段（20世纪70年代至90年代中期）

在这一阶段，政府的规制活动逐渐彰显活力，主要表现为：政府积极采取识别并保护战略性农业用地和自然资源等干预行动；"增长管理"等规划手段的普及。

随着美国城市化和工业化进程的持续加快，大量的土地用途发生了变更。其中，某些类型的土地利用变更的不可逆性使得生物多样性、生态功能、独特的土地资源、表土自然生产潜力日益丧失，由此激发了反对城市过度扩张和保护基本农田的运动。为此，1974年美国政府通过了《森林地和草地牧场可更新资源计划法》，并于1976～1979年间，先后颁布了《联邦土地政策和管理法》、《国家森林管理法》、《水土资源保护法》、《露天采矿管理与土地复垦法》、《林地和草地牧资源推广法》等一系列资源利用和环境保护法。为了保护战略性农地资源，美国政府还推行了《农地保护法》（1981年）和《食物安全法》（1985年），鼓励农民及公共管理部门对农地施以保护。在《农地保护法》中，全国的农地被划分为四大类，实行严格的用途规制：（1）基本农地：最适于生产粮食、饲草、纤维和油料作物的土地，总面积1.588亿公顷，禁止改变用途；（2）特种农地：生产特定的高价值粮食、纤维和特种作物的土地，禁止改变用途；（3）州重要农地：各州的一些不具基本农地条件而又重要的农地，可有条件改变用途；（4）地方重要农地：有很好的利用和环境效益，并被鼓励继续用于农业生产的其他土地，可以或有条件改变用途。从1983年至1994年，各州、县、市完成了对农地的划分。农场主在与政府签订协议保证农地农用后，可获得政府减免税费等一些优惠待遇和政策。同时，美国政府通过土地所有权和经营权的分离，借助于土地租佃等形式来扩大家庭农场经营规模，以此来提高土地投入产出效率。

在具体的规制手段方面，引入竞争的市场化运作手段得以运用。美国政府采取限制重要资源共有权的出售、购买城市周边地区农地的所有权、土地发展权的方式来保护农地资源。例如计划单元发展（Planned Unit Development）、集束开发区、特殊开发区等一些新的分区技术得以开发，以节省开发商的开发成本，控制农用地向非农用地转换。发展权转让授权法（Transferable Development Rights，TDR）是其中的一项重要的保护土地资源的革新方法。该政策允许土地利用受限制的土地所有者将其土地发展权出卖给土地利用不受限制的土地所有者进行额外土地开发，不仅仅应用到了城市土地扩张控制、农地保护当中，而且还推广到环境保护、生物多样性的维护之中。发展权转让计划成立的前提是业主拥有权利束，包括土地利用权、租赁权、销售权、遗赠权、抵押权以及依法在土地上建房和开矿的权利，这些权利的一部分或全部都可以转让或出卖给他人。当业主出卖财产时，一般情况下所有这些权利都被转让给买受人。而按规定，业主可将开发土地的权利从其他权利中分离出来出售。

在这一时期，系统的土地规划实践在许多州得到普及，并被学术界广泛地称之为“增长管理”，即以一种“平衡增长”的观点，结合整个经济的发展、公共设施、环境保护等方面的需求，引导城市发展，减缓城市发展的压力，控制土地开发的区位、时序与公共设施水准的平衡，以保证城市协调发展。① 这一定义包含了综合规

---

① “增长管理”的概念最早出现在1975年出版的《增长的管理和控制》（*Management & Control of Growth*）一书中，最初指从地方政府开始，运用各种管理手段结合分区规制来协调地方发展与土地开发行为的矛盾的一系列措施。

划和分区等基本工具，还有发展成本、基础建设投资以及影响土地发展和房地产建设的其他限制性工具，以描述精心设计的土地利用整体规划、规制手段，乃至地方政府和国家的财政分权，以影响迎合计划需要的增长和发展方式。①

从 20 世纪 80 年代开始，由于经济的高速发展，"增长管理"的应用更加普遍。许多州的地方政府根据地区的发展速度、环境的承载能力以及兴建公共设施的资金来制订管理方案，控制土地开发的速度并引导地方的综合发展。近年来最为知名的这类法规是 90 年代中期马里兰的规划改革。在马里兰州的乔治王子郡制定的"增长管理"规划将全郡划分成为优先发展区、经济发展潜力区、限制发展区和延缓发展区四种"增长管理"区。其中关于土地利用和规划的关键条款现已应用于全国绝大多数地区，提供了地方政府设计"优先资助地区"，并为之投资主要基础设施，安排新的增长计划的样板。

4. 规制目标调整与工具完善阶段（20 世纪 90 年代中期至今）

由于城市土地的空间扩展不可避免地会造成农地的丧失，导致土地生产力或潜在生产力丧失，以及环境质量、供水、自然灾害、交通拥挤等一系列公共问题的出现；而且，美国乃全世界范围内的人口、收入和技术处于持续变化之中。这些原因造就了美国不断变化的土地利用格局，近期的美国土地政策由强调土地保护开始转入相应的目标调整与工具完善阶段。

实践证明，美国的农地政策利用农业价格和收入支持政策在土地的利用保护方面发挥了一定的作用，特别是对于调整和控制农业产业结构方面最为明显。但它的效力是有限的，并不能很好地实现

① "增长管理"与"增长控制"有所不同，在于"增长管理"适应有目的的发展以达成更广泛的公共目标，而"增长控制"则限制发展或配给发展。典型的"增长控制"工具包括延期偿付、建筑物总量许可、发展配额等。这一区分非常重要。

支持政策的目标。特别是对于控制生产过剩、消除农业经济危机方面的作用甚微。因为由退耕面积减少的产量可以在提高土地产出效率中被抵消。支持政策存在的重大问题是增加了巨额财政负担，使联邦政府背上了沉重的经济包袱。1994 年的国会大选后，新任政府对前任政府在农地和其他自然资源保护和持续利用方面的支持力度有所削减。于 1996 年通过的《联邦农业发展与改革法》（The Federal Agriculture Improvement And Reform Act of 1996），修订了有关环境保护条款，提出备用地保护计划，农场主可根据市场情况，决定将部分符合耕作条件的土地作为保护地而获得备用地保护计划的补贴。政府试图通过不断减少政府干预农业的程度，消除因农产品价格支持带来的巨额财政负担。该法案同时包含了范围广泛的水土保护内容，包括如何测量水土的损失水平，如何解决水土保护与生产者的经济关系，以及林业与森林鼓励计划，商业信贷集团的保护水土行动计划，资源保护和开发计划等。

在城市土地的细分和开发管理方面，部分州的土地利用规制已经远远超出了分区概念，而是发展成为一整套规制工具，影响着城市发展的速度、区位以及可能的范围。当前地方政府主要采取四种规制手段：（1）综合规划（Comprehensive Regulations）。主要涉及一定司法权限内关于未来土地利用的政策安排和发展目标。作为总体性土地利用规划，它基本被用于整合不同土地利用的冲突。但它同时也具有协调一些相关事务，如交通、经济发展、住宅、园林和公共游乐场地。（2）分区规划条例（Zoning Regulations）。把目标地区划分为居民区、商业区、工业区，或合三者为一区。分区规划详细说明各区所准许的特定用途及使用密度，并附带规定了停车场、建筑物高度、建筑与道路的距离等。（3）细分条例（Subdivision Regulations）。细分条例主要指地块划分规则，即控制住宅用地的划分。因为美国的家庭住宅一般都是一户一幢的，每一户都单独占一块地，因此有专门的法律规定地块如何划分，以确保小区环境优美、生活安全舒适。地块划分规则主要规定地块的大小、分布、坡度、街道的宽度、建筑退红线要求、市政设施的安装、公共用地的面积等。此条例连同分区规划条例一起用来贯彻市政当局的土地利用规划。其宗旨在于维护城市公众利益，并使市政府承担公共设施（如道路、排水及其他）的正常运转与维修保养之责。（4）建筑法规（Building Codes）。此类法规是为了维护公众健康与安全而订立，旨在防止建筑结构上的缺陷和防火。建筑法典主要规定建筑的标准和准则，如建筑材料要求、卫生设施、配电设施、防火标准等。根据建筑法规的要求，新建建筑或改建原有建筑都必须获得《建筑许可证》方可施工，新建的建筑物完工后经验收合格，获得《占用证》（Certificate of Occupancy），改建的建筑物完工后经验收合格，则获发《合格证户》（Certificate of Compliance）。

过去的十几年里，大量的实证研究表明地方政府发明了新的增长控制工具，同时修正了旧的标准化工具以试图影响发展结果。最显著的地方土地利用创新之一不仅在于细分条例方面，而且在于预计并纳入增长对本地建筑设施和环境影响的邻近地区规划和综合规划方面。为此，地方政府正在大量使用各种补充性规制工具；例如为各种公共设施的资金成本设定了建筑许可的影响成本（Impact Fees）比例，州法律也参与规定影响成本的规模和许可限额。为了实施这些形成城市边界的政策，地方政府所提供的大量激励性规制工具包括：密度、影响成本、建筑许可总量方面的鼓励以及弹性的增长和分区标准。

总体来看，城市“增长管理”从根植于 20 世纪初要求限制用途和计划单位开发的严格管理系统，演化到了自由裁量、混合使用以及较大土地面积的弹性系统。具体表现在：容积率的增加限制和形态管理都有所缓和；允许土地的混合利用，容许建筑物用途范围扩大等。分区的目的也已经由控制为主逐步转为诱导性的促进发展以及保护环境为主，包括财政分区、排斥性分区、功能分区、鼓励性分区、时间分区等内容。就其本质而言，变迁中的分区制度始终关注如何防止土地利用中私人利益与社会利益的冲突，使土地利用更加符合社会利益。

13.2.2 规制组织体系

1. 监管机构设置与功能

美国土地规制机构为土地管理局，该机构于1946年成立，由原美国牧草服务局及原土地总局合并组建而成，隶属于美国内政部。其总部设在美国首都华盛顿，设有6个国家中心，在美国西部12个州成立了州级土地管理局，以便协调联邦与州级政府间的土地管理工作。土管局作为联邦政府最大的国有土地管理者，主要负责管理：分布于美国西部12个州26400000英亩（相当于全美国土地总面积的1/8）的土地；分布于全国范围内大约70000000英亩的联邦地下矿产资源；以及388000000英亩国有土地范围内野火的防治工作。土管局管理的大部分土地位于美国西部（含阿拉斯加州），土地类型包括草原、森林、高山、北极苔原及沙漠；资源类型包括能源、矿产、木材、牧草；野马及野驴种群数量；鱼及野生动植物栖息地；荒地、考古、古孢粉学及历史遗迹；以及其他宝贵的自然遗产资源等。其管理工作的主要任务目标是：支撑国有土地的健康、多样、多产开发与利用，满足当代及子孙后代对土地资源开发与利用的需求。

美国土地管理局的重要职责是每5年编制一次国有土地战略规划，并报国会修改、审批后执行，管理与规划使国有土地及其资源的供需，满足当前和未来美国人民对国有土地及其资源不断增长的需求。土管局所开发和运行的国家综合土地调查信息系统，为公共部门、企业、组织、社团、部落等提供了大量的土地资源信息和数据，提供了政府与公众之间信息共享与交流的渠道。

在美国的国有土地管理中，最具综合性的法律是联邦土地政策与管理法案。土管局成立之初，有关国有土地管理的法律多达2000种，这些法律不仅缺乏系统性和连贯性，而且还有法律间相互抵触的现象。1976 年，美国国会颁布了《联邦土地政策与管理法案》，从此缓解和根除了美国国有土地管理法律混乱的局面。在以《联邦土地政策与管理法案》这一综合性法案为核心、多部法律所组成的法律构架的指导下，土管局开展国有土地的管理工作，所有管理工作必须遵循《联邦土地政策与管理法案》，法案中宣布了土管局管辖的土地所有权在通常情况下将保持国有产权；还将“综合利用”作为国有土地管理的基本原则写入此法，并且明文规定“管理国有土地及其资源价值的多目标化”将作为最能满足当前及未来美国人民对土地资源需求的基本原则。[①]

2. 规制体系的分权状况

美国的土地利用规划管理系统是一个权力相当分散的系统，绝大部分权力都在州及地方政府手上。美国基本上没有制定统一的国家级土地利用规划，各州一般也没有具体详细的土地利用规划；但联邦政府通过相关法律、政策影响各级地方的土地利用及其规划。一般来说，联邦政府的下列行为会影响土地利用：大城市土地利用总体规划；与运输和其他公共设施有关的国家投资（基金）；对土地的直接所有权，直接管理土地；通过为联邦基金获得者制定的促进土地利用规制的程序，间接管理土地；通过国家法规直接管理土地。

显而易见，以上政府行为能够对全国的土地资源产生明确而广泛的影响。在实践中，联邦政府土地利用规制的投入不断增加。首先，在属于自己的土地上联邦政府有决定土地利用方式的权力，如公园、国家森林、办事处、供水和供电系统等，而对干旱地区，由于存在主权问题，地方政府或州政府及其规划部门都无权过问，联邦政府对影响某些湿地和濒危动植物的开发计划也拥有管理权，因

① 曹宝、李兴武、李丹：《美国土地管理局概况及其战略规划》，载《国土资源科技管理》第 17 卷，总 200 期。

为开发计划可能会破坏这些濒危动植物的生存环境，后一种权力（这种权力常常涉及对规划的审批、实施缓和措施，以及颁发许可证等）与州政府和地方政府的权力是平行的，但一般不会超越州政府和地方政府的权力。此外，联邦政府可以制定有关空气质量和水的质量的标准而施加间接的影响。

联邦政府土地利用规制的投入增加，也加速了各州土地利用规制有关计划与法规的出台。美国土地利用规制的主体由州政府、区域部门和地方政府组成。为了有效执行综合性的“增长管理”制度策略和方案，各州依据自身的政治体系结构，有关的组织关系与职责角色概括如下：

（1）州政府。早期阶段州政府基本上对地方的规划工作和土地利用管理工作没有多少控制权，但这种情况正在改变之中，州政府在整个“增长管理”体系中逐渐扮演了主导性的角色（见表 13 –1）。它必须提出“增长管理”的秩序方针，提供下级政府在技术和财务上的协助，以完成计划方案，并监督各计划间彼此能达成一致性的要求，且有效执行州政府拟定的政策目标。州政府设有奖励和惩罚规定，以提高执行成果。为了有效执行政策目标及规划方案，部分州采取由上而下的运作方式，要求下级政府贯彻执行，如佛罗里达州便召集了全州 457 个县市政府一起规划综合计划方案，以达到州及区域性的政策目标。俄勒冈州颁布有全州的 19 条土地利用政策，并将此作为全州各县应当遵守的土地利用规划政策，以此来审批各县土地利用规划；同时还设有土地法庭 LUBA（Land Use Board of Appeal），处理县级规划与州土地利用规划目标问题。此外，加利福尼亚州、马里兰州、新泽西州等还颁布了特殊的管理条例，这些条例适用于沿海、湿地、河口等需要州政府给予特别保护的所谓关键地区。这些关键地区可由州政府有关部门或特设委员会管理，也可由州政府与地方政府协同管理。

表 13－1　　　　　州许可的规制土地利用活动

活动类型	州数
废弃物处理	44
水渠、湿地、冲积平原、海岸带和淹没的土地	36
淡水利用	35
采矿	32
空气质量控制	29
空气质量控制	24
电厂/输电线	23
交通	21
其他	35

资料来源：秦明周、Richard H. Jackson：《美国的土地利用与规制》，科学出版社 2004 年版，第 61 页。

（2）区域部门。在州政府之下，区域部门继承了州政府指派的任务，执行“增长管理”政策。其责任包括：①拟订区域计划与政策；②审查及确定下级地方计划方案能与区域及州的政策目标相一致；③提供下级政府在技术及财政上的协助，来拟订综合计划方案；④解决下级政府之间的冲突及计划间的不一致。在制定“增长管理”策略的过程中，区域部门及区域计划扮演了中介角色，其重要性不容忽视。许多相关研究一致认为区域部门及区域计划在很大程度上决定了“增长管理”的执行成果。

（3）地方政府。随着“增长管理”实施中土地利用规制的权限逐渐由地方政府转至州政府，地方政府成为土地政策及“增长管理”的执行主体。在州政府的要求下，为了执行“增长管理”政策，地方政府必须拟定地方综合发展计划及公共设施建设计划，且这些计划与区域及州的政策不能发生抵触。如果地方政府未能执行区域及州政府所缴付的“增长管理”政策，将失去上级政府的财务辅助，且可能丧失其执行权限。

美国各州一般设有土地法庭 LUBA，处理县级规划与州土地利用规划目标问题。就全国而言，县级一般都可能有土地利用规划，但是他们多依据县以下各乡镇的土地分区规划综合编写，主要是由县级土地管理局或相应机构具体操作，这些机构是由规划委员会授权或受命于规划委员会的专业官员组成。县级规划委员会由各乡镇选出的委员组成，其职责是统编全县规划，并负责保证本乡镇选民拟定的规划在县级中得以完全体现。县以下还有市、乡镇土地分区规划，分区不突破行政界线，用地方向主要依靠多数公民的意愿来确定，一般要经过半数以上的公民讨论同意才可进行。

13.2.3 规制绩效

土地利用规制塑造着城市、乡镇和地区的建筑形式和特征，也直接影响着地方的社会经济结构，决定着环境质量和公众健康。理论上，土地规制是促进有益的发展模式产生所必不可少的要素，如形成土地市场，鼓励高密度、多用途的土地利用以及市场不能提供充足数量的交通事业发展等。然而，不可避免地，规制活动自身也存在一定的外部性，带来了许多现实问题。

首先，农地保护绩效方面，尽管美国政府从 20 世纪初期即开始制定并实施了一系列土地保护法规，但美国耕地仍然在不可逆转地从农业用途向非农业用途转变。在 1940 年到 1970 年的 30 年间，通过大量占用农地和其他农村用地，美国的总居住面积是增长了 1 倍。根据人口普查局的统计调查，城市化区从 1960 年的 0.159 亿英亩到 1990 年增加到 0.39 亿亩，增长了 1.5 倍。大体上，每年有 120 万～150 万英亩的农地转化为城市用途。另外，每年有 100 万英亩转为湖泊、坑塘、水库。每年从耕地转化为城市用地的转化率逐年提高，并且存在一定的地区差异，较平坦地区的土地利用权的争夺更加激烈。

其次，评估城市土地利用规制的“增长管理”绩效需要从两个方面着手。第一，它们是否达到了既定目标？分区条例对土地利用模式有作用吗？增长控制是否减缓了增长？地区增长界限影响了城市的扩张吗？第二，土地利用规制自身的外部性如何，是否还有其他附带效应，如房屋供给、环境质量、建筑容积、因种族和收入差别的隔离等等。从以上角度考察美国的城市“增长管理”，有关的实证结果指出：

（1）“增长管理”的影响在全国范围内有很大差异。Rolf Pandall（2006）针对美国50个城市地区的土地利用规制状况的大型调查研究结果显示：东北部和中西部的城市地区倾向于运用规制以排除、限制城市增长，西部地区则运用规制以配合与管理增长。相对于拥有规制发展新范式的地区，采取传统规制方式的地区向低收入和少数居民提供了低密度和较少的房地产机会。

而在经济衰退时期和经济增长较慢的地区，“增长管理”本来要应付区域性的污染、人口、交通问题，但其实际上却抑制了当地的发展；城市改造在初期取得很好的效果，包括经济增长、社会稳定、环境优美，但后来基础设施严重超负荷运作，业主和开发商不需承担任何基础设施成本，而政府又无力支付全部基础设施建设资金，许多城市改造已经面临着不少难题。

（2）分区制度虽然可以最大化住宅资产价值，它们也带来了一定的社会成本，如将中低收入的居民排除在发展之外、交通拥挤和城市非中心化，这些成本经常为人们所忽视。许多证据表明，实行了严格的土地利用规制的地区显著区别于其他规制较为宽松的地区，如房地产价格会明显高出许多。但是规制不仅限制了供给，也提高了住宅、邻近地区乃至法庭判例的质量。严格的土地利用规制使得人们因收入和种族的隔离状况更加突出。实证研究发现，低密度地区倾向于种族隔离（黑人和西班牙人），高密度的都市地区往往收入分区更明显。

（3）由于地方政治常常受到发展和房地产商利益的控制，政治集团经常倾向于支持市场而不是规制土地市场的土地利用。研究表明一些判例规制对发展的区位和数量、土地价格等方面影响甚小。[①] 其他一些研究试图识别规制对于发展模式和土地价格具有直接效果的地区。较为常见的是，建筑许可限制和低密度区划与较低的发展速度、较少的住宅供给储备、低密度的土地利用模式密切相关。而在更大层面上的一些实证研究表明，实施“增长管理”的州和没有实施“增长管理”的州并没有表现出显著差异。

（4）由于土地利用规制的管理机构繁多，机构职能被过度细分，土地资源的利用存在土地的分割、不完整和重叠现象。土地利用规制及相关不同层次管理的分割，曾经导致了20世纪60年代和70年代几个州的扩权运动，有协调的全面的土地利用规制仍然是不多见的。[②] 直到1978年，有总体土地利用法案的州还不到1/4。

以上事实表明，伴随着美国政府规制的日益加强，土地产权的重新配置更加普遍，利益集团和规制过度和规制无效的动机也更加突出，消极影响随之扩大。但尽管如此，关于土地利用规制的争议并非集中于要不要规制，而是规制的方式与形式。近期有些美国学者提出在土地利用规划中要放弃经济发展单纯考虑GDP的做法，综合使用绿色GDP、生态效率、真实进步指数等指标，彻底改革美国经济增长单纯依靠市场力量的模式，才有希望实现可持续发展。

13.2.4 启示

美国土地利用规制的众多政策工具为改善生态环境、保护自然资源、提高生态系统功能、保护生物多样性、铲除城市贫民窟、提高土地利用效率等做出了贡献，其规制的目标、内容、手段以及决策机制等方面对中国的土地利用规制的启示主要在于：

---

① John D. Landis，1992，Do Growth Controls Work? A New Assessment，*Journal of the American Planning Association* 58（4）：pp. 489 – 508.

② 秦明周、杰克逊：《美国的土地利用与管制》，科学出版社2004年版，第59页。

1. 土地利用规制内容体现了私有产权的强化保护

美国经验的最主要特征是由政府信念保证的关于个人财产权利的基本概念，因此土地规制着重解决私人产权和公共利益的平衡问题。为此，美国政府主要采取两类规制手段进行产权方面的强化保护。

首先，推行经济评价法规。这类法规试图将政府规制的主观目的引向深入和延伸的分析，需要制定者就有目标的规制对社区成员的潜在的经济社会效果进行大量的调查分析。这种评估和分析的义务既可能来自于制定者自身，也可能应其他政府职能部门的要求。

其次，采取补偿性条款。这类规制寻求补偿土地所有者因政府规制直接导致的价值损失。美国联邦宪法第五条修正案提供了土地有偿征收的基本原则，它规定了征收的三个要件：一是正当的法律程序；二是公平补偿；三是公共使用。政策目的主要是为了社会共同利益，如保护风景的美学价值、野生生物、生物多样性和小流域等，而征用私人财产（土地）从而达到土地保护的目标。只要政府是用于以上公共目的征地，并且用适合的市场价格给予原土地所有者补偿，征用十地就是不可抗拒的。在实施中，这项政策依赖的不是警察权，而是法庭，并且它还给予财产（土地）所有者以“公平”的补偿。一般来说，经济损失的限制达到20%～40%，就会引发补偿的需要。

2. 土地利用规制目标与城市总体发展规划密切协调

土地利用规制与城市发展规划相结合，以公共设施的配套来引导土地开发利用的区位与时序，是美国土地规制的重要特征。这些公共设施可以由政府建设也可以由开发单位负责建设，但必须先行建设或在开发期间配套建设。地方政府同样可以拒绝提供足够的公共设施，如水、电，来达到抑制某些地区发展的目的，或者针对不同的地区设定不同的标准以达到限制或鼓励某些地区发展的管理目标。

实践中，环境保护与管理是配合土地利用规制最常见的激励和引导手段。目前联邦政府一级土地规划的宗旨着眼于环境保护与管理。一些有重要影响的环境法案，如 1969 年的《环境政策法》、1970 年的《清洁空气法修正案》和 1972 年的《联邦水污染控制法修正案》，从表面上看与房地产开发无直接关系，但实际上是对土地利用、计划开发所实施的特殊控制。例如，根据《清洁空气法修正案》规定，环境保护局有权通过控制机动车的使用、高速公路的建设、城区的分散以及限制工业空气污染程度来影响工商业布局的决策，这些都会对土地利用和城市发展产生影响。

在州一级，州政府同样不直接干涉地方的土地规划，而是通过对环境保护的要求间接调控地方土地规划。如果地方规划没有达到州政府提出的关于环境保护方面的要求将得不到州政府在经济上的支持以及其他一些优惠条件，这样就无形中促进了地方土地规划与环境保护的配套。州政府成立相应的环境保护和管理机构，严格地执行联邦防治污染的命令和污染管理计划。州政府同时把环境管理规划和土地开发管理规划结合起来，使得管理土地资源的系统更为复杂和多样。此外，州政府还制订严密的发展规划，州的土地利用与开发管理规划优先于地方的规划。

3. 土地规制手段表现为警察权与地方法庭判例的互补使用

在美国土地利用制度的形成和发展过程中，警察权（police power）起到重要作用，它是由公正干预演化而来的，警察权一般被定义为政府为了保护公众健康、安全和一般福利的干预私人活动（或私人产权使用），主要体现于环境保护法规，其他的规划法规、建筑法规、租赁法规等等。美国政府同时规定了警察权使用的法律界限。

此外，由于联邦所支配土地的价值有限，对农业和城市用地起到重要作用的实际上是各个州的立法和法律。土地立法和土地政策是美国最早的法令和经济政策之一，在长达 200 多年的时间里，土地法令和土地政策已形成相当庞大和完备的体系。美国土地权益方面的法律很多方面沿用了英国的土地法体系，大量的是日常社会生活中处理土地纠纷积累的判例，形成了多如牛毛的案例法。成文法根据大量的案例提出土地权益方面的原则规定，而判例法则是在成文法过于笼统或不清楚时法庭做出的第一次判决所形成的习惯法。实证研究表明，一些基本的土地利用规制工具，如分区、综合计划通常是以城市地区的法庭判例形式得以运用。

4. 土地利用规划决策过程中的充分自治

美国土地的使用规划基本属于地方事务，它们的制订和实施具有强烈的地域色彩，成为地方治理的重要组成部分。地方司法的类型和范围，规制的治理结构、增长和发展的时期、现有的增长速度和压力以及特殊的地域偏好和传统，都影响着土地利用规制工具的运用。美国土地法律和政策的灵活性主要不是法律和政策本身的弹性，而是表现在联邦与州政府之间、州与州之间存在很大的差别。

另外，美国政府鼓励公众通过动议与复决等方式直接参与土地利用规划，形式多样如推行自愿者计划、公共教育、公共事务、政策顾问等，组织形式主要有技术顾问委员会、利益人委员会、社区和流域（水域）委员会和一般公众。①

---

① 动议是指市民或团体可以对与土地利用规划有关的问题提出自己的建议，在获得法定数量的选民签名支持后，政府必须将此建议公开让全体选民投票，如获得多数支持则通过，并成为政府规划条例的内容，政府必须执行。复决则是指当政府公布有关土地利用规划的规定后，市民或团体可以在其生效前争取法定数量选民的签名支持，要求政府就是否实行此项规定进行全体选民投票表决，如获多数支持则可以否决政府的规定。

13.3 中国土地利用规制现状分析及改革思路

13.3.1 规制背景

中国土地资源总量为9.6亿公顷，其中耕地面积为1.22亿公顷，草原面积为2.62亿公顷，林地面积为2.36亿公顷。虽然，中国土地总面积居世界第三位，中国人均土地资源0.78万公顷，仅占世界平均数的33.6%，人均耕地仅仅排到了世界第113位，人均林地和牧草地也仅为世界的18%和33%。中国土地资源分布总体不平衡，宜农、宜林土地主要分布于中国东部季风区，80%以上的草地分布在西北干旱区，水土资源很不平衡。东西部地区的土地生产潜力的差别也很大。因此，未利用的土地中可作为耕地后备资源的面积比重也较小。以上资源条件的现实约束是决定土地利用规划的基本前提。

此外，中国土地利用规制的制度背景与美国迥然不同。中国的土地利用规制是从国家所有制和集体所有制逐渐接受和走向市场经济体制的发展过程，整体处于依靠政府行为引导和培育土地市场，市场机制尚未真正规范和发育起来的阶段。因此，中国现行的土地用途规制虽然也包括对土地用途或土地利用的权利的限制，如城市规划中的产业布局限制、容积率的限制，但土地用途仍然含有计划和法律配给特征，如配合区域社会经济发展的五年计划和长远规划的区域土地利用总体规划总量指标（尤其强化耕地总量动态平衡指标）的确定和建设用地计划指标的分配。伴随着市场经济走向和土地利用制度改革，以及土地有偿使用管理模式的逐渐建立和完善，土地利用主体的行动空间日渐扩展，相应地带来了土地利用的较大变化及土地需求与供给的状况改变。这使得以往的土地利用总体规划、分级限额审批制下的供地计划等构成的土地利用调控体系在现实经济运行中暴露出种种不足，为强化耕地保护和保证土地资源的可持续利用等而加入新的“制度规则约束”——土地利用规制奠定了现实基础。

13.3.2 行政法规的规制框架

1999年1月1日起实行的《中华人民共和国土地管理法》中有如下规定：第一章“总则”中的第四条指出，“国家实行土地用途规制制度”。“国家编制土地利用总体规划，规定土地用途，将土地分为农用地、建设用地和未利用地。严格限制农用地转为建设用地，控制建设用地总量，对耕地实行特殊保护……使用土地的单位和个人必须严格按照土地利用总体规划确定的用途使用土地。”在第三章“土地利用总体规划”的第十七条中，“各级人民政府应当依据国民经济和社会发展规划、国土整治和资源环境保护的要求、土地供给能力以及各项建设对土地的要求，组织颁布土地利用总体规划。土地利用总的规划期限由国务院规定。”第十八条“下级土地利用总体规划应当依据上一级土地利用总体规划编制。地方各级人民政府编制的土地利用总体规划中的建设用地总量不得超过上一级土地利用总体规划确定的控制指标，耕地保有量不得低于上一级土地利用总体规划确定的控制指标。省、自治区、直辖市人民政府编制的土地利用总体规划，应当确保本行政区域内耕地总量不减少。”第十九条“土地利用总体规划按照下列原则编制：严格保护基本农田，控制非农业建设占用农用地；提高土地利用率；统筹安排各类、各区域用地；保护和改善生态环境，保障土地的可持续利用；占用耕地与开发复垦耕地相平衡。”第二十条“县级土地利用总体规划应当划分土地利用区，明确土地用途。乡（镇）土地利用总体规划应当划分土地利用区，根据土地使用条件，确定每一块土地的用途，并予以公告。”在第二十一条规定了土地利用总体规划的分级审批条件；在第二十二条和第二十三条分别规定了城市总体规划、村庄和集镇规划关于建设用地规模上的协调，土地利用总体规划与江河、湖泊综合管理开发利用规划的协调；在第二十四、二

十五、二十六条中强化了实行建设用地总量控制的土地利用计划管理；在第二十七至第三十条分别规定了土地调查制度和土地统计制度，等等。

其他的一些与土地用途规制相关的法律法规包括：《中华人民共和国城市房地产管理法》、《中华人民共和国农业法》、《中华人民共和国森林法》、《中华人民共和国草原法》、《中华人民共和国水法》、《中华人民共和国防洪法》、《中华人民共和国水土保持法》、《中华人民共和国水土保持法实施条例》、《中华人民共和国城镇土地使用税暂行条例》、《中华人民共和国土地增值税暂行条例》、《中华人民共和国耕地占用税暂行条例》、《中华人民共和国城市规划法》、《土地利用总体规划编制审批规定》、《基本农田保护条例》、《城市规划编制办法》、《村庄和集镇建设管理条例》、《建制镇规划建设管理办法》、《开发区规划管理办法》、《建设用地计划管理办法》等。

13.3.3 土地利用规划层次体系

中国土地利用总体规划采取自上而下，主要由国家、省、地、县、乡五级政府部门组织实施的战略性规划体系，目的在于确定、调整和优化土地利用结构和用地布局。土地利用总体规划的主要内容包括：土地利用现状分析、土地适宜性评价、土地供求量预测，在此基础上确定规划的目标和方针，进行土地利用结构和布局的调整，并通过分区规划与控制指标相结合的办法予以实施。

全国和省级规划一般划分出土地利用地域，作为宏观性地调控土地利用方向。市、县规划要求与城市规划相协调；县级规划是宏观与微观相结合的规划；乡级规划必须划分出土地用途规制区，从而使土地用途规制制度得以定点、定位、定时、定序的真正落实，是实施规划的基础。市、县规划是下一级规划的依据和指导，下一级规划是上一级规划的基础和落实。

土地用途规制区（土地利用区）是在县、乡级土地利用总体规划中，依据土地资源特点、社会经济持续发展的要求和上级下达的规划控制指标与布局的要求，划分出的土地主导用途相对一致的区域。在中国，有关规定划分出的 9 类土地用途规制（类型）区分别为：农业用地区、牧业用地区、城镇建设用地区、村镇建设用地区、独立工矿用地区、自然和人文景观保护区以及根据实际用地需要划定的其他用地区域。

13.3.4　规制绩效与近期改革措施

目前，中国的土地利用中广泛存在农地减少过快，城市用地不尽合理，土地利用率和生产力水平较低、土地资源环境退化等问题。

1. 土地利用结构方面不尽合理

目前中国的土地利用地域差异显著：东、南部以耕地、林地、水域、非农建设用地为主；中部农牧交错地带以耕地、草地为主；西北部以草地和难利用土地为主。总体来看，土地利用类型多样，但以农用地为主。在北方半农半牧区、黄土高原区以及南方山区，由于农林牧用地安排不当，争地矛盾较为突出。

2. 土地开发程度较高，但利用粗放，土地利用率和生产率较低

土地利用率是从总体上反映土地利用程度的指标，中国目前已利用的土地面积约 680 万平方公里，全国土地利用率约为 70%，而农用地占全部土地的 67% 以上。中国农业土地利用指数、耕地复种指数、林地利用指数、牧草地利用指数都高于世界平均水平。但各类用地的实际利用水平和产出率却不高。中、低产耕地面积大；林地中有林地比重小，尚有大面积宜林荒山荒地及沙荒地未充分利用；牧草地质量较差，载畜量低。在中国建设用地中，各类建设用地的容积率普遍偏低，工业建设项目用地的投资强度、产出水平低下，远远达不到集约用地的要求。

3. 近年来耕地大量减少，土地退化，生态环境逐步恶化

目前全国有18个省区的农地面积低于规划面积，1996年制定的远景目标中所提出的2010年应当保持的土地水平，在2004年就已突破，耕地保护形势严峻。据国土资源部公布的数字，2003年全国净减少耕地253.74万公顷，人均耕地已由2002年的0.098公顷降为0.095公顷，而且目前耕地已有60%的土地出现了不同程度的退化，1986~1995年中国非农业建设占用耕地7500万亩左右。近年来一些地区对耕地投入减少，重用轻养，地力衰退：由于超载放牧，滥砍森林，全国有四分之一的草场退化，水土流失和荒漠的面积不断扩大。至今，全国水土流失面积约165万平方公里，尤以黄土高原地区更为严重，水土流失面积占全国土地总面积的28.66%。西北地区由于滥垦、过牧，草场退化、沙化严重；三废污染和农药污染面积有所增加。

4. 城市土地管理不善，用地规模扩张过快，供需矛盾尖锐

2005年中国的城市化率已经达到43%，大体上每年增长一个百分点；而全国城市土地面积2000年为2.24万平方公里，2004年全国城市建成区总用地面积约3万多平方公里，年均增长8%左右，远远超过城市化的速度。

以上问题表明，伴随着中国经济增长速度的加快，土地利用集中体现了土地资源保护与经济发展需要以及土地资源配置与外部环境之间的矛盾。为此，中国政府已经开始将土地利用规制作为宏观调控体系的重要组成部分，以便从源头上遏制经济大起大落的恶性循环。近期的改革措施主要有：

1. 严格建设用地审批管理

国土资源部2004年11月公布《建设项目用地预审管理办法》，规定了国土资源管理部门在建设项目审批、核准、备案阶段，依法对建设项目涉及的土地利用事项进行审查。2005年2月起，国土资源部和国家经贸委根据经济技术进步、社会发展、集约用地和保护环境的要求，按照国家产业政策和建设用地状况，不定期地组织编制、发布和调整《限制供地项目目录》和《禁止供地项目目录》，完善用地定额标准。配合做好制止钢铁、水泥、电解铝等行业盲目投资工作，严格用地管理，防止突击批地。

2. 加强土地利用总体规划和年度计划

加强土地供应管理，严格执行土地用途规制制度。对擅自修改土地利用总体规划的，追究有关地方、部门及其领导人的责任；对擅自突破年度用地计划的也要追究责任并扣减下一年度用地指标。

3. 对经营性土地坚持招标拍卖挂牌出让制度

2004年3月31日国土资源部、监察部联合下发《关于继续开展经营性土地使用权招标拍卖挂牌出让情况执法监察工作的通知》，要求在全国范围内对“开展经营性土地使用权招标拍卖挂牌出让情况”进行执法监察，全面推行并严格执行经营性土地使用权招标拍卖挂牌出让制度。

4. 盘活存量用地和低效用地

2004年底至2005年初，各地按照《关于开展全国城镇存量建设用地情况专项调查工作的紧急通知》，开展城镇存量建设用地的普查，分析土地集约利用潜力，研究鼓励盘活存量建设用地的政策措施。《关于做好土地利用总体规划修编前期工作中“四查清、四对照”工作有关问题的通知》规定各地根据实际情况，确定各地的低效用地标准，并对低效用地进行普查。

5. 切实保护基本农田“红线”，严格执行耕地占补平衡制度

国土资源部《2005年工作要点》将耕地保有量和基本农田保

护面积纳入省长考核指标，实行“行政首长负责制”。土地开发整理项目向粮食主产区、商品粮基地和基本农田保护区倾斜，补充耕地的力度进一步加大。

6. 实行国土资源垂直管理体制改革

省级以下国土资源部门将从政府组成部门转变为政府工作机构，领导干部则由地方党委管理为主改为由上级国土资源管理部门管理为主。

13.3.5 改革思路

总结和借鉴美国土地规制经验，我们认为有必要对中国土地利用规制改革的未来发展方向提供以下主要建议：

1. 确立“规划为本”的监管理念，注重各规划层次的协调配合

今后中国应借鉴美国土地规划的成熟经验，全面实行规范化与法制化的土地利用分区规制，并最终取消年度占地计划。在逐步缩小计划管理范围的基础上，政府应重点在土地利用规划、土地市场、信息、监管方面加强管理，从重审批向重规划和监管方向转变。当前中国土地规划体系的整体制度安排仍然处于“自上而下”的强制性规划阶段，缺乏公众和社会的参与和各部门的协同配合，导致许多规划之间协调困难。突出表现为土地规划和城市规划之间的冲突，城市用地规模和耕地保护之间存在着不协调。规划体系的内容上也存在问题，如土地供应与土地规划内容脱节、土地规划缺乏长远性战略等。

2. 增强决策科学性，完善对区域土地资源起基础性配置作用的土地利用直接规制

在土地适宜性评价或农地分等定级的基础上，根据土地资源利用比较优势的原则，根据土地用途分区类型实施具有一定等级差异的规制。此外，为了确保不同土地用途之间的协调性，应当制定一系列土地用途转换的保护措施。通过专用区域划分、禁止与农业相矛盾的商业发展，划定城市发展界限等，使农地减少态势得到有效控制。为确保决策的科学性，同时应当探索建立规范的土地用途转换的预评估指标体系。

3. 推进市场化运作进程，努力拓展土地产权清晰界定和土地市场机制完善基础上的许可证交易制度

长期以来，土地无偿使用以及缺乏土地交易市场导致了中国城市土地的低效率利用。借鉴美国经验中可转移的发展权和许可证制度，在规制体系中引入市场竞争，有利于更好地保护耕地资源和区域土地生态环境条件。例如，为了实施区域耕地总量动态平衡，一些省内不同市之间可以进行土地占用补充指标之间的交易。这种交易的适度开展，既不妨碍经济发达区域的经济持续发展，同时也为经济相对欠发达区域的经济发展尤其是农业发展提供了一定的资金积累。最重要的是，通过创造和规范土地使用权利和义务的市场，由市场主体自发地在私人利益与社会利益之间寻求结合点，实现资源配置的最优化。

4. 完善税制建设，增强土地利用强度

土地税可以提高土地利用效率，增加土地单位面积上的资本投入，从而提高土地利用强度。而基于潜在用途的土地税又可以降低土地投机的经济动机和利益冲动。美国联邦政府关于人为折旧费和扣除拥有潜在可开发土地费用的税收政策，对城市发展过程以及由此而产生的消极或积极的外在因素，都起了决定性作用。中国现有的土地税收体系存在立法层次较低、税费混乱、税负不均、税权不明以及难以征收等弱点，完善土地使用税种的建设，对土地价格起调节作用，能够促进土地市场的发育，提高土地利用效率。

结论：西方国家政府规制变迁的启示与中国政府规制体制重构的基本思路

14.1 西方国家政府规制变迁历程及启示：以美国为例

规制在西方市场经济国家由来已久，以成熟的市场经济国家典型——美国为例，其规制变迁历程可以概括为：经济性规制经历了规制、放松规制以及再规制与放松规制并存的动态变迁过程，而社会性规制自20世纪60年代以来一直呈现持续加强的态势。

14.1.1 经济性规制变迁历程

1. 早期经济性规制（19世纪80年代至20世纪初）

从实证研究的视角看，西方国家政府规制最早是由美国19世纪后半期出现新的经济利益集团所推动。当时经济的增长和生产技术的革新伴随了生产组织和工业结构的巨大变革，由此对政策议程和政治的性质产生了深刻影响，这些因素的综合作用产生了该时期的规制政策和相应规制模式。

以铁路运输业为例，当时的发展产生了两个问题：一是铁路行业的外部性问题；二是垄断问题，农场主联合起来推动立法禁止铁路对农产品的价格歧视。这种失灵的一个原因是，大企业拥有的经济资源远远超过了其对手所能配置的资源——无论是个人还是小企业——并且能够利用这些资源破坏司法公正。由于形成于农业社会时期的私人诉讼体系已经不适应 19 世纪末日益发达的工商业环境了，而监管更能以低成本来鉴别违法行为，发现违法行为和被违法者接受的可能性较高，因而规制取代诉讼是 19 世纪末美国政府的选择。

1907 年纽约州颁布了《公共服务委员会法》并且成立了两个独立的规制委员会。一个多月后，威斯康星州立法机关也将其当时的铁路委员会的规制权限扩大至煤气、照明、能源和电话等行业。这些亨有较大规制权的独立规制机构一时间成为其他各州效仿的模式，它们纷纷开始成立各种规制委员会。截至 1920 年，美国约有 2/3 的州设立了独立的规制委员会。

独立的规制委员会的作用在其早期发展阶段非常有限。这主要是由于美国在很长一段时间里一直奉行普遍的市场自由主义政策。"19 世纪末 20 世纪初的规制政策在以市场为基准方面是有共同点的，比如说反垄断政策"，所以这一时期的规制又被称作市场模式的规制。① 随着公用事业的自然垄断经济学特征为更多的人们所进一步了解时，与数量较多的企业相比，垄断企业可以获得更好的规模效益，人们开始认为，需要通过规制来使社会公众从自然垄断的经济优势中受益。而这时候，规制机构的重要性才开始日益显现。

2. 经济性规制强化时期

1929 ~ 1933 年爆发了世界性的经济危机，凯恩斯主义政策出台。因此，自 20 世纪 30 年代一直到战后 70 年代，规制范围不断扩大。我们以监管机构的设置为例。1913 年，美国建立了联邦储备

① Marc Allen, 1993, *Regulatory Politics in Transition*, London: the Johns Hopkins University Press, p. 27.

系统（中央银行）和联邦贸易委员会（FIC），随后，建立了罐头业与畜牧围栏管理局（1916）、食品和药品管理局（1931）、联邦通讯委员会（1934）、联邦证券与交易管理委员会（1934）、联邦海运委员会（1936）、民用航空委员会（1938）、联邦公路局（1966），进入70年代后，又设立了联邦铁路局（1970）、环境保护署（1970）、联邦邮资委员会（1970）、国家公路交通安全局（1970）、消费品安全委员会（1972）、能源规制局（1974）和核规制委员会（1974）等等，连同州一级的政府规制部门，到1975年美国共有一百几十个政府规制机构，而受规制行业的产值占全部GDP的1/4。

独立的规制机构成立以来，政府规制活动相应地表现为一系列的重心转换：1933年以银行、1934年以证券和广播、1935年以卡车和输送管道、1936年以海运、1938年以航空和批发电力等结构竞争产业为主要对象。50年代以后，主要以能源为对象，1954年对天然气井口价格、1960年对输油管道、1973年对石油（特别是汽油）价格实行扩大规制。同时，自然垄断产业的规制不断深化，如洲际商业委员会（ICC）的支配范围从铁路扩展到整个州际地面货物运输行业，包括卡车、船舶和石油管道运输，1936年联邦海事委员会对海洋货运业规制，长途客运的规制分别由ICC（铁路和公共汽车）和新建立的民用航空委员会（航线）实施。

在这一时期，一方面联邦政府解决问题的权力和权威得以扩大，另一方面拥有半立法、半行政和半司法的独立的行业规制机构以及部分行业协会被赋予了实施规制政策的公共权力，形成了“以政府监督为基础的自我规制制度”。罗斯福政府通过实施《工业复兴法案》等促进行业合作，政府以监督者的身份组织利益集团，由他们监管其组织中的成员。事实证明，鼓励多种利益团体参与规制制订过程所形成的自我规制往往比政府规制还要有效。

3. 经济性规制放松时期

进入 70 年代之后，西方资本主义发达国家又反“规制”其道而行之，出现了所谓“规制放松”或“规制缓和”的浪潮。其背景是：第一，70 年代两次石油危机以后，主要资本主义国家陷入“滞胀”泥潭不能自拔，政府财政赤字扩大，急于由“大政府”向“小政府”转变，削减政府职能，包括经济规制职能；第二，作为经济规制政策重要组成部分或载体的国有企业效率低下，亏损严重；第三，以信息技术和其他高技术为中心的技术革命形成了新企业进入垄断或自然寡头垄断产业的技术基础；第四，主要资本主义国家在人、财、物及信息等方面的国际联系越发频繁，亟须放松相关规制；第五，各主要资本主义国家冷战体制下经过一个短暂的繁荣期以后，普遍陷入了“滞胀”的泥潭而不能自拔，这种局面打破了人们对传统凯恩斯主义实行宏观调控，能达到供需总量平衡的信念。在此背景下，人们的视野开始从“市场失败”转向审视“政府失败”（Government Failures）问题，要求政府放松规制，给市场机制自发作用充分的余地与空间。规制放松的具体政策表现在政府放松、减少甚至是取消对产业、企业的直接规范与制约，也表现为国有企业的民营化及由此引致的国有经济在一些产业部门中的退出等许多方面。

美国的规制放松历程始于 20 世纪 70 年代中期美国民航业“开放天空”的改革实践。主要的做法是，政府不再用行政审批（包括听证程序）的办法来干预民航的票价决定和市场进入。航空公司可以自由地、竞争性地决定机票价格，也可以自行决定是否进入还是退出某个市场或某条航线。所有其他公司、新的投资人也可以决定是否组建新的航空公司。结果，民航祟价大幅度跌落，而对民航服务的市场需求量急剧上升；一些老牌航空公司走向破产，而新的成功者因为适应市场形势而欣欣向荣。最重要的也许是，美国航空业在竞争的压力下创造了“枢纽港模式”（就是用支线小飞机把各地旅客集结到一些中心枢纽航空港，然后高频率地飞向全国和世界各地的枢纽港）。

“开放天空”首开美国“放松规制”（Deregulation）的先河。随后，铁路和货车运输、电信、金融、电力等部门纷纷开始解除自罗斯福新政时代以来形成的“规制下的垄断”体制，按照各行各业的技术特性，引进市场竞争。“解除规制”逐渐深入到传统上被认为只能由政府独家经营的业务。例如，新兴的快件专递公司挑战政府邮政，将美国的快件业做成了全球领先的大市场；彼此竞争的民间保安公司部分替代了“独家经营”的警察部门，向社会提供了按照市场规则运行的安全服务；出售政府的资产所有权，即出售金融资产和实物资产招标拍卖给私人公司等私有化举措被广泛应用到了国有的铁路公司、港口和机场、军队的商业服务资源，以及城市供水系统等领域。其间出台的规制改革措施有：《铁路复兴与铁路规制改革法》、《航空货运放松规制法》、《航空客运放松规制法》、《汽车运输法》、《铁路法》等一系列法案，对美国交通运输业的规制进行了开放式的重大改革；1979 年开始实施《原油、精炼油规制排除法》，逐步放松石油行业的规制，以实现国内价格一体化，并与国际价格接轨。1978 年实施《公益事业规制法》，取消发电部门市场准入规制，符合条件的企业不断进入发电市场，促进了部门竞争。1992 年实施《能源政策法》，开始在电力批发市场引入竞争机制。此外，1982 年美国电话电信公司被司法部因违反《反托拉斯法》而被分割。放松规制直接导致了消费者剩余和生产者剩余的扩大，OECD 在研究美国政府放松规制改革时指出，在过去的 20 多年中，美国产品价格平均下降了大约 50%，GDP 年均增长大约 3%，其中 1% 的增长率是由放松航空、交通运输、电信、电力和天然气等部门后产生的竞争效率贡献的（OMB and OIRA，2002）。[①]

① 席涛：《谁来监管美国的市场经济——美国的市场化管制及对中国管制改革的启迪》，载《国际经济评论》2005 年第 2 期，第 13 页。

统计表明，由于政府减少了在竞争性产品领域内的投资，政府投资在1960年占总投资的25.6%，1980年减少到17%；与此同时，政府生产总值在1960年占总投资的13.2%，1980年占13.8%，投资有所下降，投资效率反而提高。由于投资减少，政府得以将大量财政收入投入到教育、失业、社会保障等领域，公共服务能力大大增强。

4. 放松规制与再规制并存时期

放松规制带来显著经济绩效的同时也产生了某些恶果。例如美国加州、纽约和加拿大的多伦多在2000年~2003年期间都曾发生过严重的大停电事故，造成了巨额经济损失和社会危害。在航空、银行、有线电视等行业中，由于放松规制，有保证的公平价格、优质服务和市场中的诚信受到了威胁和挑战。从全球范围来看，亚洲金融危机以及与之类似的金融恶性事件也频频发生。这些迹象表明，西方国家放松规制的钟摆已摆到了终点，至少，解除规制并不意味着政府从此无所作为，而是政府从最不适应的领域和环节"退出"，从而集中精力和财力，在需要政府管理的环节加强管理，即"再规制（Re-regulation）"。例如，美国政府继联邦民航局被撤销之后又成立了联邦航空安全局，监管职能也由票价控制、航线分配和市场进入规制，转向航空安全规制。在运输、电信、电力和金融等诸多领域，解除规制与再规制交替进行。事实上，所谓"再规制"就是政府开放了所有这些敏感的、"战略性的制高点"，并在开放市场的基础上探索行政管理的新经验。① 其主要特征表现为高度集中的规制权力、以市场效率为基准的规制原则以及规制工具的成本有效性分析。

首先，政府的监管权力进一步得以集中。1980年美国国会批准

① 周其仁：《竞争、垄断和规制——"反垄断"政策的背景报告》，http：//zzjx.ganlanshu.net/Article/Class109/Class110/Class115/200306/661.html

在总统预算管理办公室（Office of Management and Budget）中建立信息与规制事务办公室（Office of Information and Regulatory Affairs），专门从事规章审核和协调工作，成为规制机构的监管者。该机构的设立，成为一种有效监督方法和一种协调程序，以克服诸多监管机构各自为政、信息不通的弊端，避免规章之间的冲突和重复。其次，在随后的发展中，总统的行政命令和国会的法律进一步要求把“成本—收益”分析作为监管机构制订和执行规章的基本原则、决策程序和分析方法。总体性的法案如《1995 年无资金保障施令改革法》（Un-funded Mandates Reform Act of 1995）、《1996 年小企业实施公平规制法》（Small Business Regulatory Enforcement Fairness Act of 1996）等。此外，联邦政府还建立了一系列的规制影响报告制度：例如 1974 年福特总统要求对于主要的规制都要附加上有关“通货膨胀压力的阐述”；里根总统的第 12291 号行政令规定，对经济的年度影响预计超过 1 亿美元的每一条“主要法规”都要受到规制影响分析；克林顿总统发布的 12866 号行政令引导各机构在监管规则中选择成本有效性最高的方案来达到监管目标，并且只有平衡了收支以后，才会通过监管条例。事实上，从 1997 财政年度起，OMB 和 OIRA 在每年的 9 月 30 日之前都要向国会提交联邦规制的“成本—收益分析”的报告。另外有证据表明，各州也在走向对重大的规制措施进行系统性分析的道路。以上集中监管措施通过制约规制成本的增加支持了放松规制的政策，集中体现了对于市场效率的关注与追求。

14.1.2 社会性规制变迁历程

社会性规制出现的经济社会背景是：新政后虽然许多产业领域内企业稳定地成长和利润已经主要依赖于规制措施的可持续，但是仍然有许多持公共利益观点的利益集团主张政府不应仅仅关注产业稳定和商业扩张，还应设置标准、并将这些标准贯穿于生产过程之中。在这一时期消费者保护和工人保护运动呈现高涨局势，人们成立了新的组织，这些利益集团对于推动社会规制起到了重要作用。

美国联邦政府最初的社会性规制立法的主要法案是 1884 年颁布的《动植物健康检查法案》、1906 年颁布的《肉类检疫法》和《联邦食品和药品法》。而大多数社会性规制都是在 60 到 70 年代建立起来的。20 年代初美国国会成功通过了 5 项消费者保护法案，到了 70 年代此类法案的通过达到了 62 项之多；在职业安全和工作标准方面，20～30 年代通过了 5 项法案，而 1960～1978 年间则通过了 21 项；类似的对比还表现为 32 项能源和环境保护法案在 70 年代得以通过，而直至 30 年代只有 7 项法案在实施。根据统计，20 世纪 70 年代，美国政府制定的工商规制条例的数量比以前增加了两倍，仅仅就水和空气的净化问题制定的环保条例就多达 7 万多项。到 70 年代初，社会性规制在整体规制产业中所占比例已接近 15%，基本上与经济性规制持平。80 年代在经济性规制缓和风潮的影响下，政府对于铁路、卡车运输、航空石油天然气等行业的规制大幅度锐减，经济性规制所占的比例也降低了一半左右，受此影响，社会性规制的比例也有所下降，但是下降幅度不大，并且在 80 年代中期，其在规制产业中所占比例最终超过了经济性规制。虽然这一时期政府规制开始由经济事务转向环境保护、个人健康和安全保护等公共利益的新主题，但二者之间联系紧密：正是由于前一个阶段对于资本主义生产过程的持续关注导致了后期对社会规制主题的兴趣增加。

这一时期，政府创造了许多新的联邦官僚机构：除了在新政时期建立的食品和药品管理局（FDA）之外，又增加了全国高速公路交通安全管理局（NHTSA）、环境保护委员会（EPA）、职业健康和安全管理局（OSHA）和消费品安全委员会（CPSC）。同时进行了许多机制创新以调整管理结构，推进部门利益的整合。

由于社会规制主要通过对某些私人产品和生产过程实施规制以达到目的，因而在发展初期主要依靠命令与控制（Command and

Control，C&C）政策进行规制；20 世纪 80 年代之后，命令与控制政策在某些情况下导致的高成本、低效率受到了广泛批评，基于市场的规制政策（Market-based Policies）在 20 世纪 80 年代中后期得到了广泛应用，并处于不断的改革和完善之中。20 世纪 90 年代以来社会规制掺加进了新的积极因素，以信息披露为特点的政策创新成为这一阶段的标志。近期新发展的社会性规制工具侧重于激励功能的使用，包括激励性合同、组合税收、收益分享、排污权交易等等。社会性规制工具的发展趋势表现为，通过非传统的规制渠道为被规制企业和规制机构提供激励，引导各利益集团参与环境规制政策的制定、执行与监督，以此来减轻规制机构负担和提高规制效率。

值得注意的是，虽然社会规制的许多措施是消除市场失灵所必需的，几乎没有利益集团就抛弃社会规制发表过意见，但无可否认，社会规制经常处于各利益集团之间的政治冲突之中，因而服从成本巨大。由于社会规制的实施，要求被规制行业的企业遵守规制机构制定的规制标准，往往被规制者的精力与成本都投向如何满足标准要求，而不是如何降低污染、使工作环境更安全或提高产品质量上来。这不仅不能达到社会规制的最佳效果，而且大大增加了被规制者的生产成本，影响了市场效率。观察家们认为，1969 年的联邦煤矿健康与安全法案在减少煤矿重大事故方面取得巨大成功，但不适当地妨碍了矿主努力提高煤炭产量，是国家干预太多的表现。据估计，美国企业每年在环境保护和节约方面就要花费 1000 亿美元。其次，政府也在规制方面背上了沉重的财政包袱。整个社会规制的成本在 20 世纪 80 年代末已经接近 1500 亿美元，仅环境规制就意味着减少 GNP 59%。[①]

---

① ［美］小贾尔斯·伯吉斯：《管制和反垄断经济学》，中译本，上海财经大学出版社 2003 年版，第 335 页。

14.1.3　启示

1. 规制改革实践由“政府—市场”框架向“政府—市场—社会”框架推移，呈现出一定的情景特征

如前所述，西方政府规制起源于政府消除市场失灵的努力，经济性规制主要集中于政府产业组织政策。政策目标是寻求垄断与竞争之间的平衡，以激发市场的竞争活力，既保证企业充分利用规模经济所带来的利益，又有效防止个别企业垄断市场。为此，政府规制应尊重市场规律，在这个前提下实现政府行政权力与市场基础调节作用的相互转换，政府进行规制与放松规制的改革主要是为了培育市场、发展市场而不是完全取代市场。

此外，伴随着现代化企业生产过程的持续扩展和深入，将不可避免地产生不能被市场化的社会成本，如环境污染、产品安全等问题。经济性规制所指向的产业效率不仅无法弥合社会成本和私人成本之间的差距，反而可能起到推波助澜的作用。类似这些市场失灵的普遍存在需要政府适度介入企业的微观管理，实现社会公共利益，规制实践的理论范式由此转向“政府—市场—社会”框架。而从社会利益出发，经济性规制所秉承的效率原则就是要让位于社会性规制的公平、正义和安全原则。相应地，政府与社会关系的新发展成为规制改革的客观要求。例如，20 世纪 70 年代的美国消费者运动和其他团体提出环境污染控制、提高生活质量的要求都成为政府规制变革的驱动力。现代意义上的规制体制（Regulatory Regimes）是界定社会利益、国家与经济行动者（如经营者、劳动工会和农业协会等）关系的政治制度安排。

在“政府—市场—社会”框架中，政府规制演变呈现出的情景特征由两类因素所决定：一方面，市场经济是动态运行的过程，市场的竞争程度、交易规模和产业结构处于不断地调整和完善之中，导致了寻求政府规制与市场经济最优作用的历程；另一方面，现有政治制度和社会制度与规制工具之间存在相互塑造的关系，规制者必须经常地按照制度设计中的经验，调整和改革规制工具。因此，规制工具的选择要受一国政治、经济和社会具体情境条件的制约，具体来说要考虑规制机构的规制能力与偏好、政治社会制度特点、经济发展水平、市场机制的完善程度等因素。有效规制工具的情景特征决定了各国的规制实践无法照搬，也无法用统一的绩效标准加以衡量。

2. 规制变迁的轨迹取决于政治要求、经济理性、行政理念与技术条件的融合变迁

西方国家规制历程中的不断试错、付出成本和积累经验，源于政治要求、经济理性、行政理念与技术条件的共同变迁。

首先，政治要求不断变化，反映出各方利益集团变迁博弈。从宏观视角来看，美国进步时代和新政时期政府在经济中作用的重构和复活，即由新的政治理念所激发；而放松规制趋势的出现，也主要是因为公共舆论和公共利益已经不再占据主导地位。从微观视角来看，被规制企业与其政治参与者，如行业协会、院外活动集团成员、立法者，以及那些在新规制中受益或受损的参与者之间存在互动。经常地，限制税收增长的政治观点也产生了使用某些规制的激励。当立法者控制支出和税收水平时，规制是达到政治目标的有用的替代品，如向特定利益集团重新分配收入以换取政治支持。这种利益格局的转换往往受到少数被规制者的欢迎，却伤害了消费者并构成新进入者的障碍。

其次，经济理性日益增强，表现为规制的成本一收益分析越来越受到规制者的重视。美国的规制改革发展到今天，对于规制成本有效性的分析在逐步完善。分析方面的要求包括平衡成本和收益的规定，考虑不同风险之间的替代关系，以及对不同监管措施的成本有效性进行评估。以上绩效分析处于广泛的需求之中，成为确定规制改革方向的基本依据。

再次，在上述政治要求和经济理性的驱动下，行政理念得以更新，为规制创新提供了广阔的舞台。美国规制改革历程中主要的行政革新措施是：（1）行政分权。从国家到地方的规制权力下放在美国的规制实施过程中充当了重要的推动力量，规制者之间的中央和地方分野深刻地影响着规制政策的决策、实施和效果。联邦代理机构把联邦、州和地方政治需求连成一体。他们平衡冲突的政治需求与任务要求，并试图建立切实可行的执行程序，在不削弱中央财政预算、资源支持和法规权威的前提下，这些执行程序能够吸引多方的支持与资源。① 在环境保护、工人安全等许多领域，联邦政府设定政策目标的多个参数，州政府则是重要的执行代理者，并拥有相当的裁量权，以便更多地对具体地域内政治和责任上存在的差别做出回应。②（2）独立的规制机构。这是美国在规制实施过程中的重要创新。规制机构具有独立性、权威性、专业性以及行为可预期性和责权一致性等特征，能更好地履行规制职责、平等保护被规制者和消费者的合法权益。根据规制的独立性原则，任何一个政府规制机构，都不能与被规制者维持任何经济利害关系，而且不对被规制者负责，这要求政府的规制职能既要与经营职能相分离，又要与一般经济职能相分离。（3）以立法为先导。美国规制法律坚持独立的规制标准、固定的程序、正式的辩论和公开诉讼原则。相关法律的制定成为政府实行规制的首要前提条件。在美国的规制法律中规定了执行机构的独立性及其职责，规定规制的对象，以及对相关违法行为的处理方式，以规制立法为先导，使规制改革具有法律依据和实施程序。正是以坚实的法制基础为前提，经过十几年的积累，美

---

① 李月军：《西方社会规制研究关注的主要问题及其启示》，载《公共管理学报》第3卷第4期，2006年10月，第95页。

② 肖尔茨通过对美国50个州在1976～1983年之间每年执行数据的回溯性分析证明，即使相对疏离的职业安全与健康署的执行程序，也在很大程度上是对州一级不同的政治与责任做出的回应。各州在任务环境，特别是工作事故与失业率方面的差别，也引起执行手段上的回应。John T. Scholz，Regulatory Enforcement in a Federalist System，*The American Political Science Review*，1986（4）：pp. 1249－1270.

国才拥有了一个规模庞大、运转有效的规制体制。(4) 问责制。问责制的要求首先体现在程序改革方面，包括同行评议、司法审查、废止条款、监管预算以及要求向国会提供更好的信息。问责制形成了开放式的激励创新，即包容了私人或公共性质的中介组织（商业纽带）的激励，通过规制政策的各个利益相关者所进行的对话和交流形成规制政策，事实上逐渐形成了联合治理的局面。实证结果表明，即使是以命令与控制手段为主的社会性规制，也较多地体现出与市场和企业高度交互性的特点。

最后，技术变迁对规制存在的基础和规制工具的合意选择同样存在影响。例如互联网和光缆技术的发展，为长话服务的垄断打破了坚冰，长话费率的规制由此放开。技术革命给新企业提供了技术基础，推动垄断或自然寡头垄断产业进入壁垒的放松。在社会规制领域，控制和遥感技术的发展，使得污染的水平测定更加容易和准确，可以采纳为规制行为的绩效标准。

3. 规制改革的趋势在于寻求政府规制之外的可行路径

西方政府的规制历史表明，自工业革命以来，伴随着科学技术的发展与近代产业部门的出现，市场的持续扩大使经济活动的外部影响不断扩大，要求政府实行经济规制的领域不断增加，政府规制的调节作用贯穿经济发展的全过程。然而，无论是激励机制的引入还是将治理理念引入规制改革，其目的都是试图避免或减少政府失灵。我们看到，在市场失灵与政府失灵的两极之间，规制改革的整体价值倾向仍然在于慎言市场失灵，克服规制的自我强化倾向，即探讨在一切受规制产业和行为中引入竞争机制来替代政府规制的可能性和必要性。因此，在行业自治、市场竞争与政府规制之间做出选择成为未来规制改革取向的首要命题。

在理论变迁方面，以规制俘虏理论为代表的对政府规制批判的不断深入和可竞争理论的出现及广为接受，使得政府规制不再被认为是提高经济效率的惟一手段。与此同时，寻求政府规制之外的可行路径存在以下现实依据：（1）在规制体制下，企业的业绩很难令人满意，即使实行了激励规制，也仍然存在很多阻碍企业进一步提高效益的因素；（2）如果现行机制能够由市场行为人参与决定转型，他们将更多地选择经济行动而不是被规制；（3）许多垄断部门目前是由消费者在内的市场参与者在与垄断厂商进行协商或仲裁，而不是规制者。事实上，在规制实践中，政府规制和行业的自我规制之间的界限已经变得越来越模糊。许多市场经济国家规制改革绩效的实证研究已充分表明将竞争引入部分传统规制产业对于微观领域的投资与创新以及宏观经济的积极影响。

此外，强调权力向度多元化的“治理”概念及其理论被引入公共管理实践的指导，已经成为规制设计的重要组成部分。治理理念提供了一个包含集体和个人行为层面以及政治决策的纵横模式在内的相当宽泛的理解，它强调上下互动的管理过程，主要通过合作、协商、伙伴关系、确立认同和共同的目标等方式实施对共同事务的管理。与“管理”或“统治”的内涵不同，治理的权力向度是多元的、相互的，而不是单一的和自上而下的。当前一些国家改革和发展的口号是“更少的统治，更多的治理（Less Government，More Governance）”，具体到规制改革领域，同样如此。规制体制的改革方向被定义为一种网络化倾向，经由各相关利益组织之间互动的、包容性的治理机制来实现，要求以公共部门与私人部门的混合模式替代公共部门的排他性模式。其中，政府的角色在于与其他组织建立合作关系，不再采用传统的命令和控制方式。虽然政府仍然继续承担经济运作基本规则的建立，但更加强调通过“呼吁”（voice）机制和协商机制向更多的规制体制参与者分散职责。①

值得指出的是，虽然竞争可能成为更好的制度安排，但是做出竞争决策并保证有效竞争的形成，首先要看决策者们是否有足够的

① 关于“Voice”机制的具体内涵，参见 Albert O. Hirshman，1970，*Exit*，*Voice and Loyalty*，Cambridge，Massachusetts：Harvard University.

政治意愿，也即仍然处于政治经济学的研究范畴。就大多数国家的经济发展与制度现状而言，我们认为寻求两者的互补而不是两者的替代则是更为现实的改革思路。而规制体制治理模式的困难则在于如何达到政府提供指导与分散职责以提供更多的“呼吁”之间的最佳平衡，这在实践中也需要展开深入地探索。

14.2 中国规制体制改革存在的问题与体制重构

14.2.1 规制改革存在的问题

中国的规制改革脱胎于计划经济的转型，也即市场化改革的延续。计划经济时代的规制体制表现为：政府通过市场准入限制、价格规制、数量限制等规制方式直接对微观经济活动进行全面、深入地干预，指导和调控企业的经济活动。相应地，凭借行政权力形成的垄断（“行政垄断”）广泛存在于公用事业中的电力、城市供水、城市燃气、公共汽车与地铁；广播电视中的邮政、电信、有线电视；交通运输中的公路、铁路运输、管道运输、航空运输、水路运输等。这些行业或者是由国家所有制、政府某一部门独家经营而形成的，或者是从政府的一个部门转化而来，因而能够依靠行政资源保持高度集中和垄断，享有高额垄断利润。此外，中国的社会性规制方面同样缺乏法律依据，至20世纪80年代才开展了系列立法活动；长期以来主要采用行政权力来进行规制，且规制职权分散于多个行政管理部门，约束力较弱。在计划经济时代片面强调高积累、高增长指标的前提下，消费者利益经常处于被忽视的地位，整体福利水平下降。中国的规制改革历程正是从上述强制规制体制出发，带有浓厚的命令和控制型规制传统。为此，有关行业旧体制内行政垂直管理的规制放松与新兴市场发育所需要的规制重构形成了中国规制改革的两大主题。目前，中国规制改革亟须解决的问题主要存在以下几个方面：

1. 制度惯性造成规制总量失衡，使得规制改革滞后于市场经济发展的需要

中国现存的严重行政性垄断是中国特定历史条件的产物，长期以来的高度集中的计划经济体制排斥市场机制的作用。资源配置的非市场化力量，在中国经济体制改革中形成了巨大的制度惯性。由此导致的规制过剩阻碍了市场化改革的深入，垄断行为侵占了可竞争产业领域的发展空间。根据最保守的估算，目前中国至少共有4800多万规制事项，其权利归属分布于从中央到地方的几乎所有政府机关。行政审批泛滥，进入规制过严仍严重影响着经济领域的方方面面。另外，传统公用事业的许多产业如电信、电力、民航等部门以自然垄断为理由，凭借部门规制立法，继续限制竞争和侵害公众利益。部分行业仍然存在民间资本遭到排斥的情况。即使是在近几年进入规制措施有所松动的发电业和银行业中，新进入的非国有企业也远没有形成基本的竞争威胁。

与规制过剩同时并存的是规制缺乏立法依据，模式落后或规制不到位。在基本的行业立法方面，由于中国的政府规制目前仍然基本上是在行政系统内部建立和运行的，并且规制的对象又基本上属于国有企业和所谓的事业单位，所以对完备的规制法律体系和规制的法律环境的“需求”并不很迫切，部分政府规制产业至今还并未出台行业基本法。就正式颁布的自然垄断产业规制法律而言，中国目前仅颁布了《邮政法》、《铁道法》、《商业银行法》、《保险法》、《航空法》、《电力法》以及《证券法》等少数几部法律，而更多的是各级政府制定的各种政策法规、条例，甚至是行政命令、行政措施等。法律的缺失直接导致政府规制的法治化、制度化程度低。即使在已经颁布的《电力法》、《铁路法》等行业法中，也由于立法的历史背景和立法思想等方面的原因，实际上并没有对市场经济条件下政府规制的目的、原则、程序、基本方针和规制机构的权限做出系统、有效的规定。例如，《电力法》中关于电价形成虽然规定

“应当合理补偿成本，合理确定收益，依法计入税金，坚持公平负担，促进电力建设”，但没有就成本、收益的合理范围做出明确规定，可见类似的原则性立法给监管造成了很大的空白。而且《电力法》是1995年制定的，反映的是政企不分、垄断经营的市场结构，也已经明显滞后于当前改革形势的需要。在市场退出规制方面，目前中国的《破产法》仍是20世纪90年代中期的产物，并且由于社会保障体系尚未在全国的范围内建立起来，难以保证企业破产顺利进行。在反垄断规制领域，受阻于利益关系的调整，限制不正当竞争行为的《反垄断法》至今尚未出台，1993年颁布的《反不正当竞争法》对行政垄断、跨国公司的不正当竞争都欠缺约束力。涉及到行业技术标准问题，同样存在标准时效性差，标准修订和复审周期长等问题，有些行业或产品根本没有自己的标准，高新技术领域的标准研究几乎是空白。由于标准体系的规制滞后，近几年来，中国企业因卫生、安全、环境等技术指标不合格和成本因素而被外国制裁的案例越来越多。

此外，中国社会性规制手段和方式十分陈旧，与西方国家相比，仍然处于传统的命令一控制阶段，主要的行为特征是：(1）禁止特定行为；(2）对营业活动进行限制；(3）确立资格制度；(4）检查、鉴定制度；(5）基准、认证制度。这些传统手段多数采用事件发生之后的行政强权方式，并且动用大量的财政经费，导致机构膨胀，因而带来了成本高、风险大和效果欠佳等一系列问题。

2. 规制战略缺失导致规制供给结构失衡，使垄断与竞争之间的关系难以适当归位

自20世纪80年代以来，中国在打破自然垄断方面采取了一些手段，并取得了积极的效果。例如，航空业由于有多家新航空公司进入，改变了以往由中国民航独家经营的垄断局面，通过竞争，航空业的服务水平有了明显的提高。电信业则由于中国联通的加入，结束了中国电信业邮电部统一组网，独家经营的垄断局面，竞争促使电信产品的服务质量提升，价格趋于下降。2005年2月国务院出台了“非公经济36条”，允许非公有资本进入电力、电信、铁路、民航、石油等行业和领域，参与各类公用事业和基础设施的投资、建设和运营，投资教育、科研、卫生、文化、体育等社会事业，特别是允许非公有资本进入国防科技工业建设领域，按有关规定参与军工科研生产任务的竞争以及军工企业的改组改制。

上述进入规制改革培育了垄断行业市场竞争的基础，也相应产生了新的规制需求，如通过抑制垄断价格、制约企业的不正当竞争行为、阻止企业过度进入、稳定公共产品供给等规制行动，构建有序的竞争格局。然而由于缺乏规制框架的全面规划，规制改革仍然限于局部的解除规制，减少了改善竞争效率的空间，甚至出现了自相矛盾与冲突加剧。表现在：

首先，在经济性规制中，进入规制和价格规制的改革相对较快，而质量规制改革相对较慢。突出反映在消费者对垄断行业提供的产品及服务质量不满意，普遍服务的原则没有得到很好地贯彻。而对于激励性规制，如特许投标竞争、区域间比较竞争、社会契约制度等方法运用较少。

其次，即便是在进入规制与和价格规制这两种中国主要的现行规制方式上也同样存在不协调的情况。一方面，现在对自然垄断性行业的市场准入规制比较有效，没有主管部门或地方政府的许可，新企业不能进入；而对价格的规制，表面上也很严格，但实际上并未真正奏效，尽管实行了价格听证制，但形同虚设，仍使消费者的利益受到了损害。

再次，部分行政法规彼此之间不乏冲突。具体个案如《反不正当竞争法》、《商标法》、《企业登记法》与《商标法》之间有矛盾；《企业职工伤亡事故和处理规定》与《国务院关于加强安全生产管理的通知》、《职业病范围和职业病处理办法的规定》等予以的规定并不相同；此外还有内地与香港和澳门的有关法律、法规不协调等问题。

3. 规制过程不透明致使外部性严重，规制者的行为缺乏合理制约

中国的规制过程存在立法程序的非公开化、行政程序的非法治化以及缺乏公众参与机制等缺陷。首先，立法程序方面，中国目前的规制法律法规主要由四个不同层次构成：一是正式的法律，即由最高权力机关及其人大常委会制定和颁布；二是行政法规，即由国务院制定，以总理令的形式向全社会发布的条例、规定、办法等；三是地方性法规，由省、市、自治区人民政府颁布；四是行政规章，如由各部委根据法律法规在本部门权限范围内制定和颁布的实施细则、命令、指示、通知等。其次，中国目前没有统一的《行政程序法》，大多散落在行政复议法、行政处罚法等部门法之中。实践中"重实体轻程序"的倾向普遍存在。再次，各级政府在制定和颁布直接影响公民和企业的经济利益的规范性文件过程中，普遍没有给利益相关人以充分陈述意见的机会，不能保证行政过程的透明和公开，也就无法充分表达广大民众的利益诉求。例如，现有的价格听证机制往往形同虚设。根据王俊豪的研究，截止到 2000 年底中国仍无任何专业性的消费者组织及其他社会监督机构。现存的各类市场中介组织多半具有"官办"、"半官办"和"官民合办"的性质，无法对规制者产生真正的影响。

中国的规制机构缺乏权力制衡机制。到目前为止，中国除环保局、物价局、国家产品质量认证监督委员会、国家标准委员会等外，专事规制职能的机构不多，也没有以法律形式明确规制机构的地位，缺乏必要的制度制衡。这一方面导致主要规制机构往往相互扯皮，各行其是，规制效率低下；另一方面政企合一的局面没有真正转变，如邮电部和铁道部，以及信息产业部与中国电信的政企同盟，也使得行业保护合法化，严重破坏了公平竞争的秩序。由于缺乏司法执行的有效保障，以及国家和市场实体之间争议解决的有效程序，政府和规制机构也很难对长期政策有可靠的义务。

以上程序改革方面的欠缺致使中国政府在规制过程中合谋问题异常严重，腐败问题层出不穷。当两个集团（规制者与被规制者）达成私人交易的时候，他们需要考虑被发现的成本和使用非直接补偿（相比直接补偿效率更低）。而在目前的中国，由于体制原因这些转移支付很难被发现，其成本比在发达国家的要低，甚至社会准则赋予一些类型的转移支付以积极的价值观，相应地导致了规制中的合谋与腐败问题很难处理。[①] 中国的规制政策更多地保护被规制对象（利益集团）的利益，而忽视公共利益，导致了强势利益集团在与弱势群体的长期博弈中始终居于优势地位，侵占或损害弱势群体和广大社会公众利益。

4. 规制环境的复杂性、多层次与干预主义提高了交易成本，导致大量的社会福利损失

由于缺乏独立统一的规制机构，中国的规制体制职权分散，例如对消费品质量的规制机关有技术监督局、工商局、商务部等；对水污染的规制机构有各级环保、航政、水利、卫生、地矿、市政管理机关及重要江河的专门水管机构等；在大气污染规制方面，共有各级环保、公安、交通、铁路、渔业、经贸等六个部门共同行使职能。这种体制势必导致各部门职能交叉、重复执法，或者相互推诿，执法不力。尤其是曾经为解除规制提供了制度保障的地方分权，越来越多地暴露出其体制弊端。在规制过程中地方政府与部分产业形成官商勾结，设租寻租现象普遍。医疗卫生、安全生产、环境污染、社会不公等问题日趋严重，很大程度上应当归因于部分地方政府对于企业损害消费者、劳动者权益以及违背社会公共利益的行为所采取的“不作为”态度。各级地方政府作为实际的执法者，在局部利益的驱使下还经常使用双重执法标准，形成“地方保护主

① 转移支付指的是规制群体成本，即一个群体对另一个群体的转移成本（如生产者对消费者的支付），它提供了规制变动对获利者和受损者的测算方法。

义”，扰乱了市场经济秩序。此外，中国规制政策的制定之前缺乏成本一收益的评估，使得立法成本虽然很低，但执法成本和守法成本往往很大，尤其是守法成本，由于行政相对人数量众多，动辄上百万的守法成本并不鲜见。而面对此种结果，规制者往往会认为应当增强规制力度，结果形成规制的自我强化机制，进一步加重了企业与社会公众的规制负担。①

上述规制环境的复杂性、多层次与干预主义已经造成中国产业效率和社会福利的巨大损失。据统计，近几年，中国在保险、邮电、交通运输等行业的行政垄断造成的净社会福利损失最低为91816亿元，占GNP的11.5%。垄断租金则达到2930亿元之多，占GNP的3.68%左右，而这些留在垄断部门内的租金大部分被消耗掉、浪费掉了。以电信业低水平重复建设所造成的资产闲置、资源浪费为例，截至2004年底，中国几大电信运营企业的光缆线路总长度已达360万公里，总投资近1300亿元。而目前光纤利用率仅约10%，仅此一项大约有上千亿元的资产被闲置。中国移动和中国联通所建移动通信基站已超过30万个，两公司的铁塔一般都是并肩而立。此外，我部分产业由于可以凭借垄断地位，利用行政性提价、收费等方式，将成本转嫁给消费者，同时又有国家大量无偿的投资和政策性贷款，企业普遍缺乏提高效率的压力与动机。

相对于经济发展总体水平来说，在社会规制领域内存在的问题更加严重。比如，由于环境规制的不当或缺位，中国空气污染是世界上最严重的，每年因此导致30万人过早死亡，占发展中国家总数的40%。（Bolt，2001）另据世界银行统计，中国每年仅空气和水污染造成的经济损失相当于中国国内生产总值的8%～12%。这表明中国经济增长尚未突破倒“U”形环境库兹涅茨曲线的两难区间。由于多年的积累和欠债、落后的环境治理和监管水平，中国环境污染积重难返，近年来事故开始进入高发期，呈现出一触即发的

① 张维迎：《政府管制的陷阱》，载《21世纪经济报道》2001年3月21日。

危险态势。由于创新激励规制不足，严重落后于西方国家，造成企业对外支付高额的专利费。据统计，由于自主创新激励机制不足，中国企业不得不将每部手机售价的20%、计算机售价的30%、数控机床售价的20%~40%支付给外国专利者。

14.2.2　规制体制重构的基本思路

当前中国正处于深化和完善社会主义市场经济体制改革的新时期，必须依据科学发展观与建设社会主义和谐社会的基本要求，树立新的改革观。为此，需要建立规制体制的整体战略框架。一方面，需要对过去二十多年非均衡体制改革中产生的各种规制政策与政策结构中的缺陷问题进行必要的清理与整合；另一方面，需要通过加强制度供给，适应融入全球一体化经济秩序体系的要求，努力实现规制体制创新中的对称与互补，并确保各项不同改革措施之间的相互协调与相互促进。

根据本文对中国规制改革问题的剖析，以下从经济学、行政学和法学的角度分别就规制边界、规制方式以及规制的政府职能等方面的改革思路进行阐述。

1. 经济学视角

从经济学视角来看，中国规制改革的关键在于扩大规制的市场基础，培育良好的竞争环境。规制存在的基础是经济学分析的主要范畴。目前中国的社会主义市场经济体制处于特定的发展阶段，诸如市场势力、信息不对称、外部性、内部性、不完全竞争、公共品、公正分配失灵、非价值物品的生产、风险与收益的市场失灵等现象较为普遍。但是以此为由加强政府规制的首要前提仍然是培育市场基础，建立公平、公正、有序竞争的统一市场是当前中国政府的首要职责。“要在充分发挥而不是抑制市场机制功能的基础上，针对这一时期的特点弥补市场不足，克服市场失灵，以实现社会公共利益的最大化”，应当作为政府规制目标的理想定位。[①] 作为市场化改革的深入，规制改革不仅要提供市场不断开拓的条件，而且要将市场化趋势合理引入到规制设计中来，改变现行的规制模式。

（1）要明晰并保护个人和企业产权，培育产权多元化市场。规范市场经济主体的市场准入、市场运营和市场退出等行为，简化和放宽市场准入的地区、部门的严格限制，打破条块分割，建立统一开放的全国性市场体系。简化市场准入规制要做到精简、保留和增补相结合。在市场准入方面，为打破国有企业独家垄断或多家垄断的格局，消除垄断行业的非效率，可通过引入民间投资进入竞争性环节，或是能够参与垄断环节的特许权竞争等民营化形式，对现有垄断企业进行股份制改造，使其成为产权多元化的现代公司制企业，培育不同的市场交易主体。消除民营企业发展的各种制度性障碍，如税收制度、投融资制度等。

（2）要改变不合理的价格规制，取消垄断价格。减少不正当竞争维护市场竞争效率保护消费者利益。

（3）要改变现行的规制制度，解决企业内部的无效率，政府可以借鉴西方国家经验将竞争方式引入到规制设计中。通过特许投标制度和区域间竞争给予竞争刺激，以及采用社会契约制度和价格上限规制等激励性规制来诱导企业提高经营效率。

（4）确定市场状态，明确规制界限和目标。在政府与市场之间存在着“市场不发育一市场替代”、“市场残缺一市场补充”和“市场失灵一市场矫正”这三种特定关系，政府必须根据市场的实际状况对其规制进行及时调整。[②]

2. 政治学视角

从政治学视角来看，中国规制改革的关键在于建立博弈框架，

① 李郁芳：《体制转轨时期的政府微观规制行为》，经济科学出版社 2002 年版。

② 赵玲玲等：《论政府规制失位》，载《国民经济管理》2006 年第 8 期。

协调利益，约束政府。规制的政府治理环境构成了政治学视角的重要内容。政府治理结构的改革，既体现了社会主义社会的本质要求，同时也是完善市场经济体制的客观需要。因为市场经济是一种"契约经济"；它要求各行为主体要切实承担起履行"契约"的责任。规制机构作为各种经济行为的规制者，也必须承担起"契约"的维护者的责任，承担起规制不足、规制失效，甚至规制失败的责任。目前中国关于规制机构的角色定位、责任落实以及相关的激励与约束措施等都还很不完善，这直接导致了权责不明、管理不力和奖惩不清。如前所述，经济性规制现行政策的对象大多是自然垄断行业，相对于分散的消费者而言，自然垄断行业更容易影响政府，采取对自己有利的规制，不少产业规制是由企业自身争取来的，其目的在于获得政府财政补贴，阻止其他市场进入者，维护垄断高价，导致企业降低成本的动力不足，损害社会和消费者的利益。因此，政府规制机构如何保持独立公正，作为中立的第三方为企业和消费者树立博弈规则就显得至关重要。同时，应形成对规制机构监督的框架，以保证规制机构始终处于中立的地位。

（1）规制机构在对自然垄断企业的监管中，对于企业必须要政企分开，这是规制机构独立公正的前提条件。如果政企不分，规制机构是被规制企业的行业主管部门，那么规制机构就可能利用监管者的职能来谋取资产所有者的利益，形成政企同盟，导致消费者剩余大为减少，垄断企业缺乏效率，规制机构缺乏公信力，成为腐败的高发区。因此，规制机构保持独立公正的前提是政企分开，规制对象应是同类的、与规制机构没有从属关系的企业。因此，政企分开，开放基础设施领域，放松进入规制，是瓦解政企利益同盟的重要举措。

（2）在消费者与企业的博弈中，由于分散的消费者群体组织成本高，存在"搭便车"现象严重，规制机构更应积极扶植消费者群体。组建大的消费者社团组织，增强与企业谈判的能力，否则消费者无法有效行动起来与企业集团博弈。只有在消费者与企业集团博弈充分的条件下，政府规制机构才更能显示处于中立地位的作用，构建博弈规则，并予以裁决。

（3）为了保证规制机构处于中立地位，对规制机构的监督至关重要。除行政机关自身的监督（行政复议）、司法机关的监督（行政诉讼）、信息公开法等措施外，最根本的还是在于完善代议制度，使公民能够通过选票有效制约政府。在宪政框架下，规制机构无论是属于立法机关还是从属于行政机关，公民手中的选票对规制机构的独立公正形成了有效制约，通过公民→议会（或政府）→规制机构的代理链层级传递，以宪法规定的基本原则为保障，实现对规制机构的有效制约。

在以上重构政府治理结构的两个框架中，第一个框架注重的是消除利益集团对规制机构的影响，使规制机构独立公正。因此应政企分开，放开资本进入领域，以不同的经营形式实现资本多样化，瓦解政企同盟，消除利益集团的破坏性影响。政府规制能否实现其初衷的关键，在于规制机构的独立性，规制机构越独立于被规制的自然垄断产业，就越有可能产生预期的社会、经济效果，反之，就会受到被规制产业的摆布；第二个框架在于完善民主代议制度，有效制约政府，形成对规制机构的有效监督。[①] 两个框架的构建，其实质在于提升政府的规制能力，建立一个权限合理、规模适中的有限政府。

3. 法学视角

从法学视角来看，中国规制改革的关键在于约束政府规制权力

---

① 潘石认为要实现对规制机构的监督，首先要加强人大及其常委会对规制机构的监督作用，其次是要注意发挥舆论监督的作用，呼唤公民的自我管理意识，由政府单极治理模式向社会、公众和政府的多极治理模式转变。参见潘石、尹栾玉：《政府规制的制度分析和制度创新》，教育部重点研究基地重大课题《加入 WTO 后中国国有企业新一轮改革对策研究》，批准文号：02JAZJD790010。

的有序行使，使之独立公正，依法行政。规制的过程性特点构成了行政法的独特视角。在自由民主的社会中，行政规制本身就是出行政法所规制的。这种法律界定了行政机关在政府体制内部的结构性的地位，确定了它们所应遵循的决策程序，并决定由独立机关对他们的行为进行司法审查的可能性和范围。它确立了超越管理和规制中各个不同领域实体之间界限的、应共同遵循的一套原则和程序[①]。针对中国目前在制约政府权力的意识方面，在对行政程序制约政府权力功能的认识方面，在尊重程序、信守程序等诸多方面，行政程序制度相对滞后，并存在大量的行政活动无序等问题，政府规制在确定对市场干预并树立干预目标后，必须将规制的目的、执行机构、执行机构和规制对象的权利和责任、执行程序等以法律形式固定下来，成为规制执行机构的依据，以规范的、持续的、可操作的方式实现规制目标。

（1）对于规制的制定，应体现三大原则。一是遵守上位法原则，如违背这一规则将承担被撤销的后果，并由相应的立法和司法机制给予监督。上位法明确规定不应予以规制的领域，政府和部门不得私自设立规制。如没有相应的上位法，应当严格地以宪法和规制对象的实际状况为依据，以弥补市场失灵、维护公共利益为目的，创造性立法。二是规制的成本一收益原则。该原则是规制制定与否的前提条件，如果成本大于收益，规制就没有必要制定。因此应将成本一收益原则纳入规制制定过程，使之程序化。立法部门应将规制的立法计划和相应的成本收益评估一并报送专门的规制评审部门，经其许可后方可纳入立法规划。三是普遍的参与原则。规制涉及到规制对象的切身利益，而且往往涉及到企业和消费者两方对立的利益，政府作为中立的第三方，必须兼听两方面的意见，做到立法公正。普遍的参与原则是避免层次较低的行政规章寻租的

① L. B. 斯图尔特：《二十一世纪的行政法》，载《环球法律评论》2004 年夏季号。

重要途径。[1] 三大原则是保证规制实体正义的前提条件。

（2）在规制执行中，规制机构必须遵循相应的程序。在行政程序中，将整个规制执行过程按照一般过程将每个环节制度化，如表明身份制度、告知制度、说明理由制度、咨询制度、听证制度、回避制度、不单方解除制度、公告制度、时效制度和救济制度等，目的使规制对象以此作为防御性武器，抵制规制机构滥用规制权力、随意执法。[2]

（3）对于规制执行的后果，规制对象应拥有充分的救济权利。首先，可以向规制执行机构的上一级部门或者所属的同级政府申请复议，通过行政部门的自身纠错使规制对象获得救济。这种救济方式的好处是效率高，相对人可以免受行政诉讼之累，降低救济成本，缺点是由于属同体监督，自身纠错力度有限。其次是可以提起对规制执行机构的行政诉讼。这种诉讼可以由对抽象行政行为如具体的法律法规提起，也可以对规制执行机构的具体行政行为如行政处罚行为等不服提起，前者涉及到司法对立法的审查，必须有相应的司法审查体系给予保证，涉及到国家权力配置的根本性变革。第三，对于确定的侵害规制对象合法的财产和人身权益的行政行为，国家必须给予赔偿，以弥补行政行为不当造成的损失，因此要有相应的国家赔偿制度给予保证。

以行政法的视角审视政府规制，是将政府规制从制定、执行到纠错视为一个连续的过程，在此过程中，以制度化、程序化保证规制的制定客观有效，在执行和纠错过程中约束政府，保护被规制者

① 崔卓兰认为，避免规章寻租的办法有：一是在新闻舆论上揭示行政规章立法寻租现象，观其是否符合公共利益目的；二是建立行政公开和行政参与制度，通过利害关系人内含的制约权控制规章的公共目的性；三是进行机构改革，彻底实现政企分开，行政机关只有中立性的行政管理权和立法权。参见崔卓兰、于立深：《行政规章的经济学分析》，国家教委人文社科项目（96JAQ820009）。

② 姜明安：《行政的现代化与行政程序制度》，载《法制与社会比较》1998 年第 2 期。

的合法权益。

简言之，从不同的视角审视规制改革，其着重点是不一样的。从经济学角度审视规制改革，着眼于扩大市场基础，培育良好的市场竞争环境；从政治学角度审视政府规制，在于制度设计，构建政府中立、裁决各方博弈的框架，平衡利益，限制政府权力；从行政法角度审视规制改革，着眼于政府依法行政，保护被规制者的合法权益；而必须通过政治体制改革来完善政府职能是从每个角度都可以得出的结论。从本质上讲，政府对经济领域的规制活动是一种政治行为，作为行为主体的政府对这一性质的认识、制度的设计、方法的选择都会从根本上决定其经济职能能否真正实现合理使用。实行有效规制需要我们从政府职能的转变入手，按照责任、监督、合理、合法、效能的原则，建立一个科学的、行之有效的政府规制新模式，最终实现社会福利的最大化。

参考文献

中文参考文献：

1. 艾伦·加特：《管制、放松与重新管制》，中译本，经济科学出版社 1999 年版。
2. 安冉：《中国邮政体制改革大幕开启》，载《农村、农业、农民》2006 年第 11 期。
3. 保罗·R·伯特尼、罗伯特·N·史蒂文斯：《环境保护的公共政策（第 2 版）》，中译本，上海三联书店·上海人民出版社 2004 年版。
4. 布伦达·巴雷特：《工作中的安全与健康：谁来负责?》，载《商法杂志》2003 年第 2 期。
5. 蔡昉：《转轨时期的就业政策选择：矫正制度性扭曲》，载《中国人口科学》1999 年第 2 期。
6. 曹宝、李兴武、李丹：《美国土地管理局概况及其战略规划》，载《中国国土资源经济》2004 年第 8 期。
7. 曹东、王金南等：《中国工业污染经济学》，中国环境科学出版社 1999 年版。
8. 曹建海：《自然垄断行业的竞争与管制问题研究》，载《中国工业经济》2002 年第 11 期。
9. 常欣：《规模型竞争论—中国基础部门竞争问题》，社会科学文献出版社 2003 年版。
10. 常欣：《三重破垄论：中国基础部门反垄断问题分析》，载《经济学动态》2002 年第 4 期。

11. 陈富良、万卫红:《企业行为与政府规制》,经济管理出版社2001年版。
12. 陈富良:《放松规制与强化规制》,上海三联书店2001年版。
13. 陈平:《中英城市公用事业管理体制比较》,载《商业经济与管理》2003年第1期。
14. 陈庆修:《政企分开为邮政改革破题》,载《中国邮政》2006年第4期。
15. 陈全:《职业安全健康管理体系原理与实施》,气象出版社2001年版。
16. 迟福林:《处在十字路口的中国基础领域改革》,中国经济出版社2004年版。
17. 丹尼尔·F·史普博:《管制与市场》,中译本,上海三联书店、上海人民出版社1999年版。
18. 丹尼尔·福特:《美国劳动法的放松规制》,杜钢建、彭亚楠译,中国民商法律网。
19. 德里克·博斯沃思等:《劳动市场经济学》,中国经济出版社2003年版。
20. 丁成日:《中国城市土地利用,房地产发展,城市政策》,载《城市发展研究》2003年第5期。
21. 朴武恭:《中国电信监管重构问题研究》,北京邮电大学博士论文,2006年。
22. 方黎明、任洁:《美国职业安全与健康管理署规制措施浅析》,载《安全生产》2006年第2期。
23. 方凌霄:《美国的土地成长管理制度及其借鉴》,载《中国土地》1999年第8期。
24. 富兰克林·艾伦、道格拉斯·盖尔:《比较金融系统》,中译本,中国人民大学出版社2002年版。
25. 高玮:《美国电信改革及启示》,载《华东经济管理》2003年第17期。

26. 郭继严、王永锡：《2001～2020年中国就业战略研究》，经济管理出版社2001年版。
27. 郭志斌：《论政府激励性管制》，北京大学出版社2002年版。
28. 韩国明、刘玉泉：《政府管制改革的新趋向与中国电力改革分析》，载《开发研究》2005年第1期。
29. 何维达、宋胜洲等：《开放市场条件的市场安全与政府规制》，江西人民出版社2003年版。
30. 何晓行：《中国电信普遍服务法律问题研究》，载《重庆邮电学院学报》2004年第5期。
31. 胡鞍钢、过勇：《从垄断市场到竞争市场：深刻的社会变革》，载《改革》2002年第1期。
32. 胡鞍钢：《中国就业状况分析》，载《管理世界》1997年第3期。
33. 胡苏云：《各国政府对医疗市场调控的主要方法》，载《中国卫生资源》2003年第9期。
34. 胡学勤、李肖夫：《劳动经济学》，中国经济出版社2006年版。
35. 黄海波：《电信管制：从监督垄断到鼓励竞争》，经济科学出版社2002年版。
36. 黄圣、仲伟：《浅析中国电信改革》，载《市场周刊》2005年第11期。
37. 黄伟：《现代美国土地利用规划的发展及其启示》，载《中国土地科学》2002年第6期。
38. 黄宇：《民间资本首进上海水务》，载《华南新闻》2002年8月16日。
39. 江春、许立成：《金融监管与金融发展：理论框架与实证检验》，载《金融研究》2005年第4期。
40. 丁成日：《城市土地管理的国际经验和教训》，载《国外城市规划》2005年第1期。
41. J·罗伊思·古阿什，罗伯特·W·汉恩：《规制的成本与收益：对发展中国家的寓意》，载《经济社会体制比较》2004年第1期。

42. 康芒斯:《制度经济学》，中译本，商务印书馆1994年版。
43. 克洛德·梅纳尔:《公用事业的合约选择与绩效：以法国的供水为例》，载《比较》第13辑。
44. 孔云翔、张东志:《中国邮政改革发展与对策研究》，载《商场现代化》2006年第30期。
45. 来有为、宋方明:《美国铁路规制改革》，载《经济理论与经济管理》2003年第3期。
46. 劳动与社会保障部社会保险研究所:《世纪抉择——中国社会保障体系构架》，中国劳动和社会保障出版社2000年版。
47. 黎群:《论航空公司的联盟》，经济科学出版社2003年版。
48. 李长安:《邮政改革艰难起步》，载《中国社会导刊》2006年第22期。
49. 李丹:《土地用途管制初探》，载《国土经济》2003年第1期。
50. 李红昌:《铁路管制的契约分析》，经济科学出版社2005年版。
51. 李强、杨开忠:《评析西方城市土地利用规制研究综述》，载《外国经济与管理》2004年第4期。
52. 李晓妹、袭燕燕:《美国的土地发展权》，载《国土资源》2003年第7期。
53. 李月军:《西方社会规制研究关注的主要问题及其启示》，载《公共管理学报》2006年第10期。
54. 梁锡崴:《美国环保机制的演变》，载《改革与战略》1999年第1期。
55. 梁周:《美国加州电力危机的思考》，载《广东电力》2001年第6期。
56. 林苞:《医疗制度对药品价格机制的影响研究》，载《价格理论与实践》2006年第8期。
57. 林卿、何训坤主编:《土地政策学》，中国农业出版社2002年版。
58. 刘宏:《职业安全健康管理体系实用指南》，化学工业出版社2003年版。

59. 刘骥嘉、胡志华:《最低工资制度》，香港立法会秘书处，1999 年。
60. 刘建平:《中国电力产业政策研究》，中国人民大学博士论文 2005 年。
61. 刘克军:《论美国医疗保障制度及其对中国的启示》，载《中国卫生资源》2006 年第 2 期。
62. 刘丽杭:《利益、冲突与协调——医疗价格规制过程中的政治分析》，载《江苏社会科学》2005 年第 5 期。
63. 刘世庆:《加入 WTO 与城市供水产业竞争化改革》，载《改革》2002 年第 4 期。
64. 刘晓君:《城市水务设施建设市场融资模式研究》，载《水利经济》2004 年第 6 期。
65. 刘颖悟:《三网融合与政府规制》，中国经济出版社 2005 年版。
66. 龙花楼、李秀彬:《美国土地资源政策演变及启示》，载《中国土地科学》2000 年第 3 期。
67. 卢瑞芬、谢启瑞:《台湾医院产业的市场结构与发展趋势分析》，载《经济论文丛刊》2003 年第 31 期。
68. 罗云等:《现代安全管理》，化学工业出版社 2004 年版。
69. 马志峰:《自然垄断产业的市场化改革：理论与实践——以电信行业为例》，载《中南财经政法大学学报》2003 年第 3 期。
70. 毛正中、胡德伟:《卫生经济学》，中国统计出版社 2004 年版。
71. 孟星:《城市土地的政府管制研究》，华东师范大学博士论文，2005 年。
72. 母爱英、周耀光、王卫:《美国地方土地利用规划特点及启示》，载《河北师范大学学报（自然科学版)》1999 年第 7 期。
73. 欧国立:《美国铁路产业管制的产生与变迁》，载《产业经济研究》2003 年第 6 期。
74. 欧海若:《土地利用规制的基础理论问题研究》，浙江大学博士论文，2004 年。
75. 欧阳武:《美国的电信改革及其对中国的启示》，载《国际经济评论》2000 年第 6 期。
76. 欧阳忠伟、张超:《上海: 掀开水务管理新篇章——访上海市水务局局长张嘉毅》, 载《城市管理》2002 年第 5 期。
77. 戚聿东、柳学信:《中国垄断行业的竞争状况研究》, 载《管理学前沿》2006 年第 1 期。
78. 秦明周、杰克逊:《美国的土地利用与管制》, 科学出版社 2004 年版。
79. 曲振涛、杨恺钧:《规制经济学》, 复旦大学出版社 2006 年版。
80. 萨莉·亨特:《电力竞争》, 中译本, 中国经济出版社 2004 年版。
81. 舍曼·富兰德、艾伦·古特曼、迈伦·斯坦诺:《卫生经济学》, 中译本, 中国人民大学出版社 2004 年版。
82. 沈建华、刘云兴:《从西方发达国家区域卫生规划论影响中国区域卫生规划实施的因素及对策》, 载《中国妇幼保健》2002 年第 17 期。
83. 沈培新:《美国电力管理体制的改革》, 载《电力技术经济》2005 年第 3 期。
84. 施蒂格勒:《产业组织和政府管制》, 上海人民出版社 1996 年版。
85. 时家贤:《转轨时期中国政府规制改革研究》, 辽宁大学博士论文 2005 年。
86. 史虹:《中国邮政体制改革的机遇与优势》, 载《现代企业》2006 年第 6 期。
87. 水利部农电局:《美国电力体制改革》, 载《农电管理》, 2000 年第 8 期。
88. 水利部农电局:《美国电力体制改革》, 载《农电管理》2000 年第 4 期。
89. 水利部水电及农村电气化发展局:《国外电力体制改革情况摘编》, 载《中国农村水利水电》2000 年第 3 期。
90. 斯蒂格勒:《产业组织和政府管制》, 中译本, 上海三联书店、上海人民出版社 1996 年版。

91. 孙彩红:《美国政府管制变革的简析及其启示》, 载《桂海论丛》2003 年第 6 期。
92. 孙倩:《中国电信业管制制度的选择》, 对外经济贸易大学博士论文, 2004 年。
93. 谭复华:《职业健康安全管理体系问答》, 中国计量出版社 2003 年版。
94. 童建栋、卫江辉:《美国的电力市场改革经验及教训》, 载《世界电力》2002 年第 9 期。
95. 托马斯·思德纳:《环境与自然资源管理的政策工具》, 中译本, 上海三联书店、上海人民出版社 2005 年版。
96. 王红梅:《电信全球竞争》, 人民邮电出版社 2000 年版。
97. 王建:《美国规制改革与产业振兴》, 载《国家行政学院院报》2001 年第 2 期。
98. 王俊豪:《中国政府管制体制改革研究》, 经济科学出版社 1999 年版。
99. 王俊豪:《英国政府管制体制改革研究》, 上海三联书店 1998 年版。
100. 王俊豪:《政府管制经济学导论——基本理论及其在政府管制实践中的应用》, 商务印书馆 2006 年版。
101. 王俊豪:《中国垄断性产业结构重组分类管制与协调政策》, 商务印书馆 2005 年版。
102. 王磊:《电力产业组织演进的动力机制研究》, 中国人民大学博士论文, 2005 年。
103. 王名扬:《美国行政法》, 中国法制出版社 1995 年版。
104. 王伟:《美国社会性规制政策演变给我们的启示》, 载《辽宁高等税务专科学校学报》2006 年第 10 期。
105. 王学庆:《管制垄断——垄断性行业的政府管制》, 中国水利水电出版社 2004 年版。
106. 威廉·J·鲍莫尔、华莱士·E·奥茨:《环境经济理论与政策设计》，中译本，经济科学出版社2003年版。
107. 魏景明：《美国的土地管理与利用》，载《中国土地》2002年第11期。
108. 吴敬儒：《透视美国电力改革》，载《中国电力企业管理》2002年第1期。
109. 吴伟：《美国的职业安全与健康监管》，载《社会科学》2006年第4期。
110. 吴宗之：《职业安全健康管理体系试行标准应用指南》，气象出版社2001年版。
111. 奚江惠、胡济洲：《发达国家电力市场体系新变革及其借鉴意义》，载《华中电力》2006年第2期。
112. 席涛：《谁来监管美国的市场经济——美国的市场化规制及对中国规制改革的启迪》，载《国际经济评论》2005年第1期。
113. 夏大慰、史东辉：《政府规制理论、经验与中国的改革》，经济科学出版社2003年版。
114. 夏大慰：《产业组织学》，复旦大学出版社1994年版。
115. 向君波：《中国电信产业中的垄断经营和政府管制分析》，载《经济分析》2001年第6期。
116. 向力敏：《网络型产业的规制与竞争问题研究——以电信产业为例》浙江大学硕士论文2004年。
117. 肖明超：《中国邮政变革迫在眉睫》，载《中国中小企业》2006年第8期。
118. 肖兴志：《中国铁路产业规制：理论与政策》，经济科学出版社2004年版。
119. 肖兴志：《中国自然垄断产业管制改革模式研究》，载《中国工业经济》2002年第4期。
120. 肖兴志：《自然垄断产业管制改革模式研究》，东北财经大学出版社2003年版。
121. 谢晋宇等：《企业雇员的安全与健康》，经济管理出版社1999

年版。
122. 《新帕尔格雷夫经济学辞典》第四卷，中译本，经济科学出版社1996年版。
123. 徐兰飞、陈伟：《美国的医疗服务监管体系》，载《卫生经济研究》2006年第3期。
124. 徐瑞娥：《中国政府规制改革及政策选择的观点综述》，载《经济研究参考》，2007年第18期。
125. 雅诺什·科尔奈、翁笙和：《转轨中的福利、选择和一致性》，中信出版社2003年版。
126. 亚当·斯密：《国民财富的性质和原因的研究》，商务印书馆1996年版。
127. 杨良初：《中国社会保障制度分析》，经济科学出版社2003年版。
128. 杨龙：《当代西方新政治经济学的国家理论》，政治文化研究网。
129. 杨农：《全球航空业联盟网络和竞争管制》，载《经济社会体制比较》2004年第1期。
130. 杨亚：《从国外电力工业体制改革模式引出的几点启示》，载《中国三峡建设》2002年第1期。
131. 杨云彦：《人口、资源与环境经济学》，中国经济出版社1999年版。
132. 杨重光、吴次芳：《中国土地使用系统的十年改革》，中国大地出版社1996年版。
133. 伊兰伯格、史密斯：《现代劳动经济学》，中国人民大学出版社1999年版。
134. 殷献民：《电力产业政府管制研究——市场化与政府管制》，中国人民大学硕士论文，2005年。
135. 于军：《铁路重组的理论与实践》，经济科学出版社2003年版。
136. 于良春、杜琼：《中国电力均衡的市场机制与政府监管》，载《财经问题研究》2005年第7期。
137. 于良春、彭恒文：《中国铁路运输供需缺口及相关产业组织政策分析》，载《中国工业经济》2005 年第 4 期。

138. 于良春、王志芳:《竞争与管制：中国自来水产业的改革与发展》，载《东岳论丛》2005 年第 6 期。

139. 于良春:《自然垄断与政府管制》，经济科学出版社 2003 年版。

140. 于良春:《自然垄断与政府规制——基本理论与政策分析》，经济科学出版社 2003 年版。

141. 余东华:《自然垄断产业改革中的管制重建》，载《改革》2006 年第 8 期。

142. 余晖:《公私合作制的中国试验》，上海人民出版社 2005 年版。

143. 余晖:《监管热的冷思考》，天则公用事业研究中心：http://www.ccppp.org。

144. 余晖：《论行政体制改革中的政府监管》，载《江海学刊》2004 年第 1 期。

145. 袁志刚:《中国就业报告》，经济科学出版社 2002 年版。

146. 曾湘泉:《劳动经济学》，复旦大学出版社 2006 年版。

147. 张春霖:《公共服务提供的制度基础：一个分析框架》，载《比较》2005 年第 3 期。

148. 张红凤:《规制经济学的变迁》，载《经济学动态》2005 年第 8 期。

149. 张红凤:《激励性规制理论——西方规制经济学的新进展》，载《经济理论与经济管理》2005 年第 8 期。

150. 张红凤:《简论中国特色规制经济学的构建》，载《光明日报》2006 年 1 月 24 日。

151. 张红凤:《利益集团规制理论的演进》，载《经济社会体制比较》2006 年第 1 期。

152. 张红凤:《西方规制经济学的变迁》，经济科学出版社 2005 年版。

153. 张嫚:《环境规制约束下的企业行为》，经济科学出版社 2006 年版。

154. 张明龙:《新中国 50 年劳动就业制度变迁纵览》，载《天府新论》2000 年第 1 期。
155. 张伟:《从管制和放松管制看美国航空产业组织政策的演变》,载《民航经济与技术》1999 年第 1 期。
156. 张昕竹:《中国规制与竞争:理论和政策》,社会科学文献出版社 2000 年版。
157. 赵欢:《中国电力行业的政府管制与改革研究》,中国人民大学硕士学位论文,2005 年。
158. 郑大喜:《市场机制下政府调节与医疗管制制度框架的构建》,载《中国医院管理》2004 年第 8 期。
159. 郑振玉:《医疗服务价格政策对公平和效率的影响研究》,万方学位论文数据库 2002 年。
160. 植草益:《微观规制经济学》,中译本,中国发展出版社 1992 年版。
161. 钟东波:《中国医疗行业政府管制的制度框架》,载《中国卫生经济》2003 年第 1 期。
162. 周小梅:《论医疗行业管制体制改革》,载《价格理论与实践》2005 年第 10 期。
163. 周晓花:《城市水务基础设施投融资机制浅析》,载《水利发展研究》2004 年第 1 期。
164. 朱成章:《美国加州电力危机的启示》,载《国际电力》2001 年第 2 期。
165. 朱成章:《美国加州电力危机和美加大停电对世界电力的影响》,载《中国电力》2003 年第 11 期。
166. 朱志明:《城市供水的政府管制改革研究》,载《经济研究参考》2003 年第 25 期。
167. 祝晏君:《工资收入分配》,中国劳动和社会保障出版社 2001 年版。
168. 邹骥:《环境经济一体化政策研究》,北京出版社 2000 年版。

英文参考文献：

1. Akerlof, G., 1970, The Market for Lemons: Quality Uncertainty and the Market Mechanism, *Quarterly Journal Economics* 84(3), pp. 488 – 500.

2. Allen, M., 1993, *Regulatory Politics in Transition*, London: the Johns Hopkins University Press, p. 27.

3. Allen, F. and Gale, D., 1994, *Financial Innovation and Risk Sharing*, MIT Press: Cambridge, MA.

4. Armstrong, M., Cowan, S. and Vickers, J., 1994, *Regulatory Reform: Economic Analysis and British Experience*, The MIT Press.

5. Arrow, K., 1963, Uncertainty and the Welfare Economics of Medical Care, *American Economic Review* (53), pp. 941 – 973.

6. Averch, H. and Johnson, L., 1962, Behavior of the Firm under Regulatory Constraint, *American Economic Review* 52(5), pp. 1053 – 1069.

7. Azuma, Y. and Grossman, H. I., 2003, Educational Inequality, *Labor 3*, pp. 317 – 458.

8. Bailey, E. E. and Williams, J. R., 1998, Sources of Economic Rent in the Deregulated Airline Industry, *Journal of Law and Economics*31, pp. 173 – 202.

9. Baumol, W. J. and Oates, W. E., 1988, *The Theory of Environmental Policy*, Cambridge University Press.

10. Baumol, W. J., Panzar, J. C. and Willig, R. D., 1982, *Contestable Markets and the Theory of Industry Structure*, NewYork: Harcourt Brace Jovanovich Ltd.

11. Becker, G. S., 1968, Crime and Punishment: an Economic Approach, *Journal of Political Economics* 76, pp. 169 – 127.

12. Becker, G. S., 1983, A Theory of Competition among Pressure Groups for Political Influence, *Quarterly Journal of Economics* 98 (3),

pp. 371 – 400.

13. Becker, G. S., 1985, Public Policies, Pressure Groups and Dead Weight Costs, *Journal of Pubilc Economics* 28 (3), pp. 329 – 347.
14. Bhide, A., 1993, The Hidden Costs of Stock Market Liquidity, *Journal of Financial Economics*34, pp. 1 – 51.
15. Biles, B., Schramm, C. J. and Atkinson, J. G., 1980, Hospital Cost Inflation under State Rate-setting Programs, *New England Journal of Medicine*303, pp. 664 – 668.
16. Burgess, G. H., 1995, *The Economics of Regulation and Antitrust*, Porland State University, p. 4.
17. Calomiris, C. W and White, E. N., 1994, The Origins of Federal Deposit Insurance, in Claudia Goldin and Gary D. Libecap, eds. *The Regulated Economy*, University of Chicago Press, pp. 145 – 188.
18. Caves, W. D., Laurits, R. C., and Michael, W. T. and Robert, J. W., 1987, An Assessment of the Efficiency Effects of U. S. Airline Deregulation via an International Comparison. in Elizabeth E. Bailey, eds., *Public Regulation: New Perspectives on Institutions and Policies*, Cambridge, Mass: MIT Press.
19. Coase, R. H., 1960, The Nature of Social Cost, *Journal of Law and Economics* 3 (Oct.), pp. 1 – 44.
20. Christopher, J. C. and Frank, A. S., 1998, Does Removing Certificate-of-need Regulations Lead to a Surge in Health Care Spending, *Journal of Health Politics, Policy and Law*23, pp. 455 – 481.
21. Clarkson, W., Miller, L., 1988, *Industrial Organization: Theory, Evidence and Public Policy*, MacGraw-Hill Book Company.
22. David, S. S., 2000, Regulation of Prices and Investment in Hospitals in the United States, *Handbook of health economics*, Edited by Culyer, A. J. and Newhouse, J. P., Amsterdam. New York: Elsevier.

23. Davis, K., Anderson, G. F., Rowland, D. and Steinberg, E. P., 1990, *Health Care Cost Containment*. Johns Hopkins University Press. Baltimore and London.

24. Desharnais, S., Chesney, J. and Steven, F., 1988, Trends in Regional Variations in Hospital Utilization and Quality During the First Two Years of the Prospective Payment System. *Inquiry* (25), pp. 374 – 382.

25. Dewatripont, M. and Tirole, J., 1992, *A Theory of Debt and Equity: Diversity of Securities and Manager-Shareholder Congruence*, Mimeo, University Libre, Bruxelles and IDEI, Toulouse.

26. Diamond, D. W., 1984, Financial Intermediation and Delegated Monitoring, *Review of Economic Studies* (51), pp. 393 – 414.

27. Diamond, D. W. and Dybvig, P. H., 1983, Bank Runs, Deposit Insurance and Liquidity. *Journal of Political Economy* 91 (3), pp. 401 – 419.

28. Dranove, D. and Cone, K., 1985, Do State Rate Setting Regulations Really Lower Hospital Expense, *Journal of Health Economics* (4), pp. 159 – 165.

29. Eggleston, K. and Yip, W., 2004, Hospital Competition Under Regulated Prices: Application to Urban Health Sector Reforms in China, *International Journal of Health Care Finance and Economics* (4), pp. 343 – 368.

30. Ekelund, R. B. Jr., 1998, *The Foundation of Regulatory Economics*. Vol. 1, Edward Elgar Publishing Limited, Cheltenhan, UK-Northampton, MA, U. S. A. pxi.

31. Ellig, J., 1991, Endogenous Change and Economic Theory of Regulation, *Journal of Regulatory Economics* 3 (3), pp. 265 – 274.

32. Feinglass, J. and James, J. H., 1991, The Initial Impact of the Medicare Prospective Payment System on U. S. Health Care, A re-

view of the literature, *Medical Care Review* (48), pp. 91 – 115.

33. Feldman, P. and Robert, M., 1980, Magic Bullets or Seven-card Stud: Understanding Health Care Regulation, Issues in Health Care Regulation. Edited by Richard S. Gordon. New York: McGraw-Hill (c), pp. 66 – 109.
34. Frexias, X and Rochet, J. C., 1997, *Microeconomics of Banking*, Cambridge MA: MIT Press.
35. Gerber, B. J. and Teske, R., 2000, Regulatory Policymaking in American States: A Review of Theories and Evidence of Theories and Evidence, *Political Research Quarterly* 53 (4), pp. 829 – 850.
36. Gruenspecht, H. K. and Lave, L. B., 1989, The Economics of Health, Safety, and Environmental Regulation, in Schmalensee, R and Willig, R. D., *Handbook of industrial organization*, Elsevier Science Publishers B. V.
37. Guterman, S. and Allen, D., 1986, Impact of Medicare Perspective Payment System for Hospitals, *Health Care Financing Review* (7), pp. 97 – 114.
38. Hafez, N., 1997, International Comparative Review of Health Care Regulatory Systems, Partnerships for Health Reform, *Technical Report* No. 11.
39. Harford, J. D., 1978, Firm Behavior Under Imperfectly Enforceable Pollution Standards and Taxes, *Journal Environmental Economic Manage* 5, pp. 26 – 43.
40. Heyes, A., 2000, Implementing Environmental regulation: Enforcement and Compliance, *Journal of Regulatory Economics*17, pp. 107 – 129.
41. Hirsh, R. F., 1999, *Power Loss: The Origins of Deregulation and Restructuring in the American Utility System*, Cambridge: MIT Press.
42. Hirshman, A. O., 1970, *Exit*, *Voice and Loyalty*, Cambridge,

Massachusetts: Harvard University.

43. John, J. A., Robert, L. O. and Edmund, R. B., 1995, State Regulation and Hospital Costs, *Review of Economics and Statistics* (77), pp. 416 – 422.

44. Kahn, A. E., 1970, *The Economics of Regulation: Principles and Institutions*, Vol. 1, New York: Wiley.

45. Kahn, A. E., 1971, *The Economics of Regulation: Principles and Institutions*, Vol. 2, New York: Wiley.

46. Kamien, M. I., Schwartz, N. L. and Dolbear, F. T., 1966, Asymmetry between Bribes and Charges, Water Resources Research II No. 1, pp. 147 – 157.

47. Kanafani, A. and Theodore, E. K., 1989, New Entrants and Safety, in Leon N. Moses and Ian Savage, eds., *Transportation Safety in an Age of Deregulation*, Oxford University Press.

48. Kanafani, A. and Keeler, T. E., 1990, Air Deregulation and Safety: Some Econometric Evidence from Time Series, *Logistics and Transportation Review* 26 (3), pp. 203 – 209.

49. Kiesner, S., Public Policy and Electricity Price Trends, http://www1. eere. energy. gov/femp/energy_ expo/2005/pdfs/p_ s4a. pdf.

50. Kneese, A. V. and Bower, B. T., 1968, *Managing Water Quality: Economics, Technology, Institutions*, Baltimore. Johns Hopkins Press, pp. 175 – 178.

51. Kotz, D. M., 2003, Neoliberalism and the Social Structure of Accumulation Theory of Long-Run Capital Accumulation, *Review of Radical Political Economics* 35 (3), pp. 263 – 270.

52. Krarup, S., 2001, Can Voluntary Approaches ever be Efficient? *Journal of cleaner Production*9, pp. 135 – 144.

53. Kronick, R., Goodman, D. C. and Wennberg, J., 1993, The Marketplace in Health Care Reform-the Demographic Limitations of

Managed Competition, *The New England Journal of Medicine* (328), pp. 148 – 152.

54. Landis, J. D., 1992, Do Growth Controls Work? A New Assessment, *Journal of the American Planning Association* 58 (4), pp. 489 – 508.

55. Leffer, K. B., 1978, Physician Licensure: Competition and Monopoly in American Medicine, *Journal of Law and Economics* (21), pp. 165 – 186.

56. Luft, H. S. and Maerki, S. C., 1985, Competitive Potential of Hospitals and Their Neighbors, *Contemporary Policy Issues* (3), pp. 89 – 102.

57. Magill, F. N., 1991, *Survey of Social Science-Economics*, Vol. 4. Salem Press, Inc. pp. 1973 – 1974.

58. McChesney, F. S., 1987, Rent Extraction and Rent Creation in the Economic Theory of Regulation, *Journal of Legal Studies* 16 (1), pp. 101 – 118.

59. McChesney, F. S., 1997, *Money for Nothing: Politicians, Rent Extraction and Political Extortion*, Cambridge: Harvard University Press.

60. McGinley, P. J., 1995, Beyond Health Care Reform: Reconsidering Certificate of Need System. http://www.law.fsu.edu/journals/lawreview/issues/231/mcginley.html.

61. McKenzie, R. B. and Womer, N. K., 1991, The Impact of the Airline Deregulation Process on Air-Travel Safety, Washington University Center for the Study of American Business Working, p. 143.

62. Melnick, G. et al., 1981, Effects of Rate Regulation on Selected Components of Hospital Expense. *Inquiry* (18), pp. 240 – 246.

63. Miemyk, W. H., 1955, Labor Mobility and Regional Growth, *Economic Geography* 4, pp. 321 – 330.

64. Minsky, H. P., 1982, Can "it" Happen Again? Essays on Instabilityandfinance. — Armonk, N. Y.: M. E. Sharpe.

65. Morrisey, M., Sloan, F. and Mitchell, S., 1983, State Rate Setting: An Analysis of Some Unresolved Issues, *Health Affairs* (2), pp. 36 – 47.

66. Morrison, S. A. and Winston, C., 1996, *The Economic Effects of Airline Deregulation*, Brookings Institution, Washington, D. C.

67. Navarro, P. and Shames, M., 2003, Electricity Deregulation: Lessons Learned from California, *Energy Law Journal* 24 (1), pp. 33 – 64.

68. National Healthcare Quality Report, 2003, http: //ahrq. gov/qual/nhqr03.

69. National Healthcare Quality Report. 2005. http: //ahrq. gov/qual/nhqr05.

70. Oum, T. H. and Zhang Yimin., 1997, A Note on Scale Economies in Transport, *Journal of Transport Economics and Policy* (31), pp. 309 – 315.

71. Pendall, R., Puentes, R. and Martin, J., 2006, From Traditional to Reformed: A Review of the Land Use Regulations in the Nation's 50 Largest Metropolitan Areas, The Brookings Institution 8.

72. Peltzman, S., 1976, Toward a More General Theory of Regulation, *Journal of Law and Economics* 19 (2), pp. 211 – 241.

73. Polinsky, A. M. and Shavell, S., 1979, The Optimal Tradeoff Between the Probability and Magnitude of Fines, *American Economic Review* (69), pp. 880 – 891.

74. Rajan, R. G., 1992, Insiders and Outsiders: The Choice between Informed and Arm's-Length Debt, *Journal of Finance*, *American Finance Association* 47 (4), pp. 1367 – 400.

75. Rajan, R. G., 1998, The Past and Future of Commercial Banking

Viewed Through an Incomplete Contract Lens, *Journal of Money, Credit and Banking* 30 (3), Part 2.

76. Rothschild, M. and Stiglitz, J., Equilibrium in Competitive Insurance Market, *Quarterly Journal of Economics* 90 (4), pp. 629 - 649.

77. Richard, F. H., 1999, *Power Loss: The Origins of Deregulation and Resyucturing in the American Utility System*, Cambridge. MIT Press, pp. 295.

78. Rivlin, A. M., 1982, Health Planning Issues: for Reauthorization. http://www. cbo. gov.

79. Rossi, J., 2002, The Electric Deregulation Fiasco: Looking to Regulatory Federalism to Promote a Balance between Markets and the Provision of Public Goods, *Michigan Law Review* 100 (6), pp. 1768 - 1790.

80. Sirri, E. and Tufano, P., 1995, *The Economics of Pooling. In The Global Financial System: A Functional Perspective*, edited by Dwight B. Crane, Kenneth A. Froot, Scott P. Mason, André F. Perold, Robert C. Merton, Zvi Bodie, Erik R. Sirri and Peter Tufano. Boston: Harvard Business School Press.

81. Salkever, D. S., 2000, Regulation of Prices and Investment in Hospitals in the United States, *Handbook of Health Economics*, Edited by A. J. Culyer and J. P. Newhouse. Amsterdam; New York: Elsevier.

82. Scherrie, Lin Shun-Shien., 1986, Regulatory Policy Formulation and Effectiveness: The Case of Hospital Cost Containment Regulations (D).

83. Schneider, J. E., 2000, The Economics and Institutions of Regulation and Reform in the U. S. Hospital Industy, 1980 - 1996 (D).

84. Schneiter, E. J., Riley, T. and Rosenthal, J., 2002, Rising Health

Care Costs: State Health Cost Containment Approaches, National Academy for State Health Policy.

85. Scholz, J. T., 1986, Regulatory Enforcement in a Federalist System, *The American Political Science Review* (4), pp. 1249 – 1270.

86. Shleifer, A., 1985, A Theory of Yardstick Competition, *Rand Journal of Economics* 16 (3), pp. 319 – 327.

87. Simon, H., 1951, A Formal Theory of the Employment, *Econometrica* 19, pp. 293 – 305.

88. Sloan, F., 1983, Rate Regulation as a Strategy for Hospital Cost Control: Evidence from the Last Decade, *Milbank Memorial Fund Quarterly* (61), pp. 195 – 221.

89. Sousa, A. O. and Ziegler, A., 2003, Asymmetric Information about Workers' Productivity As a Cause for Inefficient Long Working Hours, *Labor Economics* (6), pp. 727 – 747.

90. Spence, A. M., 1973, Job Market Signaling, *Quarterly Journal of Economics* 87 (3), pp. 355 – 374.

91. Starr, G., 1981, Minimum Wage Fixing-An International Review of Practices and Problems, International Labor Organization.

92. Stephen, G. B., 1993, *Breaking the Vicious Circle: Toward Effective Risk Regulation*, Cambridge: Harvard University Press.

93. Stigler, G. J., 1961, The Economics of Information, *Journal of Political Economy* 69 (June), pp. 213 – 225.

94. Stigler, G. J., 1971, The Theory of Economic Regulation, *Journal of Economics and Management Science* 2 (1), pp. 3 – 4.

95. Stigler, G. J. and Friedland, C., 1962, What Can Regulators Regulate? The Case of Electricity. *Journal of Law and Economics* 5 (Oct.), pp. 1 – 16.

96. Stiglitz, J., 1985, Credit Markets and the Control of Capital, *Journal of Money, Credit and Banking* 17 (2), pp. 133 – 152.

97. Stiglitz, J. E., 1982, Information and Capital Markets, In *Financial Economics: Essays in Honor of Paul Cootner*, ed. WF Sharpe and CM Cootner, pp. 118 – 158. New Jersey: Prentice-Hall.

98. Waterson, M., 1988, *Regulation of the Firm and Natural Monopoly*, Oxford: Basil Blackwell.

99. Weidenbaum, M., 1987, *The Benefits of Deregulation*, Contemporary Issues Series 25, Center for the Study of American Business, St. Louis: Washington University.

100. Weitzman, M. L., 1974, Price vs. Quantities, *Review of Economics Study* 41, pp. 477 – 491.

101. Wenger, E. and Kaserer, C., 1998, The German System of Corporate Governance: A Model which should not be Imitated. in "*Competition and Convergence in Financial Markets: The German and Anglo-American Models*" (Stanley W. Black and Mathias).

102. William, J. B., John C. P. and Robert D. W., 1982, *Contestable Markets and The Theory of Industry Structure*, NewYork: Harcourt Brace Jovanovich Ltd.

103. Zweifel, P. and Breyer, F., 1997, *Health Economics*, New York: Oxford University Press.

后　　记

现在呈现在读者面前的这部专著，是集体智慧的结晶。我的合作伙伴杨慧博士和我一起承担了大量的工作，从构思到具体写作和协调课题组成员，每一步都展现了她的聪明才智。其他的合作伙伴表现也很优秀，在工作中充分展示了他们的才华。在此，向他们表示衷心的感谢！他们分别是大众日报社记者刘莲基，山东经济学院的于维英教授、王有志副教授、郭庆博士、王力平博士、初佳颖博士、吕少华博士、王志芳讲师，山东大学经济学院的张伟博士，安徽工业大学经济学院的李丽博士（排名不分先后）。硕士研究生范晓华、陈淑霞、赵卫卫也参与了部分工作。

在撰写专著的过程，我们参阅了国内外许多相关文献，吸取或借鉴了许多很好的观点，在此谨向有关学者表示最诚挚的敬意！

专著获得山东省社科重点规划项目基金以及山东经济学院、中国社会科学院的大力支持，并得到经济科学出版社的支持和帮助，在此向有关单位和同志表示最衷心的感谢！

无论在西方国家，还是在目前的中国，政府规制都是力求沿着市场经济最优功能的方向动态变迁，这就要求研究人员能时刻把握这种动态变迁的脉搏。但对于中国而言，有许多理论和实践问题尚在探索之中，加上作者水平有限，可能难以完全把握这种脉动，因此瑕疵和纰漏难以避免，恳请各位专家、同仁和读者批评指正。

张红凤

2007 年 7 月于泉城济南

责任编辑：吕　萍　周秀霞
责任校对：徐领柱
版式设计：代小卫
技术编辑：邱　天

西方国家政府规制变迁与中国政府规制改革
张红凤　杨　慧　等著
经济科学出版社出版、发行　新华书店经销
社址：北京市海淀区阜成路甲28号　邮编：100036
总编室电话：88191217　发行部电话：88191540
网址：www.esp.com.cn
电子邮件：esp@esp.com.cn
北京汉德鼎印刷有限公司印刷
德利装订厂装订
880×1230　32开　13.25印张　350000字
2007年9月第一版　2007年9月第一次印刷
印数：0001—5000册
ISBN 978-7-5058-6550-1/F·5811　定价：25.00元
（图书出现印装问题，本社负责调换）